Studientexte zur Soziologie

Reihe herausgegeben vom Institut für Soziologie der FernUniversität in Hagen, repräsentiert durch
D. Funcke, Hagen, Deutschland
F. Hillebrandt, Hagen, Deutschland
U. Vormbusch, Hagen, Deutschland
S. M. Wilz, Hagen, Deutschland

Die „Studientexte zur Soziologie" wollen eine größere Öffentlichkeit für Themen, Theorien und Perspektiven der Soziologie interessieren. Die Reihe soll in klassische und aktuelle soziologische Diskussionen einführen und Perspektiven auf das soziale Handeln von Individuen und den Prozess der Gesellschaft eröffnen. In langjähriger Lehre erprobt, sind die Studientexte als Grundlagentexte in Universitätsseminaren, zum Selbststudium oder für eine wissenschaftliche Weiterbildung auch außerhalb einer Hochschule geeignet. Wichtige Merkmale sind eine verständliche Sprache und eine unaufdringliche, aber lenkende Didaktik, die zum eigenständigen soziologischen Denken anregt.

Herausgegeben vom Institut für Soziologie der FernUniversität in Hagen, repräsentiert durch
Dorett Funcke
Frank Hillebrandt
Uwe Vormbusch
Sylvia Marlene Wilz

FernUniversität in Hagen, Deutschland

Weitere Bände in dieser Reihe: http://www.springer.com/series/12376

Frank Kleemann · Jule Westerheide
Ingo Matuschek

Arbeit und Subjekt

Aktuelle Debatten der Arbeitssoziologie

Frank Kleemann
Institut für Soziologie
Universität Duisburg-Essen
Duisburg, Deutschland

Jule Westerheide
Institut für Soziologie
Universität Duisburg-Essen
Duisburg, Deutschland

Ingo Matuschek
Hochschule der Bundesagentur für Arbeit
Schwerin, Deutschland

Studientexte zur Soziologie
ISBN 978-3-658-23259-7   ISBN 978-3-658-23260-3 (eBook)
https://doi.org/10.1007/978-3-658-23260-3

Die Deutsche Nationalbibliothek verzeichnet diese Publikation in der Deutschen Nationalbibliografie; detaillierte bibliografische Daten sind im Internet über http://dnb.d-nb.de abrufbar.

Springer VS
© Springer Fachmedien Wiesbaden GmbH, ein Teil von Springer Nature 2019
Das Werk einschließlich aller seiner Teile ist urheberrechtlich geschützt. Jede Verwertung, die nicht ausdrücklich vom Urheberrechtsgesetz zugelassen ist, bedarf der vorherigen Zustimmung des Verlags. Das gilt insbesondere für Vervielfältigungen, Bearbeitungen, Übersetzungen, Mikroverfilmungen und die Einspeicherung und Verarbeitung in elektronischen Systemen.
Die Wiedergabe von allgemein beschreibenden Bezeichnungen, Marken, Unternehmensnamen etc. in diesem Werk bedeutet nicht, dass diese frei durch jedermann benutzt werden dürfen. Die Berechtigung zur Benutzung unterliegt, auch ohne gesonderten Hinweis hierzu, den Regeln des Markenrechts. Die Rechte des jeweiligen Zeicheninhabers sind zu beachten.
Der Verlag, die Autoren und die Herausgeber gehen davon aus, dass die Angaben und Informationen in diesem Werk zum Zeitpunkt der Veröffentlichung vollständig und korrekt sind. Weder der Verlag, noch die Autoren oder die Herausgeber übernehmen, ausdrücklich oder implizit, Gewähr für den Inhalt des Werkes, etwaige Fehler oder Äußerungen. Der Verlag bleibt im Hinblick auf geografische Zuordnungen und Gebietsbezeichnungen in veröffentlichten Karten und Institutionsadressen neutral.

Springer VS ist ein Imprint der eingetragenen Gesellschaft Springer Fachmedien Wiesbaden GmbH und ist ein Teil von Springer Nature.
Die Anschrift der Gesellschaft ist: Abraham-Lincoln-Str. 46, 65189 Wiesbaden, Germany

Inhaltsverzeichnis

1	**Einleitung**	1
2	**Hintergrund: Entwicklungslinien von Arbeit und Beschäftigung**	9
2.1	Arbeit, Beschäftigung und gesellschaftliches Subjekt: eine kurze Entwicklungsgeschichte	10
2.2	Tertiarisierung der Arbeitswelt	16
2.3	Die anwachsende Erwerbsbeteiligung von Frauen	18
2.4	Aktuelle Entwicklungen auf dem Arbeitsmarkt	20
	2.4.1 Anwachsende und verlängerte Erwerbsbeteiligung	21
	2.4.2 Ausmaß und Folgen von Arbeitslosigkeit	22
	2.4.3 Die demografische Entwicklung auf dem Arbeitsmarkt ...	25
2.5	Das Problem atypischer Beschäftigungsverhältnisse	26
	2.5.1 Wachsendes Arbeitsvolumen, ansteigende Teilzeitarbeit und flexible Arbeitszeiten	31
	2.5.2 Lohnentwicklung und Teilhabe	33
3	**Arbeit und Technik**	39
3.1	Entwicklungslinien der Technisierung von Arbeit	40
3.2	Perspektiven auf die Relation von Arbeit und Technik in der Arbeitssoziologie...	45
3.3	Aktuelle Debatten	48
	3.3.1 Digitalisierung I: Wandel von Arbeit durch Informationstechnologien	50
	3.3.2 Informatisierung der Arbeit	53
	3.3.3 Subjektive Leistungen der Arbeitenden als Komplement technisierter Arbeit	56

		3.3.4	Digitalisierung II: Industrie 4.0	61
		3.3.5	Crowdsourcing und Crowdwork	64
4	**Arbeit und Betrieb**			**69**
	4.1	Aktuelle Entwicklungen betrieblicher Arbeitsorganisation		71
	4.2	Zentrale Debatten zur betrieblichen Arbeitsorganisation		74
		4.2.1	Die Vermarktlichung des Umweltbezugs von Unternehmen und der Betriebsstrukturen	76
		4.2.2	Entgrenzung betrieblicher Formen der Arbeitsorganisation	81
		4.2.3	Flexibilisierung der Arbeitstätigkeit und des betrieblichen Personaleinsatzes	85
		4.2.4	Die Debatte um die „Arbeitskraftunternehmer"-These	90
	4.3	Veränderungen betrieblicher Lohn- und Leistungspolitik		93
		4.3.1	Zum Verhältnis von Lohn und Leistung	94
		4.3.2	Entwicklungstendenzen betrieblicher Leistungspolitik	97
		4.3.3	Leistung und Leistungspolitik: Konzepte und Diagnosen	102
5	**Arbeit und Sozialintegration: Verunsicherung durch Prekarisierung**			**107**
	5.1	Prekarisierung: prekär arbeiten – prekär leben		110
		5.1.1	Prekarisierung als Transformationsprozess der Arbeitsgesellschaft	110
		5.1.2	Prekäre Erwerbs- und Lebenslage	113
	5.2	Theoretische Fundierung		117
		5.2.1	Das Zonenmodell gesellschaftlicher Integration (Robert Castel und Klaus Dörre)	120
		5.2.2	Prekarisierung als politisch-ideologische Herrschaftsform (Pierre Bourdieu)	123
	5.3	Die Sozialstruktur der Prekarität		124
	5.4	Subjektiver Umgang mit prekärer Beschäftigung		128
	5.5	Fazit		130
6	**Arbeit und Leben: Wechselwirkungen und Entgrenzung von Erwerbs- und Privatsphäre**			**135**
	6.1	Gesellschaftliche Produktion und Reproduktion – begrifflich-theoretische Grundlagen		139
		6.1.1	Reproduktion – theoretische Grundbestimmungen	140
		6.1.2	Perspektiven auf die Vergesellschaftung weiblichen Arbeitsvermögens	142

6.2	Historische Genese des vergeschlechtlichten Verhältnisses von Erwerbs- und Privatsphäre	144
6.3	Leitdiagnose: Entgrenzung von Arbeit und Leben	147
6.4	Umgangsweisen und Strukturierungsleistungen der Subjekte	151
	6.4.1 Alltägliche Lebensführung	152
	6.4.2 Rationalisierung und Koordination als Strukturierungsleistung	153
6.5	Soziale Ungleichheit: persönliche Ressourcen und institutionelle Arrangements	158
	6.5.1 Persönliche und soziale Ressourcen	158
	6.5.2 Institutionelle Arrangements	159
6.6	Care Work und „Global Care Chains"	161
7	**Arbeit und Subjektivität**	**165**
7.1	Subjektivierung von Arbeit	168
	7.1.1 Der Diskurs zur Subjektivierung von Arbeit	170
	7.1.2 Zentrale Themen und Untersuchungsgegenstände	177
	7.1.3 Resümee und Ausblick	192
7.2	Subjektive Ansprüche an Arbeit und ihren Sinngehalt	193
7.3	Neuere Perspektiven auf das Kollektivbewusstsein der Arbeitenden	197
	7.3.1 Leistung und Leistungsgerechtigkeit	198
	7.3.2 (Interessen-)politische Aktivierung und Gesellschaftsbild	201
7.4	Gestaltung von Arbeit: nachhaltig, sinnhaft und „gut"?	204
	7.4.1 Qualität der Arbeit: von Humanisierung zu „Guter Arbeit"	207
	7.4.2 Die Qualität von Arbeit und Arbeitszufriedenheit messen?	208
	7.4.3 Der Index „Gute Arbeit"	213
Weiterführende Literatur		**217**

Einleitung 1

Der Mensch ist ein „praktisch tätiges" Wesen; Arbeiten „unabhängig von jeder bestimmten gesellschaftlichen Form" (MEW 1962a, Bd. 23, S. 192) ist nicht nur selbstverständlicher Teil, sondern gar eine „Naturnotwendigkeit" menschlichen Lebens, um den „Stoffwechsel zwischen Mensch und Natur" zu gewährleisten (ebd., S. 57). Arbeit macht einen großen Teil der alltäglichen Lebens- und Sinnbezüge aus. Durch sie eignen sich Menschen ihre materielle und soziale Umwelt an: Zum Überleben mussten sie sich schon immer die Natur zunutze machen, ob fischend, jagend, sammelnd, für die unmittelbare Subsistenz Ackerbau und Viehzucht betreibend oder mit technischen Hilfsmitteln Überschuss produzierend. Aufgrund der zunehmenden Ausdifferenzierung von Tätigkeiten sind Menschen zur Befriedigung ihrer materiellen und geistigen Bedürfnisse aufeinander angewiesen und insofern über die einzelnen Produktionseinheiten sozial miteinander verbunden und konstituiert. Daher ist Arbeit zugleich immer eine wirkmächtige Vergesellschaftungsform: In je spezifischen historischen Konstellationen entwickeln sich Formen der Erwerbsarbeit, von ehrenamtlicher Arbeit, Erziehungs- und Sorgearbeit, der Eigenarbeit oder weitere Formen von Arbeit. Die gesellschaftliche Organisation von Arbeit hat Auswirkungen auf die Subjekte und weist ihnen eine je spezifische Rolle und damit gesellschaftliche Stellung zu. Immer werden auch die Subjekteigenschaften und Fähigkeiten von Personen vernutzt.

In kapitalistisch verfassten Gesellschaften muss die überwiegende Mehrheit der Bevölkerung im Tausch gegen Entlohnung ihre Arbeitskraft anbieten – Produktion und Distribution sind marktförmig organisiert und in der Regel betrieblich vermittelt und berufsförmig strukturiert. Der oben skizzierte, für die Lebensproduktion und Identität bedeutsame anthropologische Arbeitsbegriff ist damit nicht deckungsgleich mit Erwerbsarbeit. Insbesondere besteht daneben ein großer Bereich nicht unmittelbar entlohnter Tätigkeiten, in dem die zur (sozialen) Reproduktion notwendigen Aktivitäten weiterhin vornehmlich von Frauen geleistet werden: Pflege und Betreuung von Angehörigen, Hausarbeit und Erziehung. Die konkrete Organisation der Arbeit und ihr Zweck bestimmen Gesellschaft und Individuum im „wechselseitigen Konstitutionsprozeß" (Bolte 1983, S. 14) maßgeblich: Sowohl ihre Klassenstruktur und die Auseinandersetzungen, die sich um die Verteilung der Arbeit und des gesellschaftlichen Reichtums entspannen, als auch die Lebenslagen und Erfahrungen und Aneignungsleistungen der Subjekte ergeben sich auf dieser Grundlage.

Auch wenn die Grundkoordinaten der gesellschaftlichen Einbettung von Arbeit fortbestehen, sah die Erwerbsarbeit früherer Jahrzehnte anders aus als gegenwärtig und wurde anders organisiert. Die Festlegung, welche Tätigkeiten überhaupt als Arbeit gelten und welche Bereiche davon kommerziell organisiert werden, welche in öffentlicher Hand oder im Dritten Sektor oder in den privaten Haushalten angesiedelt sind, ist keineswegs unveränderlich. Dies gilt erst recht im größeren historischen Kontext: Im Zuge der Etablierung und Weiterentwicklung des Lohnarbeitsverhältnisses von der Aufhebung der Produktionsökonomie des „Ganzen Hauses" über das Manufakturwesen und bis zu den großen Industrien lassen sich voneinander abgrenzbare Phasen dominanter Produktionsverhältnisse unterscheiden, auch wenn „alte" Produktionsweisen durchaus nicht nur in Nischen Bestand hatten (vgl. dazu Wehler 1995, 2003). Gesetzliche, überbetriebliche und betriebliche Regeln schreiben dabei u. a. fest:

- welche Arbeiten verrichtet werden,
- wie diese Arbeiten aufgeteilt und koordiniert werden und
- wie die Mitglieder einer Gesellschaft über den Austausch und die Aneignung der Produkte miteinander in Beziehung treten (vgl. Wachtler 1983, S. 14 ff.).

Hinzu kommt die Frage, welche soziale Sicherung und welche gesellschaftlichen Partizipationsmöglichkeiten mit dem Status und Einkommen der jeweiligen Erwerbsarbeit korrespondieren. So stehen die Veränderungen von Arbeits- wie Beschäftigungsverhältnissen in Deutschland ursächlich im Zusammenhang mit den 2005 begonnenen institutionellen arbeitsmarkt- und sozialpolitischen Anpassungen: weg von einem unterstützenden hin zu einem fordernd-aktivierenden System (vgl. Lessenich 2008). Für die Lebensläufe der meisten Gesellschaftsmitglieder ist die Berufstätigkeit im Erwachsenenalter ein zentraler Strukturgeber. Das zeigt

1 Einleitung

Möglichkeiten und Anforderungen, die etwa im Verhältnis von Arbeits- und Lebenssphäre auszubalancieren sind – für abhängig Beschäftigte immer in Auseinandersetzung mit den Erwartungen der Kapitalseite. Dass es sich dabei nicht um eine Win-win-Situation handelt, verdeutlichen insbesondere die Beispiele prekärer Arbeits- und Beschäftigungsverhältnisse, die auch in vergleichsweise sozialpartnerschaftlich regulierten Systemen wie dem deutschen Arbeitsmarkt zu finden sind. Exemplarisch für zukünftige fundamentale Umwälzungen und relevante Veränderungsdynamiken werden aktuell insbesondere die fortgesetzte Flexibilisierung von Arbeitsverhältnissen und Prozesse der Digitalisierung angeführt.

Dass die Arbeitswelt sich im beständigen Wandel befindet, ist ein Gemeinplatz öffentlicher Debatten – mit allerdings begrenztem Informationsgehalt. Die Arbeits- und Industriesoziologie hat es sich zur Aufgabe gemacht, diese Wandlungsprozesse in einer großen Bandbreite von Themen und Analyseebenen genauer zu untersuchen. Das reicht beispielsweise von Strategien der betrieblichen Arbeitsorganisation und überbetrieblichen Kooperationszusammenhängen auf der Mesoebene über den Vergleich von nationalen und transnationalen Institutionen der Regulierung von Arbeit und Beschäftigung bis hin zu Verwertungslogiken des Kapitalismus und zur gesellschaftlichen Arbeitsteilung auf der Makroebene.

Diese makro- und mesostrukturellen Entwicklungen haben immer Auswirkungen auf die mikrosoziale Ebene. Wenn man nun zu denen gehört, die zum Auskommen auf ein Beschäftigungsverhältnis angewiesen sind (begrifflich also wahlweise zu den „Lohnabhängigen", den „Arbeitnehmern" oder der „Arbeiterklasse"), das nicht nur zeitlich und räumlich das Leben strukturiert, sondern auch die Subjektivität der Arbeitenden – ihre Orientierungen und Ansprüche, ihre Aneignungen, Umgangsweisen, Grenzziehungen und Widerstände – prägt, ist man von Veränderungen in der Arbeitswelt direkt betroffen.

Die Arbeitssoziologie nimmt implizit diese Betroffenheit und Prägung der Subjekte durch die ihnen äußeren Bedingungen zum Ausgangspunkt für ihre Betrachtung der Arbeitswelt: des Arbeitsmarktes, der Beschäftigungsverhältnisse, der Produktionsbedingungen und Wirtschaftssektoren, der betrieblichen Arbeitsorganisation, der geschlechtlichen Arbeitsteilung, der (über-)betrieblichen Regulierung und Rationalisierung, der veränderten Qualitäten von Arbeit durch Technikentwicklung, der Arbeitsbeziehungen etc. Sie interessiert sich nicht zuletzt für die Auswirkungen auf die Betroffenen und deren Umgangsstrategien und Orientierungen – dieser Fokus ist ihr ein wesentlicher Beweggrund zur fortdauernden Beobachtung der Arbeitswelt. Auch wenn damit noch nicht unmittelbar das Subjekt als „tätige Person" (Voß 1984, S. 14) und seine Eigenschaften, seine Autonomie und die Bewältigung seiner Existenzprobleme im Zentrum stehen, sondern vielmehr das „abstrakte gesellschaftliche Subjekt" als Kategorie (ebd.), in der sich soziale Verhältnisse ausdrücken, wird das mit Eigenwilligkeit ausgestattete Individuum spätestens seit den 1980er-Jahren zunehmend systematisch in den Blick genommen. Von frühen berufsbiografischen Studien über die Arbeiterbewusstseinsforschung bis hin zu aktuelleren Debatten um die Subjektivierung von Arbeit und um die konstitutive Strukturierungsleistung in der Arbeitspraxis und in der Vermittlung zwischen Erwerbs- und Privatsphäre (etwa Böhle und Rose 1992; Pfeiffer 2004; Jürgens 2006) ist eine solche Subjektorientierung eine zentrale Perspektive der Arbeitssoziologie (vgl. Kleemann und Voß 2018; Langfeldt 2009). In dieser wird trotz eines Schwerpunkts auf die Konstituierungsleistungen der Subjekte anerkannt, dass aufgrund vielfältiger struktureller Zwänge Subjektivität sich nur begrenzt als erfolgreiche Aneignung von Verhältnissen äußert (vgl. Frey 2009).

Diese Dialektik kommt nicht von ungefähr: Ursprünglich war es der arbeitende Mensch, der als Subjekt Objekte durch Arbeit erzeugte, über deren Produkt er verfügt. Nach Marx erfolgt in der warenproduzierenden Gesellschaft tendenziell eine Verkehrung von Subjekt und Objekt: Der Arbeiter ist entfremdet vom produzierten Gegenstand und wird mit seiner Arbeitskraft als Produktionsmittel selbst zum Objekt im Arbeitsprozess. Es kommt zur „Verdinglichung der gesellschaftlichen Produktionsbestimmungen und zur Versubjektivierung der materiellen Grundlagen der Produktion" (MEW 1962b, Bd. 25, S. 887). Nichtsdestotrotz werden in der Auseinandersetzung mit äußerlichen ökonomischen Zwängen und kulturellen Triebkräften Arbeitsvermögen und Aktion für die Gestaltung von Arbeitsbeziehungen, Arbeitsorganisation und auch seine Regulierung konstitutiv, ganz zu schweigen von der Einbettung der Erwerbsarbeit ins eigene Leben.

Das vorliegende, vor dem Hintergrund der gerade angedeuteten Diskurse an fortgeschrittene Studierende gerichtete Lehrbuch zu aktuellen Debatten der Arbeitssoziologie will eine subjektbezogene Perspektive auf die relevanten Entwicklungen in der Arbeitswelt der westlichen Industriestaaten mit Schwerpunkt Deutschland explizit machen. Dazu ist für unterschiedliche arbeitsbezogene Themengebiete der subjektorientierte Kern, inklusive vorhandener Anknüpfungspunkte in den einschlägigen arbeitssoziologischen Diagnosen, konsequent herauszuarbeiten und zu projektieren. Der Anspruch besteht darin, sich dabei weder in handlungstheoretischen Betrachtungen zu erschöpfen und die realen Konstitutionsmöglichkeiten der Arbeitswelt durch die arbeitenden Subjekte zu überhöhen noch die strukturellen Entwicklungen und regulatorischen Voraussetzungen auszublenden. So sollen sowohl die Folgen und Auswirkungen einer veränderten Arbeitswelt auf die Subjekte als auch Wechselwirkungen mit subjektiven Wahrnehmungen, Wertvorstellungen und dem sinnbehafteten Handeln der Individuen und Kollektive erfasst werden.

1 Einleitung

Angesichts der Heterogenität und Komplexität der Arbeitswelt wäre es für ein solches Lehrbuch nicht produktiv, sämtliche aktuellen Diskurse der Arbeits- und Industriesoziologie in ihrer ganzen Breite systematisch in den Blick zu nehmen. Umfassende Kompendien wie das „Handbuch Arbeitssoziologie" (Böhle et al. 2018a, b) oder das „Lexikon der Arbeits- und Industriesoziologie" (Hirsch-Kreinsen und Minssen 2017) leisten dies in der jeweiligen Konzeption zur Genüge. Das vorliegende Lehrbuch konzentriert sich auf jene im engeren Sinne arbeitssoziologische Perspektiven auf den Wandel der Qualität von Arbeit und ihre Bedeutung für die Subjekte. Das Lehrbuch fokussiert auf aktuelle Debatten, also primär auf den arbeitssoziologischen Diskurs und die Art und Weise, wie aus soziologischer Sicht besonders relevant erscheinende Realentwicklungen in den Blick genommen werden. Die makro- und mesostrukturellen Realentwicklungen selbst bilden die „materielle Basis" dieser Diskurse und werden dementsprechend referiert. Dies geschieht eingangs (Kap. 2) auf dem Wege einer historisch informierten Darstellung von Substanzdaten zur deutschen Arbeitsgesellschaft, die in den folgenden thematischen Kapiteln ggf. spezifiziert werden. Die Zusammenschau von Mikro-, Meso- und Makroperspektiven erlaubt es, die betrieblichen und überbetrieblichen Entwicklungen in ihren Auswirkungen auf die Qualität von Arbeit und auf die Subjekte sowie im Hinblick auf die Veränderung der Arbeitsgesellschaft zu erfassen. Überdies wird der Tatsache Rechnung getragen, dass Erwerbstätigkeit in über die Erwerbssphäre hinausweisende gesellschaftliche Reproduktionsprozesse eingebettet ist.

Das Lehrbuch ist wie folgt aufgebaut: Als Hintergrund für die im Zentrum des Lehrbuchs stehende subjektorientierte Perspektive werden in Kap. 2 zunächst makrostrukturelle Entwicklungslinien von Arbeit und Beschäftigung vorangestellt. Neben einem kurzen historischen Abriss stehen insbesondere strukturelle Entwicklungen der Arbeitswelt (wie Erwerbsbeteiligung und Arbeitslosigkeit, atypische Beschäftigungsverhältnisse, Arbeitszeitstrukturen und Lohnentwicklung) im Zeitraum seit 1990 im Mittelpunkt der Betrachtung. Damit werden die in der Folge eingehender zu analysierenden Entwicklungen auf der Betriebs- wie Subjektebene in Entwicklungen der Arbeitsgesellschaft insgesamt eingebettet, um die wechselseitige Konstitution von Individuum und Arbeitswelt reflektieren und einzelne soziale Phänomene in einen Zusammenhang mit anderen Entwicklungen stellen zu können.

Kap. 3 und 4 widmen sich zwei arbeits- und industriesoziologischen Kernthemen, die für die andauernden Rationalisierungsprozesse von Arbeit von hoher Bedeutung sind: zum einen dem Verhältnis von Arbeit und Technik (Kap. 3) und zum anderen den Strategien der betrieblichen Arbeitsorganisation (Kap. 4). Innerhalb dieser Themenbereiche werden jeweils zentrale Debatten in den Blick genommen, die im Hinblick auf den Wandel der Qualität von Arbeit relevant sind und umfassende Aufmerksamkeit im arbeitssoziologischen Diskurs erhalten haben. Als Grundlage ist in beiden Kapiteln jeweils eine umfassendere Darstellung aktueller realer Prozesse der Entwicklung der Produktionstechnologie bzw. der Formen der betrieblichen Arbeitsorganisation vorangestellt.

Im Kap. 3 Arbeit und Technik steht die Auseinandersetzung der Arbeitssoziologie mit den seit einigen Jahrzehnten voranschreitenden Prozessen der Digitalisierung bzw. Informatisierung von Arbeit im Vordergrund. Im engen Zusammenhang mit diesen Entwicklungen ist auch die Frage zentral, welcher Stellenwert subjektiven Leistungen von Arbeitenden in technisierten Arbeitsprozessen zukommt, da menschliche Arbeit durch Prozesse der Technisierung zwar teilweise, aber keineswegs vollständig, ersetzt wird – und sich die Qualität der verbleibenden, technisierten Arbeit markant wandelt. Die fortschreitende Automatisierung der Produktionsarbeit wird seit wenigen Jahren unter dem Schlagwort „Industrie 4.0" debattiert, einem von den Ingenieurwissenschaften formulierten Leitbild für eine neue Stufe der industriellen Produktion, die durch informationstechnische Vernetzung automatisierter Produktionsanlagen und deren autonome (Selbst-)Steuerung charakterisiert wird. Die Infrastruktur des Internet ermöglicht über Social-Media-Anwendungen und Plattform-Strukturen die Auslagerung von produktiven Tätigkeiten auf Arbeitskräfte jenseits des Betriebs auf der technischen Grundlage „interaktiver" Internet-Anwendungen (Crowdsourcing, Crowdwork).

Die zentrale Realentwicklung im Themenfeld Arbeit und Betrieb (Kap. 4) ist die Expansion post-tayloristischer Formen der Arbeitsorganisation seit den 1990er-Jahren. Diese wird seit den späten 1990er-Jahren unter Leitbegriffen wie Flexibilisierung, Entgrenzung, Subjektivierung oder Vermarktlichung geführt. Diese allgemeinen – und zum Teil nicht trennscharf verwendeten – Prozessbegriffe können auf unterschiedliche Einzelphänomene bezogen werden. In Kap. 4 werden als zentrale Debattenstränge mit einem Bezug zur Entwicklung der Qualität von Arbeit die Vermarktlichung von Unternehmens- und Betriebsstrukturen, die Entgrenzung betrieblicher Formen der Arbeitsorganisation und die Flexibilisierung der Arbeitstätigkeit und des betrieblichen Personaleinsatzes eingehend behandelt. Die hier zu beobachtenden neuen Prozesse der betrieblichen Arbeitsorganisation werden außerdem in der Debatte um die Arbeitskraftunternehmer-These im Hinblick auf die daraus resultierenden Anforderungen an die Arbeitenden verhandelt. Abschließend wird die jüngere und thematisch spezifischere Debatte zum Wandel der betrieblichen Leistungs- und Lohnpolitik vorgestellt, in der sich die zuvor behandelten neuen Logiken betrieblicher Rationalisierung widerspiegeln.

In Kap. 5 steht der Zusammenhang von Arbeit und Sozialintegration im Zentrum. Hintergrund sind die Entwicklungstendenzen der Beschäftigungsverhältnisse

1 Einleitung

und der Arbeitsmarktpartizipation in ihrer Bedeutung für die gesellschaftliche Integration und soziale Sicherung mittels Erwerbsarbeit. Im Fokus der sozialgeschichtlichen und kapitalismustheoretischen Perspektive stehen neue Unsicherheiten der Erwerbsarbeit, die durch die De- bzw. Re-Regulierung sozialrechtlicher Standards und des Normalarbeitsverhältnisses und die daraus resultierende Zunahme prekärer Beschäftigung zustande kommen. In den Blick genommen werden besondere Prekaritätsrisiken bestimmter Branchen, Berufsgruppen und sozialer Klassen und darüber hinausgehend auch der subjektive Umgang mit prekärer Beschäftigung, prekären Erwerbslagen und prekärem Leben. Die einschlägigen Debatten zu den Realentwicklungen insbesondere der vergangenen drei Jahrzehnte haben gezeigt, dass sozialstaatliche Veränderungen sowohl die Subjekte direkt betreffen als auch in das Verhältnis von Individuum und Gesellschaft eingreifen. Materielle Entsicherung, Verlust der Langzeitperspektive, prekäre Beschäftigungsverhältnisse und gesellschaftliche Marginalisierung, um nur einige dieser Phänomene zu benennen, werden insbesondere in der Prekarisierungsdebatte als weitgehende Verunsicherung analysiert, die nicht nur die direkt Betroffenen, sondern auch diejenigen erfasst, die formal noch auf der sicheren Seite stehen. Das berührt Gerechtigkeitsansprüche, birgt politischen Sprengstoff und führt zu Debatten über den Sozialstaat. Es kann zudem den individuellen Rückzug aus gesellschaftlichen Sphären befördern. Die subjektiven Bearbeitungsweisen prekärer Lebenslagen sind anspruchsvolle Auseinandersetzungen mit der eigenen materiellen Situation und den daraus folgenden Vorstellungen von einer sozialintegrativen Gesellschaft bis hin zu Konzepten eines wie auch immer gearteten Grundeinkommens als individueller Absicherung jenseits der Erwerbsarbeit.

Kap. 6 nimmt in Erweiterung der arbeitssoziologischen Perspektive auf das Verhältnis von Arbeit und Leben die Wechselwirkungen und Entgrenzung von Erwerbs- und Privatsphäre unter besonderer Berücksichtigung der Reproduktion von Arbeitskraft als zentrales Moment der kapitalistischen Produktion von Mehrwert in den Blick. Einbezogen werden sowohl reproduktive Tätigkeiten wie Haus- und Sorgearbeit, welche unter den Schlagworten Care Work und Global Care Chains maßgeblich von der Frauenarbeitsforschung sowohl als Fürsorge wie auch als Reproduktionshandeln zur Wiederherstellung der eigenen Arbeitskraft im Sinne der Selbstsorge thematisiert werden. Insbesondere in der Fürsorgearbeit manifestiert sich die geschlechtliche Arbeitsteilung und wirkt sich als Vereinbarkeitsproblematik in Bezug auf die Erwerbssphäre aus. Ungleichheiten lassen sich aber auch hinsichtlich des individuellen Reproduktionshandelns im Geschlechtervergleich feststellen. Ausgangslage ist immer das ungleiche Wechselverhältnis zwischen den beiden Sozialsphären: Die veränderten Anforderungen der Arbeitswelt greifen in neuer Weise auf die Reproduktionssphäre über. Nach einem kurzen historischen

Abriss zur Entwicklung dieses Wechselverhältnisses wird die Debatte um die Entgrenzung von Arbeit und Leben und deren Auswirkungen auf die alltägliche Lebensführung und das Reproduktionshandeln nachgezeichnet. Im Fokus stehen die Strukturierungsleistungen, die Ressourcen und die Grenzziehungen der Beschäftigten.

Kap. 7 zum Verhältnis von Arbeit und Subjektivität nimmt die Arbeitssubjekte in ihrer Rolle als aktive Partizipanten der in den anderen Kapiteln beschriebenen Veränderungsprozesse nochmals genauer in den Blick. Damit werden nicht nur Auswirkungen des Wandels der Arbeitswelt auf die Subjekte relevant, sondern auch deren Ansprüche und Einforderungen an Arbeit und die Ausgestaltung der Arbeitsgesellschaft. Das gründet u. a. in einer (aktuell erneut aufflammenden) Debatte um das Arbeits- und Gesellschaftsbewusstsein von Erwerbstätigen, die sich in den ausgehenden 1970er-Jahren einer starken Kritik an ihrer Subjektvergessenheit ausgesetzt sah. Die demgegenüber eingeforderte subjektorientierte Perspektive (Voß 1984) mündete schließlich u. a. in Debattenstränge zur Subjektivierung von Arbeit. Dabei kommen unterschiedliche Perspektiven zum Tragen: Fokussiert werden neue arbeitsinhaltliche Ansprüche der Subjekte an ihre Arbeit und deren gesellschaftliche Geprägtheit sowie das Wechselspiel zwischen betrieblichen Arbeitsanforderungen und subjektseitigen Ansprüchen und Verarbeitungsweisen. Dies umfasst insbesondere die für den Subjektivierungsdiskurs zentrale Perspektive auf den spezifischen produktiven Stellenwert von Subjektivität für den Arbeitsprozess, die Analyse von Umgangsweisen der Arbeitenden mit subjektivierter Arbeit und die Ambivalenzen des Prozesses der Subjektivierung von Arbeit für die Arbeitenden. Schließlich behandelt das Kapitel die insbesondere von den Gewerkschaften aktiv betriebene arbeitspolitische Debatte zu Dimensionen und Bedingungen guter Arbeit und den Diskurs zum Sinn und zur Nachhaltigkeit von Arbeit. Damit sollen den Leser*innen Anregungen gegeben werden für eine eigenständige Urteilsbildung zur Frage, wie die arbeitssoziologischen Diagnosen zum Wandel der Qualität von Arbeit im normativen Sinne zu bewerten sind.

Hintergrund: Entwicklungslinien von Arbeit und Beschäftigung 2

Viele der gegenwärtigen Debatten um die Veränderungen in der Arbeitswelt fußen in teils langfristigen historischen makro- und mesostrukturellen Entwicklungen, die weiterhin ihre Dynamik entfalten. So lässt sich etwa durchaus eine Linie von der Baby-Boomer-Generation der 1950er- und 1960er-Jahre zum heute virulenten Fachkräftemangel ziehen. Ein historisch interessierter Blick kann demzufolge die Analyseperspektive auf gegenwärtige Prozesse schärfen – nicht alle Probleme und Visionen der Arbeitswelt sind gänzlich neu. Gleichzeitig schadet es nicht, sich fundamentaler Strukturdaten zu vergewissern. Entwicklungen wie der demographische Wandel, der Bedeutungszuwachs der Dienstleistungen, der Anstieg der Frauenerwerbsarbeit oder technologische Innovationen haben ebenso Auswirkungen auf Arbeitsorganisation und Beschäftigung, wie es sich ständig verschiebendende gesellschaftliche Machtverhältnisse haben. Dem hier aus diesem Grund vorangestellten Abriss der Entwicklungsgeschichte von Arbeit und Beschäftigung (Abschn. 2.1) folgen daher kurze Skizzen grundlegender Veränderungsprozesse von Arbeit, Arbeitsmarkt und Beschäftigung in den letzten Jahrzehnten (Abschn. 2.2).

2.1 Arbeit, Beschäftigung und gesellschaftliches Subjekt: eine kurze Entwicklungsgeschichte

Im Kern ist die hochaktuelle Debatte um die Digitalisierung von Arbeit nur die Fortführung einer Auseinandersetzung, die bereits mit der durch die Sesshaftigkeit einsetzenden Transformationsgeschichte wirtschaftlichen Handelns der Menschen begonnen hat (vgl. Polanyi 1957). Arbeitsgesellschaften verändern sich fortlaufend. Das geschieht nach Elias (1997a, b) als Zusammenspiel analytisch voneinander abzugrenzender Entwicklungsprozesse: demografischer Veränderungen, technologischer Innovationen und neuer Produktionsweisen sowie sich ändernder gesellschaftlicher Gefüge und Machtverhältnisse (vgl. dazu u. a. Bravermann 1977; Thompson 1980; Kocka 1990a, b). Die folgende in ihrem zeitlichen Verlauf im Wesentlichen für Deutschland gültige Abbildung fasst diese Entwicklung der kapitalistisch geprägten Arbeitsgesellschaft anhand relativ grober Stadien zusammen (Tab. 2.1).

Mit der Herausbildung des Handelskapitalismus etwa ab dem 13. Jahrhundert entwickelte sich ein Wirtschaftssystem, welches in Deutschland insbesondere ab dem 16. Jahrhundert Rechts- und Finanzinstitutionen etablierte und insbesondere mit dem Fernhandel Anzeichen einer Internationalisierung in sich trug. Für etwa 300 Jahre kann der Handelskapitalismus als dominantes Wirtschaftssystem angesehen werden, der bis in das 18. Jahrhundert hinein bereits Mechanisierung und Vorformen einer Industrialisierung ausbildete und damit einen deutlichen Bruch in den Produktionskräften herbeiführte. Mit der Befreiung von Feudalismus und Absolutismus erfolgte parallel vielerorts der Übergang von der Ständegesellschaft zu einer durch das Verhältnis von Lohnarbeit und Kapital charakterisierten vor- bzw. frühkapitalistischen Gesellschaft. Diese Veränderung in den Produktionsverhältnissen geschah nicht überall gleichzeitig, sondern vollzog sich unter Umständen über lange Zeit entlang des Umbruchs in der Produktionsweise. Die Landwirtschaft (und damit der Produktionsfaktor Boden) wie die etablierten Handwerke und Zünfte verloren zugunsten des Verlagswesens und der Manufakturen langsam an Gewicht. Die sozioökonomische Zuordnung zu Produktionsmittelbesitzern bzw. Lohnarbeitern ist als „ursprüngliche Akkumulation" (vgl. dazu früh Karl Marx, Joseph Schumpeter, Max Weber, Werner Sombart u. a. soziologische Klassiker) in Teilen als Verlängerung vorheriger Besitzverhältnisse, in Teilen als deutlicher Bruch (Ent- wie Aneignung) dazu verlaufen. Nicht von ungefähr kennzeichnete Polanyi (1957) die Qualität der damit einhergehenden Verwerfungen und Neujustierungen der Gesellschaft als „Große Transformation", in ihrem Gehalt dem Übergang vom nomadischen zum sesshaften Menschen gleich. Mit diesem

Tab. 2.1 Entwicklungsstufen der (kapitalistischen) Arbeitsgesellschaft

Zeit	technische Basis	Produktionsverhältnis	Sozialökonomische Formation	Arbeitssubjekte
vor 1800	Mechanisierung & Vorformen der Industrialisierung	Übergang Ständegesellschaft zu Kapital-Lohnarbeitsverhältnis im Wandel von Handwerk zu Verlagswesen & Manufaktur	ursprüngliche Akkumulation im Rahmen aufbrechender feudaler Verhältnisse	Ständegesellschaft (Leibeigene, Lehnswesen, Frondienste etc.), ausgeprägte Ökonomie des „Ganzen Hauses" als Subsistenzwirtschaft, Ausdifferenzierung auf Basis von Tradition
Mitte 19. Jhd.	Industrielle Revolution (Dampfmaschine)	Formelle/reelle Subsumption der Lohn-arbeit unter den Faktor Kapital, industrielle Produktion (Fabrik), Freisetzung von Arbeitskraft aus der häuslichen Produktion	„liberaler" Kapitalismus (noch kaum reguliert), Massenverelendung, Urbanisierung	freie Konkurrenz & Bürgertum, beginnende Selbstvertretung und soziale Sicherung, Arbeitende als Rechtssubjekte, Arbeitskraft: weitgehend Un- und Angelernte vs. kleine Elite (Profession)
ab Ende 19. Jhd.	Elektrotechnik & Chemie als Basis	anwachsende industrieller Produktion in den Kernländern der Industriellen Revolution (Entstehung der Großindustrie), Ausdehnung des Lohnarbeitsverhältnisses (Entstehung des Industrieproletariats)	Ausbildung Großindustrie mit beginnender sozialer Absicherung von Beschäftigten in öffentlicher Trägerschaft, organisierte Arbeiterklasse	spezialisierte Tätigkeiten in Industrie und Dienstleistungen, Erstarken von Gewerkschaften, Arbeitskraft ausdifferenziert in physisches (Un- und Angelernte) und kognitives „Vermögen" (Experten), Bedeutungszuwachs von Berufsfachlichkeit

(Fortsetzung)

Tab. 2.1 (Fortsetzung)

Zeit	technische Basis	Produktionsverhältnis	Sozialökonomische Formation	Arbeitssubjekte
1920er- bis 1960er- Jahre	wissenschaftlich-technische Umwälzung	institutionalisierte Produktionsverhältnisse, Aufbau der Dienstleistungsproduktion, Ausdifferenzierung in Angestellte u. Facharbeit, Internationalisierung der Kapitalflüsse	fordistische Produktion, beginnende Konsumgesellschaft (umfängliche wohlfahrtsstaatl. Sicherung), Befriedung des Klassenkonflikts	(bürgerliches vs. vergesellschaftetes) Arbeitssubjekt im Teilhabekapitalismus, Renaissance von Arbeitnehmerorganisationen, Arbeitskraft: Un- und Angelernte, zunehmend verberuflichte Arbeitnehmer
1970er- Jahre bis heute	Elektronisierung/ Digitalisierung (Cyber-Physical Systems, Internet of Things)	globalisierte Produktionsketten und starke Bedeutungszunahme auch industrieller Dienstleistungen, Post-Taylorismus und Re-Taylorisierung	von sozialdemokratischem Sorgestaat zum Neoliberalismus: Workfare Konzepte, Aktivierung und Selbstsorge	deregulierte Arbeitsmärkte, Dequalifizierung bei Automation und Erstarken von Wissensberufen; Dominanz verberuflichter Arbeitnehmer im Normalarbeitsverhältnis, folgend Entsicherung und Subjektivierung von Arbeit

soziale wie ökonomische Grundlagen der Gesellschaft erodierenden wie aufbauenden Prozess löste der Kapitalismus letztlich die vorkapitalistische Gesellschaft im Zusammenspiel von technischen und ökonomischen, sozialen wie rechtlichen Entwicklungen ab.

Mit der sogenannten Industriellen Revolution, einer im Wesentlichen durch die Verwendung von Dampfmaschinen als Antriebstechnik und progressiven Entwicklungen auf dem Gebiet der Mechanisierung ermöglichten Intensivierung industrieller Produktion, setzte sich unter den Vorzeichen eines „liberalen", kaum regulierten Kapitalismus (freie Konkurrenz sowie Ausweitung bürgerlicher Freiheiten,

Rechte und Pflichten) die Subsumtion der Lohnarbeit unter das Kapital durch. Bis in die 1920er- und 1930er-Jahre hinein hielten etwa die grundlegenden Auseinandersetzungen um die Herausbildung sozialer Sicherungssysteme an, die hier modifizierend wirken konnten. Ihre konkrete Ausgestaltung ist auch heute noch Gegenstand gesellschaftlicher Kontroversen.

Ausgehend von Sicherungsvereinen auf Gegenseitigkeit waren es insbesondere die Ende des 19. Jahrhunderts in der Zeit Otto von Bismarck eingeführte Kranken-, Renten- und Arbeitslosenversicherung, die hier Meilensteine darstellen und nicht als sozialpolitische Guttaten, sondern in erster Linie als Befriedungsprogramm und in zweiter Linie als abgerungene Zugeständnisse zu interpretieren sind. Erst 1927 etwa wurde in Deutschland ein Gesetz zu Regelung der Arbeitsvermittlung und Arbeitslosenversicherung verabschiedet. In der Folge kommt es bis heute zu Gesetzesvorhaben, die mehr oder weniger stark die Arbeits- und Beschäftigungsverhältnisse sozial und rechtlich justieren. Im internationalen Vergleich gibt es deutliche Unterschiede, die weiterhin fortbestehen und unterschiedliche wohlfahrtsstaatliche Regime etablierten (vgl. dazu Esping-Andersen 1990).

Wenige Jahrzehnte nach der (ersten) Industriellen Revolution konnten sich mit der aufkommenden Elektrotechnik und der wachsenden Bedeutung chemischer Prozesse für die industrielle Produktion neue Produktionskräfte etablieren. Mit ihnen änderte sich zunächst wenig an den Produktionsverhältnissen, aufgrund des ihnen innewohnenden Kapitalbedarfs dynamisierten sich allerdings die Konzentrationsprozesse und es entstand ein (bereits globaler) Monopol- und Finanzkapitalismus. Daraus entwickelte sich – sicher nicht unabhängig von den Zäsuren und Dynamiken im Zusammenhang mit der politischen Situation, inklusive des Zweiten Weltkriegs, aber in den Übergängen zeitlich umfassender – mit der zunehmenden Bedeutung von Wissenschaft und Technik ein Produktionsverhältnis, das als fordistisch bezeichnet wird und eine Art sozialpolitisches Versprechen zum Kern hatte: Verausgabung der Arbeitskraft gegen Teilhabe an der gesellschaftlichen Entwicklung und soziale Absicherung bei Krankheit, Rente und Arbeitslosigkeit. Dieser in Deutschland als „Rheinischer Kapitalismus" ausgeprägte, zwischen den skandinavischen Wohlfahrtsregimes und dem Kapitalismus angelsächsischer Natur positionierte „Teilhabekapitalismus" zivilisierte in gewisser Weise die Auswüchse eines ungezügelten Finanz- und Monopolkapitalismus, der insbesondere in der Weltwirtschaftskrise der 20er-Jahre des letzten Jahrhunderts schwere Verwerfungen hervorgerufen hatte. Noch Mitte des 20. Jahrhunderts war die industrielle Produktion charakteristisches Merkmal der Arbeitsgesellschaft, wenngleich damals bereits (nicht nur personenbezogene, sondern auch wissenschaftlich-technische wie soziale) Dienstleistungen an Bedeutung gewannen: Der Dienstleistungssektor wurde um 1970 im Hinblick auf die Erwerbstätigenzahl zum größten Wirtschaftssektor und wächst seitdem beständig an.

Die wissenschaftlich-technische Revolution dauert an und findet ihren Niederschlag in einer fortschreitend durch Elektronisierung, Informatisierung und schließlich Digitalisierung der Produktion gekennzeichneten Arbeitswelt, in der (industrielle) Dienstleistungen eine immer größere Rolle spielen, ohne aber die industrielle Produktion bislang gänzlich verdrängt zu haben. Daran werden auch die in jüngsten Debatten um cyberphysische Systeme oder das „Internet of Things" betonten Szenarien eher graduell denn substanziell etwas ändern (siehe Abschn. 3.3.4). Zeitgleich – und nicht zuletzt mit Hinweis auf die Globalisierung von Produktion und Dienstleistungen – wird weiter um soziale Justierungen gerungen, zumeist innerhalb nationalstaatlicher Grenzen oder größerer Wirtschaftsregionen. Die in den letzten Jahrzehnten dominierenden neoliberalen Ansätze etablierten dabei neue Konkurrenzkonstellationen, formulierten unter dem Stichwort Workfare und Aktivierung neue Ansprüche an die Arbeitnehmer∗innen und forcierten letztlich Gesellschaftsformen, die aktuell als Finanzmarktkapitalismus bzw. unter dem Stichwort „digitaler Kapitalismus" breit diskutiert werden.

Die Individuen mussten sich im Verlauf der Entwicklungen den gestiegenen Anforderungen an ihre Arbeitskraft, an ihr (generalisiertes) körperliches respektive mentales Arbeitsvermögen, anpassen. Dies geschah zunächst über die Vermittlung traditioneller Berufspraxen von einer Generation zur nächsten. Mit zunehmender Komplexität wurden fachliche und extrafunktionale Kompetenzen erforderlich – neben den Un- und Angelernten waren Fachkräfte und ausgewiesene Experten nötig. Letztlich mündete dies in die Figur des „verberuflichten Arbeitnehmers" (Voß und Pongratz 1998), der nach Durchlaufen einer berufsspezifischen Ausbildung und gelegentlicher Weiterbildung als Fachkraft seine Arbeitsaufgaben erledigte und aus dieser Position heraus Ansprüche auf eine angemessene Gegenleistung erheben konnte. Mit diesem primär auf industrieller Produktion basierendem Modell, das hierzulande seine Blüte in der Nachkriegszeit bis etwa Mitte der 1970er-Jahre erlebte und seitdem erheblich unter Druck steht, ist eine relativ hohe wohlfahrtsstaatliche Absicherung gegenüber sozialen Risiken (Arbeitslosigkeit, Krankheit, Alter) verbunden. Mit der an neoliberalen Axiomen orientierten Wende in der Arbeitsmarkt- und Sozialpolitik erodiert die relativ starke Stellung der verberuflichten Arbeitnehmerschaft. Im Ergebnis führt das u. a. zur Ausbildung neuer Arbeitskrafttypen, die als „Arbeitskraftunternehmer" (ebd.) bzw. „unternehmerische Selbst" (Bröckling 2007) begriffliche Prominenz erlangten. Aus der Perspektive der Arbeitsorganisation lässt sich analog von einem Taylorismus 2.0 (Pfeiffer 2007) bzw. von einem „subjektivierten Taylorismus" (Matuschek et al. 2007) sprechen.

Der vorstehende kurze Abriss der Entwicklungen von Produktivkräften, Produktionsweisen und sozioökonomischen Formationen verdeutlicht die komplexe

Dynamik der Transformationen der (deutschen) Arbeitsgesellschaft. Gegenwärtige Entwicklungen lassen sich nachfolgend mit dem Blick auf Strukturdaten zur Entwicklung der Erwerbsarbeit einfangen. Ziel ist, damit grundlegende Tendenzen im Wandel von Arbeitsgesellschaft und Arbeit sowie deren Verfasstheit bzw. Ausgestaltung in den Blick zu nehmen. Die Verläufe konturieren zugleich das Vermögen der Arbeitssubjekte, aktiv auf dem Arbeitsmarkt wie im Betrieb handeln zu können und den Anforderungen aus unterschiedlichen Lebenssphären zu begegnen.

Die sogenannte Tertiarisierung der Wirtschaft, also der Bedeutungszuwachs von Dienstleistungen, verlangt beispielsweise nach anderen Qualifikationen als die frühe Industriegesellschaft. Historisch gewachsen ist der deutsche Arbeitsmarkt als Facharbeitsmarkt. Entsprechende Berufsabschlüsse, Qualifikationen und Weiterbildungsangebote sowie das duale System der Berufsausbildung sind Kennzeichen dieses global gesehen recht seltenen Arbeitsmarkttyps. Das wird seit einiger Zeit durch eine Akademisierung überlagert, die durchaus kritisch reflektiert wird (Nida-Rümelin 2014). Der Strukturwandel der Wirtschaft bewirkt eine umfassende Veränderung der Qualifikationsanforderungen: Rein körperliche, ausführende Arbeit – für die prototypisch lange Zeit die Fabrikarbeit stand – ist immer weniger nachgefragt; und auch viele personenbezogene Dienstleistungen erfordern spezifisches Fachwissen, um sie adäquat ausführen zu können. Daraus resultiert, dass formale Qualifikationen, erworben in Berufsausbildung bzw. Studium, in der Arbeitswelt einen immer höheren Stellenwert gewinnen. Dem entsprechend sinkt im Verlauf der letzten Jahrzehnte auch der Anteil der Erwerbstätigen ohne Berufsabschluss, und der Anteil Höherqualifizierter nimmt deutlich zu. Ob das so bleibt, ist ungewiss. Angesichts der Digitalisierung wird gelegentlich von einer Polarisierung der Beschäftigten in Niedrig- und Hochqualifizierte ausgegangen.

In Zeiten hoher Arbeitslosigkeit dürfte die Bindung an Betriebe stärker ausfallen als bei hoher Arbeitskraftnachfrage. Lohnentwicklung und Ausmaß atypischer Beschäftigung sind ebenfalls geeignet, subjektive Entscheidungen im Hinblick auf Arbeit zu beeinflussen. In Zeiten hoher Erwerbslosigkeit wird die Inanspruchnahme von gesetzlich verankerten Betreuungsrechten etwa für kranke Kinder vielleicht weniger in Anspruch genommen als bei einer entspannten Arbeitsmarktlage. Jede und jeder muss einen eigenen Weg finden, die Sphären auszutarieren. Insgesamt sind Interdependenzen zu verzeichnen, die z. B. in niedrigen Löhnen bei atypischen Beschäftigungsformen münden oder aber die ansteigende Erwerbsbeteiligung von Frauen in einer tertiarisierten Arbeitsgesellschaft begünstigen. Auf der anderen Seite ist auch ein Verschwinden von Arbeit(stätigkeit) über die letzten Jahrhunderte zu verzeichnen – nicht zuletzt, weil Maschinen frühere Handarbeit besser leisten. Die Digitalisierung verändert aktuell viele Berufe und die Art und Weise, wie die Arbeitsgesellschaft funktioniert.

Nachstehend werden solche Einbettungen meso- und mikrosozialer Wandlungstendenzen der Arbeit in makrostrukturelle Entwicklungen mit Blick auf die aktuelle Gestalt von Erwerbsarbeit und Beschäftigung skizziert. Dabei wird in Bezug auf Deutschland neben der Tertiarisierung der Arbeitswelt die (damit zusammenhängende) Entwicklung auf dem Arbeitsmarkt anhand aktueller Daten beleuchtet. Am Anfang geht es um zwei globale Trends, die nachhaltig Einfluss auf die Gestalt der Arbeitsgesellschaft genommen haben: neben der Tertiarisierung der Arbeitswelt die deutlich veränderte Frauenerwerbsbeteiligung. Dem folgen kurze Skizzen von aktuellen Entwicklungen in verschiedenen Bereichen des Arbeitsmarktes im engeren Sinne sowie zu Eckpfeilern der Arbeitsordnung, insbesondere der Arbeitszeit und dem Arbeitsvolumen.

2.2 Tertiarisierung der Arbeitswelt

Ein fundamentaler Wandlungsprozess moderner Arbeitsgesellschaften wird mit dem Begriff der Tertiarisierung umrissen, der eine grundlegende Verschiebung des Stellenwerts der Wirtschaftssektoren – weg vom industriellen hin zum Dienstleistungssektor bezeichnet, die sich unmittelbar auch auf die Art und Qualität von Erwerbstätigkeit niederschlägt. Schon durch die oben angesprochene Mechanisierung der Landwirtschaft und die wachsende Bedeutung des industriellen Sektors ergaben sich Verschiebungen im Verhältnis der Wirtschaftssektoren zueinander.[1] Der primäre Sektor verlor mit der Industrialisierung (auch seiner selbst) stetig an Bedeutung, wenn Beschäftigung als Messlatte angelegt wird. Arbeiteten dort zu Beginn der 1950er-Jahre in den westlichen

---

[1] In der Wirtschaftsstatistik hat sich bereits seit den 1930er-Jahren die Einteilung in die drei Sektoren Landwirtschaft, Industrie und Dienstleistungen etabliert. Primäres Kriterium der volkswirtschaftlichen Einteilung, etwa um die Wirtschaftsleistung der Sektoren zu messen, ist jenes nach Unternehmen und deren Branchenzugehörigkeit (institutionelle bzw. sektorale Abgrenzung). Bei der Erfassung der Erwerbstätigenanteile nach Sektoren führt dies allerdings zu Verzerrungen; hier ist eine „funktionale" Zuordnung entlang der ausgeübten Tätigkeiten der einzelnen Beschäftigten gängig. Aber auch die funktionale Zuordnung einzelner Tätigkeiten stößt auf Schwierigkeiten, wobei häufig versucht wird, diese durch hybride Konstellationen zu lösen. Die Rede ist dann z. B. von produktionsnaher Dienstleistung. Sektorenbeschreibungen sind nicht statisch, in jedem Falle aber erklärungsbedürftig. Zudem stellt sich ihr Stellenwert für die Gesellschaft je nach veranschlagtem Blickwinkel anders dar. Zieht man etwa den Beitrag zum Bruttoinlandsprodukt heran, wird sich ein anderes Bild ergeben, als wenn man die Beschäftigtenanteile betrachtet. Letzteres Kriterium wird, da der Fokus auf Arbeit liegt, zur Grundlage der folgenden Ausführungen genommen.

2.2 Tertiarisierung der Arbeitswelt

Bundesländern noch fast 25 Prozent aller Erwerbstätigen, verlor er binnen zweier Dekaden mehr als die Hälfte der dort Beschäftigten und unterschritt bereits Ende der 1960er-Jahre die Zehn-Prozent-Marke. Der industrielle Sektor befand sich ähnlich wie der Dienstleistungssektor dagegen im Aufwind – Ersterer allerdings nur noch bis Ende der 1950er-Jahre, nicht zuletzt infolge der Anstrengungen zum Wiederaufbau der bundesdeutschen Wirtschaft und Gesellschaft. Danach verlor der ein knappes Jahrzehnt zuvor noch wichtigste Beschäftigungssektor seinen Spitzenplatz an den ungebrochen aufsteigenden Dienstleistungssektor. Mitte der 1980er-Jahre stabilisierten sich die bis dahin auseinanderlaufenden Entwicklungen im sekundären bzw. tertiären Sektor, um ab den 1990er-Jahren nochmals weiter auseinanderzudriften. Auch im geeinten Deutschland setzte sich damit der Trend hin zur Dienstleistungsgesellschaft. Sie gilt als zukunftsfähiges Modell für das 21. Jahrhundert (Baethge und Wilkens 2001; grundlegend Häußermann und Siebel 1995).

Bereits früh wurde dieser Wandel von der Agrar- über die Industrie- zur Dienstleistungsgesellschaft soziologisch im Zuge einer Modernisierungserzählung beschrieben (vgl. grundlegend Fourastié 1954; siehe auch Häußermann und Siebel 1995). Angesichts dieser Entwicklungen wurde nicht nur in soziologischen Fachkreisen grundlegend debattiert, inwieweit es überhaupt noch sinnvoll ist, von Gegenwartsgesellschaften als „Industriegesellschaften" zu sprechen. Das wurde insbesondere durch Daniel Bells (1976) Prognose des Aufkommens einer „postindustriellen Gesellschaft" pointiert. Diese zeichnet sich durch eine zunehmende Verwissenschaftlichung und Technisierung insbesondere der Arbeitssphäre aus. Wissen in einem umfassenderen Sinn gilt den Vertretern dieses Ansatzes als die bedeutendste Produktivkraft der künftigen Wirtschafts- und Arbeitsweise, wichtiger noch als die traditionellen Faktoren Arbeit, Boden und Kapital. Analysen in diese Richtung hatten schon im Vorfeld den Begriff der Wissensgesellschaft etabliert, der im letzten Viertel des 20. Jahrhunderts analytisch stark an Relevanz gewann. Als komplementärer Begriff mit deutlichem Verweis auf die technologischen und ökonomischen Aspekte moderner Informations- und Kommunikationsmedien wie dem Internet ist das Konzept der Informationsgesellschaft zu verstehen, welches zum Teil weiter zeitlich zurückreicht und bereits gesellschaftliche Transformation durch Information und Kommunikation thematisierte. Prominent wurden in den 2000er-Jahren vor allem die gleichermaßen historischen wie prognostischen Analysen von Castells (2001) zur globalen Netzwerkgesellschaft, die zwar (Internet-)Technologie und Information/Kommunikation als zentrale Instanzen akzentuierten, diesen aber eher die Vermittlungsaufgabe für soziale (Unternehmens-)Netzwerke zusprachen.

Wie auch immer der Umbruch letztlich zu charakterisieren und auszudifferenzieren ist, feststeht: Es kommt historisch zu Verschiebungen zwischen den verschiedenen Wirtschaftssektoren, viele Tätigkeitsbereiche und Berufe erfahren einen Bedeutungsverlust oder sterben ganz aus, andere werden aufgewertet oder entstehen neu. Solche Verschiebungen lassen sich innerhalb und zwischen Branchen beobachten und stärkten in den letzten Jahren insbesondere wissensintensive Tätigkeiten. Die Tertiarisierung der Arbeitsgesellschaft selbst ist dabei kein abgeschlossenes Projekt, sondern verändert sich in ihren Strukturen fortwährend – aktuell angetrieben vor allem durch die Digitalisierung vieler Wirtschafts-, Arbeits- und Lebensbereiche. Üblich sind Binnendifferenzierungen der Tertiarisierung: Personenbezogene Dienstleistungen werden in der Regel in direkter, unter Umständen technisch vermittelter Interaktion mit einem Gegenüber erbracht. Davon lassen sich – wohlgemerkt ohne wirkliche Trennschärfe – produktionsbezogene Dienstleistungen unterscheiden, die für Entwicklungs-, Produktions- oder Distributionsprozesse von Unternehmen erbracht werden. Auch wissensintensive Dienstleistungen lassen sich als singuläre Tätigkeiten oder als Bestandteil anderer Dienstleistungsarten ausweisen. Auf der Tätigkeitsebene lassen sich häufig Überschneidungen feststellen, eindeutige Klassifizierungen sind problematisch. Auch diesbezüglich sind von zukünftigen Digitalisierungsschüben weitere Veränderungen zu erwarten. Inwieweit sie jedoch das sektorale Gefüge der Arbeitsgesellschaft verändern werden, ist kaum abzuschätzen.

2.3 Die anwachsende Erwerbsbeteiligung von Frauen

Im Zuge dieser Veränderungen der Arbeitsgesellschaft hat sich die von Frauen geleistete Arbeit im bezahlten Bereich des Arbeitsmarktes massiv ausgedehnt. Dabei sinkt sie im unbezahlten, häuslichen Bereich absolut nur langsam und der relative Anteil gegenüber Männern bleibt konstant hoch. Die wohl auffälligste Veränderung in Deutschland seit den 1950er-Jahren ist dabei die steigende Erwerbsbeteiligung von (verheirateten) Frauen und Müttern. Damit verbunden ist die Abkehr vom Modell der „männlichen Versorger-Ehe" (bzw. in anderer Begrifflichkeit der „Hausfrauen-Ehe" oder des „Male-Breadwinner-Modells"), das speziell in Westdeutschland lange Zeit institutionell und normativ prägend war und vielerorts weiterhin ist. Unstrittig ist: Frauen verbringen heutzutage mehr Zeit ihres Erwachsenenlebens auf dem Arbeitsmarkt als jemals zuvor in der Geschichte der Bundesrepublik. So hat sich die Erwerbsquote verheirateter Frauen allein in Westdeutschland zwischen 1950 und 1980 von 26 auf 48 Prozent erhöht und damit fast

2.3 Die anwachsende Erwerbsbeteiligung von Frauen

verdoppelt (Müller et al. 1983). In der ehemaligen DDR verlief diese Entwicklung (auch aus politischen Gründen) noch rasanter, da Frauen hier systematisch als bezahlte Arbeitskräfte in den Arbeitsmarkt eingebunden wurden. Insgesamt ist die Frauenerwerbsquote in Deutschland kontinuierlich angestiegen. Trotz massiver konjunkturell und strukturell bedingter Nachfrageschwankungen auf dem Arbeitsmarkt erreichte sie im Jahre 2016 den Wert von 52,8 Prozent gegenüber 63,1 Prozent bei den Männern (ohne mithelfende Angehörige; Destatis 2017b). Dem Mikrozensus zufolge gibt es seit 1991 jedoch einen Trend hin zu immer mehr atypischer Beschäftigung: Arbeiteten 1991 noch 23 Prozent aller Frauen befristet oder in Teilzeit, waren es 2017 bereits gut 31 Prozent, bei den Männern stieg der Anteil im selben Zeitraum von 6 auf 12 Prozent der Männer (Destatis 2018b). Befanden sich 1991 noch 72 Prozent aller weiblichen Beschäftigten in einem Normalarbeitsverhältnis, ging ihr Anteil bis 2017 auf 62 Prozent zurück, bei den Männern waren es 73 Prozent gegenüber 83 Prozent im Jahr 1991. Die Selbstständigenquote hat sich demgegenüber nur geringfügig verändert: von 5 Prozent auf 7 Prozent bei den Frauen, von 11 auf 12 Prozent bei den Männern (ebd.).

Der Aufwuchs ändert wenig daran, dass insbesondere Frauen weiterhin im großen Umfang unentgeltliche Arbeit leisten und damit wesentlichen Anteil an den Reproduktionsleistungen haben (vgl. Kap. 5), die letzten Endes konstitutiv für die kapitalistische Produktion sind (vgl. Beer 1990; siehe auch Jürgens 2006). Die Debatten um Sorgearbeit, Care Work oder basaler Hausarbeit haben dafür eine größere Sensibilität geschaffen. Die Chancen von Frauen auf dem Arbeitsmarkt sind nach wie vor schlechter als die von Männern: Sie arbeiten nicht nur häufiger atypisch, sondern werden in der Regel auch schlechter bezahlt (vgl. Abschn. 2.5.2). Die Einführung von Informationspflichten der Betriebe im Zuge einer gesetzlichen Initiative zur Entgelttransparenz ermöglicht es den Beschäftigten seit Anfang 2018 immerhin prinzipiell, innerbetriebliche Vergleiche anzustellen. Gelegentlich wird die steigende Erwerbsbeteiligung von Frauen in einen Zusammenhang mit der Arbeitslosenquote gebracht. In einer simplen Gegenüberstellung wird ihre verstärkte Arbeitsmarktintegration als Grund für Arbeitsplatzrisiken von Männern angeführt. Abgesehen von der bedenklichen Fortführung des Male-Breadwinner-Modells, die in solchen Argumentationen nahegelegt wird ist und den Frauen (jenseits eines Hinzuverdienstes) implizit die gleichberechtigte Teilhabe am Erwerbsleben abspricht, droht diese Perspektive, arbeitsmarktpolitische Fragen regressiv zu vergeschlechtlichen und andere Akteure aus der Verantwortung zu entlassen. Arbeitsplatzabbau, Wandel von Arbeit und auch forcierte Konkurrenz unter Arbeitnehmer*innen um Lohn und Arbeitsplätze sind aber immer auch Ergebnis unternehmerischen Kalküls im System der Kapitalakkumulation (Kohlmorgen 2004).

2.4 Aktuelle Entwicklungen auf dem Arbeitsmarkt

Für einen Überblick zur Strukturierung des Arbeitsmarktes ist der Blick auf die zeitliche Entwicklung sowie den gegenwärtigen Stand hilfreich. Die historischen Verschiebungen zwischen den Sektoren scheinen – nach vereinigungsbedingten stärkeren Ausschlägen in den 1990er-Jahren – etwa seit 2005 in eine Phase der relativen Stabilität eingemündet zu sein: Von gut 61 Prozent zu Beginn der 1990er-Jahre sichert sich der tertiäre Sektor etwa seit 2005 mit nahezu drei Vierteln aller Beschäftigten den Löwenanteil in der Erwerbstätigenrechnung. Es folgt – mit zu Beginn der 1990er-Jahre beachtlichen fast 36 Prozent aller Erwerbstätigen – der sekundäre Sektor, der sich etwa ab 2005 um die 25-Prozent-Marke bewegt. Der primäre Sektor ist seit Beginn der 1990er-Jahre von einem Beschäftigungsanteil von 3 Prozent auf nunmehr 1,5 Prozent geschrumpft. Der Mikrozensus des Statistischen Bundesamtes nennt für 2017 folgende absolute Zahlen: Im primären Sektor sind rund 617.000 Personen beschäftigt, im produzierenden Gewerbe 10,68 Millionen und in den Dienstleistungsbereichen 32,97 Millionen (Destatis 2018b).

Der historische Prozess der Ausbildung unterschiedlicher Wirtschaftssektoren hat zwei beschäftigungspolitisch relevante Sektoren hervorgebracht, die in einem deutlichen Ungleichgewicht zueinander stehen.[2] Der Verweis auf produktionsbezogene Dienstleistungen, die mit einiger Berechtigung dem industriellen Sektor zugerechnet werden können, mindert dieses Ungleichgewicht nur unwesentlich. Zudem weist die Erwerbstätigenstatistik aktuell eine relative Stagnation aus. Zugleich mehren sich allerdings landläufig Berichte über neue Formen der Arbeit (Crowdsourcing, Digitalisierung etc.), die zukünftig wieder stärkere Veränderungen erwarten lassen. Prognosen dazu erscheinen allerdings wenig seriös bzw. arbeiten mit unterschiedlichen Szenarien, deren Eintritt wiederum nicht genau vorherzusagen ist. Daher operiert das Institut für Arbeitsmarkt- und Berufsforschung im Hinblick auf Effekte der aktuellen Digitalisierung der Arbeitswelt mit fünf Verlaufsszenarien (Wolter et al. 2016), die erhebliche Bandbreiten möglicher Entwicklungen aufzeigen. Das gewinnt seine Relevanz vor allem vor dem Hintergrund einer sich seit Jahrzehnten wandelnden Erwerbsbeteiligung, in der einerseits die materielle Notwendigkeit zur Erwerbstätigkeit wie andererseits der gestiegene Anspruch auf Ausübung derselben zum Ausdruck kommt.

---

[2] Die gesellschaftliche Bedeutung der Sektoren nur nach der Anzahl ihrer Erwerbstätigen zu gewichten, wäre allerdings unterkomplex. In Anschlag ließen sich etwa auch ihr Anteil am Bruttoinlandsprodukt, ihre Innovationskraft oder andere Kennziffern bringen. Der Ausweis einer ungleichgewichtigen Relation ist daher nur in Bezug auf die Erwerbstätigenzahl zu verstehen.

2.4.1 Anwachsende und verlängerte Erwerbsbeteiligung

Die Erwerbsbeteiligung folgt den vorstehend genannten Entwicklungen und bedingt sie zugleich – Beschäftigung(sformen) und Beschäftigte sind in dieser Hinsicht zwei Seiten einer Medaille. Historisch lassen sich Tradierungen und zum Beispiel milieu- (vgl. Vester 2011) wie alters- bzw. geschlechtsspezifische (z. B. Destatis 2017b) oder auch migrationsbezogene Zuschreibungen ausmachen, die selbst angesichts sektoraler Verschiebungen Bestand haben können. So wurde Erwerbsarbeit lange Zeit als Männerdomäne angesehen, obwohl Frauen auch erwerbstätig waren. Mit den sogenannten Gastarbeitern der 1960er-Jahre lassen sich deutlich schlechtere Ein- und Aufstiegsmöglichkeiten für Beschäftigte mit Migrationshintergrund nachweisen, die u. a. eine spezifische Berufswahl ihrer Nachkommen förderte. Jugendarbeitslosigkeit und gescheiterte Karrieren im dualen Ausbildungssystem verweisen auf altersspezifische Bedingungen des Arbeitsmarktes; die generationenübergreifenden Folgen einer Verdrängung aus dem Arbeitsmarkt lassen sich in Familien von Langzeitarbeitslosen verfolgen.

Beschäftigung ist kein stabiles Momentum kapitalistischer Gesellschaften. Demzufolge werden selbst langfristige Trends immer wieder durchbrochen: Im Ersten wie im Zweiten Weltkrieg übernahmen Frauen Arbeitsplätze in der Industrie (und wurden später wieder verdrängt); Wirtschaftskrisen lassen die Arbeitslosigkeit zum Teil langfristig in die Höhe schnellen. Auch wiederkehrende kurzfristige Muster wie Saisonarbeit haben Einfluss auf die (ungleiche) Erwerbsbeteiligung. Aktuell ist es die Angst vor einer durch den Digitalisierungsschub ausgelöste „technologische Arbeitslosigkeit", die trotz ihrer empirischen Unschärfe Fragen zur zukünftigen Erwerbsbeteiligung in der modernen Arbeitsgesellschaft aufwirft. Um die derzeitige Beschäftigungslage einschätzen zu können, ist es sinnvoll, bezüglich der Entwicklungen auf dem deutschen Arbeitsmarkt[3] insbesondere die Zeit seit der Wiedervereinigung ins Auge zu nehmen. In Bezug auf die Erwerbsarbeit war diese eine einschneidende Phase mit dramatischen Folgen insbesondere für den ostdeutschen Arbeitsmarkt, die bis heute fortwirken. Mit der einsetzenden Deindustrialisierung war ein massiver Arbeitsplatzverlust verbunden, zugleich

---

[3] Zu beachten ist, dass sich die Erwerbstätigen aus unterschiedlichen Gruppen zusammensetzen: Neben den sozialversicherungspflichtigen Arbeiter*innen und Angestellten sind dies die Kategorien der Selbstständigen, der Beamten und der (ausschließlich) geringfügig Beschäftigten. Weiterhin ist zu beachten, dass die Statistik der Bundesagentur für Arbeit sich von der des Statistischen Bundesamtes in einigen Punkten unterscheidet. Im Folgenden zielt die Darstellung weniger auf jeweils mit Unschärfen versehene konkrete Daten denn auf die Vermittlung von Dimensionen.

existierte auch im Westen eine hohe Sockelarbeitslosigkeit. Die Zahl der sozialversicherungspflichtig Beschäftigten sank bis Mitte der 2000er-Jahre, unterbrochen durch einen zwischenzeitlichen, konjunkturell bedingten Aufschwung um die Jahrtausendwende, während die Zahl aller Erwerbstätigen in diesem Zeitraum leicht zunahm (Bundesagentur für Arbeit 2018b: Zeitreihen). Diese Differenz erklärt sich durch die Ausbreitung geringfügiger Beschäftigung, insbesondere durch immer mehr „neue" Selbstständige (Ein-Personen-Selbstständige, Scheinselbständige etc.) sowie durch einen Effekt veränderter Zumutbarkeitsregeln infolge eines sozialpolitischen Paradigmenwechsels zu Beginn der 2000er-Jahre (vgl. Lessenich 2008). Mit verbesserter Konjunktur nehmen sozialversicherungspflichtige Arbeitsplätze in der Folge wieder zu, ohne allerdings dem Trend hin zu mehr prekärer Beschäftigung zu stoppen. Ungewollte Teilzeit oder Befristung der Beschäftigung gehören heute zum weitverbreiten Normalfall eines segmentierten Arbeitsmarktes.

Die Zahl der Erwerbstätigen zeigt an, wie viele Menschen einer Erwerbsarbeit nachgehen, wie viele also mit Arbeit „versorgt" sind. Addiert man zu dieser Zahl die Arbeitslosen hinzu, so erhält man die Zahl der Erwerbspersonen, also derjenigen, die erwerbsfähig sind und zur eigenständigen Sicherung ihres Lebensunterhalts eine Erwerbstätigkeit benötigen. Ihre Zahl stieg recht kontinuierlich an und erreichte nach 41 Millionen im Jahr 1991 dann 2016 einen Rekordwert von über 45 Millionen (Destatis 2017a). Davon waren Ende des Jahres 2016 32,8 Millionen sozialversicherungspflichtig beschäftigt, knapp 2,4 Millionen waren erwerbslos gemeldet, davon fast 800.000 als Langzeitarbeitslose mit Bezug von Arbeitslosengeld II (nach SGB III). Knapp eine weitere Million nahm an arbeitsmarktentlastenden Maßnahmen (z. B. Qualifizierung, geförderte Selbstständigkeit) teil und galt damit wie Arbeitslose als unterbeschäftigt (vgl. BA 2018e). Die Selbstständigenquote lag 2016 bei 10 Prozent (vgl. Destatis 2017a) und damit trotz eines seit 2010 zu beobachtenden Rückgangs über dem Ausgangswert von 8 Prozent in 1991. Die Arbeitslosenquote sank umgekehrt auf erfreulich niedrige Stände, allerdings als langfristige Folge der Wiedervereinigung (abgesehen von einzelnen Bezirken) immer noch mit erheblichen regionalen Unterschieden (bemerkenswert sind weiterhin die Ost-West-Differenz und das große Gefälle zwischen den südlichen und allen anderen Bundesländern, wobei in einigen Regionen die Erwerbslosenzahl vergleichbar mit der in den östlichen Bundesländern ist).

2.4.2 Ausmaß und Folgen von Arbeitslosigkeit

Oberflächlich besehen scheinen anwachsende Erwerbsbeteiligung und hohe Arbeitslosigkeit miteinander verquickt. Die größere Erwerbsneigung von Frauen wäre demnach (mit-)verantwortlich für die zum Teil hohe Erwerbslosigkeit unter Männern in den zurückliegenden Jahren und eine Orientierung auf Kinder und Haushalt ein probates Mittel dagegen. Eine solche – durchaus verbreitete – Argumentation muss sich allerdings dem Vorwurf aussetzen, an einem geschlechtersegregierten Zugang von Männern und Frauen zum Arbeitsmarkt festzuhalten. Das widerspricht dem gesetzlich wie kulturell tief verankerten Prinzip der Gleichbehandlung der Geschlechter und kann somit kaum Lösung des Problems der Erwerbslosigkeit sein, verwehrt es Frauen doch das Recht auf ein selbstbestimmtes und über den Zugang zur Erwerbsarbeit abgesichertes Leben. Das wird zu Recht insbesondere in den intersektionellen Ansätzen der gesellschaftswissenschaftlichen Sozialforschung als Vermengung von klassen- und genderbezogenen Aspekten (neben denen der Ethnie) thematisiert. Zudem gilt: Die Gründe für Erwerbslosigkeit sind vielfältig, können in der Person liegen, haben etwas mit der Verantwortung von Betrieben zu tun und sind nicht zuletzt wiederkehrende Effekte eines konkurrenziellen Wirtschaftssystems, das notwendige Effizienz vor allem über die Senkung von Personalkosten herzustellen versucht und mehr oder weniger regelmäßig konjunkturelle wie strukturelle Wirtschaftskrisen hervorruft.

Nach einem rapiden Anstieg der seit Mitte der 1970er-Jahre auf einem Sockel von ca. einer Million Erwerbslosen basierenden Arbeitslosigkeit Anfang der 1980er-Jahre pendelte sich die Arbeitslosenquote in den alten Bundesländern bis 1990 auf einen Stand zwischen 7 und 9 Prozent ein. Mit der Wiedervereinigung stieg nicht zuletzt infolge der einsetzenden Deindustrialisierung im Osten und der Auflösungserscheinungen staatlicher Institutionen (Armee, Verwaltung) die absolute Zahl der Arbeitslosen auf knapp 4,4 Millionen an. Daraus resultierte eine gesamtdeutsche Erwerbslosenquote von gut 12,5 Prozent. Nach zwischenzeitlicher Erholung erreichte die Arbeitslosenquote 2005 mit 13 Prozent ihren historischen Höchststand. In den Krisenjahren 2008 ff. waren insbesondere die alten Bundesländer von ansteigender Erwerbslosigkeit betroffen. Bereits zuvor hatten Arbeitsmarktreformen – die sogenannten Hartz-Gesetze – ihre Wirkung entfaltet, deren Effekte auf den seit 2005 einsetzenden Rückgang der Arbeitslosenquote allerdings umstritten bleiben (Bofinger 2017). Die Entwicklung war zunächst von dem starken Ost-West-Gegensatz geprägt; im Laufe der Jahre stellte sich die regionale Verteilung der Erwerbslosigkeit allerdings als komplexer dar: Stadtstaaten wie Bremen und Berlin oder bundesweit ländliche Gebiete ohne Entwicklungsdynamik stehen prosperierenden Regionen mit (annähernder) Vollbeschäftigung in den südlichen und südwestlichen Bundesländern gegenüber. Die Bundesagentur für Arbeit erfasst neben der Zahl der registrierten Arbeitslosen auch die sogenannten Unterbeschäftigten – damit wird die Summe der offiziell gezählten Arbeitslosen sowie der arbeitssuchenden Personen in beruflichen Maßnahmen und arbeitssuchenden Kranken, die dem Arbeitsmarkt aktuell nicht zur Verfügung stehen, ermittelt. Diese Quote liegt dann nochmals deutlich über dem Wert der Erwerbslosenquote (vgl. BA 2018b). Auch sie erfasst aber noch nicht diejenigen, die resigniert haben oder mehr oder weniger freiwillig frühverrentet wurden.

Neben diesen regionalen Besonderheiten zeigt sich, dass Personen ohne beruflichen Abschluss in ihren Chancen auf dem Arbeitsmarkt deutlich schlechter gestellt sind und dass sich deren Arbeitslosigkeitsrisiko seit Beginn der 1980er-Jahre drastisch erhöht hat. Berufsbezogene und insbesondere akademische Abschlüsse wirken als relativer Schutz vor Erwerbslosigkeit. Das Risiko, arbeitslos zu werden, ist für Unqualifizierte ungefähr viermal so hoch wie für Erwerbstätige mit einem Ausbildungs- oder Fachschulabschluss und achtmal so hoch wie für Erwerbstätige mit einem Hochschul- oder Fachholschulabschluss. Die Arbeitslosenquoten sind in Ostdeutschland für Erwerbstätige mit einem beruflichen oder akademischen Abschluss ungefähr doppelt so hoch wie in Westdeutschland und für Unqualifizierte um drei Viertel höher (ebd.).

In Bezug auf die geschlechtsspezifische Betroffenheit zeigen sich interessante Entwicklungen: Deutlich wird, dass von 1997 bis zur Finanz- und Wirtschaftskrise 2008 die Arbeitslosenquote von Männern in Deutschland unterhalb der von Frauen lag – mit Ausnahme fast angeglichener Quoten in 2005. Seit 2008 weisen Frauen eine leicht geringere Arbeitslosenquote auf: Die Wirtschaftskrise wirkte sich vor allem auf den immer noch deutlich von Männern dominierten produzierenden Sektor aus. Die stärker auf Angestelltenberufe, insbesondere im Gesundheits- und Sozialwesen, orientierenden Frauen waren in gewissem Sinne geschützter. Diese Strukturen sind relativ konstant (vgl. Hausmann und Kleinert 2014). Bei insgesamt gestiegener Erwerbsneigung gehen Frauen allerdings nach wie vor häufiger atypische Beschäftigungsverhältnisse ein. Sie arbeiten als Mini-Jobberinnen oder Teilzeitkräfte, häufig auch jenseits der Sozialversicherungspflicht und sind seltener selbstständig. Allerdings gilt auch: Männer haben ein etwas höheres Risiko als Frauen, ihre Stelle zu verlieren, sie kommen allerdings deutlich besser als diese aus der Arbeitslosigkeit wieder heraus. Insbesondere Frauen in Elternzeit sowie arbeitslose Alleinerziehende haben Probleme, in die Erwerbsarbeit zurückzufinden. Auf politischer Ebene wird gegenwärtig um das Recht auf Rückkehr von Teilzeit zu Vollzeit gerungen, welches diese Problematik deutlich entschärfen dürfte. Dass dies keine allein sozialpolitische Errungenschaft sein wird, zeigt sich mit Blick auf die demografischen Entwicklungen auf dem Arbeitsmarkt.

2.4.3 Die demografische Entwicklung auf dem Arbeitsmarkt

Seit Längerem werden die arbeitsmarktbezogenen Folgen einer alternden Erwerbsbevölkerung debattiert. Die Politik hat darauf mit einem rentenpolitischen Paradigmenwechsel regiert: Die „Rente mit 67" wie auch die faktische Aufgabe der früher als Mittel gegen Arbeitslosigkeit genutzten Frühverrentung markieren den derzeitigen Übergang aus dem Erwerbs- in das Rentenalter. Das lässt zunächst die Erwerbstätigenquote insgesamt ansteigen, wie es auch die Erwerbstätigkeit unter Älteren, insbesondere der Gruppe der 55- bis 65-Jährigen, erhöht (BA 2018b). Waren 1991 noch gut 38 Prozent dieser Altersgruppe erwerbstätig, waren es 2013 bereits gut 64 Prozent. Bei den Frauen dieser Altersgruppe ist die Steigerung weitaus dramatischer verlaufen als bei den Männern. Zwar sind insbesondere langfristige Prognosen zu demografischen Entwicklungen per se mit einer hohen Unschärfe verbunden, aber zweifelsohne bestehen bereits gegenwärtig in einigen Berufen Engpässe im Hinblick auf Facharbeitskräfte bzw. deuten sich für die nahe Zukunft an. Diese Entwicklungen haben Folgen für die betriebliche Ausgestaltung von Arbeitsplätzen, Qualifizierungsbedarfe und unter Umständen auch im Hinblick auf das Leistungsvermögen ganzer Belegschaften (vgl. Bellmann et al. 2018).

Aktuell zeigt sich die Problematik der demografischen Entwicklung besonders scharf, weil die sogenannte Baby-Boomer-Generation dabei ist, in den Ruhestand einzutreten. Dieser Generation der zwischen 1956 und 1963 geborenen Arbeitnehmer*innen folgten mit dem sogenannten Pillenknick deutlich kleinere Kohorten von potenziellen Erwerbspersonen. Daraus resultiert für die Betriebe gegenwärtig ein gestiegener Bedarf an qualifizierter Ersatzrekrutierung, der kaum zu decken ist. Zwar ist die Perspektive auf einen generellen Engpass am Arbeitsmarkt inzwischen der differenzierten Wahrnehmung von fach- wie berufsspezifischen Engpässen bei geringer Problematik in anderen Tätigkeitsbereichen gewichen. Dennoch sprach die Bundeagentur für Arbeit im Februar 2018 von einer allgemeinen Anspannung sowie von Engpässen bei technischen Berufen, im Bereich der Bauwirtschaft sowie bei Gesundheits- und Pflegeberufen (BA 2018d). Ob diese Situation zu einer veränderten Marktmacht von Arbeitnehmer*innen führen wird, ist offen. Die zu erwartenden Einsparpotenziale durch eine Digitalisierung von Dienstleistungen und eine weitere Automatisierung der Industrieproduktion dürften Vorstellungen von einem einfachen Wirkungsmechanismus jedenfalls im Wege stehen.

Für Frauen mehr noch als für Männer gilt, dass eine frühe Verrentung aufgrund unterbrochener Erwerbsverläufe und geringer Entgelte u. a. bei Teilzeitbeschäftigung, aber auch infolge der allgemeinen Lohnentwicklung abseits tarifierter Beschäftigung für viele unattraktiv ist. Auf die steigende Erwerbsbeteiligung Älterer wurde schon hingewiesen. Das hat u. a. Folgen für die seit Jahren ansteigende Altersarmut, insoweit die Einkommenshöhe und die Dauer der Beiträge zum Rentensystem in Relation zur Höhe der Rentenzahlungen stehen. Aufstockungen sichern ggf. zwar die materiellen Bedürfnisse, sind aber nur bedingt geeignet, gesellschaftliche Teilhabe zu garantieren. Die Erwerbstätigkeit neben dem Rentenbezug wird daher in den kommenden Jahren vermutlich noch zunehmen. Die aktuellen politischen Debatten um ein (wie auch immer geartetes) Grundeinkommen wie auch zur Abschaffung bzw. Neuausrichtung der Hartz-Gesetze greifen die faktisch sich bereits vollziehenden Veränderungen in der Erwerbsbeteiligung und den Paradigmenwechsel in der Sozial- und Rentenpolitik auf und suchen nach neuen Lösungen zwischen Demografie-Entwicklung und Altersarmut. Für die Beschäftigten gilt es, ggf. abseits oder neben der gesetzlichen Rentenversicherung nach individuellen Lösungen für eine armutsfreie Phase nach dem Erwerbsleben zu sorgen – insoweit ist der Umbau zum aktivierenden Sozialstaat (Lessenich 2008) immer auch auf die eigene Zukunft der Arbeitssubjekte gerichtet und gewinnt daraus eine zusätzliche arbeits- wie sozialpolitische Dimension.

Die Analyse von Fundamentaldaten der Erwerbsbeteiligung vermittelt ein vordergründig zunächst erfreuliches Bild: Zunehmende Erwerbsbeteiligung, abnehmende Arbeitslosigkeit und eine moderne, augenscheinlich tragfähige sektorale Struktur, die nicht zuletzt den Krisen des letzten Jahrzehnts widerstanden hat. Die zurückliegenden Jahre zeugen von wirtschaftlicher Stabilität, das derzeitige Wirtschaftswachstum ist dazu angetan, Beschäftigung zu sichern bzw. auszubauen. Ob damit der Arbeitsmarkt allerdings ausgeglichen ist und den Bedürfnissen und Erwartungen der Erwerbspersonen entspricht, ist damit nicht gesagt. Relativiert werden die Daten schon mit Blick auf die veränderten Arbeitsvolumina, aber auch im Hinblick auf die Erwerbsbeteiligung Älterer sowie einen wachsenden Niedriglohnsektor.

2.5 Das Problem atypischer Beschäftigungsverhältnisse

In Deutschland wurden 2016 knapp 59,5 Milliarden Arbeitsstunden geleistet, davon fast 51 Milliarden von Arbeitnehmer∗innen (Destatis 2017b). Seit 2005 ist – im Krisenjahr 2009 nur kurz, aber vehement unterbrochen – ein Trend zu mehr Arbeitsstunden zu verzeichnen. Aktuell wird annähernd der Wert des Jahres 1991

2.5 Das Problem atypischer Beschäftigungsverhältnisse

erreicht. Zugleich sinkt die Zahl der jährlichen Arbeitsstunden pro Erwerbsperson. Bei steigender Erwerbsbeteiligung resultiert daraus ein kontinuierlicher Bedeutungszuwachs von Teilzeitarbeit. Infrage steht damit, ob die damit erzielten Entgelte ein Leben in materieller Sicherheit und die Teilhabe an gesellschaftlichem Fortschritt ermöglichen. Die Prekarisierung von Beschäftigten ist ein brennendes soziales Problemfeld geworden (vgl. dazu ausführlich Kap. 5). Insbesondere Teilzeitarbeit kann bedeuten, dass die Arbeitszeit nicht am Stück geleistet wird, sondern in Form einer „Arbeit auf Abruf" eine besondere zeitliche Lage und Logik aufweist, die unmittelbar negativ auf die Balance von Arbeits- und Lebenssphäre wirkt (vgl. Kap. 6).

Das Lohnarbeitsverhältnis ist das wohl hervorstechendste Merkmal der Arbeitswelt: Menschen bieten ihre Arbeitskraft an, um ein Entgelt zu erhalten, mit dem sie ihre Lebensbedürfnisse befriedigen können. Unternehmen erhalten damit für eine bestimmte Zeit das Direktionsrecht über die Arbeitskraft. Historisch ist dabei eine Abnahme der Arbeitszeit pro Tag und Woche kennzeichnend. Auf der anderen Seite ist seit einigen Jahrzehnten eine Zunahme von Beschäftigungs- oder Beauftragungsverhältnissen zu beobachten, die nicht mehr dem vor allem für die fordistische Phase des Kapitalismus in Deutschland typischen rund achtstündigen Arbeitstag entsprechen. Honorarverträge orientieren auf Sachleistung gegen Entgelt, befristete oder im Stundenumfang reduzierte Beschäftigungsverhältnisse gelten vielen als eine Erosion des sogenannten Normalarbeitsverhältnisses.

Dieser Begriff Normalarbeitsverhältnis bezeichnet in der Regel eine unbefristete, sozialversicherungspflichtige Vollzeitbeschäftigung, die kontinuierlich in einem Betrieb und mit tarifierter Entgeltordnung ausgeübt wird. Grundlage dieser Normalität sind entsprechende institutionelle, insbesondere gesetzliche, aber auch tarifliche Rahmensetzungen zum Schutz der Arbeitnehmer*innen. Abweichungen von dieser Norm bedürfen folglich ebenfalls institutioneller Rahmungen. Zugleich gilt: Das Normalarbeitsverhältnis hat nie für alle Arbeitenden gegolten, immer schon gab es Abweichungen davon: Landwirtschaftliche Saisonarbeit, notwendige Arbeits- und Einsatzzeiten etc. haben in vielen Bereichen für Abweichungen gesorgt (Bosch 2018).

Andererseits wurden in den letzten Jahrzehnten immer wieder „Öffnungen" vollzogen, um eine Flexibilisierung der Arbeits- und Beschäftigungsverhältnisse für die Betriebe zu ermöglichen – den Anfang machte das Arbeitnehmerüberlassungsgesetz in den 1970er-Jahren. Schließlich existieren Instrumente wie Teilarbeitsmärkte mit öffentlichen Zuschüssen, und es etablierte sich mit der abnehmenden Tarifmacht der Gewerkschaften ein Niedriglohnsektor, der vor Einführung des Mindestlohns bedrohliche Ausmaße annahm und zu arbeitsmarkt- und sozialpolitischen Verwerfungen führte (ebd.).

Aus den genannten, arbeitspolitisch durchaus umstrittenen Regelungen resultieren „atypische" Beschäftigungsformen, also solche, die von der Norm des Normalarbeitsverhältnisses abweichen. Dazu zählen a) Teilzeitarbeit (bis 20 Wochenstunden), b) befristete Beschäftigung, c) Leiharbeit sowie d) bezuschusste Beschäftigung zumeist infolge geringfügiger Beschäftigung. Teilzeitarbeit kann freiwillig oder erzwungen sein, also Teil des Lebensentwurfs von Beschäftigten oder aber personalpolitisch orientiertes Angebot eines Unternehmens, das die Vollbeschäftigung im Einzelfall verhindert. Ob dazu Ausweichmöglichkeiten bestehen, hängt zumeist vom regionalen Arbeitsmarkt ab – in der Regel wird eine erzwungene Teilzeitbeschäftigung von Arbeitenden in der Hoffnung auf baldige Vollzeitstelle akzeptiert. Mit diversen Befristungsgesetzen sind viele Beschäftigten einer stabilen, dauerhaften Zukunftsperspektive beraubt worden, weil diese es Unternehmen ermöglichen, mehrere Befristungen hintereinander bei ein- und demselben Arbeitgeber ohne Überführung in ein Dauerarbeitsverhältnis zu vereinbaren. Aktuell rangiert das damit eng verbundene Thema der Abschaffung der „sachgrundlosen Befristung" auf der arbeitspolitischen Agenda sehr weit oben. Der Begriff der Leiharbeit (in der amtlichen Statistik: Zeitarbeit, in arbeitsrechtlicher Terminologie: Arbeitnehmerüberlassung) beschreibt Beschäftigungsformen, die zwar auf einem unbefristeten Vertrag mit einem Verleihunternehmen basieren, aber in der Regel im Zeitverlauf wechselnde Arbeitsorte bei Entleihunternehmen vorsehen. Hier fallen also Arbeits- und Beschäftigungsverhältnis auseinander. Insbesondere geringfügige Beschäftigung erlaubt für sich genommen kein ausreichendes Erwerbseinkommen und bedarf daher ggf. einer Bezuschussung, vor allem im Rahmen der „Hartz-Gesetze". Aus geringfügiger Beschäftigung erwachsen keinerlei Ansprüche an die Sozialversicherungssysteme, was u. a. Tendenzen der Altersarmut verstärkt. Abgesehen von Fällen dauerhaft verminderter Leistungsfähigkeit handelt es sich bei bezuschussten Jobs nicht nur um eine Unterstützung von Beschäftigten, die in der Regel ihre Aufgaben erfüllen, sondern auch um eine Subvention für Unternehmen, die nicht bereit sind, den Lebensunterhalt absichernde Entgelte zu zahlen.

Im Zeitraum von 1989 bis 2007 haben dem Sozioökonomischen Panel zufolge alle diese Formen an Bedeutung gewonnen, auch wenn z. B. bei der Entwicklung der befristeten Beschäftigungsverhältnisse seit 1996 und beim Einsatz von Zeitarbeiter*innen seit 2003 eine gewisse Stagnation zu beobachten war (Brehmer und Seifert 2008). In diesem Zeitraum verdoppelte sich der Gesamtanteil atypisch Beschäftigter an allen abhängig Beschäftigten nahezu. Der Mikrozensus wies dann für den Zeitraum von 1991 und 2013 einen Anstieg der Gesamtzahl atypisch Beschäftigter um 72 Prozent aus – und dies bei einer relativ stabilen Anzahl abhängig Beschäftigter zwischen knapp 29 Millionen und gut 31 Millionen. Die Krisenjahre

2.5 Das Problem atypischer Beschäftigungsverhältnisse

ab 2008 hatten auf die Entwicklung in den unterschiedlichen Formen atypischer Beschäftigung weniger starke Auswirkungen als die mit Beginn des Jahres 2005 umgesetzte Arbeitsmarktreform, die das Gesamtvolumen atypischer Beschäftigung nochmals um 20 Prozent ansteigen ließ. Direkte Folgen der Krise 2008 ff. lassen sich dagegen besonders deutlich bei den Leiharbeitenden ausmachen. Die Niveaus der absoluten Anzahl von befristet Beschäftigten stiegen, während geringfügige wie auch befristete Beschäftigung und die Teilzeitarbeit im Jahresdurchschnitt eine hohe Stabilität ausgewiesen (Destatis 2018a; IAQ 2018).

Das verweist insgesamt auf Erosionstendenzen des Normalarbeitsverhältnisses insbesondere seit Ende der 1990er-Jahre, auch wenn es atypische Beschäftigungsverhältnisse immer schon gegeben hat. Waren diese früher auf wenige Branchen beschränkt – etwa dort, wo Saisonkräfte zum Einsatz kommen –, sind heute atypische Beschäftigungsverhältnisse in vielen Dienstleistungsbereichen, aber auch in Kernbranchen der deutschen Industrie (vgl. Holst 2009) gang und gäbe. Von einer Basis von gut 300.000 im Jahr 2002 vollzog sich bis in das Jahr 2008 ein rasanter Anstieg fast auf das Zweieinhalbfache. Erst der Kriseneinbruch im Jahr 2008 stoppte diese Entwicklung, die sich aber nach nur einem Jahr wieder dynamisierte. Mit der erklärten gesetzlichen Regulierung der Leiharbeitsbranche durch eine erneute Novellierung des in den 1970er-Jahren eingeführten Arbeitnehmerüberlassungsgesetzes 2011, mit der auch dem negativen Image der Leiharbeit entgegengewirkt werden sollte, verlor das Instrument sichtlich an Attraktivität für die Unternehmen. Diese setzten zunächst bei anspringender Konjunktur noch auf Leiharbeitnehmer*innen und Befristete, wandelten dann aber viele dieser Beschäftigungsverhältnisse in unbefristete Arbeitsplätze um. Die aktuell nach Zahlen der Bundesanstalt für Arbeit gut 840.000 Zeitarbeitnehmer*innen, mittels derer Unternehmen zusätzliche Arbeitsmarktflexibilität gewinnen, stellen knapp drei Prozent aller abhängig Beschäftigten (vgl. BA 2018c). Von wissenschaftlicher Seite wird auf die Konkurrenz zwischen unterschiedlichen Beschäftigtengruppen durch den Ausbau atypischer Beschäftigungsverhältnisse hingewiesen.

Befristete Beschäftigung ist ein Merkmal insbesondere der jüngeren Kohorten. Das ist insoweit nicht verwunderlich, als Ausbildungsverhältnisse immer befristet sind und daher in der Alterskohorte der 15- bis 20-Jährigen seit Langem fast drei Viertel als Befristete gelten; in der Alterskohorte der 20- bis 25-Jährigen hat sich allerdings die Zahl der Befristungen von gut 30 Prozent (1995) auf fast 45 Prozent (2013) deutlich erhöht. Zumindest für den Berufseinstieg und ggf. auch darauffolgende weitere Stationen wird ein befristeter Vertrag mehr und mehr zur Normalität. Auch nach Phasen der Arbeitslosigkeit nimmt der Anteil zunächst nur befristeter Verträge zu (IAQ 2018). Mit steigendem Alter nimmt der Anteil befristeter Beschäftigter schließlich auf bis zu 3 bis 5 Prozent an der jeweiligen Alterskohorte (gemessen in Fünf-Jahres-Schritten) ab, liegt aber im Zeitvergleich zumeist höher als in den 90er-Jahren des vergangenen Jahrhunderts (ebd.).

Ein weiterer interessanter Aspekt der atypischen Beschäftigung ist, dass Frauen mit Ausnahme der Leiharbeit in den anderen Bereichen weitaus stärker vertreten sind als Männer. Insbesondere unter den geringfügig Beschäftigten (inklusive Schüler*innen, Studierende in Jobs sowie solche mit einer anderen Haupterwerbstätigkeit) nehmen sie einen großen Anteil ein: Seit 2007 bewegt sich die absolute Zahl geringfügig beschäftigter Frauen zwischen 4,5 und 4,7 Millionen. Die Zahl der geringfügig beschäftigten Männer stieg im selben Zeitraum von 2,6 auf stabil etwa 3 Millionen Personen (vgl. Bundesagentur für Arbeit 2018a). Der absolute Anteil der Frauen stagniert also auf relativ hohem Niveau, der relative dagegen sinkt im Vergleich zu den Männern, bei genereller Zunahme geringfügiger Beschäftigung. Damit gesellt sich zu der prinzipiellen Problematik einer (ungewollten) Befristung diejenige einer geschlechtsspezifisch ungleichen Verteilung geringfügiger Arbeit. Ob die Gründe in der schon erwähnten Zuweisung von Care- und Clean-Arbeiten an Frauen zu suchen sind oder aber andere Ursachen haben (wie etwa, dass im Rahmen des Zuverdiener-Modells geringfügige Beschäftigung als auskömmlicher Beitrag zum Haushaltseinkommen gilt), wird breit debattiert. Immerhin suchen 10 Prozent der teilzeitbeschäftigten Frauen eine Vollzeitbeschäftigung (vgl. Destatis 2017b). Insgesamt weisen atypische Beschäftigungsverhältnisse eine deutlich niedrigere Beschäftigungsstabilität als Normalarbeitsverhältnisse auf. Das ist daran abzulesen, dass atypisch Beschäftigte sehr viel stärker (um den Faktor 1,5 bis gut 2) Arbeit suchen, als dies Beschäftigte im Normalarbeitsverhältnis tun (vgl. Brehmer und Seifert 2008).

Dass atypische Beschäftigung mit geringeren absoluten Arbeitsentgelten einhergeht, ist angesichts von Teilzeit- und geringfügiger Beschäftigung als zwei zentrale Formen mit eingeschränktem Zeit- bzw. Verdienstvolumen strukturell angelegt. Es zeigt sich aber auch, dass atypisch Beschäftigte bezogen auf den Bruttostundenlohn deutlich schlechter gestellt sind als Normalarbeitende: Sie erreichen nur etwa zwei Drittel der Höhe der Stundenlöhne der Normalbeschäftigten. Rund die Hälfte der atypisch Beschäftigten bezog im Jahr 2013 eine Niedriglohn (über 80 Prozent der Mini-Jobber*innen und gut zwei Drittel der Zeitarbeitenden), von den Normalbeschäftigten waren es nur 11 Prozent. Zugleich gilt: Zwar sind Beschäftigte im Normalarbeitsverhältnis weniger stark von Prekarität bedroht als atypisch Beschäftigte, dennoch waren über 41 Prozent aller Niedriglohnbeschäftigten im Jahr 2013 vollzeitbeschäftigt (Kalina und Weinkopf 2015). Insgesamt erweisen sich atypische Beschäftigungsverhältnisse demnach in mehrfacher Hinsicht als defizitär gegenüber Beschäftigung im Rahmen des Normalarbeitsverhältnisses. Die schrittweise Reduzierung (bei gleichzeitigem Ausbau in spezifischen Branchen wie etwa dem Einzelhandel; vgl. ebd.) erreicht aktuell nicht mehr das niedrige Niveau der 1990er-Jahre (5 Prozent), gehen jedoch mit anderen Entwicklungen einher, wie z. B. der Ausweitung der Arbeitsvolumina sowie der Flexibilisierung der Arbeitszeiten. Mit der Einführung des Mindestlohns haben sich die Verhältnisse anscheinend verbessert, ohne dass von einer flächendeckenden Durchsetzung die Rede sein kann. Nicht umsonst scheinen Kontrollen durch den Zoll z. B. auf Baustellen nötig zu sein. Zudem ist die Höhe des Mindestlohns selbst umstritten und zielen sozialpolitische Forderungen auf eine über 30-prozentige Anhebung, um zukünftig Altersarmut zu verhindern. Verlässliche Zahlen existieren dazu jedoch noch kaum.

2.5.1 Wachsendes Arbeitsvolumen, ansteigende Teilzeitarbeit und flexible Arbeitszeiten

Mit der sukzessiven flächendeckenden Einführung der 40-Stunden-Woche in verschiedenen Branchen zwischen Mitte der 1960er- und 1970er-Jahre war ein rascher Rückgang der tatsächlich geleisteten Arbeitszeit bis 1975 um gut fünf Wochenstunden bei Männern und um sechs Stunden bei Frauen gegenüber 1960 verbunden. Die starke Reduzierung der Stundenzahl zwischen 1970 und 1975 ist zudem mit der 1973 einsetzenden Wirtschaftskrise zu erklären. Seitdem sinken die Arbeitszeiten der Männer nur noch moderat, während sich bei den Frauen zwischen 1975 und 2000, vor allem durch den Anstieg der Teilzeitarbeitsverhältnisse, nochmals ein Rückgang um 6 Stunden ergeben hat. Zugleich stieg in diesem Zeitraum die Erwerbsbeteiligung von Frauen deutlich an.

Auch nach Durchsetzung der 40-Stunden-Woche in den 1960er- und 1970er-Jahren gingen die tariflichen durchschnittlichen Arbeitszeiten weiter zurück; in Westdeutschland von 39,6 Stunden im Jahr (1991: zwischen 37,5 bzw. 39,5 in vielen Branchen) auf 37,5 Stunden 2013, in Ostdeutschland von 40,2 im Jahr 1991 auf 38,6 Stunden 2013, für das gesamte Bundesgebiet von 38,6 Stunden 1991 auf 37,7 im Jahr 2013 (Absenger et al. 2014, S. 14).

Bei einer konstant bleibenden, lediglich um kalendarische Effekte kreisenden Anzahl von Arbeitstagen wurden in Deutschland 2017 bei einer durchschnittlichen tariflichen bzw. betriebsüblichen Wochenarbeitszeit der Vollbeschäftigten von 38 Wochenstunden um die 1633 Stunden, unter Einschluss aller Erwerbsformen insgesamt 1350 Stunden jährlich gearbeitet. Die 4,3 Millionen Selbstständigen (inkl. Mithelfenden) erreichten jeweils einen Wert von 1958 Arbeitsstunden im Jahr. Das entspricht für 2017 einem im Vergleich zu früheren Jahren sehr hohem Arbeitsvolumen von fast 60 Milliarden bezahlten Arbeitsstunden. Seit 2005 ist – nur 2009 kurz, aber vehement durch die Folgen der Wirtschaftskrise unterbrochen – ein durchgehender Trend zu immer mehr geleisteter Arbeit zu beobachten (Fuchs et al. 2017), dessen Fortsetzung aktuell prognostiziert wird. Schon seit Längerem sinkt die Zahl der Arbeitsstunden pro Jahr je erwerbstätiger Person kontinuierlich; im Zeitraum von 1992 bis 2013 um gut 11 Prozent, während im selben Zeitraum das Gesamtarbeitsvolumen nur um 2,8 Prozent zurückging, um dann wieder anzusteigen. Grund dafür ist, dass es deutlich mehr Erwerbstätige als noch vor 20 Jahren gibt. Ihre Zahl erreicht in der Tat Rekordwerte: 43,6 Millionen Erwerbstätige wurden für das Jahr 2016 gezählt (ebd.). Ein erklärender Faktor hierfür ist der kontinuierliche Bedeutungszuwachs der Teilzeitarbeit, die vor allem eine von Frauen gewählte Arbeitsform ist (siehe oben). Differenziert man die Arbeitszeiten von Frauen nochmals nach alten und neuen Bundesländern, so wird eine weitere eklatante Differenz deutlich: Frauen in den neuen Ländern haben kontinuierlich deutlich höhere Wochenarbeitszeiten. Seit 1991 ist eine nur allmähliche Konvergenz der Erwerbsbeteiligungsmuster auf etwa 4 Stunden Unterschied zu erkennen: Frauen in Ostdeutschland arbeiten häufiger als westdeutsche Frauen in Vollzeit oder in Teilzeitarrangements mit mehr als 20 Wochenstunden. Das liegt u. a. an der größeren Bedeutung ihres Beitrags zum Haushaltseinkommen, die sich auf die höhere Erwerbslosigkeit im Osten zurückführen lässt.

Verändert hat sich nicht nur das Volumen, sondern auch die Lage der Arbeitszeiten. Lage und Dauer haben entscheidende Bedeutung für die Gesundheit von Beschäftigten (vgl. Rau 2015; AOK Bundesverband 2017). Seit der Wiedervereinigung der beiden deutschen Staaten hat sowohl die Samstags- und die Sonntagsarbeit deutlich zugenommen; im Hinblick auf Nachtarbeit und Wechselschichten sind weniger starke, aber dennoch deutliche Zuwächse zu verzeichnen (Absenger et al. 2014, S. 11). Bezogen auf das Jahr 2016 bilanzierte die Bundesregierung im Jahr 2018 u. a., dass 4,6 Prozent der abhängig Beschäftigten überlange Arbeitszeiten haben, ein knappes Viertel regelmäßig am Wochenende arbeitet, nahezu ebenso viele regelmäßig in den Abendstunden erwerbstätig sind und fast 9 Prozent regelmäßig nachts arbeiten. Fast 16 Prozent der abhängig Beschäftigten arbeiten im Schichtdienst (Deutscher Bundestag 2018).

Arbeitszeit war und ist ein umkämpftes Feld der Sozialpartner. Die tariflich vereinbarten Arbeitszeitverkürzungen wurden von tariflichen wie gesetzlichen Maßnahmen zur Flexibilisierung der Arbeitszeit flankiert. Tarifverträge wie Betriebsvereinbarungen erlauben Abweichungen von den vereinbarten Arbeitszeiten, befristete Kurzarbeit, saisonal gestaffelte Arbeitszeit sowie Wochenendarbeit oder Schichtdienste. Arbeitszeitinteressen der Arbeitnehmer∗innen haben dagegen nur geringe Aussicht, Berücksichtigung zu finden. Vielmehr setzen sich Formen wie „Arbeit auf Abruf" vermehrt durch. Inzwischen praktizieren diese 8 Prozent aller

2.5 Das Problem atypischer Beschäftigungsverhältnisse

deutschen Unternehmen; über 5 Prozent aller abhängig Beschäftigten sind davon betroffen (Absenger et al. 2014, S. 36). Der DGB-Index Gute Arbeit (DGB 2014), der auf einer Repräsentativbefragung von 5793 abhängig Beschäftigten basiert, weist zudem aus, dass 44 Prozent der Beschäftigten sehr häufig und weitere 30 Prozent oft außerhalb der regulären Arbeitszeiten für ihren Arbeitgeber erreichbar sein müssen.

Neben der täglichen und der Jahresarbeitszeit ist ein weiterer Zeitaspekt wichtig für die einzelnen Arbeitenden wie auch für die Arbeitsgesellschaft insgesamt: die Lebensarbeitszeit. Bereits seit den 80er-Jahren des vergangenen Jahrhunderts wurden gesetzliche Regelungen zum Vorruhestand und zur Altersteilzeit erlassen und fanden Aufnahme in diverse Tarifverträge. In der Stahl-, Chemie- oder Kautschukindustrie und bei Unternehmen wie der Deutschen Bahn AG etwa sind der Übergang in die Rente und Aspekte der Lebensarbeitszeit seit Längerem Bestandteil von spezifischen Demografie-Tarifverträgen. Das beinhaltet u. a. lebensphasenspezifische Formen der Arbeit, die die Belastungsgrenzen Älterer, aber auch von Eltern etc. berücksichtigen. 49 Prozent aller Beschäftigten, Frauen mehr noch als Männer, würden einen allmählichen Übergang in die Rente mittels schrittweise reduzierter Arbeitszeiten präferieren (DGB 2014). Faktisch ist der rentenpolitische Zug eher in eine andere Richtung gefahren: Die Rente mit 67 ist seit einigen Jahren eingeführt – die aktuelle Debatte um eine Rente mit 63 für Personen, die 45 Jahre in die Rentenversicherung eingezahlt haben, ist demgegenüber eher ein sozialpolitisches Zugeständnis an eine relativ kleine Gruppe von Arbeitnehmer∗innen. Jüngere Generationen müssen sich angesichts des Fachkräftemangels, aber auch wegen der demografischen Verschiebungen darauf einstellen, künftig länger zu arbeiten – gelegentlich wird die Angabe „bis 70" ins Spiel gebracht.

2.5.2 Lohnentwicklung und Teilhabe

Lohn gegen Leistung ist ein Gerechtigkeitsversprechen der kapitalistischen Wirtschaftsform. Gleichwohl bestehen unterschiedliche Vorstellungen davon, was ein gerechtes Entgelt ist. Die regelmäßigen Tarifverhandlungen zwischen Gewerkschaften und Arbeitgeberverbänden (bzw. bei Haustarifverträgen zwischen den betrieblichen Sozialpartnern) oder auch der vor wenigen Jahren eingeführte Mindestlohn mit seinen Anpassungsmechanismen zeugen von einem durchaus umkämpften arbeitspolitischen Feld. Die Entgeltgestaltung hat über die körperliche Reproduktion der Arbeitskraft hinaus auch die Dimension der Teilhabe an der gesellschaftlichen Entwicklung zu berücksichtigen – es sind also nicht nur Preise und Kosten, die ins Feld geführt werden, sondern auch individuelle wie gesellschaftliche

Potenziale und Gerechtigkeitsvorstellungen. Seit einiger Zeit wird z. B. auf eine auch finanziell abgesicherte Aufwertung von Pflegeberufen gedrungen, mit der dringend benötigte Arbeitskräfte gewonnen werden sollen und der Beruf einen Attraktivitätsschub erfahren soll. Das wird auch für andere Berufe reklamiert, wobei die Höhe des Entgelts ein sehr gewichtiger Faktor ist. Betrachtet man die Lohnentwicklung im Hinblick auf die durchschnittlichen jährlichen Zuwächse des Bruttolohnes, also des Gesamtentgelts vor Abzug von Steuern und des Arbeitnehmeranteils der Sozialversicherungsbeiträge, so ergibt sich seit Beginn der 1990er-Jahre folgendes Bild (VGRdL 2018): Abgesehen vom Sonderfall des Jahres 1992, als u. a. Lohnangleichungen in Ostdeutschland einen deutlichen Schub in der Lohnentwicklung bewirkten, zeigen die Brutto-Lohnentwicklungen in Deutschland eine volatile Auf- und Abwärtsbewegung: Lohnzuwächse von 3 bis 4,5 Prozent gegenüber dem Vorjahr wechseln sich ab mit eher geringfügigen Steigerungen, die auf der Höhe der volkswirtschaftlich angestrebten Inflationsrate von 2 Prozent liegen, unterbrochen von Jahren mit stagnierender Lohnentwicklung. Immerhin: Die Bruttolöhne stiegen in der Regel, Negativentwicklungen waren die Ausnahme und insgesamt ist nominell für den genannten Zeitraum eine deutliche Steigerung zu konstatieren. Es entsteht der Eindruck, als sei die Lohnentwicklung den Arbeitenden in nicht zu knapper Münze zugutegekommen – allerdings wäre eine solche Bewertung voreilig. Der Ausweis von Bruttolöhnen berücksichtigt nicht die Entwicklung von Steuern und Abgaben (insbesondere der Arbeitnehmerbeiträge zu den Sozialversicherungen). Außerdem bleibt die Inflation unberücksichtigt, also die üblicherweise gegebenen, in den letzten Jahren allerdings niedrigen Preissteigerungen auf dem Konsumgütermarkt, die eine Abwertung der Kaufkraft der Lohnsummen bewirken. Erst wenn diese Faktoren einbezogen werden, lässt sich feststellen, ob die Arbeitslöhne mit einer Steigerung der Kaufkraft einhergingen und ob damit auch die Reallöhne gestiegen sind (ebd.).

Ein Indikator hierfür ist der Reallohnindex. Dieser wird jedes Jahr aus der Relation der Nominallohnentwicklung und der Preisentwicklung gegenüber dem Vorjahr errechnet. Daraus ergibt sich für den Zeitraum zwischen 1991 und 2016 ein im Durchschnitt moderater Bruttolohnanstieg von in der Summe über 40 Prozent und parallel dazu eine vergleichbare Entwicklung der Verbraucherpreise, sodass für zwei Jahrzehnte von weitestgehend stagnierenden Reallöhnen auszugehen ist. Der Gesamtdurchschnitt aller Arbeitnehmer*innen kann sich also von ihrem Lohn in der Summe nicht „mehr leisten" als ein Viertel Jahrhundert zuvor. Dabei hat es in diesem Zeitraum durchaus unterschiedliche Entwicklungen gegeben, von einem Reallohnverlust bis zu einem kräftigen Plus. Das erste Jahrzehnt nach dem Millennium war von Stagnation bzw. Reallohnverlusten geprägt, erst ab 2014 ist wieder ein stärkerer Aufwuchs zu verzeichnen. Löhne halten mit der Produktivitätsent-

2.5 Das Problem atypischer Beschäftigungsverhältnisse

wicklung ganz offensichtlich nicht Schritt (Sackmann 2016). Das kann man als schleichende Umverteilung verstehen – in jedem Fall berührt das die individuelle wie kollektive Teilhabe am gesellschaftlichen Reichtum. Der lange vorherrschende Trend zur größeren Lohnspreizung – also einer wachsenden Einkommensdifferenz zwischen Niedriglohnbereich (zwei Fünftel aller Beschäftigten, die weniger als 10 Euro Bruttostundenlohn erhalten) und Besserverdienenden (die 10 Prozent aller Beschäftigten, die über 31 Euro Bruttostundenlohn erhalten) – ist leicht rückläufig; allerdings erhalten weiterhin zwei Drittel der Beschäftigten einen unterdurchschnittlichen Monatslohn (weniger als 3441 Euro brutto), während ein Drittel darüber liegt. Insbesondere Frauen und junge Erwerbstätige zwischen 15 und 24 haben ein höheres Risiko, nur gering bzw. niedrig entlohnt zu werden. Die Einführung des Mindestlohns zu Beginn des Jahres 2015 wurde teilweise durch eine Absenkung der (entlohnten) Arbeitszeit durch die Arbeitgeber kompensiert – was die Relation von aufgebrachter Leistung und Lohnhöhe wiederum verschiebt (Destatis 2017c). Die Verdienste sind demnach höchst ungleich verteilt.

Statistiken über alle Arbeitnehmer*innen lassen einen differenzierenden Blick nicht zu. Der Vergleich von Verdienstunterschieden zwischen den Wirtschaftsbereichen anhand des monatlichen Bruttoentgelts der Beschäftigten (dessen volkswirtschaftliche Erfassung einfacher ist und das deswegen üblicherweise als Maßzahl verwendet wird), sagt daher einiges über die gesellschaftliche Anerkennung von Berufen aus, sekundär aber auch etwas über die Marktmacht der Beschäftigten und ihrer Interessenvertretung. So zeigt sich, dass das in den Bundesländern überaus unterschiedliche durchschnittliche Bruttomonatseinkommen vollzeitbeschäftigter Arbeitnehmer*innen (ohne Sonderzahlungen) u. a. nach Wirtschaftsbereichen, Unternehmensgröße und Tarifbindung differiert (ebd.).

Das liegt auch am erwarteten durchschnittlichen Qualifikationsniveau: Im industriellen Sektor ist nicht überall hohe Qualifikation vonnöten, hier können aber aufgrund der hohen Produktivität relativ gute Löhne erzielt werden. Der tertiäre Sektor unterscheidet die wissensintensiven, auf hohen Qualifikationsniveaus der Beschäftigten basierenden sekundären Dienstleistungsbereiche mit relativ guten Löhnen von den primären, tendenziell eher personenbezogenen und „sonstigen" Dienstleistungen mit relativ geringen Qualifikationsanforderungen und niedrigen Verdiensten. Das spiegelt sich auch in den Gehaltsunterschieden zwischen den Geschlechtern wider, die zum Teil immens sind: In fast jeder Branche verdienen Frauen (bezogen auf den Bruttomonatsverdienst plus Sonderzahlungen) weniger als Männer (ebd.). Dabei ist die Differenz mit ca. 30 Prozent im Finanz- und Versicherungssektor oder ca. 20 Prozent in der Energiebranche, aber auch im Handel sehr groß. Es gibt einige Bereiche (Wasserversorgung, Verkehr und Lagerei, Baugewerbe), in denen Frauen und in etwa gleichauf liegen. Das rührt daher, dass

Frauen hier – bei generell niedrigem Beschäftigungsanteil – überwiegend in qualifizierten Verwaltungsstellen zu finden sind, die gegenüber den männlich dominierten manuellen Tätigkeiten relativ besser dotiert sind. Branchenspezifisch unterschiedliche Entgeltdifferenzen folgen also auch unterschiedlichen (zugewiesenen) Funktionsbereichen und tradierten hierarchischen Positionierungen. Die Differenz der Verdienste von Frauen und Männern in der Arbeitswelt wird für gewöhnlich als Gender Pay Gap bezeichnet, der auf der Basis von Bruttostundenlöhnen als Gesamtdurchschnitt aller Erwerbstätigen und Branchen errechnet wird.[4] Diese Kluft liegt trotz zunehmender Erwerbsbeteiligung und ansteigenden Qualifikationsniveaus von Frauen seit Jahren bei etwa 21 Prozent. Die Beharrlichkeit dieses Wertes ist insofern wenig verwunderlich, als die Erwerbseinkünfte der meisten Beschäftigten relativ konstant bleiben bzw. im Rahmen allgemeiner Lohnanpassungen relativ einheitlich steigen. Grundlegende Änderungen sind nur mittel- bis längerfristig zu erwarten, sodass davon auszugehen ist, dass die geschlechterungleiche monetäre Wertschätzung der Arbeit andauern wird, sofern nicht legislativ eingegriffen wird. Die Aussagekraft des Konzepts Gender Pay Gap ist umstritten, weil verschiedene erklärende Faktoren wie Branche, Beruf oder Alter und Hierarchiestufe nicht berücksichtigt werden. Höhere berufliche Positionen zum Beispiel werden insbesondere durch Aufstiege im Erwerbsverlauf erreicht. Ein wichtiger Faktor für die besseren Karrierechancen von Männern in der Arbeitswelt – und daraus resultierend auch für höhere Stundenverdienste – ist die Tatsache, dass sie für gewöhnlich von Kinderbetreuungsaufgaben und der Pflege von Angehörigen weitgehend entlastet sind. Diese Aufgaben werden trotz aller aktuellen medialen Diskurse über „neue Väter" immer noch überwiegend von Frauen übernommen, sodass Männer im Durchschnitt günstigere Gelegenheiten zum beruflichen Aufstieg haben und damit höhere Entgelte verwirklichen können. Jenseits des Entgelts schlägt sich dies auch in der geringeren Erwerbsorientierung von Frauen in der Familienphase nieder. In diese präferieren sie ganz überwiegend Teilzeitstellen, die

---

[4] Die Berechnungsformel lautet: [(durchschnittlicher Bruttostundenverdienst der Männer – durchschnittlicher Bruttostundenverdienst der Frauen)/durchschnittlicher Bruttostundenverdienst der Männer] *100. Berechnungsgrundlage (der „Nenner") sind also die Bruttostundenverdienste der Männer. Übersetzt in Alltagssprache heißt das, dass Frauen 21 Prozent weniger verdienen als Männer. Bitte beachten Sie hier die Tücken der Prozentrechnung: Es macht einen Unterschied, ob die Entgelte der Frauen oder der Männer zum Referenzpunkt gemacht werden: Nehmen wir ein fiktives Stundenentgelt von 10 Euro für Männer an, dann verdienen Frauen bei 21 Prozent Gender Pay Gap folglich durchschnittlich 7,90 Euro. Um den Betrag von 10 Euro zu erreichen, wäre eine Anhebung um gut 28 Prozent erforderlich. Oder anders gesagt: Männer verdienen in dieser Konstellation gut 28 Prozent mehr als Frauen.

2.5 Das Problem atypischer Beschäftigungsverhältnisse

auch gemessen an den Stundenlöhnen deutlich geringere Verdienstmöglichkeiten beinhalten und kaum Aufstiegsoptionen eröffnen. So ist der Gender Pay Gap schon bei jüngeren Frauen in moderater Form erkennbar, kommt aber erst meist im Alter ab 30 Jahren zur vollen Entfaltung – wenn in der Regel die ersten Kinder geboren werden und gleichzeitig in der Arbeitswelt wichtige Karriereschritte und -entscheidungen anstehen.

Arbeit und Technik 3

Die Geschichte der Arbeit ist untrennbar mit der Technisierung der Produktion verbunden. Bereits der Einsatz eines Stockes zum Abschlagen einer Frucht von einem Baum ist ein frühes Beispiel von Werkzeugnutzung. Spätestens mit dem Behauen von Steinen zu Faustkeilen lässt sich eine überlegte Herstellung von Werkzeugen – also technischen Artefakten – feststellen, die für den Menschen als „tool-making animal" (Benjamin Franklin) charakteristisch ist. Mit dem Übergang von der protoindustriellen Phase der Hausfabrikation und der Manufakturen (als erste zentralisiert-arbeitsteilige, wenn auch noch handwerkliche Produktionsstätten) zu frühen industriellen Formen der Organisation von Arbeit (zunächst insbesondere durch den Einsatz von mechanischen Webstühlen) beginnt ein durch Innovationen konturierter Technisierungs- und Verwissenschaftlichungsprozess der Produktion, dessen Dynamik bis heute anhält.

Das Verhältnis von Arbeit und Technik (vgl. Rammert 1982) umfasst aber stets mehr als nur den Einsatz eines spezifischen Werkzeugs zum Zweck der effizienten Bearbeitung von Gegenständen. Technikentwicklung wie Technikanwendung im Arbeitsprozess sind immer wesentlich historisch-gesellschaftlich geprägt entsprechend bestehender ökonomischer und politischer Interessen wie auch kultureller Werte. Das spricht gegen Perspektiven, die lineare Phasenmodelle einer „technikdeterministischen" – also rein von der technischen Seite her bewirkten – Entwicklung des Zusammenhangs von Arbeit und Technik zugrunde legen. In den Blick zu nehmen sind vielmehr die Interdependenzen von Technik und Sozialem: Technik selbst wie auch technologische Entwicklung ist nie rein zweckrational und wertfrei, wie es ältere, technikdeterministische Ansätze postulieren, die Technik als quasi von außen wirkenden „Sachzwang" für die Sphäre des Sozialen thematisieren (vgl. exemplarisch Schelsky 1961). Vielmehr stehen technologische Entwicklungsstufen mit gesellschaftlichen Verhältnissen und Interessenskonstellationen in einem Wechselspiel – und das gilt insbesondere auch für den Zusammenhang von Arbeit und Technik. Im Verlauf der Industrialisierung wurde Technik zudem nicht nur als Produktionstechnologie, d. h. als Mittel und Werkzeuge zur Herstellung von Waren, sondern in zunehmendem Maß auch als Organisationstechnologie bedeutsam: Technik dient u. a. zur Strukturierung und Steuerung des Arbeitsprozesses, indem etwa bestimmte Vorgaben für die Arbeitsausführung und die Kooperation zwischen einzelnen Arbeiter*innen in die Technik „eingeschrieben" werden. Sie fungiert somit zugleich als Instrument der Kontrolle von Arbeit und Arbeitenden, das eine direkte Steuerung und Überwachung der Arbeitenden ersetzt.

3.1 Entwicklungslinien der Technisierung von Arbeit

Der historisch wohl markanteste technisch-organisatorische Entwicklungsschritt im obigen Sinne ist die Henry Ford zugeschriebene Einführung des Fließbandes, die der Epoche der industriellen Massenproduktion den Weg bahnte. Die Einführung der Fließbandproduktion zielte auf eine kostengünstigere Produktion und eine Erhöhung der Produktivität durch den Einsatz standardisierter Fertigungsteile und einer hoch arbeitsteiligen und vertakteten Organisation der Einzelarbeiten. Es lassen sich aber auch zahlreiche andere Beispiele einer durch die Technik definierten Anordnung von Arbeitsschritten benennen. Prototypisch hierfür beschreiben Popitz et al. (1957) in ihrer klassischen Studie „Technik und Industriearbeit" Arbeitsplätze in der Hütten- und Stahlindustrie, deren „gefügeartige" Anordnung die Kooperationsform der Arbeitenden genau definierte und kaum Handlungsspielräume eröffnete.

Während der gesamten Entwicklung der Industriegesellschaft war der Prozess der Technisierung bestimmend für die Gestaltung von Arbeit; und in diesem Prozess sind technische und ökonomische Aspekte verquickt: Es geht stets um eine effizientere Produktion, effektivere Dienstleistungen und Verfahrenssicherheit zugleich (Berger und Offe 1984). Dabei ergeben sich branchenspezifisch unterschiedliche Anwendungsweisen von Technologie und Einsatzformen menschlicher Arbeitskraft: Das reicht etwa von integrierten, noch handwerklich geprägten Einzelarbeitsplätzen im Werkzeugmaschinenbau über technische Anlagen, die wie in der chemischen Industrie von Facharbeiter*innen gesteuerte Prozesse der Stoffumwandlung vollziehen, bis hin zur in mehr oder weniger engen Zeittakten genormten Fließfertigung etwa in der Automobilindustrie.

3.1 Entwicklungslinien der Technisierung von Arbeit

Die Dynamik des Wandels der Arbeit durch Technisierung zeichnete sich durch qualitative Sprünge aus: Die fortschreitende Mechanisierung und Automatisierung ganzer Produktionsschritte seit den 1950er-Jahren bewirkte grundlegende Veränderungen der industriellen Produktion. Die unmittelbare Bearbeitung eines Gegenstands durch primär körperliche Arbeit war lange Zeit Kennzeichen industrieller Arbeit – das änderte sich mit der Mechanisierung, bei der Maschinen den Einsatz menschlicher Arbeit in den einzelnen Produktionsschritten zunehmend ersetzten, und weiter mit der Automatisierung, bei der gesamte Produktionsabläufe maschinell ablaufen. Der Einsatz von Technik ermöglicht sich exakt wiederholende Prozessabläufe (vgl. dazu Rammert 2007). Die zunehmende Anpassungsfähigkeit von Industrierobotern und das Aufkommen halb- und vollautomatischer Produktionsstraßen stellten ab den 1980er-Jahren die „menschenleere Fabrik" in Aussicht, die seinerzeit angesichts der Monotonie real existierender Fabrikarbeit durchaus als positives Szenario aufgefasst wurde. Denn mit der fortschreitenden Technisierung war zunächst die Hoffnung auf weniger belastende Arbeit verbunden. Ängste bestanden hinsichtlich restriktiver Arbeitsbedingungen für verbleibende Arbeitsplätze, zudem befürchtete man einen Stellenabbau und kamen Fragen nach der angemessenen Qualifizierung der Beschäftigten auf. Auch wenn das Leitbild der „menschenleeren Fabrik" nie in Gänze realisiert werden konnte (vgl. Brödner 1997), ist die Mechanisierung und Automatisierung der Produktion in allen industriellen Branchen deutlich fortgeschritten. Damit einher geht eine Polarisierung der Beschäftigten hinsichtlich der Qualität ihrer Arbeit: Zur Steuerung automatisierter Produktionsabläufe wird weiterhin (tendenziell immer höher qualifizierte) industrielle Facharbeit benötigt. Zugleich erfordert jede automatisierte Produktion meist unqualifizierte, belastende „Restarbeiten".

Charakteristisch für die Entwicklung ist eine Korrespondenz von ansteigender Komplexität der Automatisierungsprozesse einerseits – immer umfänglichere Aufgaben werden mittels automatisierter Produktionsschritte bewältigt – und der Veränderung von Managementkonzepten andererseits, d. h. der Prinzipien zur Anordnung von Technik und Arbeitskräften sowohl im Produktionsbereich als auch bei vorgelagerten Aufgaben etwa in der Fertigungslogistik und Zulieferung. So werden bei neueren „Just-in-Time"-Konzepten standardisierte Zulieferungen von Komponenten zeitgenau am Ort der Produktion bereitgestellt. „Just-in-Sequence"-Konzepte gehen einen Schritt weiter, indem passgenau speziell konfigurierte Einzelkomponenten dem laufenden Produktionsprozess zur Verfügung gestellt werden, etwa in der Automobilmontage: An einer Station folgt einem Ledersitz etwa ein einfacher Textilsitz, dann ein Textilsitz mit Sitzheizung etc. So entstehen entlang der Fertigungsstraße nach und nach individuell mit wählbaren Einzelkomponenten konfigurierte Exemplare des gleichen Grundmodells entsprechend der

Kundenvorbestellungen. Die Zulieferer für Sitze, Cockpits und weitere zu montierende Teile stellen nach Vorgabe des Automobilunternehmens sicher, dass die hierfür jeweils benötigten Einzelkomponenten zeitgenau am Ort der Montage vorhanden sind. Ursächlich für die Abkehr vom fordistischen Modell der Massenfertigung sind sich wandelnde Bedürfnisse nach individualisiertem Konsum auf der Grundlage veränderter technischer Produktionsmöglichkeiten. Das zugrunde liegende „Build-to-Order"-Konzept einer „flexiblen" industriellen Produktion unter Berücksichtigung spezifischer Kundenwünsche gipfelt in technischer Hinsicht in modularen Fabriken, in denen z. B. in der Automobilindustrie auf ein und demselben Fließband unterschiedliche Modelle eines Herstellers nacheinander gefertigt werden.

Bereits in den 1980er-Jahren verbreitete sich die Leitidee einer „ganzheitlichen" Produktion in einer weitgehend computergesteuerten Fabrik, also des übergreifenden Einsatzes digitaler Modelle und Methoden der Produktionsplanung und -steuerung. Wesentliche Grundlage hierfür ist das Prinzip des Computer-Integrated Manufacturing (CIM), das als übergreifende Produktionsarchitektur alle relevanten Produktionsprozesse und -ressourcen (Zäh et al. 2003) verknüpft. Diese basieren ihrerseits auf weiteren computerassistierten bzw. -gesteuerten Technologien wie etwa programmgesteuerte Fräs-, Bohr-, Schneid- bzw. Drehautomaten der Computerized Numerical Control-Produktion (CNC-Produktion), Technologien des Computer Aided Design (CAD), rechnerunterstütztes Konstruieren von Produktmodellen, computerunterstützte Arbeitsplanung (Computer Aided Planning/CAP) und Fertigung (Computer Aided Manufacturing/CAM), rechnergestützte Qualitätssicherung und Produktionsplanung (Produktionsplanungs- und Steuerungssysteme/PPS) und Betriebsdatenerfassung (BDE). In Kombination dieser Verfahren lassen sich ganze Produktionsprozesse digital abbilden und steuern.

Die Verbindung verschiedener computerunterstützter Einzeltechnologien bietet die Voraussetzung für eine integrierte bereichs- und abteilungsübergreifende Steuerung und Standardisierung der Arbeit. Darüber hinaus werden aber auch Prozesse einer über- und zwischenbetrieblichen systemischen Rationalisierung ermöglicht (vgl. Altmann et al. 1986; Bechtle 1994): Betriebsübergreifend werden Produktions- und Logistikprozesse seit den 1980er-Jahren vermehrt von „fokalen" Unternehmen dahingehend gesteuert, dass sie Teilprozesse der Produktion an Zulieferbetriebe auslagern und deren Produktions- und Lieferprozesse nach eigenen Erfordernissen steuern, wie das im oben angeführten Beispiel der Just-in-Sequence-Lieferung von Komponenten in der Automobilproduktion bereits angeklungen ist. Da die Zulieferbetriebe zur flexiblen Zulieferung vertraglich verpflichtet sind, erschließt sich das fokale Unternehmen auf diesem Weg neue Elastizitätspotenziale.

3.1 Entwicklungslinien der Technisierung von Arbeit

Auf dieser technologischen Grundlage entstand ab den 1990er-Jahren das Organisationskonzept der Ganzheitlichen Produktionssysteme (GPS; vgl. Spath et al. 2013). Mit ihnen werden alle Aktivitäten gebündelt organisiert, die zur Fertigung notwendig sind: Planen, Steuern, Logistik sowie Qualitätssicherung und Montage. Es handelt sich wiederum nicht um ein originäres oder einheitliches Organisationsmodell, vielmehr sollen bereits vorhandene Managementkonzepte vor dem Hintergrund der Marktbedingungen zu einem kohärenten Ganzen zusammengeführt werden. Im Zuge von Just-in-Time- oder Just-in-Sequence-Modellen werden erhebliche Anstrengungen logistischer Art, inklusive veränderter Zuliefererketten und Organisation des Wertschöpfungssystems, erforderlich. All dies ist heutzutage ohne den Einsatz moderner Informations- und Kommunikationstechnologien nicht vorstellbar.

Damit ist ein weiterer qualitativer Sprung im Verhältnis von Technik und Arbeit angesprochen: der Einzug von digitalen Technologien in die Arbeitswelt. Im Bürobereich hielt sie bereits in den 1980er-Jahren Einzug, inzwischen gehören sie zur alltäglichen Infrastruktur. Die rasante technologische Entwicklung in den vergangenen Jahrzehnten hat auch dazu geführt, dass Arbeit flexibler wird und sich tendenziell in bisher davon befreite Lebenssphären ausdehnt. Mit der vernetzten Arbeitswelt und der Verbreitung von Laptops als Arbeitsgeräten, spätestens aber mit Smartphones und Tablets, die den mobilen Internetzugang ermöglichen, werden die Grenzen von Arbeits- und Privatsphäre zunehmend unscharf. In der Dienstleistungs- und Wissensarbeit sowie zunehmend auch in der industriellen Produktion wird die tendenziell permanente Verfügbarkeit der Arbeitenden immer mehr zur Voraussetzung für stabile Produktionsprozesse.

Mit dem Aufkommen digitaler Technologien war auch im Produktionsbereich zunächst der elektronische Zugriff auf Produktionsdaten (anfangs unter dem Leitbegriff EDV = Elektronische Datenverarbeitung) möglich und wurde in einem zweiten Schritt zur Produktionssteuerung herangezogen. Mit der gesteigerten Leistungsfähigkeit und insbesondere mit dem Übergang von zentralen Großrechnern zu standortunabhängiger Technologie wie dem PC und zu programmgesteuerten Maschinen erhält Arbeit in vielen Bereichen eine informationstechnische Grundlage. Aktuell wird die fortschreitende digitale Vernetzung der Produktion entlang der gesamten Wertschöpfungskette in der technologie- und wirtschaftspolitischen Debatte unter dem Leitbegriff „Industrie 4.0" gefasst (vgl. aus soziologischer Perspektive Hirsch-Kreinsen et al. 2018; Matuschek 2016). Dieses technologiezentrierte Leitbild verspricht eine neue Automatisierungsstufe, auf der Auftraggeber wie Arbeitskräfte per Schnittstellen verbunden sind („Smart Factory") und Maschinen, Betriebsmittel und Lagersysteme über das „Internet der Dinge", also die informationstechnische Vernetzung technischer Artefakte, ein cyberphysisches Produktionssystem (CPPS) bilden.

Die Digitalisierung der Produktion erlaubt eine weitgehende Steuerung der Arbeitsprozesse entlang der gesamten Wertschöpfungskette: Betriebe sind nicht länger relativ isolierte Produktionseinheiten, sondern mittels Vernetzung in teils internationale Produktionsstrukturen eingebunden, die völlig neue Zeit- und Raumstrukturen schaffen (vgl. Boes 2005). Mittels Systemen des Enterprise Ressource Planning (ERP) etwa von SAP werden Unternehmensprozesse bis zu jedem Einzelschritt betriebswirtschaftlich erfasst (vgl. Pfeiffer 2003). Damit sollen Ineffizienzen detektiert und abgestellt werden. Dem liegt eine sehr rationale Vorstellung von Produktionsprozessen als Abfolge definierter Tätigkeiten möglichst ohne größere Störungen zugrunde.

Mit dem Ausbau von informationstechnischen Infrastrukturen auf der technischen Grundlage des Internets werden bisherige räumliche Grenzen von Unternehmen überwunden. Die räumliche Entgrenzung betrifft im Kleinen die Auslagerung der Arbeit einzelner Beschäftigter in ihre Privatsphäre (in Teleheimarbeit bzw. ins Home Office) bzw. (als ortsungebundene bzw. Mobilarbeit) an wechselnde außerbetriebliche Orte (vgl. Kleemann 2017). Im großen Maßstab betrachtet, dehnen sich die Produktionswelten aus: Die Begriffe Near- und Offshoring bezeichnen Produktionsmodelle, bei denen Teilprozesse des Unternehmens über Länder bzw. Kontinente hinweg ausgelagert werden (vgl. Boes und Kämpf 2011). Das betrifft sowohl die Trennung von Produktions- und Planungsstandorten als auch die Auslagerung von Abteilungen (etwa der Buchhaltung) oder von Teilfunktionen (etwa von Programmieraufgaben) vor allem nach Indien oder Südostasien, während die Prozessaufsicht und -umsetzung im Zentrum des informatisierten Produktionszusammenhangs verbleiben.

Eine ganz andersartige aktuelle Form der Erweiterung von bisherigen Grenzen des Unternehmens ergibt sich auf der Grundlage neuerer – mit den Schlagworten Web 2.0 oder Social Media bezeichneter – Strukturen des Internets. Sie ermöglichen den Nutzer∗innen das Einstellen von eigenen Inhalten auf dafür konfigurierte Webseiten und verknüpfen über Vermittlungsplattformen Anbieter∗innen und Nachfrager∗innen von Arbeitsleistungen auf neue Weise. In unterschiedlichen Anwendungsformen des Crowdsourcing greifen Unternehmen auf dieser Grundlage auf produktive Leistungen von Internetnutzer∗innen zu und integrieren diese in eigene Wertschöpfungsprozesse, indem eine unspezifische Masse (*crowd*) aufgerufen wird, sich z. B. an kreativen Projekten zur Generierung von Produktideen oder neuen Designs für ein Unternehmen zu beteiligen. Crowdwork-Plattformen hingegen vermitteln arbeitsrechtlich selbstständige Anbieter∗innen und Nachfrager∗innen von bezahlten Arbeitsleistungen unterschiedlicher Art. Beide Formen berühren damit u. a. grundlegende Fragen zum rechtlichen Verhältnis oder zur Betriebsförmigkeit von Arbeit (vgl. dazu Kap. 4).

3.2 Perspektiven auf die Relation von Arbeit und Technik in der Arbeitssoziologie

Die Auseinandersetzung mit dem Wechselspiel zwischen Arbeit und Technik war stets ein Dauerthema der Arbeits- und Industriesoziologie und lange Zeit sogar das dominante Thema. Die in einem längeren Zeithorizont in der Auseinandersetzung mit Prozessen der Mechanisierung und Automatisierung der Produktion entwickelte „Zentralperspektive" des Fachs soll hier zunächst skizziert werden, da sie weiterhin eine Hintergrundfolie für die aktuellen Debatten zur Relation von Arbeit und Technik bilden, die nachfolgend in Abschn. 3.3 behandelt werden.

Übergreifender Konsens aller Debatten ist, dass die Technisierung von Arbeit mit den generellen Zielen Arbeitsersparnis, Effektivitätssteigerung und Prozesskontrolle ein fortlaufendes und nie abgeschlossenes Projekt der Gestaltung von Arbeits- und Produktionsprozessen darstellt (Pfeiffer 2018). Die Entwicklung – vom Einsatz von Technik als Werkzeug über die Mechanisierung einzelner Produktionsschritte bis hin zur Automatisierung ganzer Produktionsanlagen – lässt sich in soziotechnischer Perspektive als Entwicklungspfad verstehen, der eine Rationalisierung durch Technikeinsatz verfolgt (vgl. Rammert 2003). Der Technikeinsatz vollzieht sich nicht isoliert, sondern im Wechselspiel mit sozialen Formen der Arbeitsorganisation. Prozesse der Mechanisierung und insbesondere der Automatisierung verändern die Stellung der Menschen im Produktionsprozess, den Gegenstand der Arbeit und damit die Arbeitstätigkeit grundlegend.

Bis in die 1970er hinein waren in der industriesoziologischen Debatte „technikdeterministische" Perspektiven vorherrschend, die davon ausgehen, dass die Einführung neuer Produktionstechnologien jeweils einheitliche Auswirkungen auf die Qualität von Arbeit hat und sich die Technikentwicklung weitgehend unabhängig von sozialen Faktoren vollzieht (zur Übersicht siehe Lutz 1987). So konstatieren Popitz et al. (1957) in ihrer klassischen Studie „Technik und Industriearbeit", dass die Bedienung einer Maschine formierende Züge aufweise, die ein Zuwiderhandeln unmöglich erscheinen lasse. In diesem deterministischen Technikverständnis werden die Subjekte zu Ausführenden eines maschinell vorgegebenen Arbeitsablaufs. Dennoch sprechen die Autoren auch davon, dass den Arbeitenden höhere Anforderungen an ihre Arbeit angetragen werden, es also durch hoch mechanisierte bzw. automatisierte Produktionsprozesse zu einer Höherqualifizierung komme.

Gemeinsam war den Debatten der 1950er- und 1960er-Jahre, dass sie darauf abzielten, eine allgemeine übergreifende Entwicklungstendenz bei der Qualität von Arbeit und den Qualifikationsanforderungen zu identifizieren. Eine solche Interpretation des Mechanisierungs- und Automatisierungsprozesses sah die Reduzierung der menschlichen Arbeit in diesem Prozess auf eine Restgröße vor (paradigmatisch hierfür: Bright 1958). Eine Gegenperspektive diagnostizierte demgegenüber die gegenteilige Entwicklung, nämlich die einer Höherqualifizierung der (verbleibenden) menschlichen Arbeit im Zuge der Automatisierung (paradigmatisch: Blauner 1964). Beide Pauschaldiagnosen erwiesen sich aber als nicht haltbar und als zu undifferenziert.

Das zeigte insbesondere die umfassende empirische Untersuchung „Industriearbeit und Arbeiterbewußtsein" (Kern und Schumann 1970), die in Deutschland eine neue Debatte um den Zusammenhang von Technik und Qualifikation in der Arbeit eröffnete. Die von den Autoren als empirischer Befund formulierte „Polarisierungsthese" – die für den Bereich der Bürotätigkeit schon von Jaeggi und Wiedemann (1963) ganz ähnlich formuliert worden war – bedeutete eine Differenzierung bisheriger Ansätze von einheitlich wachsenden bzw. abnehmenden Qualifikationsanforderungen in Prozessen der Mechanisierung und Automatisierung. Vielmehr, so die Autoren, seien im Zuge der fortschreitenden Technisierung auf jeder technischen Entwicklungsstufe unterschiedliche Prozesse beobachtbar: zum einen solche der Dequalifizierung in Form von „Restarbeiten", die nicht effizient automatisierbar sind, und zum anderen Prozesse der Höherqualifizierung bei neu entstehenden Aufgaben der Steuerung und Wartung von Produktionsanlagen, bei denen nicht mehr die direkte Bearbeitung von Arbeitsgegenständen im Mittelpunkt steht, sondern unterschiedliche Formen von „Gewährleistungsarbeit" (Kern und Schumann 1984; Schumann et al. 1994). Unqualifizierte, belastende Arbeit ist auch unter Bedingungen branchenspezifischer automatisierter Produktion weiterhin existent, und zugleich ergeben sich neue Tätigkeitsfelder mit höheren Qualifikationsanforderungen.

Die Studie von Kern und Schumann (1970) ging von einem weitgehend endogenen – also nach einer Eigenlogik verlaufenden und nicht durch andere Faktoren geprägten – Prozess der technologischen Entwicklung aus. Demgegenüber verstehen verwertungsorientierte Ansätze Technik primär als „Rationalisierungstechnologien". Deren Weiterentwicklung für die industrielle Produktion vollziehe sich vor allem aus einer kapitalistischen Profitlogik heraus: mit dem ökonomischen Ziel der Senkung der Personalkosten (vgl. Mickler et al. 1976, 1977) bzw. als Unterwerfung (Subsumtion) der lebendigen Arbeit unter die Prinzipien der Kapitalverwertung, indem durch Prozesse der Technisierung Arbeit zunehmend dequalifiziert werde (vgl. Brandt et al. 1978; Benz-Overhage et al. 1983). Die Entwicklung der Technik wird dieser Sichtweise zufolge also von betrieblichen Strategien beeinflusst und ist ökonomisch überformt. Die Ambivalenz der Technikentwicklung im Hinblick auf die Qualität der Arbeit lässt sich auch anhand von Untersuchungen über die Einführung von Mikroelektronik im Büroalltag von Angestellten in den 1980er-Jahren belegen (Baethge und Oberbeck 1986; Weltz und Lullies 1983).

3.2 Perspektiven auf die Relation von Arbeit und Technik in der ...

Diese zeigten auf, dass technikbasierte Rationalisierung nicht in jedem Fall mit Dequalifizierung einhergeht und Taylorisierung nicht zwingend ist.

Bei Fortbestehen der technikzentrierten wie politökonomischen Perspektiven in der industriesoziologischen Debatte dieser Zeit blieb ein weiterer Zugang zum Verständnis der Automatisierungsprozesse zunächst marginalisiert, erlangte aber später mehr Bedeutung. Jenseits technischer und politökonomischer Determinanten – aber selbstverständlich damit verbunden bzw. darin eingebettet – wurden Gestaltungsspielräume zur Erhaltung der beruflichen Autonomie erkannt (Fricke 1975). Im Zuge der einsetzenden Technikfolgenabschätzung wurden diese Überlegungen später weitergeführt und Ansätze kritisiert, die restriktive Arbeit begünstigen. Die Ausgestaltung der Automatisierung (Hack et al. 1979; Brödner 1985; Lutz 1987; Böhle 1992; Dierkes et al. 1992) erschien damit nicht mehr alternativlos, sondern als Arena der Aushandlung der soziotechnischen Konstellation auf Grundlage der Interessen der beteiligten Akteure. Damit ergab sich eine weitere Verschiebung der Perspektive: weg von den strukturierenden Wirkungen der Technik hin zu ihrer Einbettung in arbeitspolitische Prozesse.

Mit der Studie „Das Ende der Arbeitsteilung?" reklamierten Kern und Schumann (1984) die Renaissance von qualifizierter menschlicher Arbeit als Bedingung und Resultat „neuer Produktionskonzepte". Die Studie war als Follow-up der Untersuchung „Industriearbeit und Arbeiterbewußtsein" (Kern und Schumann 1970) konzipiert und umfasste die Automobilbranche, den Maschinenbau und die Chemieindustrie, mithin drei der für unterschiedliche Formen der Automatisierung besonders relevante Sektoren. Es wurden Verlaufsformen der Rationalisierung und damit verbundene Potenziale betrachtet. Die Autoren identifizierten eine neue Logik, die einen „ganzheitlichen" Zugriff auf menschliche Arbeitskraft in Anschlag bringe. Im Ergebnis wurde ein Wandel der Produktionskonzepte in den industriellen Kernsektoren diagnostiziert, „in [denen] das betriebliche Interesse an Ersetzung lebendiger Arbeit und das an Ökonomisierung der Rest-Arbeit auf neue Weise miteinander verschränkt sind. [...] Das Credo der neuen Produktionskonzepte lautet: a) Autonomisierung des Produktionsprozesses gegenüber lebendiger Arbeit durch Technisierung ist kein Wert an sich. Die weitest gehende Komprimierung lebendiger Arbeit bringt nicht per se das wirtschaftliche Optimum. b) Der restringierende Zugriff auf Arbeitskraft verschenkt wichtige Produktivitätspotenziale. Im ganzheitlichen Aufgabenzuschnitt liegen keine Gefahren, sondern Chancen; Qualifikation und fachliche Souveränität auch der Arbeiter sind Produktivkräfte, die es verstärkt zu nutzen gilt" (Kern und Schumann 1984, S. 19). Diese Studie löste (erneut) eine umfangreiche Debatte unter arbeitspolitischen und wissenschaftlichen Akteuren über die Qualifizierungsfolgen von Automatisierung aus. Kritik entzündete sich insbesondere an der als überzogen bilanzierten generellen

Wandelthese: Nach wie vor stünden Belastungen der Arbeit auf der Tagesordnung und gebe es einen hohen Verschleiß der Arbeitskraft (Düll 1985). Zu beobachten seien zudem verschärfte Leistungskontrollen (Malsch 1984), was letztlich eine intensivierte Verwertungsqualität beinhalte.

Die im englischen Original fast zeitgleich erschienene Studie „Das Ende der Massenproduktion" von Piore und Sabel (1985) diagnostizierte ebenfalls eine „Requalifizierung der Arbeit" und stellte dem bislang vorherrschenden Modell der Großindustrie mit Massenfertigung die „flexible Spezialisierung" als neues Leitbild industrieller Produktion in Netzwerken innovativer Klein- und Mittelbetriebe gegenüber, die sich schnell an veränderte Markterfordernisse anpassen könnten. Technische Grundlage dafür sei der Einsatz flexibel an die wechselnden Anforderungen anpassbarer und vernetzter Produktionstechnologie, die von qualifiziertem Personal bedient werde. Relevant für die Implementation neuer Produktionsstrukturen waren aber den Autoren zufolge vor allem volatilere Produktmärkte sowie ein verändertes Nachfrageverhalten der Konsument*innen, die nach individuelleren Produkten verlangten – zwei Faktoren, die standardisierte Massenproduktion alter Prägung zunehmend dysfunktional machen und die Entwicklung entsprechender „flexibler" Produktionstechnologien befördern.

Resümierend ist festzuhalten, dass der vormals autonome Status des Faktors Technik im Zuge der Entwicklung der industriesoziologischen Auseinandersetzung mit der Relation von Arbeit und Technik zunehmend aufgegeben wurde zugunsten von Ansätzen, die die ökonomisch-strategische Einbettung der eingesetzten Technologien und die arbeitspolitischen Gestaltungsspielräume beim Technologieeinsatz berücksichtigen. Damit einher ging aber seit den 1990er-Jahren eine insbesondere von Böhle (1998, 2001) und Pfeiffer (2004, 2018) kritisierte Abkehr von einer systematischen Betrachtung der weiterhin strukturierenden Auswirkungen der Technik auf die Qualität von Arbeit.

3.3 Aktuelle Debatten

An der Analyse des Wechselverhältnisses von Technik und Arbeit waren neben der Arbeits- und Industriesoziologie immer schon zahlreiche weitere andere Richtungen der Soziologie beteiligt (vor allem die Berufs-, Organisations-, Technik- und Wirtschaftssoziologie), die die oben konturierten Entwicklungsprozesse analytisch begleiteten und zu unterschiedlichen Zeitpunkten spezifische Sichtweisen auf den Wandel der Arbeit und die damit einhergehenden beruflichen Anforderungen entwickelt haben. Im Folgenden wird nicht die gesamte Breite der damit verbundenen Diskurse vorgestellt, sondern es erfolgt eine Konzentration auf aktuelle arbeitsso-

3.3 Aktuelle Debatten

ziologische Debatten, die auch die Auswirkungen auf die Subjekte und die Qualität von Arbeit in den Blick nehmen.

Zentraler inhaltlicher Bezugspunkt der im Folgenden näher beleuchteten aktuellen Debatten ist die Entwicklung und allgemeine Verbreitung von immer leistungsfähigeren Computersystemen sowie von Infrastrukturen der Datenübertragung. Als vorerst letzte fundamentale Umwälzung gilt diesbezüglich das Internet, das insbesondere auf der Grundlage interaktiver Anwendungen und in Kombination mit mobilen Endgeräten wesentlich dazu beiträgt, bisherige raumzeitliche Begrenzungen von Arbeit und Kooperation aufzuheben. Zunehmend globalisierte Produktionszusammenhänge zeugen ebenso von dieser Umwälzung wie neuartige Dienstleistungen im Netz – seien es Produktbewertungs-Plattformen oder Foren zur gegenseitigen Beratung und Unterstützung – oder der alltäglich gewordene Einkauf per Smartphone-App. Auf der Grundlage standortunabhängiger Computertechnologien werden neue Formen der Vernetzung innerhalb eines Betriebes und zwischen verschiedenen Betriebsteilen eines Unternehmens ebenso möglich wie unternehmensübergreifende Wertschöpfungszusammenhänge, aber auch erweiterte Formen der Einbeziehung nicht betrieblich angebundener Arbeitskraft in Produktionszusammenhänge (Crowdsourcing, Open Innovation etc.).

Nachfolgend werden zunächst durch Informations- und Kommunikationstechnologie beförderte generelle Wandlungstendenzen von Produktions- und Dienstleistungsarbeit betrachtet (Abschn. 3.3.1), gefolgt von der Darstellung des (historisch weiter greifenden) Konzepts von Informatisierung als zunehmende Abbildung und Dopplung von Arbeitsprozessen in Informationssystemen und den damit verbundenen Rückwirkungen der Informationsebene auf den realen Arbeitsprozess (Abschn. 3.3.2). So wird erkennbar, dass Informatisierung Arbeit zunehmend abstrakter werden lässt, dass aber vermehrt auch subjektive Leistungen der Arbeitenden erforderlich sind. Perspektiven und Konzepte, um diese zu erfassen, stehen im Zentrum des nächsten Abschnitts (Abschn. 3.3.3). Die durch jede Technisierung erzeugten Unbestimmtheiten für das Arbeitshandeln können nur durch bedeutsamer werdende metafachliche Kompetenzen der Arbeitenden bewältigt werden, im Zusammenspiel mit ihrem Erfahrungswissen und sinnlichen Wahrnehmungen, die im Modus des „subjektivierenden Arbeitshandelns" wirksam werden. Mit unterschiedlichen betrieblichen Formen des Technikeinsatzes und komplementärer Strategien der Arbeitskraftnutzung ergeben sich je spezifische Entfaltungsmöglichkeiten für menschliche Subjektivität. Der vorletzte (Abschn. 3.3.4) beschäftigt sich mit dem aktuell umfassend debattierten Leitbild Industrie 4.0, das bereits bei der Einführung von CIM-Konzepten (siehe oben) virulente Vorstellungen von einer vollautomatischen Produktion wieder aufleben lässt und sie angesichts des weit fortgeschrittenen informationstechnologischen

Potenzials mit dem Ziel einer hoch flexibilisierten „Produktion on demand" noch vorantreibt. Abschließend wird auf neuere, über Internet-Plattformen vermittelte Formen des Zugriffs auf menschliche Arbeitskraft eingegangen (Abschn. 3.3.5). Beim Crowdsourcing versuchen Unternehmen, auf der Grundlage von „interaktiven" Internet-Technologien arbeitsförmige, aber freiwillig erbrachte Leistungen von Privatpersonen ökonomisch zu verwerten und in Wertschöpfungsketten einzubeziehen. Beim Crowdwork werden Anbieter*innen und Nachfrager*innen von bezahlten Arbeitsleistungen mittels spezialisierter kommerzieller Vermittlungsplattformen zusammengebracht.

3.3.1 Digitalisierung I: Wandel von Arbeit durch Informationstechnologien

Informationstechnologien haben in der Arbeitswelt schon deutlich vor der allgemeinen Verbreitung der Personal Computer, die im privaten Alltag den Beginn des „Computerzeitalters" markiert, Einzug gehalten. In der Auseinandersetzung mit Rationalisierungskonzepten und technischen Entwicklungen wurde in der Arbeits- und Industriesoziologie die besondere Bedeutung neuer computergestützter Formen der Produktion von Waren und Dienstleistungen schon sehr früh in den Blick genommen. In den 1970er- und 1980er-Jahren geschah dies vor allem unter dem Leitbegriff Elektronische Datenverarbeitung (EDV), seit den 1990er-Jahren dann vermehrt unter den Begriffen Informations- und Kommunikationstechnologien (IuK bzw. IKT) oder Informationstechnologie (IT). Die jeweiligen neuen Technologien werden als technische Artefakte daraufhin untersucht, wie sie Eingang in Arbeitsprozesse finden, wie sie die Arbeitspraxis verändern oder welche Gestaltungskorridore des Technikeinsatzes sie eröffnen.

Der Prozess der Diffusion von (beliebigen) Informationstechnologien in die Arbeitswelt wird mit dem Begriff „Informatisierung" und seit Beginn der 2010er-Jahre zunehmend mit dem Begriff „Digitalisierung von Arbeit" gefasst (vgl. Schwemmle und Wedde 2012). Damit werden zunächst allgemein jene Tätigkeiten benannt, die sowohl „digitale" Arbeitsmittel als auch Arbeitsgegenstände in digitaler Form involvieren (für eine andere, theoretisch aufgeladene Begriffsverwendung von „Informatisierung" siehe Abschn. 3.3.2). Castells (2001) verweist zudem auf den vernetzten Charakter der zunehmend von Informationstechnologien durchdrungenen Gesellschaften.

Bereits seit Mitte der 1990er-Jahre dominieren in der Arbeitswelt informationsbearbeitende Berufe (Senghaas-Knobloch 2008), also solche, in deren Zentrum Gewinnung, Verarbeitung, Eingabe und Analyse von Informationen als Regulierungs- und Steuerungsaufgaben bzw. die Kontrolle von mehr oder weniger komplexen technischen Systemen stehen. Mittlerweile haben nahezu alle Branchen und Sektoren durch Informationstechnologien einen Veränderungs- und Modernisierungsschub erfahren (Schwemmle und Wedde 2012), auch wenn die Reichweite der dadurch bewirkten Veränderungen sehr unterschiedlich ist. Das betrifft auch die Auswirkungen innerhalb einer Branche: So ist bspw. in der Automobilindustrie die Automation der Montage generell weit fortgeschritten, wenn auch zwischen einzelnen Werken und Unternehmen in sehr unterschiedlichem Maße. Von einem klaren und durchgehenden Trend verstärkter Digitalisierung kann allerdings nicht generell gesprochen werden – im Gegenteil wurden sogar als überzogen eingeschätzte technische Rationalisierungsmaßnahmen in der Montage gelegentlich zurückgefahren (Pfeiffer 2007). In anderen Bereichen des Automobilbaus, wie etwa der Instandhaltung, wird dagegen zunehmend auf wissensintensive Arbeiten digitalisierter Diagnostik abgestellt und damit das berufliche Selbstverständnis der Fachkräfte verändert (Becker 2006). Das geht in der Regel mit einer veränderten Arbeitskultur einher: So vollzieht sich bei Ingenieuren in der Automobilindustrie mit der Digitalisierung ein Übergang von einer eher statischen, schrittweisen Abfolge des Entwicklungsprozesses hin zu einer stärker dynamischen und prozessorientierten Art der Produktentwicklung (Anderl 2006). Eine im Produkt Auto materialisierte Form der Digitalisierung findet sich auch im Einsatz von Telematik im Speditionsgewerbe: Digitale Ortungssysteme ermöglichen die Kontrolle der Fahrer*innen in Echtzeit und eine flexible Steuerung von Logistikprozessen ebenso wie die Standardisierung und Formalisierung mobilitätsbezogener Dienstleistungen (Ahrens 2008). In der Finanzdienstleistungsbranche sind Informationstechnologien die Basis des operativen Geschäfts mit Daten aus der Produktions- und Distributionssphäre, mit denen in Echtzeit automatisch hohe Umsätze generiert werden. Im Zuge von Outsourcing-Prozessen und einer veränderten betriebsinternen Arbeitsorganisation, aber auch mit neuen Angeboten auf Grundlage innovativer technischer Infrastrukturen (z. B. Telefon- und Internetbanking) verändern sich komplette Wertschöpfungsnetzwerke (Stobbe 2006; siehe auch Roach 2006).

Der Übergang von persönlicher Kundenberatung und -betreuung zu telefonischen Dienstleistungen in Callcentern bringt eine neue Qualität personenbezogener Dienstleistung hervor (vgl. Matuschek et al. 2007): Die Arbeit der Callcenter-Agent*innen besteht zwar weiterhin wesentlich in der Kommunikation mit Kund*innen und ist von den kommunikativen Fähigkeiten der Agent*innen abhängig. Zugleich wird aber die Kommunikationsweise mittels Trainings, Coachings und Leitfäden von der Organisation kontrolliert. Die zeitgleich erfolgende Bearbeitung von Kundenanliegen am Computer erfolgt einer standardisierten, weil von den Vorgaben der Eingabemaske bestimmten Weise, die wiederum Einfluss auf die Gesprächsführung nimmt, sodass sich insgesamt eine neuartige Konstellation „informatisierter Kommunikationsarbeit" ergibt (Matuschek und Kleemann 2006). Die räumliche Entgrenzung von Arbeit erhält auf der Grundlage neuer Informations- und Kommunikationstechnologien eine eigene Qualität und trägt in besonderer Weise und in unterschiedlicher Reichweite zu neuen Formen der Arbeitsorganisation bei. Befördert werden insbesondere betriebsübergreifende „systemische" Formen der Produktion bei generell verlängerter Wertschöpfungskette, Virtualisierung und Vernetzung von verteilt organisierter Arbeit sowie fern des Betriebes angelagerter Arbeitsplätze. Die durch digitale Infrastrukturen ermöglichte tendenzielle Globalisierung der Produktion, die dem Bedeutungsverlust nationaler Ökonomien Vorschub leistet (vgl. Altvater 2005), betrifft nicht länger nur niedrig Qualifizierte (vgl. zum Off-Shoring in der IT-Branche Boes und Kämpf 2011; Hürtgen et al. 2009; Kämpf 2008; Mayer-Ahuja 2011). Auch im nationalen Rahmen wird berufsbezogene räumliche Mobilität durch Prozesse der Digitalisierung befördert und findet ihren Niederschlag selbst auf der Ebene des einzelnen Arbeitsplatzes. Neue Arbeitsformen wie Tele(heim)arbeit (vgl. Kleemann 2005) bzw. neuerdings meist informell praktizierte Home-Office-Tage oder Mobilarbeit (vgl. Kleemann 2017), also Beschäftigung an wechselnden Einsatzorten, nehmen zu. Diese werden in entsprechenden Formen betrieblicher „Mobilitätspolitik" (Vogl 2009), die in „betriebliche Mobilitätsregime" (Kesselring und Vogl 2010; Kesselring 2012) eingebettet sind, gezielt gefördert. Daraus erwachsen neue Belastungen für die Arbeitenden, etwa die Anforderung, ihre Integration in betriebliche Zusammenhänge aktiv selbst herzustellen (Kesselring und Vogl 2010).

Ein wesentliches Kennzeichen des „Informationszeitalters" (Castells 2003) ist die netzwerkförmige Organisation von Funktionen und Prozessen. Auf dieser Grundlage entstehen u. a. „virtuelle Unternehmen" (Picot und Neuburger 2008), d. h. temporäre Kooperationen rechtlich selbstständiger Unternehmen mit heterogenen Leistungsprofilen, die als modulare Einheiten mit dezentraler Entscheidungskompetenz ihre Kernkompetenzen verschmelzen, um in Telekooperation einen definierten Auftrag zu erfüllen. Damit verbunden sind Gefahren neuer Formen der Überwachung auch für dezentrale Arbeitsplätze, die Freiräume beim Arbeitshandeln verringern. Mit steigender Komplexität der Arbeitsaufgaben nimmt der zugestandene (über Arbeitsergebnisse kontrollierte) Freiraum zu. Der zunehmend temporäre und „virtuelle" Charakter der Organisation von Arbeit und Produktion kommt auch im Bedeutungszuwachs servicebasierter Anwendungen zum Ausdruck, wie etwa im zunehmend Verbreitung findenden Konzept „Software as a Service" (SaaS), bei dem Software für einen bestimmten Nutzungszeitraum und nicht mehr dauerhaft gekauft wird. Eine andere aktuelle Form der Auslagerung von Infrastrukturen aus dem Unternehmen stellt das Cloud Computing dar – auch hier werden Speicher- und Rechendienstleistungen auf Dienstleister ausgelagert, anstatt die erforderliche Infrastruktur im Unternehmen selbst bereitzustellen. Dies befördert neue internetgestützte Software-Architekturen und Nutzerkonfigurationen, die der Entwicklung hin zu virtuellen Netzwerken entsprechen (vgl. Silberberger 2006).

Mit dem gesteigerten Einsatz und der veränderten Qualität von Technologien sind unmittelbar Fragen der Verwissenschaftlichung von Arbeit berührt. Ökonomisch induzierte Rationalisierungsprozesse von Arbeit schaffen fortlaufend Nachfrage nach technologischen Innovationen, die Rationalisierungspotenziale enthalten. Und Technisierung von Arbeit zielt letztlich immer darauf, unter Effizienzgesichtspunkten lebendige Arbeitskraft zu ersetzen oder in neuer Weise zu verknüpfen. Dieser Prozess muss organisiert werden, was die Verwissenschaftlichung von Arbeit vorantreibt und unabdingbar erscheinen lässt: Unter Einsatz jeweils aktueller Produktions- und Organisationstechnologien werden Arbeitsprozesse nach der Logik von Taylors (1913) „Prinzipien wissenschaftlicher Betriebsführung" zergliedert und neu strukturiert. Die damit befassten Planungsstäbe entwickeln Modelle des Produktionsprozesses bis hin zu Direktiven für den konkreten Arbeitsvollzug, machen Zeitvorgaben oder legen wie in jüngerer Zeit Kennziffern fest, die es zu erfüllen gilt. Die Voraussetzung für diese umfassende Organisationsleistung wiederum ist eine Durchdringung der stofflichen wie betrieblichen und arbeitskraftbezogenen Faktoren durch Verwissenschaftlichung. Damit ist nicht nur gemeint, Arbeit einseitig durch zunehmend formalisiertes und abstraktes Wissen tayloristisch zu reorganisieren. Dies allein wäre angesichts prinzipieller Grenzen der Verobjektivierung und der theoretischen Modelle (Brödner 1997) wenig erfolgversprechend. Vielmehr geht es darum, den Arbeitenden das Denken in wissenschaftlichen Zusammenhängen und Begriffen abzuverlangen, dafür eine entsprechende Arbeitsorganisation zu implementieren und ggf. eine spezifische Kultur der Wissensvermittlung zu initiieren. Verwissenschaftlichung von Arbeit hat insofern Folgen für die Re- bzw. Dequalifizierung von Arbeit selbst, die insbesondere mit der fortschreitenden Automatisierung der Produktion ab Ende der 1970er-Jahre und nachfolgend im Zuge der Digitalisierung bzw. Informatisierung der Arbeit sichtbar wurde.

3.3.2 Informatisierung der Arbeit

Die zunehmende Einbindung von Arbeitstätigkeiten in informationstechnische Systeme (vgl. dazu Böhle 1998; Knoblauch 1996; Schmiede 1996) wird zum Teil als betriebliche Strategie gedeutet, das Arbeitshandeln der Subjekte durch Computersysteme – auch betriebsübergreifend – zu integrieren, zu standardisieren und zu kontrollieren (vgl. Baethge und Oberbeck 1986; Baukrowitz und Boes 1996; Manske et al. 1994; Oberbeck 1994; Weißbach et al. 1990). Der Arbeitsablauf wird durch Computer-Software vorstrukturiert. Menschliche Arbeit dient dazu, Sachverhalte und Informationen in eine dem Computer verständliche, abstrakte Form zu transformieren. Das unmittelbare Arbeitshandeln ist dann auf ein Computerprogramm bezogen, während der „eigentliche" Gegenstand, auf den sich die Tätigkeit bezieht, nur noch abstrakt, nämlich vermittelt über das Programm erfahren werden kann. Diesen Prozess einer zunehmenden „Abstraktifizierung" der Arbeit von spezifischen Bezugspunkten bzw. die Reduzierung jeglichen Arbeitshandelns auf die Bearbeitung immer gleicher abstrakter Programme bezeichnet Schmiede (1996) in einer der Kritischen Theorie verpflichteten Perspektive als „Entqualifizierung" der Arbeit. Damit wird keineswegs eine Dequalifizierung der Arbeit beschrieben, sondern vielmehr ein Wandel der Qualifikationsanforderungen zur Bewältigung medienvermittelter Arbeit: Diese werden mit der „Entsinnlichung" der Arbeitsgegenstände – Bezugspunkt ist immer weniger das konkrete Arbeitsprodukt bzw. der unmittelbare Produktionsprozess – umfassender und abstrakter. Diese spezielle Perspektive auf einen historisch weiter greifenden Prozess der Informatisierung von Arbeit wird im Folgenden ausführlicher dargestellt.

Andere Autoren (vor allem Schimank 1986; Rammert 1992) elaborieren system- bzw. handlungstheoretische Perspektiven, die aufzeigen, dass komplementär zu den Prozessen der zunehmenden systemischen Einbindung und der „Entqualifizierung" von Arbeit in medienvermittelten Beschäftigungsformen auf der Ebene der konkreten Arbeitsausführung die Handlungs- und Autonomiespielräume der Arbeitenden gleichzeitig größer werden (siehe Abschn. 3.3.3).

Ein spezifisches, theoretisch fundiertes Konzept von Informatisierung wurde seit Mitte der 1990er-Jahre zunächst in einem Arbeitskreis um Rudi Schmiede, Andreas Boes und Andrea Baukrowitz entwickelt. Dieses Konzept fasst den Prozess der Informatisierung deutlich weiter und bezieht ihn nicht nur auf Computertechnologien, obwohl diese sehr wohl als zentrale aktuelle Entwicklung systematisch in den Blick genommen werden. Der primäre Bezugspunkt des Konzepts sind Informationssysteme als abstrakte Abbildungen konkreter empirischer Sachverhalte. Der Prozess der Informatisierung wird dann als Prozess der Entwicklung von (immer umfassenderen) Informationssystemen gefasst, der mit der Einführung der doppelten Buchführung im Spätmittelalter begonnen hat (Boes 2005), die mittels Belegen alle realen Geschäftsvorgänge einer Firma lückenlos und geordnet dokumentiert. Zielpunkt dieses Verständnisses von Informatisierung ist die Schaffung von (immer komplexeren) Informationssystemen als Abbild realer Prozesse, die dann zunehmend auch zur Strukturierung realer Prozesse unabhängig vom konkreten Subjekt dienen (Boes und Kämpf 2011, 2017). Pointiert gesagt, übernimmt die Informationsebene zunehmend die Steuerung realer (Arbeits-)Prozesse, die zuvor von den Arbeitskräften selbst mit ihrem Produktionswissen strukturiert wurden. (Parallelen zu Bravermans [1977] Perspektive auf den Taylorismus als Strategie zur Subsumtion menschlicher Arbeitskraft unter die Herrschaft des Managements werden hier deutlich erkennbar.)

Der technologische Aspekt interessiert hier insoweit, als immer infrage steht, in welchem Ausmaß und in welcher Weise technische Artefakte die Schaffung entsprechender Informationssysteme ermöglichen, die die konkrete Ebene „doppeln" – also in Bezug auf das, was Technologien ermöglichen. Die Technologien selbst bleiben aber in dieser Perspektive letztlich immer Mittel zum Zweck: Sie dienen der Gestaltung des Arbeitsprozesses. Gefragt wird vor allem nach Strukturveränderungen der kapitalistischen Produktionsweise (Schmiede 1996, 1999, 2017). Als zentrales Moment dieses Strukturwandels gilt demnach die wachsende Bedeutung technischen und abstraktifizierten Wissens für (informatisierte) Arbeitsprozesse, die sich in der Konzentration auf die Be- und Verarbeitung von Symbolen und Daten ausdrückt. Das erfordert entsprechende abstrakte Fertigkeiten der Arbeitenden.

Neben Buchführungssystemen gehörten schon früh auch Stücklisten oder Konstruktionszeichnungen zur abstrakten Informationsebene. Daraus ergaben sich umfassende Steuerungssysteme, die in großen Wirtschaftsunternehmen bereits in den 1920er-Jahren Einzug hielten. So postulierte bereits Alfred P. Sloan, Präsident von General Motors von 1923 bis 1937, dass in seinem Unternehmen die Steuerung der Produktionsprozesse „rein nach den Zahlen" vonstattengehe. Auch wenn damit sicherlich noch keine minutiös kennziffergesteuerte Produktion im heutigen Sinne gemeint war, so wird deutlich, dass bereits zu dieser Zeit zumindest die zentralen Parameter der realen Produktion vom Informationssystem vorgegeben wurden.

Das Entstehen „digitalisierter" Arbeit, d. h. der Informationsbearbeitung auf der Grundlage von Computertechnologien (deren technische Features sich im Zeitverlauf wandeln – etwa von zentralen Großrechnern über dezentrale PCs hin zu permanent vernetzten und mobilen Geräten – und die dadurch immer neue Formen der Informatisierung ermöglichen), wird in dieser Theorieperspektive als eine markante Weiterentwicklung des allgemeinen historischen Prozesses der Informatisierung angesehen (Boes und Kämpf 2011). Eine aktuelle Entwicklung ist, dass unternehmensinterne digitale Informationssysteme zunehmend in die öffentlich zugängliche Infrastruktur des Internets eingebunden sind und damit ein externer Produktions- und Verwertungszusammenhang im Sinne einer globalen Informationsebene entsteht, die bis in die Reproduktionssphäre reicht.

Das Verständnis der Informatisierung von Arbeit als eine Abstraktifizierung von Arbeitsprozessen und deren informationstechnischer Dopplung birgt letzten Endes die Vorstellung eines informationstechnisch veredelten Taylorismus (Matuschek 2010). Die neuen Informationssysteme ermöglichen und begünstigen einen reflexiven Umgang mit Informationen, dem eine Tendenz zur Aufhebung starrer hierarchischer Beziehungen innewohnt, soweit sie dem Ziel der Profitmaximierung nicht im Wege steht. Die Leitbilder des Computer-Integrated Manufacturing (CIM) der 1980er-Jahre und aktuell auch der Industrie 4.0 (siehe Abschn. 3.3.4) sind in gewisser Weise konkrete Produkte des allgemeinen Prozesses der Informatisierung und Ausdruck des jeweiligen technologischen Entwicklungsstands.

Die integrierte Nutzung von Informationstechnologien konstituiert einen erweiterten sozialen Handlungsraum, den „Informationsraum" (Boes 2005). Dieser Terminus bezeichnet nicht lediglich eine Infrastruktur zum Transport von Informationen durch das Internet, sondern den Umstand, dass Subjekte (als private oder wirtschaftliche Akteure bzw. als Vertreter von Unternehmen oder anderer Institutionen und Organisationen) unabhängig von ihrem Standort eine gemeinsame Arbeitspraxis etablieren können, sodass in der Tendenz ein globaler Raum der Produktion entsteht (ebd.). Unterstützt wird dies durch entsprechende Formen der Arbeitsorganisation, denen IT-gestützte Prozesse zunehmend als organisatorisches Korsett dienen. So etwa in der „agilen" Softwareentwicklung, wo flexible, dezentrale und situative Planungs- und Vorgehensweisen vorherrschen, die trotz einer Hierarchisierung von Teilschritten eine stark arbeitsteilige parallele Programmierung über unterschiedliche Standorte hinweg ermöglichen. Das erleichtert es, Unternehmen in globale informatisierte Wertschöpfungsketten einzubinden und z. B. rund um die Uhr Softwareentwicklung unter Rückgriff auf Programmierer*innen unterschiedlicher Qualifikation zu betreiben.

Charakteristika der Informatisierung von Arbeit sind die wachsende Dominanz der Informationsebene (z. B. Kennziffernsteuerung), eine zunehmende Entkopplung von Raum und Zeit (z. B. das Off-Shoring von Teilprozessen der Produktion) und eine stärkere Prozessorientierung und verdichtete Kontrolle der Arbeit (z. B. Qualitätssicherung). Damit gehen sowohl ein umfassenderer Zugriff auf subjektive Leistungen und Fähigkeiten der Arbeitenden im Sinne des Rationalisierungsmodus der Subjektivierung von Arbeit (siehe Kap. 6) als auch die Steuerung und systematische Vernutzung dieser subjektiven Leistungen gehen (Boes et al. 2014).

3.3.3 Subjektive Leistungen der Arbeitenden als Komplement technisierter Arbeit

Jede Form der Technisierung von Arbeit produziert neue Unbestimmtheiten für das Arbeitshandeln, die erst durch menschliche Subjektivität beseitigt werden können

3.3 Aktuelle Debatten

(vgl. Schimank 1986, der einen „irreduziblen Subjektivitätsbedarf" [ebd., S. 75] technischer Systeme diagnostiziert). Die durch Informatisierung bewirkte „Entqualifizierung" der Arbeit im Sinne einer zunehmenden Distanz der Arbeit zum unmittelbaren Herstellungsprozess hat – bei insgesamt sinkendem Beschäftigungsvolumen – zur Konsequenz, dass der konkrete Bezug dazu vermehrt von der arbeitenden Person hergestellt werden muss. Damit steigt in informatisierten Strukturen der Bedarf nach „subjekthaftem Arbeitshandeln" (Baukrowitz und Boes 1996). Allerdings wird diesem Erfordernis im Zuge der ausgeweiteten Technisierung von Arbeitsorganisation und Management immer weniger nachgegangen.

Von der technischen Entwicklung vorangetriebene Rationalisierungsprozesse im Produktionssektor haben dazu beigetragen, dass Arbeitsprozesse und die Art der Ausführung von Einzeltätigkeiten auf der Ebene der betrieblichen Arbeitsorganisation in hohem Maße „standardisiert" erscheinen. Im Management führt dies zu der verkürzten Wahrnehmung, dass ergänzende subjektive Leistungen, insbesondere das „Erfahrungswissen" der Arbeitenden, zunehmend irrelevant seien. Nur eine Ausführung der Tätigkeit gemäß den qua Verwissenschaftlichung von Arbeit normierten Vorgaben („Planungswissen") wird als hinreichend angesehen, um die definierten Arbeitsziele zu erfüllen (vgl. hierzu die Studien zu computergestützter erfahrungsgeleiteter Arbeit von Martin 1995; Rose und Martin 2002; Weber und Wehner 2001). Mit der Einführung hochautomatisierter, informationstechnisch gesteuerter Produktionsprozesse wird diese Ausblendung der nicht „objektivierbaren" Leistungen weitergetrieben. Im Zusammenhang mit der so intensivierten Mensch-Maschine-Interaktion bei autonomen Systemen spielen Fragen nach den Gestaltungsspielräumen der Arbeitenden sowie dem Stellenwert der Steuerungs- und Kontrolltätigkeit eine zentrale Rolle – wie auch schon in älteren Debatten zu computerunterstützter Arbeit (z. B. Hacker 1987; siehe auch Ulich 2005; Grote 2009).

In der Praxis beinhaltet informatisierte Arbeit zahlreiche verborgene Leistungen der Beschäftigten, wie die Übersetzungsleistung von Inputs aus der sozialen Welt in die Systemsprache oder die sinnhafte Interpretation der Outputs des technischen Systems. Aktive Kontrollarbeit sowie der regulierende Eingriff in die systemischen Abläufe auf der Grundlage des „Gespürs" der Maschinenbediener sind im Normallauf wie auch bei Störungen notwendig (vgl. Perrow 1987). Anscheinend verringert sich mit zunehmender Informatisierung unter Umständen die Reichweite dieses Gespürs, wenn z. B. ungewöhnliche Vibrationen einer Maschine in räumlich separierten Kontrollständen nicht unmittelbar bemerkt, sondern allenfalls anhand von am Monitor angezeigten Messparametern kognitiv wahrgenommen werden können. Allerdings kann solchen Defiziten durchaus mit entsprechenden haptischen Konfigurationen begegnet werden. Ein Beispiel hierfür ist etwa der „vibrierende"

Steuerstick neuer Passagierjets, mit dem die technisch vermittelte Kraftübertragung der Lenkbewegung in sinnlich wahrnehmbarer Weise simuliert wird (vgl. Matuschek 2008). Dennoch geht mit bestimmten Architekturen informatisierter Arbeit tendenziell das verstärkte Risiko einer, automatisierte Produktionsprozesse nicht mehr sicher und im Sinne höherer Qualität und Effizienz steuern und kontrollieren zu können. Damit ist das seit Längerem bekannte Problem der „ironies of automation" (Bainbridge 1983) angesprochen, also die Erkenntnis, dass eine „Sicherheit" gewährleistende technologische Organisation von Produktionsprozessen ggf. das Gegenteil hervorruft. Diese Erkenntnis verweist auf die Bedeutung menschlichen Handelns und betont insbesondere Erfahrungswissen und -handeln von Beschäftigten bei computergestützter Arbeit (Schulze 2001; Schulze et al. 2001).

Daran anschließend wird von Fritz Böhle und Kolleg*innen die Seite des nicht zweckrational-abstrahierenden, sondern „subjektivierenden" Arbeitshandelns konzeptionell und empirisch in den Blick genommen, das für technisierte Arbeit konstitutiv ist (vgl. als Überblicke: Böhle 2017, 2018; siehe auch Böhle 1994, 1998, 2001; Böhle und Milkau 1988; Böhle und Rose 1992; Böhle und Schulze 1997; Böhle et al. 2002; Pfeiffer 2004, 2005, 2017, 2018). „Subjektivierendes Arbeitshandeln" wird verstanden als „Handlungsmodus, bei dem sinnliche Wahrnehmung nicht vom subjektiven Empfinden losgelöst und verstandesmäßig intellektuellen Prozessen untergeordnet ist. Die sinnliche Wahrnehmung unterliegt einer Eigenaktivität und stellt bedeutungsrelevante Zusammenhänge her." (Böhle 1994, S. 195) Damit werden Gefühle und sinnliche Wahrnehmung als Medien des Erkennens und Handelns diesseits rationaler Handlungsvollzüge („objektivierendes Arbeitshandeln") betont, die in dominanten „rationalistischen" Analyseperspektiven der Arbeitstätigkeit in der Regel ausgeblendet werden.

Untersucht werden insbesondere auch die in automatisierten Prozessen regelmäßig und zwangsläufig auftretenden Störungen (deren Zwangsläufigkeit und „Normalität" Perrow (1987) im Hinblick auf die Havarie großtechnischer Systeme aufgezeigt hat), die für die Arbeitenden Abweichungen vom „Normalverlauf" und eine Unterbrechung von Arbeitsroutinen bedeuten. Die Analyse, wie die Arbeitenden auf solche außergewöhnlichen Situationen reagieren, verweist darauf, dass eine erfolgreiche Bearbeitung der auftretenden Probleme nicht Ergebnis der kanonischen Routinen der Arbeit in automatisierten Systemen ist, sondern Intuition und Gespür, Erfahrungswissen und in letzter Instanz ein spezifisches „subjektivierendes Arbeitshandeln" erfordert, das keine rational-kognitive Basis hat (zusammenfassend Böhle 2017, 2018).

Für den Bereich automatisierter Produktionsarbeit haben verschiedene Studien festgestellt, dass die Bedeutung des „subjektivierende Arbeitshandelns" im Kontext neuer Formen betrieblicher Rationalisierung, die auf eine größtmögliche

3.3 Aktuelle Debatten

Transformation von Produktionsarbeit in „geistige Arbeit" abzielen, zunehmend negiert wird (vgl. Böhle 1994, 1998, 1999, 2002; Malsch 1984). Dadurch wird der Einsatz subjektiver Fähigkeiten der Arbeitskraft im konkreten Arbeitshandeln – ihr „Erfahrungswissen" – beschnitten. Zugleich werden auf der Ebene der Arbeitsorganisation im Zuge der Einführung post-tayloristischer Formen der Arbeitsorganisation von den Beschäftigten aber „Eigenverantwortung", „Eigeninitiative" usw. gerade gefordert (siehe Abschn. 7.2). Außerdem werden die Grenzen technischer Planbarkeit des Produktionsprozesses verstärkt auf „menschliches Versagen" zurückgeführt (Böhle 1998).

Für den Bereich der Büro- bzw. Informationsarbeit liegen zahlreiche Untersuchungen vor, in denen Handlungs- bzw. Orientierungsmuster der Arbeitenden im Umgang mit IuK-Medien herausgearbeitet wurden. Es zeigt sich, dass der Stellenwert kooperativer kommunikativer Handlungen („Kommunikationsarbeit" – siehe dazu Knoblauch 1996; für eine allgemeine theoretische Grundlegung vgl. Knoblauch 1995) im Kontext hoch technisierter Organisationen steigt. Kollektive Kommunikationsmedien wie z. B. Videokonferenzsysteme machen Kontextualisierungshandlungen der Individuen erforderlich (z. B. um nicht im Raum befindlichen Gesprächspartnern gegenüber Hörverstehen zu signalisieren oder beiläufig anzuzeigen, dass man „etwas sagen will", also das Rederecht beansprucht). Die individuellen Kommunikationsleistungen werden dadurch im Vergleich zu „naturwüchsig" verlaufenden Face-to-face-Kommunikation insgesamt komplexer (vgl. Meier 1999; Weinig 1996). Hinsichtlich der Kombination verschiedener Kommunikationsmedien in Betriebszusammenhängen zeigt sich, dass Mitglieder von Organisationen je nach betrieblicher Position bzw. Funktion und damit einhergehenden Interessenlagen in unterschiedlicher Weise Medien im Sinne mikropolitischer Strategien einsetzen, um ihren Arbeitsaufgaben im Betriebssinne möglichst gut nachzukommen (vgl. Stegbauer 1995a, b). Böhle und Bolte (2002) haben nachgewiesen, wie zentral der Stellenwert informeller Kommunikation und Kooperation für den Arbeitsprozess ist. Für IT-Spezialisten zeigen Baukrowitz et al. (1994), dass subjektive Fähigkeiten und Leistungen in medienvermittelter Arbeit an Bedeutung gewinnen, während der relative Stellenwert konventioneller beruflich-fachlicher Fähigkeiten sinkt. Diese müssen, da die Arbeitsaufgaben von betrieblicher Seite immer weniger klar vorstrukturiert werden können, von den Arbeitenden zunehmend durch Formen „reflexiver Fachlichkeit" (Boes et al. 1995) ergänzt werden, d. h. durch „den sinnhaften Bezug, der vom Subjekt aktiv zwischen den fachlichen Kompetenzen und den Erfordernissen der konkreten Aufgaben hergestellt wird" (ebd., S. 248). Pfeiffer (1999) zeigt am Beispiel des „Spürsinns" von Informations-Brokern, dass auch bei immateriellen Arbeitsgegenständen sinnlich-erfahrungsbasiertes subjektivierendes Arbeitshandeln eine wichtige Rolle spielt und nicht standardisierbar ist.

Insgesamt wird im Bereich qualifizierter digitalisierter Arbeit eine Reihe neuartiger „metafachlicher" Kompetenzen verlangt, z. B. „die Fähigkeit, neue Probleme zu erkennen und zu lösen; das Wissen um die Gesamtzusammenhänge der betrieblichen Leistungserstellung; die Fähigkeit zur Eigenmotivation, zur Selbstentwicklung und zu eigenständigem Lernen in einem Umfeld von geringen Hierarchien; eigenständige, ergebnisorientierte Organisation von Arbeitsprozessen; die Fähigkeit zur Kooperation in Arbeitsgruppen; auch die Fähigkeit zur zielgerichteten und ergebnisorientierten Zusammenarbeit in ‚virtuellen Unternehmen'; die Beherrschung der neuen informationstechnischen Geräte und (auch betriebsübergreifenden) Systeme." (Welsch 1997, S. 57) Diese Aufzählung macht deutlich, dass digitalisierte Arbeit in vielerlei Hinsicht Herausforderungen für den Umgang mit Informationstechnologien mit sich bringt, die unmittelbar von den Beschäftigten bewältigt werden müssen.

Die Qualität der zu erbringenden subjektiven Leistungen divergiert je nach Art ihrer betrieblichen Funktion und Einbindung. Prinzipiell sind zwei Wege der betrieblichen Kontrolle informatisierter Arbeit gangbar: „Technisierung" und (scheinbare) „Autonomisierung" (vgl. Kleemann 1999a). In beiden Fällen wird letztlich vor allem das Arbeitsergebnis bewertet. Während bei „technisierter" Kontrolle die individuelle Tätigkeit über bürokratische Vorgaben zur Arbeitsausführung und die Möglichkeit zu technisierter personenbezogener Überwachung der Menge und Qualität der Arbeitsleistung erfolgt, wird bei „autonomisierten" Kontrollformen allein das Arbeitsergebnis bewertet, während die Art der Arbeitsausführung den Beschäftigten überlassen wird. Damit korrespondieren zwei Typen von Büroarbeit: die regelhafte Anwendung von Programmen nach festen Vorgaben versus der Einsatz des Computers als Werkzeug zur Interpretation von Informationen (Baukrowitz et al. 1998).

Insgesamt ergibt sich eine tendenzielle Dreiteilung der Tätigkeitsprofile digitalisierter Arbeit: 1) mittel- bis geringqualifizierte Tätigkeiten, bei denen die regelhafte Anwendung von Informationstechnologien nach starren Vorgaben im Vordergrund steht und die Qualität der Arbeitsausführung – insbesondere bei personenbezogenen Tätigkeiten wie z. B. in Callcentern – über technische Installationen überwacht werden kann; 2) Tätigkeiten mittlerer Qualifikation, bei denen Informationstechnologien ebenfalls nach bürokratischen Verfahrensregeln angewendet werden und deren Ergebnisse unmittelbar quantifizierbar sind, bei denen aber – wie z. B. bei Formen qualifizierter Sachbearbeitung – Kontrolle überwiegend auf die Bewertung von Menge und Qualität erbrachter Ergebnisse bezogen und daher die Art der Arbeitsausführung für die Person im Detail gestaltbar ist; und 3) höher- und hoch qualifizierte Tätigkeiten, bei denen Informationstechnologien als Werkzeug zur Generierung und Transformation von Wissen genutzt werden und der Abstimmung der eigenen Arbeitstätigkeit mit der von anderen dienen. Die Art der Arbeitsausführung wird von den Beschäftigten weitgehend selbst koordiniert: Die Bewertung der Tätigkeit erfolgt über die Kontrolle von Arbeitsergebnissen. Da diese aber nicht unmittelbar quantifizier- bzw. objektivierbar sind, muss ein Aushandlungsprozess zwischen Betrieb und arbeitender Person dem Arbeitsprozess vor-, zwischen- und nachgelagert sein.

Auf dieser Grundlage kann bei den individuell zu erbringenden Leistungen zwischen „kompensatorischen" und „strukturierenden" unterschieden werden. Erstere dienen dem Ausgleich von Funktionslücken, die durch die „Abstraktifizierung" der Tätigkeit entstehen, und zielen darauf ab, die „abstraktifizierte" Arbeitsstruktur funktionsfähig zu halten. Letztere dienen der produktiven Ergänzung des „abstraktifizierten" Produktionsprozesses an jenen Stellen, die sich aufgrund ihrer Funktion, den systemischen Produktionsprozess zu ergänzen und zu modifizieren, einer umfassenden Technisierung entziehen (vgl. Kleemann 1999b).

3.3.4 Digitalisierung II: Industrie 4.0

Unter dem Schlagwort Industrie 4.0 wird seit 2012 vor allem von ingenieurwissenschaftlicher Seite eine beginnende vierte industrielle Revolution postuliert bzw. prognostiziert (vgl. aus soziologischer Perspektive Hirsch-Kreinsen 2014, 2018; Matuschek 2016; Pfeiffer 2015). Nach Mechanisierung, Industrialisierung und Automatisierung erfolge nun die technologische Vernetzung der Produktion entlang der Wertschöpfungskette in Echtzeit via Internet und ermögliche so die autonome Steuerung einer production on demand, mit der Auftraggeber wie Arbeitskräfte per Schnittstellen verbunden sind („Smart Factory"). Technologische Grundlage seien cyberphysische Systeme, die Maschinen, Betriebsmittel und Lagersystemen vermittelt über das Internet integrierten (vgl. Broy 2010; Geisberger und Broy 2012; Reinhart et al. 2013). Die Verknüpfung solcher Systeme verspricht eine neue Automatisierungsstufe, die mit dem Schlagwort Industrie 4.0 bezeichnet wird (vgl. Kagermann et al. 2012; Sendler 2013).

Die Idee einer ganzheitlich computergesteuerten Produktion, die alle relevanten Prozesse und Ressourcen verknüpft, wurde im Grunde bereits in den 1980er-Jahren mit dem Leitbild des Computer-Integrated Manufacturing (CIM; siehe Abschn. 3.1) formuliert. CIM-Systeme gelten als Vorläuferkonzepte aktueller anpassungsfähiger Produktionssysteme, die unter dem Leitbegriff Industrie 4.0 gefasst werden (Scheer 2012). Allerdings werden hier Daten- und Realebene der Produktion noch stärker integriert. Anders als in früheren Modellen, die eine Effizienzsteigerung von Produktionsprozessen über vorgängige Planung, anschließende Umsetzung und nachfolgende Kontrolle anstrebten, findet der Optimierungsprozess im Kontext der Industrie 4.0 idealiter fortlaufend statt, indem die (dezentralen) Systemkomponenten eine andauernde Selbstoptimierung verfolgen und sich permanent an die volatilen Bedingungen der Wertschöpfungsketten anpassen (Kagermann 2013).

Der Industrie 4.0 als neuem Automatisierungsschritt wird das Potenzial zugeschrieben, die heutige Organisation von Fabriken, Personal und Arbeit strukturell zu verändern (vgl. Geisberger und Broy 2012; BMWI 2013; Spath et al. 2013). Die technologische Grundlage dafür bilden digitale Mess- und Regelungstechnik und IT-gesteuerte mechatronische Anlagen sowie ihre Vernetzung mittels informationstechnischer Infrastrukturen (Uhlmann et al. 2013), insbesondere des sogenannten „Internets der Dinge" (Bullinger und ten Hompel 2007; Uckelmann et al. 2011). Solche cyberphysischen integrierten Systeme sind prinzipiell verteilt organisiert (Broy 2010) und „hybrid" in dem Sinne, dass die Technik im Zusammenspiel mit menschlicher Arbeitskraft (teil-)autonom agiert (vgl. Rammert und Schulz-Schäffer 2002; Rammert 2003). Eine lineare Abfolge einmal programmierter Schritte wird durch flexible Aktions-Reaktions-Schemata zwischen Mensch, Maschine und Umwelt ersetzt, die Problembearbeitung erfolgt nun parallel statt sequenziell und hierarchische Vorgaben werden zugunsten vermehrter Selbstorganisation und dezentraler Steuerung aufgegeben, um besser auf situative Anforderungen reagieren zu können.

In dieser soziotechnischen Architektur limitiert Technologie die Gestaltungsoptionen des sozialen Teilsystems. Allerdings wirken Beschäftigte wie betriebliche Arbeitsorganisation immer auf die Funktionsweise des technischen Teilsystems zurück und die Letztverantwortung bleibt bei den menschlichen Akteuren (Hirsch-Kreinsen 2014). Im Mittelpunkt der sozialwissenschaftlich orientierten Debatte um die Industrie 4.0 stehen daher weniger der einzelne Arbeitsplatz, die individuelle Tätigkeit oder die Qualifikationen der Arbeitskräfte an sich, sondern das durch strategische Vorgaben beeinflusste organisatorisch-soziale Gefüge eines fluider werdenden soziotechnischen Produktionssystems (ebd.), das dem Ziel erhöhter Wertschöpfung verpflichtet ist.

In der Realität der Produktion ist man allerdings bislang noch nicht über Prototypen und Teillösungen hinausgekommen (vgl. als Überblick zum Entwicklungsstand aus ingenieurwissenschaftlicher Perspektive Vogel-Heuser et al. 2017a, b, c, d). Dennoch wird davon ausgegangen, dass perspektivisch nahezu alle industriellen Arbeitsplätze davon betroffen sein werden. Das Leitbild Industrie 4.0 kennzeichnet in dieser Hinsicht einen (erneuten) Aufbruch hin zur flexiblen automatisierten Produktion. Eine vollständige Automatisierung der Produktion wird allerdings nicht erwartet, wie dies bei Einführung des Computer Integrated Manufacturing (CIM)

3.3 Aktuelle Debatten

noch der Fall war. In ökonomischer Hinsicht steht dahinter das Ziel, hochflexibel auf Anforderungen des Marktes reagieren zu können – unter dem Schlagwort „Losgröße 1" wird das Ziel einer komplett individualisierten (Massen-)Fertigung von Einzelstücken formuliert.

Deutlich wurde bereits im Zuge der CIM-Einführung, dass vernetzte Produktionssysteme einen manifesten Wandel der Arbeit mit durchaus widersprüchlichen Zügen hervorbringen, ohne dass es zur gänzlichen Abschaffung von Produktionsarbeit kommt (Schultz-Wild et al. 1986; Pries et al. 1990; Moldaschl 1991). Auch in CIM-Architekturen gab es weiterhin eine Nachfrage nach „Produktionsintelligenz" in automatisierten Produktionsprozessen, um die durch Planungsaufgaben, Steuerung und Kontrolltätigkeit charakterisierte „Gewährleistungsarbeit" abzusichern (Schumann et al. 1994). Andererseits verblieben niedrig qualifizierte Arbeitstätigkeiten, deren Gestaltungsspielräume durch Automatisierung weiter reduziert werden. Gleiches ist angesichts des konstitutiven Charakters menschlicher Arbeitsleistungen auch für automatisierte Produktionszusammenhänge im Kontext der Industrie 4.0 zu erwarten.

Erkenntnisse zum Wandel der Qualität von Arbeit und Arbeitsanforderungen sind unter aktuell erst im Entstehen begriffenen Bedingungen autonomer Systeme noch vorläufig und basieren überwiegend auf Experteneinschätzungen (Hirsch-Kreinsen 2014). Wie bislang stets in der Geschichte der Technisierung wird davon ausgegangen, dass insbesondere niedrig qualifizierte Arbeitsplätze, auch solche mit informatisierten Anteilen, ersetzt werden (vgl. Kinkel et al. 2007, 2008), ohne dass bislang abschätzbar ist, in welchem Umfang dies der Fall sein wird. Nach anfänglichen dramatisierenden Warnungen vor Arbeitsplatzverlusten in substanziellen Größenordnungen, die sich insbesondere an die von Frey und Osborne 2013 vorgelegte Studie zur Automatisierung von Berufstätigkeiten in den USA anlehnten (vgl. Matuschek 2016), hat sich die Debattenlage fünf Jahre später beruhigt. Zwar wird weiterhin von einer substanziellen Umgestaltung der Arbeitswelt ausgegangen, die – so die Einschätzung – zwar zu einer Dynamisierung bei den Erwerbstätigen führen wird, jedoch nicht zu einem großflächigen Personalabbau durch Digitalisierung (Warning und Weber 2017).

Was die mittlere Qualifikationsebene betrifft, gibt es widersprüchliche Vorhersagen. Angesichts der Selbststeuerungspotenziale autonomer Systeme wird eine Dequalifizierung bisheriger Tätigkeiten erwartet. Davor seien nur wenige Bereiche geschützt, in denen Automatisierung zu kostenträchtig sei (Hirsch-Kreinsen 2014; vgl. ebenso Spath et al. 2013 und für den Bereich Logistik Windelband et al. 2011) und hoch qualifizierten Spezialisten überlassen bleibe (Windelband et al. 2011). Andererseits komme es angesichts einer erhöhten Komplexität der Fertigung und der informationstechnologischen Dezentralisierung von Entscheidungs-, Kontroll- und Koordinationsfunktionen zu steigenden Anforderungen an das Prozesswissen der Arbeitenden und zu einer Integration unterschiedlicher Funktionsbereiche (ebd.). Mit der damit notwendigerweise ansteigenden Bedeutung von Wissensarbeit seien widersprüchliche Folgen verbunden. Es entstünden für die Subjekte Autonomiespielräume, aber auch erhöhte Unsicherheiten angesichts erforderlicher Entscheidungen, deren Folgen nur bedingt zu übersehen seien. Was in Bezug auf den eigenen Arbeitsplatz noch vorstellbar erscheine, sei in seinen möglichen Konsequenzen für den gesamten, möglicherweise globalisierten Produktionszusammenhang für die einzelnen Beschäftigten kaum mehr abzuschätzen (Abel et al. 2005; Ittermann 2009).

Insofern kommt der soziotechnischen Gestaltung der neuen „autonomen" Produktionssysteme einer „selbststeuernden" Industrie 4.0 besondere Bedeutung zu. Es gilt den konstitutiven Stellenwert des menschlichen und dezidiert auch des subjektivierenden Arbeitshandelns (siehe Abschn. 3.3.3) zu berücksichtigen. Das betrifft die konkrete Arbeitsplatzausstattung, die Anlagenkonfiguration, die Steuerungstechnik und die Arbeitsgestaltung als offenen Planungsprozess gleichermaßen.

3.3.5 Crowdsourcing und Crowdwork

In den letzten Jahren haben zunächst das Phänomen Crowdsourcing und nachfolgend das Crowdwork mediale Aufmerksamkeit erlangt. Das aus den Worten crowd (Menschenmenge) und outsourcing (auslagern) zusammengesetzte Kofferwort Crowdsourcing bezeichnet allgemein „die Strategie des Auslagerns einer üblicherweise von Erwerbstätigen entgeltlich erbrachten Leistung durch eine Organisation oder Privatperson mittels eines offenen Aufrufes an eine Masse von unbekannten Akteuren, bei dem der Crowdsourcer und/oder die Crowdsourcees frei verwertbare und direkte wirtschaftliche Vorteile erlangen" (Papsdorf 2009, S. 69; vgl. auch Hanekop und Wittke 2012; Kleemann et al. 2008, 2009, 2012; Menez et al. 2012; Papsdorf 2009; siehe auch Leimeister und Zogaj 2013).

Die Internetnutzer*innen werden also dazu aufgerufen, sich etwa an kreativen Projekten zur Generierung von Produktideen oder neuen Designs für ein Unternehmen zu beteiligen. Die Beteiligten können sehr unterschiedlich kompetent und motiviert, die Beteiligungsangebote kollaborativ oder wettbewerblich organisiert sein. In jedem Fall handelt es sich um Angebote von Organisationen an Privatpersonen, bei denen Produkte oder Dienstleistungen auf der Grundlage der eingebrachten Leistungen der Teilnehmenden entwickelt werden.

Einzelne Konsument*innen werden also nicht direkt angesprochen, sondern der Aufruf, sich an Aktivitäten auf einer Internetplattform zu beteiligen, erfolgt ohne konkreten Adressaten und richtet sich an die crowd. Je nach Art und Ziel der angestrebten Userintegration kommen Softwaretools unterschiedlicher Art zum Einsatz: zum Kreieren und Individualisieren von Produkten und zur Unterstützung kollaborativer Tätigkeiten in Communities sowie (für die User*innen nicht ersichtlich) Analysetools zur passiven Datenerfassung von Userpräferenzen. Während das Prinzip der Auslagerung von produktiven Leistungen an Konsument*innen als „arbeitende Kunden" als solches nicht völlig neu ist (Voß und Rieder 2005), bezieht sich Crowdsourcing explizit auf das Internet als einem virtuellen Raum (Papsdorf 2009) und geht einen Schritt weiter als die Einbindung von Internetnutzer*innen als „Ko-Produzent*innen" von Produkten und Dienstleistungen, die sie selbst konsumieren (Voß und Rieder 2005): Die User*innen erbringen Leistungen für das Unternehmen oder andere Kund*innen, die keinen unmittelbaren Nutzen für die eigenen Konsumaktivitäten haben. Zur Klassifikation von Crowdsourcing-Anwendungen und zur Systematisierung der darin zum Vorschein kommenden Methoden der Usereinbindung unterscheidet Papsdorf (2009) zwischen dem offenen Ideenwettbewerb, Microjobs (siehe unten), der userdesignbasierten Massenfertigung, der auf Userkollaboration basierenden Ideenplattform und der indirekten Vernutzung von Inhalten, die von den User*innen kreiert werden. Diese fünf Modi ergänzen Kleemann et al. (2008, 2009) um Peer Support und gegenseitigen Austausch auf unternehmenseigenen Internetplattformen.

Insgesamt resultiert daraus eine neuartige Form der Ausweitung bisheriger Grenzen von Unternehmen auf der Grundlage des Internets – nicht im räumlichen Sinne, sondern im Sinne eines Zugriffs auf Subjekte in ihrer Rolle als Konsument*innen anstatt als formelle Arbeitskräfte und einer Einbeziehung „privater" Arbeitspotenziale und Leistungen von Subjekten in betriebliche Wertschöpfungsprozesse. Während Crowdsourcing gleichermaßen einen Oberbegriff für bezahlte und unbezahlte Tätigkeiten (z. B. Crowdvoting und Crowdfunding) darstellt, fokussiert der Begriff Crowdwork auf die erwerbsförmige Tätigkeit selbstständiger Anbieter*innen (vgl. Durward et al. 2016, S. 3; Felstiner 2011, S. 147; Leimeister et al. 2016b, S. 16). Crowdwork als plattformbasierte Vermittlung formal selbstständiger Anbieter*innen von bezahlten Diensten an die Nachfrager*innen dieser Leistungen ist kein gänzlich neues Phänomen. In der Form von materiell gering entlohntem Clickwork bzw. Microjobs operiert die vom Amazon-Konzern betriebene Plattform Mechanical Turk bzw. MTurk weltweit bereits seit 2005. Via MTurk werden vor allem einfache Schreib- oder Recherchetätigkeiten für Centbeträge vergeben. Nach der Crowdsourcing-Logik wird auch hier eine unspezifische Masse an User*innen adressiert. Neuere Entwicklungen verweisen aber auf Konvergenzen mit der Sphäre der formellen Arbeit.

Zum einen ergab sich ein auflebendes arbeitssoziologisches wie gewerkschaftliches Interesse an dieser spezifischen Form des Crowdsourcing 2012 im Zuge der

Ankündigung des IT-Konzerns IBM, im Rahmen einer neuen Geschäfts- und Produktionsstrategie künftig Teilaufgaben der Softwareproduktion nach Prinzipien des Crowdsourcing vermittelt über eigene Internetplattformen auch an externe (freiberuflich agierende) Programmierer*innen vergeben zu wollen (Kawalec und Menz 2013; Leimeister und Zogaj 2013). Das betriebliche Kalkül, auf freie Mitarbeiter*innen zuzugreifen, kann sowohl in reiner Kostensenkung bestehen als auch darin, die Stammbelegschaft eines Unternehmens konjunkturabhängig flexibel ergänzen zu wollen. Mit beidem ist die Gefahr verbunden, dass ein digitales Prekariat entsteht. Mit dieser neuen Form freiberuflicher Vermittlung von betrieblichen Kerntätigkeiten und ihren Risiken für die Arbeitenden beschäftigen sich recht früh auch die Gewerkschaften (vgl. Benner 2014; IGM 2013). IBM scheint sich inzwischen von dieser Strategie wieder verabschiedet zu haben, auch wenn es dazu bislang keine öffentlichen Verlautbarungen gibt.

Zum anderen ist zu konstatieren, dass inzwischen verschiedene Crowdwork-Plattformen mit jeweils unterschiedlichen Angebotsprofilen entstanden sind, die teilweise auch qualifiziertere Tätigkeiten vermitteln und die unterschiedliche Markt- und Arbeitsbedingungen konstituieren (vgl. Leimeister et al. 2016a, b). Deutlich wird bei genauerer Betrachtung, dass das Einkommen aus solchen Aktivitäten für die große Mehrzahl der sich beteiligenden Crowdworker allenfalls einen Nebenerwerb darstellt (Pongratz und Bormann 2017).

Die ökonomisch induzierten, mit Hilfe dafür entwickelter fortgeschrittener Technologien verwirklichten Veränderungen in der Arbeitswelt haben auf die Arbeitssubjekte unterschiedliche Wirkungen: Sie können Produktionsprozesse (auch im Dienstleistungsbereich) standardisieren und dadurch effizienter machen – ohne diesen Vorteil dürften sich technologische Innovationsprozesse kaum durchsetzen. Sie verändern dabei die Handlungsspielräume von Beschäftigten, inklusive der Anbindung an eine Betriebsstätte. Vernetzt arbeiten meint unter Umständen auch disloziert arbeiten. Im Hinblick auf das subjekthafte Agieren im Arbeitsprozess kann es zu Einschränkungen der Handlungsspielräume, aber auch zu deren Ausweitung kommen; mit der konkreten Ausgestaltung hängt auch die jeweils notwendige Qualifikation zusammen. Dabei gilt: Arbeit ist prinzipiell gestaltbar und die technologische Pfadentwicklung basiert zwar auf vergangenen Innovationen, ist aber ein eher offener sozialer Prozess, der häufig erst im Augenblick der Implementierung vor Ort greifbar wird. Das erschwert soziale Verabredungen und

Aushandlungen, ohne sie jedoch gänzlich zu unterdrücken (Matuschek und Kleemann 2018). Derzeit ist die überwiegende oder gar vollständige Verdrängung von Menschen aus dem Arbeitsprozess durch cyberphysische Systeme, Vernetzung oder das „Internet of Things" eine – je nach Standpunkt – höchst unsichere U- bzw. Dystopie. Es spricht viel dafür, dass dies auch zukünftig so bleiben wird und technisierte Arbeit ihrer Gestaltung harrt – wobei Technisierung als Rationalisierungsmoment fest in der Produktionsweise verankert ist und damit faktische Machtverhältnisse Pfadverläufe mehr als nur konturieren.

Arbeit und Betrieb 4

In Industriegesellschaften ist der übliche Arbeitsort der Betrieb, also eine vom privaten Wohnort getrennte, kollektiv-arbeitsteilige Arbeits- und Produktionsstätte – ganz gleich, ob es sich um eine Fabrik, ein Callcenter oder einen Supermarkt handelt. Der Betrieb ist für abhängig Beschäftigte, die prinzipiell weisungsgebunden sind, der Ort der Leistungserbringung während der vereinbarten Arbeitszeit, wie dies die juristische Form des Arbeitsvertrags festlegt. Vertraglich festgelegt ist zunächst aber nur, dass der Arbeitnehmer seine Arbeitskraft – also das Potenzial, produktive Arbeit leisten zu können – für den vertraglich vereinbarten Zeitraum zur Verfügung stellt. Für den Arbeitgeber ergibt sich das Erfordernis, die zur Verfügung gestellte Arbeitskraft in manifeste Arbeitsleistung zu transformieren (vgl. zum „Transformationsproblem" Marrs 2018; Minssen 2017). Das geschieht, indem der Arbeitgeber den Arbeits- und Produktionsprozess organisiert sowie die Arbeitsausführung steuert und überwacht. Betriebliche Arbeitsorganisation bezeichnet dann die Art und Weise, wie betriebliche Strukturen und Ablaufprozesse als Produktionssystem gestaltet werden. Zu beachten ist, dass hierbei widersprüchliche Interessen aufeinandertreffen: aufseiten des Arbeitgebers vor allem die Erwartung der Gewinnerzielung durch den effizienten Einsatz menschlicher Arbeitskraft, aufseiten der Arbeitnehmer vor allem die Erzielung eines hinreichenden Entgelts und das Interesse an der langfristigen Sicherung der Reproduktion der eigenen Arbeitskraft.

Die lange gültige Richtschnur zur Lösung des Transformationsproblems waren die allgemeinen Leitprinzipien betrieblicher Arbeitsorganisation, die Frederick

W. Taylor (1913) vor gut 100 Jahren öffentlichkeitswirksam insbesondere in seinem Werk „Die Grundsätze wissenschaftlicher Betriebsführung" (engl. Original: „The Principles of Scientific Management", 1911) veröffentlichte. In der Arbeits- und Industriesoziologie werden diese unter Schlagwort „Taylorismus" gefasst.

Ausgehend von der Prämisse, die Arbeitenden seien von Natur faul und betrieben Leistungszurückhaltung, formulierte Taylor Prinzipien für eine detaillierte prozessorientierte Steuerung von Arbeitsabläufen auf der Grundlage einer möglichst umfassenden Konzentration des Wissens über den Arbeitsprozess beim betrieblichen Management (vgl. Schmidt 2017). Vor dem Hintergrund eigens durchgeführter Arbeitsstudien wurden Handgriffe und Bewegungsabläufe am Arbeitsplatz vom Management vorgegeben, überwacht und ggf. korrigiert. Ziel war eine rationale Organisation der Arbeit, die die Arbeitskraft möglichst effizient nutzt. Das Erfassen und Bewerten der Tätigkeiten objektivierte das individuelle Handeln, entzog es so seinen Trägern und eliminierte (durch Standardisierung und kleinschrittige Arbeitsteilung) den „subjektiven Faktor" aus der Arbeit.

Mit dem Verlust der Verfügungsmacht über ihre Arbeitskraft ging zugleich das Wissen der Arbeitenden über den Produktionsprozess verloren. Das Resultat der tayloristischen Arbeitsorganisation war eine hochgradig arbeitsteilige und bürokratisch-hierarchische Betriebsorganisation mit spezialisierten Planungsstäben und nur mehr ausführenden Produktionsarbeiter*innen. Die Ausgangslage im vom Widerspruch zwischen Kapital und Arbeit gekennzeichneten Produktionsprozess hatte sich damit zugunsten der Unternehmen verschoben.

Zwar weitete Taylor (1909, 1913) seine Prinzipien der Arbeitsorganisation explizit auch auf die Verwaltung und das Management von Industriebetrieben aus, jedoch wirkte sich der Taylorismus in weit höherem und weit sichtbarerem Maße auf die industrielle Produktionsarbeit aus – bis hin zu einer (allerdings nicht unmittelbar Taylors Prinzipien zuzuschreibenden, aber sich in der Folge entwickelnden) rigiden Arbeitsteilung und -zerlegung in tendenziell unqualifizierte, angelernte Tätigkeiten. Dadurch ergab sich landläufig ein Bild der Arbeitswelt, das durch einen fundamentalen Gegensatz gekennzeichnet war: hier die schweißtreibende, dreckige und vor allem körperliche Fähigkeiten benötigende Industriearbeit, beispielsweise in Automobilwerken mit ihren Fließbändern oder in der Stahl- und Hüttenindustrie; dort die vergleichsweise komfortable, eher Fingerfertigkeit und Denkvermögen erfordernde Welt der Büroarbeit und der Dienstleistungen – hier die Arbeiter, dort die Angestellten. Gleichwohl wurden tayloristische Prinzipien der Arbeitsteilung und -organisation immer schon auch auf den Bereich der Büroarbeit angewendet. Die soziologische Forschung konzentrierte sich vor diesem Hintergrund lange Zeit stark auf die Industriearbeit, die als Prototyp „moderner" Arbeit angesehen wurde. Industrielle Arbeit galt als Vorreiterin für die

Neuorganisierung von Arbeit schlechthin – eine Zuspitzung, die zu einer lange anhaltenden Unterbelichtung anderer Arbeitsformen führte (vgl. Aulenbacher 2018). Während sich das folgende Unterkapitel (Abschn. 4.1) den aktuelleren, durch den Strukturwandel bedingten Rationalisierungspfaden betrieblicher Arbeitsorganisation in ihrer Entwicklung widmet, wird dieser in Abschn. 4.2 unter besonderer Beachtung der arbeitssoziologischen Debatten um Entgrenzung, Flexibilisierung und Vermarktlichung erörtert. Abschließend wird in Abschn. 4.3. ausführlicher ein neuerer, thematisch spezifischerer Diskurs zum Komplex Lohn und Leistung vorgestellt, der umfassende Veränderungen betrieblicher Leistungspolitik in den Blick nimmt, die mit den zuvor diskutierten allgemeinen Wandlungsprozessen korrespondieren.

4.1 Aktuelle Entwicklungen betrieblicher Arbeitsorganisation

Die Geschichte der betrieblichen Arbeitsorganisation ist eine Geschichte der Rationalisierung im Sinne der permanenten Produktivitätssteigerung durch Anwendung von neuen Organisationstechniken und -formen. Neben der Strukturierung von Arbeitsabläufen schließt das soziale Praktiken betrieblicher Kontrolle und Herrschaft, Motivationstechniken und Leistungsanreize ebenso ein wie Prozesse der Technisierung von Arbeit (vgl. Kap. 3).

Vor dem Hintergrund des gesellschaftlichen Strukturwandels hin zu einer Tertiarisierung der Arbeitswelt (vgl. Kap. 2) wurden ab den 1980 Jahren Umbruchstendenzen sichtbar, die auf eine tendenzielle Auflösung der bis dahin dominanten industriegesellschaftlichen Nachkriegskonstellation hindeuten. Diese wurden in der arbeitssoziologischen Debatte mit den Begriffen Post-Taylorismus bzw. Post-Fordismus bezeichnet (Hirsch und Roth 1986), was auf eine neue Konstellation verweist, die sich von der Epoche des Taylorismus und Fordismus kategorial unterscheidet. Dies betrifft sowohl die Arbeitsmarkt- und Beschäftigungsstrukturen, die zahlreichen Veränderungen im institutionellen Gefüge des fordistischen Sozialstaats unterworfen sind, als auch die Entwicklung betrieblicher Arbeitsorganisation, die in den letzten Jahrzehnten in vielen Bereichen von einer Abkehr von tayloristischen Prinzipien gekennzeichnet war. Das zeigt sich insbesondere im Produktionssektor. Hier gerieten rigide tayloristisch organisierte Arbeitsvollzüge mit ihrer starken Zergliederung in Teilarbeitsschritte und die damit einhergehende Monotonie bereits in den 1970er-Jahren auch öffentlich in die Kritik. Im Zuge einer politisch angestrebten „Humanisierung der Arbeit" (vgl. Matthöfer 1980) gewann in den nachfolgenden Jahren die Orientierung auf ganzheitlicheres Arbeiten in Teams, auf mit neuen Funktionen angereicherte Tätigkeiten und auf eine erweiterte Partizipation an der Arbeitsorganisation an Gewicht. Neben der Verkürzung der Arbeitszeit waren auf gewerkschaftlicher Seite vor allem Stichworte wie „job enlargement", „job enrichment" und „job rotation" populär. Dies mündete ab den 1990er-Jahren vermehrt auch in Gruppenarbeitsmodelle (Matuschek und Holzschuh 2014). Von Unternehmensseite wurde diesen Forderungen zum Teil deswegen entsprochen, weil die Rationalisierungspotenziale tayloristisch-fordistischer Arbeitsorganisation allmählich aufgebraucht zu sein schienen. Zudem konnte die standardisierte Massenproduktion der veränderten Nachfrage immer weniger gerecht werden. Geringere Produktionsmargen und beschleunigte Modellwechsel bei stagnierenden Absatzmengen verteuerten die Arbeit. Eine ausgeweitete Lagerhaltung erschien aus ebensolchen Gründen als ineffektiv (vgl. hierzu grundlegend Kern und Schumann 1984; Piore und Sabel 1985). Neben der Eliminierung unproduktiver Bereiche, die den Strukturwandel weiter beförderte, versprach insbesondere die durch neue technologische Voraussetzungen ermöglichte Reorganisation von Arbeitsprozessen seit den 1980er-Jahren (siehe dazu Kap. 3) zunehmend Einsparungspotenziale.

Das führte im produzierenden Sektor ab den 1990er-Jahren zu einer Adaption japanischer Produktionsmodelle. Insbesondere die Arbeitsorganisation beim japanischen Automobilproduzenten Toyota, der sogenannte Toyotismus, wurde zum Orientierungspunkt. Seine Merkmale sind eine reduzierte Lagerhaltung, ein durchgehendes Qualitätsmanagement, fortlaufend reorganisierte Produktionsabläufe, ein Abbau betrieblicher Hierarchiestufen und die Einbeziehung der Arbeiter∗innen als produktiver Faktor des Produktionsprozesses. Planungen und betriebliche Informationsflüsse wurden nun prozessorientiert und vom Endprodukt her gedacht – eine große Veränderung gegenüber der bisher dominanten tayloristisch-fordistischen, funktionsorientierten Arbeitsorganisation. Ein wichtiger Schritt war die Übernahme des bereits in den 1940er-Jahren entwickelten Kanban-Systems, ein in sich geschlossener Regelkreis der Bestandsführung und Produktionssteuerung. Der Produzent bestellt das für die Warenherstellung aktuell benötigte Material bei den Lieferanten, die es nach Information mittels Kanban (wörtlich Karte oder Beleg) mit hoher Zeitgenauigkeit (siehe zu Just-in-Time- bzw. Just-in-Sequence-Modellen Kap. 3) direkt an die Produktionsstraße liefern und bei Bedarf eine definierte Menge der Betriebsmittel oder Zwischenprodukte nachproduzieren, um sie bei Bedarf wiederum kurzfristig bereitstellen zu können. Das resultiert in Formen der „Lean Production" (vgl. Womack et al. 1990), bei der Lagerungskosten minimiert bzw. auf externe Zulieferer im Wertschöpfungssystem ausgelagert werden. Eine zweite wesentliche Änderung betraf die Kalkulation: Die Preisgestaltung im Fordismus erfolgte nach zuvor angefallenen Kosten, im Toyotismus mussten sich die Kosten einem definierten marktfähigen Preis unterordnen: „Target costing" stellt den realisierbaren Marktpreis ins Zentrum der Produktionsplanung eines marktorientierten Zielkostenmanagements.

Im Hinblick auf die Produktion bedeutet das, vermehrt auf externe Reize veränderlicher und kundenorientierter Märkte reagieren zu müssen (vgl. zu „Build-to-Order"-Konzepten z. B. Windahl et al. 2004). Das erfordert eine Flexibilisierung und Dezentralisierung der Produktion. Reaktionsfähigkeit und Kundennähe sollen gefördert werden, indem Verantwortung an die jeweils zuständigen Abteilungen delegiert wird. Das verspricht flache Hierarchien und möglichst unbürokratische Reaktionsfähigkeiten jenseits zentraler Planungsstäbe, inklusive entsprechender Kostenersparnis. Unternehmensinterne Abteilungen werden zueinander marktförmig als Lieferanten und Kunden aufgestellt und müssen ihre ureigene Profitabilität unter Beweis stellen – auch im Vergleich zu realen externen Anbietern. Unter der Maxime „make or buy" stehen sämtliche Produkte aller Abteilungen permanent unter Beobachtung; eine Überlebensgarantie für Abteilungen innerhalb eines Unternehmens gibt es nur gegen den Ausweis von marktbezogener Leistungsfähigkeit. „Lean Production" als Form der Abkehr von rigiden tayloristischen Prinzipien der Arbeitsorganisation zielt zudem darauf ab, Vorteile der handwerklichen und der Massenfertigung unter Vermeidung hoher Kosten der ersteren und Starrheit der zweiten Form zu kombinieren. Es werden hochflexible Maschinen eingesetzt, die von Teams gut ausgebildeter Arbeitskräfte selbstständig bedient werden.

In Deutschland förderte das die verstärkte Einführung von Gruppenarbeitsformen und entsprach damit anscheinend zugleich den Forderungen zur „Humanisierung der Arbeit" wie mehr Partizipation und Mitspracherechte der Arbeitenden. Neben Formen teilautonomer Gruppenarbeit, bei denen die Gruppenmitglieder über eine relativ große Entscheidungsfreiheit bezüglich der Arbeitsausführung verfügen und insgesamt umfassende Organisations- und Steuerungsaufgaben übernehmen, haben sich inzwischen aber auch restriktivere Formen mit nur geringen Handlungs- und Entscheidungsspielräumen im Arbeitsprozess etabliert (vgl. Matuschek und Holzschuh 2014). Insbesondere sogenannte ganzheitliche Produktionssysteme (siehe Kap. 3) bergen das Risiko, dass erreichte Standards bei den Arbeitsbedingungen und die Qualifikationsanforderungen an die Beschäftigten gesenkt werden und dieser einer verstärkten Leistungsverdichtung unterliegen.

Im Bereich der industriellen Produktion ist also spätestens ab den 1990er-Jahren eine partielle Abwendung von Prinzipien des Taylorismus/Fordismus erkennbar – wenn auch keineswegs im Sinne einer unumkehrbaren Entwicklung. Im gleichen Zeitraum haben aber tayloristische Prinzipien vermehrt Einzug sowohl in produktionsbezogene wie in personenbezogene Dienstleistungsbereiche gehalten. Plakativ hat Ritzer (zuerst 1993) die Tendenz einer zunehmenden Standardisierung in der Dienstleistungsproduktion als Prozess der „McDonaldisierung" bezeichnet: Einheitlich normierte Produkte (wie der überall gleich hergestellte Hamburger von McDonalds) und Services (wie normierte Begrüßungsrituale) werden von in der Regel eher schlecht bezahlten Mitarbeiter∗innen erbracht, die zum Teil nach bestimmten Eigenschaften („eine freundliche Telefonstimme") rekrutiert werden (und deshalb für die Kunden austauschbar erscheinen). Dabei sind die Parameter der Arbeitsausführung detailliert vorgegeben, wie z. B. „Burger Patty nach exakt 75 Sekunden Bratzeit wenden" bzw. „vor Beendigung des Gesprächs immer fragen: ‚Kann ich sonst noch etwas für Sie tun?'". Ein solcher Trend lässt sich auch bei produktionsbezogenen Dienstleistungen wie z. B. Support- und Wartungsangeboten von IT-Dienstleistern beobachten.

Die „Neo-Taylorisierung" der Arbeitsorganisation in diesen Bereichen zielt auf eine höhere Standardisierung bisher relativ frei von den Beschäftigten selbst strukturierten Dienstleistungen zum Zwecke der Effizienzsteigerung. Bemerkenswert ist, dass damit jedoch die Möglichkeiten der Beschäftigten beschränkt werden, auf individuelle Kundenwünsche einzugehen, und sich zum Teil erhebliche Widersprüche zeigen zwischen betrieblichem Anspruch und der Mitarbeiterwirklichkeit im Hinblick auf Motivation und soziale Anerkennung. Die Tätigkeiten werden tendenziell für die Mitarbeiter∗innen zu beliebig austauschbaren „McJobs", bei denen vor allem die Verdienstmöglichkeiten entscheidend sind. Zudem sind sie vermehrt eingebettet in flexibilisierte Beschäftigungsverhältnisse in einem zunehmend liberalisierten bzw. deregulierten Arbeitsmarkt: Mini- und Midi-Jobs, befristete Beschäftigung, Leiharbeit, Praktika, Teilzeitarbeit etc. sind politisch bewusst geschaffene „atypische" Beschäftigungsformen, die die Standards und Schutzregelungen des Normalarbeitsverhältnisses auf unterschiedliche Weise unterlaufen und dessen Leitideen teilweise diametral entgegenstehen (siehe Kap. 5). Resultat davon ist eine weitere Pluralisierung von Erwerbsformen und Beschäftigungsverhältnissen, die mit einer Differenzierung und Flexibilisierung von Arbeitszeiten, -orten und -aufgaben einhergehen und insgesamt von deutlich schwächeren betrieblichen Bindungen gekennzeichnet sind.

4.2 Zentrale Debatten zur betrieblichen Arbeitsorganisation

Die Veränderungen der betrieblichen Arbeitsorganisation, einschließlich ihrer beschäftigungspolitischen Rahmenbedingungen, werden in der Arbeitssoziologie etwa ab Mitte der 1990er-Jahre unter den Stichworten Flexibilisierung, Entgrenzung, Subjektivierung und Vermarktlichung als allgemeine Wandlungstendenzen

4.2 Zentrale Debatten zur betrieblichen Arbeitsorganisation

der Arbeitswelt diskutiert. Zum Teil wurden und werden in der Debatte dieselben Phänomene unter mehreren dieser Schlagworte und weiteren wie Dezentralisierung, Finanzialisierung oder Ökonomisierung gefasst, die jeweils einen anderen Blickwinkel auf die beobachtbaren Veränderungsprozesse eröffnen. Dahinter stehen zum Teil auch unterschiedliche Grundannahmen und theoretische Konzepte.

Die Formalbegriffe Flexibilisierung, Entgrenzung und Vermarktlichung bieten zunächst nur allgemeine Formbestimmungen. So verweist Vermarktlichung auf die Ablösung bürokratischer Betriebsstrukturen durch marktförmige Austauschbeziehungen; Entgrenzung und Flexibilisierung bezeichnen Prozesse einer Aufweichung von institutionellen Rahmungen und festen Strukturen der Arbeit, wobei Entgrenzung stärker auf die betriebliche Steuerungsebene und Flexibilisierung stärker auf die individuellen Arbeitsverhältnisse und Praktiken bezogen ist. Die drei Leitbegriffe stehen also für unterschiedliche Realprozesse. Allerdings ist auch hier in zweifacher Hinsicht Vorsicht geboten: Erstens kann bspw. das Phänomen innerbetrieblicher Dezentralisierung je nach Forschungsperspektive mit verschiedenen Leitbegriffen wie Vermarktlichung oder Entgrenzung erfasst werden. Das heißt, diese Oberbegriffe sind nicht ganz trennscharf. Zweitens werden dieselben Leitbegriffe für unterschiedliche Veränderungsprozesse verwendet. So werden unter „Entgrenzung betrieblicher Strukturen" kategorial andere Phänomene in den Blick genommen als bei der „Entgrenzung von Arbeit und Leben".[1] Folglich werden die Leitbegriffe erst dann wirklich analytisch produktiv, wenn konkrete Bezugspunkte ergänzt werden, wenn also z. B. von der „Vermarktlichung innerbetrieblicher Kooperation" oder der „Flexibilisierung der Arbeitszeit" die Rede ist.

In diesem Sinne werden in Abschn. 4.2.1 zunächst arbeitssoziologische Ansätze behandelt, die sich mit der Vermarktlichung des Umweltbezugs von Unternehmen und der damit korrespondierenden Vermarktlichung von Betriebsstrukturen befassen. Anschließend werden dann in Abschn. 4.2.2 verschiedene Formen der Entgrenzung der Arbeitsorganisation auf Betriebsebene in den Blick genommen. Dabei geht es um vom Management bewusst herbeigeführte Veränderungen des Modus betrieblicher Herrschaft und der Kontrolle von Arbeit. Abschn. 4.2.3 befasst sich dann mit der Flexibilisierung von Arbeitstätigkeiten und des betrieblichen

---

[1] Die Auflösung alter strikter Trennungen zwischen Erwerbsarbeit und Privatleben, die sich im Kontext neuer Formen der Arbeitsorganisation ergibt, wird nicht in diesem Kapitel behandelt, sondern gesondert in Kap. 6, weil der Fokus hier nicht primär auf betrieblicher Arbeitsorganisation liegt. Aus dem gleichen Grund wird auch der arbeitssoziologische Diskurs zur „Subjektivierung von Arbeit", der sich mit dem Wechselverhältnis von Betrieb und Individuum und der Relation von Arbeit und Subjektivität beschäftigt, in Abschn. 7.1 gesondert behandelt.

Personaleinsatzes. Dabei steht insbesondere die Flexibilisierung der Arbeitszeit und des Arbeitsorts im Mittelpunkt, wobei diese mit indirekten Steuerungsmodi von Arbeit und entgrenzter Arbeitsorganisation eng zusammenhängt.

Während in den bislang dargestellten Diskurssträngen zu post-tayloristisch organisierter Arbeit Prozessperspektiven des Wandels der Arbeitsorganisation im Zentrum standen, geht es in der in Abschn. 4.2.4 thematisierten kontroversen Debatte über den neuen Typus des „Arbeitskraftunternehmers" um die damit verbundenen qualitativen Veränderungen der Ware Arbeitskraft. Voß und Pongratz (1998) formulierten bereits früh im Verlauf der Posttaylorismus-Debatte die These, dass sich die gesellschaftliche Konstitution der Ware Arbeitskraft grundlegend wandele und ein neuer Grundtypus von Arbeitskraft – der „Arbeitskraftunternehmer" – im Entstehen begriffen sei. Dieser ergänze bzw. ersetze nach und nach den im Fordismus dominanten Typus des fachlich qualifizierten „verberuflichten Arbeitnehmers". Zum Schluss dieses Unterkapitels werden dann die sich aus den verschiedenen Diagnosen der post-tayloristischen bzw. post-fordistischen Arbeitsorganisation ergebenden Anforderungen an die Arbeitenden theoretisch abgeleitet und in idealtypischer Abstraktion dargestellt.[2]

Mit den referierten Diskurssträngen kann die facetten- und umfangreiche arbeitssoziologische Debatte der letzten beiden Jahrzehnte in ihren wesentlichen Grundzügen umrissen werden. Auch wenn diese zum Teil schon etwas älter sind und bereits Mitte der 2000er-Jahre im Wesentlichen ausformuliert vorlagen, handelt es sich um weiterhin fruchtbare Ansätze zur Analyse des gegenwärtigen Wandels der betrieblichen Arbeitsorganisation.

4.2.1 Die Vermarktlichung des Umweltbezugs von Unternehmen und der Betriebsstrukturen

Vermarktlichung bezeichnet sowohl Prozesse der organisationalen Öffnung von Unternehmen gegenüber Märkten als auch der Internalisierung von Marktprinzipien durch das Unternehmen, indem in innerbetrieblichen Arbeits- und Leistungsprozessen und zwischen Unternehmenseinheiten marktförmige Relationen hergestellt (bzw. simuliert) und damit einhergehend innerbetriebliche Strukturen dezentralisiert werden (Sauer und Döhl 1997). Ein Beispiel dafür ist, wenn etwa

---

[2] Insofern verbleibt die Debatte trotz subjektbezogener Perspektive auf die betrieblichen Wandlungsprozesse bezogen, nimmt nicht die darauf bezogene tatsächliche Arbeitspraxis der Subjekte in den Blick und wird daher in diesem Kapitel und nicht in Abschn. 7.1 der vorliegenden Publikation präsentiert.

einzelne Abteilungen als Profitcenter mit eigenem Budget operieren und sich dementsprechend auch gegenüber anderen Unternehmensteilen „wirtschaftlich" verhalten müssen.

Die zu den Hochzeiten des Fordismus charakteristischen Grenzziehungen zwischen Markt, Organisation und privater Sphäre werden im Gefolge der Vermarktlichung des Umweltbezugs von Unternehmen seit den 1990er-Jahren durchlässiger. Das geht einher mit einer veränderten Architektur von Unternehmen und veränderten Modi zur Steuerung von Arbeit. Zielsetzungen sind eine Flexibilitätssteigerung und eine Verringerung von Produktionskosten (Herrigel 2004). Neben althergebrachten Steuerungsmodi, die auf Bürokratie, formaler Organisation und weitgehender Entkopplung von externen Märkten fußten, werden nun ökonomische Kriterien und Marktgesetze auch im Betrieb bedeutsamer (vgl. etwa Huchler et al. 2007).

a) Vermarktlichung der externen Bezüge von Unternehmen

Die Öffnung hin zu externen Märkten bedeutet eine Erhöhung des realen Marktbezugs bzw. der Kopplung an Produkt- und Arbeitsmärkte, z. B. durch „Make-or-Buy"-Entscheidungen. Dabei geht es u. a. um die Frage, ob Teilschritte des Produktionsprozesses effizienter durch externe ggf. flexibel austauschbare Anbieter erbracht werden können oder externalisierte Aufgaben wieder in Eigenregie durchgeführt werden sollen. Damit ist eine grundlegende Abkehr von der etablierten fordistischen Betriebsstrategie verbunden, die Produktionsabläufe der Unternehmen möglichst weitgehend von Unsicherheiten des Marktes abzuschotten, um auf dieser Grundlage die im Kontext der standardisierten Massenproduktion erforderlichen stabilen Produktionsbedingungen herzustellen.

Hintergrund der aktuellen Tendenzen einer erweiterten Marktöffnung ein drastisch verschärfter internationaler bzw. globalisierter Wettbewerb unter veränderten Produkt- und Marktanforderungen. Für Unternehmen resultieren daraus verschiedene Erfordernisse: Sie müssen massiv Kosten senken, die Arbeitsproduktivität steigern und die betrieblichen Flexibilitäts- und Reaktionspotenziale vergrößern. Insbesondere aber verändert der Wandel der institutionellen Rahmenbedingungen der Finanzmärkte die betrieblichen Handlungsbedingungen grundlegend. Politische Reformen der Finanzmarktliberalisierung und die Vervollständigung des Europäischen Binnenmarktes 1992 bewirkten, dass das zentrale Instrument der Unternehmensfinanzierung in vielen Bereichen inzwischen die Aktie ist (vgl. Streeck 2009, S. 79). Zentrale Vermittlungsinstanz waren zuvor die Banken, die als strukturpolitische Akteure auf eine nachhaltige Entwicklung von Unternehmen und Wirtschaftsstandorten setzten (Streeck und Höpner 2003). Die Finanzierung über Aktien erzeugt jedoch erhöhte Renditeerwartungen (Windolf 2005; Beyer 2003).

Damit änderten auch die Banken ihr Anlageverhalten (Kädtler 2009). Für die Automobilbranche bilanzieren Kädtler und Sperling (2001, S. 24) etwa, dass nun die Produktion das an Profit hergeben müsse, was Finanzmärkte bzw. Finanzakteure verlangen. Mit der Shareholder-Value-Doktrin, die das Interesse der Kapitalanleger an (kurzfristiger) Maximierung der Kapitalrendite zum obersten Managementziel erhebt, werden Unternehmensentscheidungen einem vorab festgelegten Renditeziel unterworfen. Es entsteht eine Art „Planwirtschaft im Dienste von Rendite und Profit" (Dörre 2009, S. 60). Unternehmen richten sich auch formal an den Ansprüchen globalisierter Finanzmärkte aus (in der Rechnungslegung, Finanzberichterstattung etc.). Nicht längerfristiges wirtschaftliches Wachstum, sondern kurzfristige Profitmaximierung wird zum erklärten Ziel des Managements (Windolf 2005). Wirtschaftliche Entscheidungen richten sich nach zukünftig erwartetem Kapitalfluss. Wirtschaftlicher Erfolg bemisst sich weniger am Umsatz als an der Kapitalrendite, der alle Entscheidungen über Personal, Investitionen etc. untergeordnet werden (Kädtler und Sperling 2001; vgl. auch Kädtler 2010).

b) Betriebsinterne Dezentralisierung und Vermarktlichung

Aus der Öffnung von Unternehmen gegenüber dem Markt resultiert, dass einzelne Bereiche und Abteilungen sich unmittelbarer auf für sie relevante externe marktliche Erfordernisse beziehen, ihre internen Prozesse flexibel gestalten und ggf. an geänderte Bedingungen anpassen. Damit geht einher, dass die Abteilungen autonomer operieren und sich einzelne Betriebsteile stärker voneinander entkoppeln, sodass sich eine Modularisierung der Produktion in mehr oder weniger autonomen Einheiten bzw. Abteilungen ergibt (Picot et al. 2001), die unmittelbar nach Marktkriterien operieren und in innerbetriebliche Konkurrenz zueinander gesetzt werden. Formen der zentralen bürokratischen Steuerung zwischen den Betriebseinheiten werden durch dezentrale marktförmige Beziehungen ersetzt. Solche Aufbau- und Ablaufformen ermöglichen eine schnelle Reaktion auf den Bedarf der Märkte, weil auf dezentraler Ebene (ggf. in direkter Absprache mit anderen Abteilungen) schneller und unmittelbarer auf veränderte externe Anforderungen reagiert werden kann als in zentralisierten hierarchischen Strukturen. Bei aller Dezentralisierung werden die meisten Unternehmen aber weiterhin mit veränderten Instrumenten bürokratisch gesteuert: Mittels von Kennziffern werden die zentralen Parameter des Produktions- oder Dienstleistungsprozesses (einschließlich seiner Wirtschaftlichkeit) permanent überwacht. Auf dieser Grundlage werden den einzelnen Unternehmenseinheiten zu erreichende Zielgrößen vorgegeben (Faßauer 2008; Boes und Bultemeier 2008).

Die betriebsinterne Dezentralisierung ist nicht nur mit neuen Steuerungsmodalitäten verbunden, sondern auch mit einer veränderten Rationalisierungslogik. Prozesse der „systemischen Rationalisierung" (siehe Abschn. 3.1 und Sauer 2017) haben eine Effizienzsteigerung gesamtbetrieblicher Prozesse (und nicht einzelner Arbeitsplätze oder Abläufe) zum Ziel. Im Kontext der externen Vermarktlichung von Unternehmen bezieht sich systemische Rationalisierung auch auf unternehmensübergreifende Prozesse und Wertschöpfungsketten, also die strategische Einbindung von Zulieferern oder externen Projektpartnern (vgl. Sauer und Döhl 1994). Grundlage solcher netzwerkförmigen Zusammenhänge ist, dass ein „fokales", im Zentrum des Netzwerks stehendes Unternehmen die Aktivitäten der anderen Netzwerkunternehmen steuert und diesen wesentlichen Parameter weitgehend vorgibt.

Ein weiteres wesentliches Element unternehmensinterner Dezentralisierung ist, dass die Koordination und Steuerung betrieblicher Prozesse ebenfalls nach Marktprinzipien erfolgen. Allerdings handelt es sich dabei weniger um eine unmittelbare Öffnung gegenüber realen Märkten (indem etwa Preisentwicklungen auf Zuliefermärkten und Nachfrageänderungen für die eigenen Produkte genau beobachtet werden), sondern um die Einführung virtueller Marktstrukturen innerhalb der Organisation. Dies geschieht etwa durch die Einführung von Cost- bzw. Profitcentern, die auf der Grundlage interner Verrechnungsmodalitäten zwischen einzelnen Einheiten einer eigenständigen betriebsinternen Kostenrechnung unterliegen und als „Unternehmen im Unternehmen" operieren. Durch die Simulation marktförmiger Relationen werden organisationsintern marktähnliche Konkurrenzmechanismen eingeführt. Gefördert wird so das unternehmerische Handeln von Personen bzw. Abteilungen (Sauer 2010).

Die markt- bzw. wettbewerbsförmige Umgestaltung der Beziehungen zwischen Organisationseinheiten zielt auf eine erhöhte Ausschöpfung von Potenzialen der Variabilität und Flexibilität der einzelnen Einheiten (einschließlich ihrer inneren Strukturen) mit dem Ziel, dass diese sich jeweils in funktionaler Weise an veränderte Bedingungen anpassen. Dies schlägt allerdings in der Praxis leicht in Prozesse einer permanenten Reorganisation um. Das geht einher mit einer Desintegration hierarchisch geordneter Unternehmenseinheiten, die auf erhöhte operative Autonomie und Eigenverantwortung von Abteilungen und Betrieben im Unternehmensverbund abzielen (vgl. Faust et al. 1994; Hirsch-Kreinsen 1995). Dabei werden Produktlinien und Geschäftsfelder beständig im Hinblick auf die erreichte Marktnähe, Flexibilität, Effizienz etc. überprüft und strategisch neu bestimmt. Das führt häufig zu einer nach Marktmechanismen gesteuerten Dezentralisierung.

c) Vermarktlichte indirekte Steuerungsmodi von Arbeit

Marktförmige „indirekte" Steuerungsmodi von Arbeit orientieren im Gegensatz zu kleinteiligen Anweisungen im Rahmen der fordistischen kapazitätsorientierten Steuerung eher auf zentrale Vorgaben allgemeiner Größen (in der Regel knapp bemessene Belegschaft, technologische Basis, strategische Ziele) und spezifischer Ziele (Umsatz und Ertrag, Kosten, Terminplanung). Die Organisation vor Ort und die Abarbeitung der gestellten Aufgaben müssen in der Folge in den dezentralisierten Einheiten vor allem von den Beschäftigten bewältigt werden. Zur Initiierung wie zur Steuerung und Überwachung dient ein System von mehr oder weniger umfänglichen Kennziffern (insbesondere über Produktionsziele in Menge und Qualität), die abstrakte Marktanforderungen gleichsam in konkrete Maßzahlen überführen (und sie damit in gewisser Weise „objektivieren"). Kennziffern berücksichtigen neben den Marktdaten auch Erwartungen von Investoren und orientieren sich somit selbst auch an den Finanzmärkten. Sie signalisieren den Shareholdern, dass permanent an der Optimierung der Unternehmenseffizienz gearbeitet wird, und werden dadurch letztlich zum Instrument einer permanenten Leistungssteigerung sowohl aufseiten der Beschäftigten als auch aufseiten des Managements: Die wachsende Orientierung an den Finanz- und Kapitalmärkten führt dazu, dass jene den kurzfristigen Erfolg (abstrakt gemessen etwa an der Wertentwicklung eines Unternehmens im vierteljährlichen Berichtszeitraum) längerfristigen strategischen Orientierungen vorziehen.

Intern wirken indirekte Steuerungsmodi damit auch als Aufforderung zur Steigerung der Leistungsverausgabung (Lehndorff und Voss-Dahm 2006). Sie erzielen ihre Wirkung vor allem, wenn ihre Verfehlung von den Beschäftigten als existenzbedrohend wahrgenommen wird – mithin wohnt ihnen ein permanentes Drohpotenzial inne. Das verweist auf eine mögliche (in entsprechenden Managementkonzepten nicht explizierte) weitere indirekte Zielstellung der Vermarktlichung innerbetrieblicher Beziehungen: Die Rekommodifizierung der Arbeitskraft erfolgt darüber, dass vermittelt über Prinzipien der innerbetrieblichen Konkurrenz Belegschaften zunehmend gespalten werden und die Handlungsfähigkeit von Betriebsräten unterlaufen wird (vgl. Kap. 5).

In letzter Instanz handelt es sich um eine neue Herrschaftsform, eine Fremdbestimmung des Handelns, die über (anscheinende) Autonomien vermittelt wird (Peters und Sauer 2005). Sie entfaltet ihre Macht vor allem im direkten Kosten- und Leistungsvergleich mit Wettbewerbern, z. B. in der Standortkonkurrenz, bei der Ankündigung von Outsourcing, aber auch in der Konkurrenz innerhalb fragmentierter Belegschaften. Das Management ist davon nicht ausgenommen, wie die Shareholder-Value-Doktrin der ausgehenden 1990er-Jahre zeigt (Windolf 1995,

2005). Insofern ist danach zu fragen, ob es selbst Subjekt der Steuerung ist oder auch schon Getriebener (Sauer 2010). Selbstorganisierte Arbeitsbereiche und Individuen organisieren und steuern Arbeitsleistungen in eigener Verantwortung und rationalisieren sie auch. Bei insgesamt flachen Hierarchien sind dazu Gestaltungs- und Entscheidungsfreiheiten zu gewähren und auf Arbeitsformen zu achten, die gegenüber sich ändernden Anforderungen offen sind und Selbstorganisation fördern (vgl. Kratzer 2003; Latniak 2006). Als Konzept mittlerer Reichweite ist demnach insbesondere eine ergebnisorientierte Leistungs- und Entgeltpolitik sinnvoll, die unter Nutzung von Zielvereinbarungen, aber auch Mitarbeitergesprächen etc. kontraktuelle Gewissheiten auf allen Seiten produziert.

In der Betrachtung „selbstorganisierter" Arbeit aus einer primär organisationsbezogenen Perspektive geht es vor allem um den Effekt der Vermarktlichung betrieblicher Strukturen. Der gleiche Gegenstand – selbstorganisierte Arbeit auf der Grundlage post-tayloristischer, indirekter Steuerungsformen von Arbeit – wird mit Fokus auf Arbeitsprozesse und Arbeitspraxis in der arbeitssoziologischen Debatte unter dem Schlagwort Entgrenzung (siehe Abschn. 4.2.2)[3] diskutiert.

4.2.2 Entgrenzung betrieblicher Formen der Arbeitsorganisation

Entgrenzung verweist allgemein auf Tendenzen einer Auflösung ehemals fester Strukturen in der Arbeitswelt. Anders als der Begriff suggeriert, handelt es sich dabei aber nicht nur um Prozesse der Auflösung von Grenzen bzw. Strukturen, sondern diese sind immer auch mit dem Aufbau andersartiger, neuer Strukturen verbunden. Sie lassen sich prinzipiell auf alle Ebenen gesellschaftlicher Organisation von Arbeit beobachten. Dazu gehören überbetriebliche Prozesse der Aufweichung von Grenzen zwischen Organisation und Umwelt und die räumliche Entgrenzung des Betriebs als „geschlossenem" Ort der Produktion hin zu betriebs- und unternehmensübergreifenden Produktionszusammenhängen (vgl. zu systemischer Rationalisierung Sauer 2017 und zu unternehmensübergreifenden Kooperationen und Netzwerken Windeler 2017) sowie Wertschöpfungsketten bzw. zur Auslagerung von Teilen der Produktion etwa durch interkontinentales Off-Shoring (vgl. für die IT-Branche Boes und Kämpf 2011; Hürtgen et al. 2009; Kämpf 2008;

---

[3] Mit dem Fokus auf die Subjektivität der Arbeitenden und nicht auf betriebliche Arbeitsorganisation wird dieser Gegenstand im Rahmen der Debatte „Subjektivierung" von Arbeit ausführlich behandelt (siehe Abschn. 7.2).

Mayer-Ahuja 2011). Entgrenzungen vollziehen sich ebenso auf der Ebene betrieblicher Arbeitsorganisation im Wandel hin zu post-tayloristischen, indirekten Formen der Steuerung der Arbeitsleistung mittels ziel- und ergebnisorientierter Kontrollformen (vgl. Tullius 2004; Peters und Sauer 2005; Huchler et al. 2007). Die letztgenannte Ebene hat unmittelbare Auswirkungen auf die Qualität der Arbeit und auf die arbeitenden Subjekte und steht daher im Folgenden im Mittelpunkt der Betrachtungen.

Betriebliche Entgrenzung auf der Grundlage post-tayloristischer Formen der Arbeitsorganisation beschreibt vom Management bewusst herbeigeführte Veränderungen des Modus betrieblicher Herrschaft und der Kontrolle von Arbeit. Neben der individuellen ergebnisbezogenen Steuerung von Mitarbeiter*innen – etwa über Zielvereinbarungen – handelt es sich insbesondere um expandierende Formen arbeitsteiliger Projekt-, Team- und Gruppenarbeit (Kuhlmann et al. 2004). Auf individueller Ebene können auch „besondere" Arrangements wie alternierende Teleheimarbeit (bei der Beschäftigte zwischen betrieblichem und Heimarbeitsplatz wechseln können) oder Instrumente wie „Vertrauensarbeitszeit" (bei der völlig auf die Erfassung von Arbeitszeiten verzichtet wird) beiläufig zur Einführung indirekter, ergebnisbezogener Formen der Kontrolle von Arbeit führen. Eine Auflösung alter Begrenzungen von Arbeit ergibt sich in vielerlei Hinsicht:

- im Hinblick auf die Bemessung von Arbeitsleistung, die üblicherweise allein nach dem erbrachten Arbeitszeitvolumen erfolgt;
- in der räumlichen Dimension ganz offenkundig, wenn Arbeit außerbetrieblich erbracht wird, aber weniger deutlich erkennbar auch dann, wenn Mitarbeiter*innen in Formen der Matrixorganisation zeitgleich in eine Vielzahl von Projekten eingebunden sind – hier geht der feste betriebliche Arbeitsplatz immer mehr verloren (zugleich verweist das Beispiel auch auf instabiler werdende innerbetriebliche Sozialbeziehungen, wenn man fortlaufend mit wechselnden Kollegen zusammenarbeitet);
- in zeitlicher Hinsicht sowohl im Sinne erweiterter Gestaltungsspielräume der Lage der Arbeitszeiten als auch im Sinne einer zumindest temporären Ausdehnung der Arbeitszeitdauer, wenn Ergebnisse in einer vorgegebenen Frist erbracht werden müssen;
- aus zeitlichen, aber auch räumlichen Entgrenzungen resultierend auch im Hinblick auf das Verhältnis von Erwerbsarbeit und übrigen Lebensbereichen (siehe dazu ausführlich Kap. 5).

Entsprechende betriebliche Reorganisationsmaßnahmen führen aber nicht zu einem generellen Verschwinden tayloristischer Organisationsprinzipien (Schumann

4.2 Zentrale Debatten zur betrieblichen Arbeitsorganisation

2002; Schumann et al. 2005), wohl aber zu deren Ablösung als hegemoniales Organisationsprinzip. Als betriebliche Rationalisierungsstrategie zielen sie direkt auf die Arbeitskraft – auch und gerade wenn damit Veränderungen der Verfasstheit der Betriebe einhergehen. Früher nahezu ausschließlich Hochqualifizierten vorbehalten, wird Selbststeuerung nun für breite Gruppen der Beschäftigten zur Anforderung (vgl. Kratzer 2003; Eberling et al. 2004; Böhm et al. 2004). Die konkreten Auswirkungen dieser Veränderungsprozesse auf die Subjekte zeigen sich insbesondere in der Zunahme von Handlungsfreiräumen und Informalität, aber auch in gesteigerten Leistungsanforderungen und Belastungen sowie in einer neuen zeitlichen und räumlichen Flexibilisierung der Arbeit (Kratzer und Sauer 2003).

Die Verhandlung von Zielen, die Entscheidungsfindung in Organisationsprozessen von Gruppen und in projektförmiger Arbeit sowie die Gestaltung von Arbeitsbeziehungen werden auch in solchen Betrieben wichtiger, die insgesamt als eher traditionell organisiert gelten (ebd.). Hierarchische Befehlsstrukturen werden durch bi- oder multilaterale Aushandlungen und informelle Steuerungsmodi ersetzt, womit höhere Flexibilität, aber auch erhöhter Abstimmungsbedarf erzeugt wird (Bolte et al. 2008). Die Lösung organisationaler Konflikte wird auf die horizontale Ebene verlagert. Das geht mit einer Beschleunigung, Intensivierung und Ausweitung der horizontalen Arbeitskommunikation einher (Krömmelbein 2004). Dafür ist organisationales Vertrauen in die Praktiken informeller Kooperation eine unabdingbare Voraussetzung; hier hinkt die aktive Unterstützung seitens des Managements häufig den in der betrieblichen Praxis bereits vorfindlichen Kooperationsmodellen hinterher (Bolte und Porschen 2006).

Post-tayloristische Formen der Arbeitsorganisation erhöhen den Bedarf nach metafachlichen Kompetenzen der Arbeitenden: Gruppenarbeit z. B. erfordert ein erweitertes Know-how über eigenverantwortliche Zeitorganisation, das häufig erst in Weiterbildungen erworben werden kann (Wagner 2000). Auch auf der Meisterebene ist über reine Planungskompetenz hinaus ein verändertes Kommunikationsverhalten erforderlich (vgl. Dombrowski 2002; vgl. auch Schumann 2003). Kommunikations- und Kooperationsfähigkeit sind ebenso selbstverständliche Qualifikationsmerkmale wie das Vermögen, Informationen zu beschaffen und zu bearbeiten (vgl. Baethge-Kinsky 2000). Die Integration von technischer und ökonomischer Verantwortung z. B. im Bereich der Informationsdienstleistungen erfordert entsprechende Kompetenzen (vgl. Baethge 2000). Ebenso wird die Fähigkeit zur Netzwerkbildung wichtiger (vgl. Reichwald und Hermann 2000). Mit wachsender (informationstechnischer) Komplexität gewinnt auch die Interaktion von Maschine und Mensch an Gewicht (Böhle 2001; siehe auch Abschn. 3.3.3). Beispielsweise benötigt die Herausbildung des für Instandhaltungsarbeit notwendigen Erfahrungswissens den gleichen Zeitumfang wie die grundständige

Ausbildung selbst (Bauer et al. 2002). Gegenwärtig wird bei der beruflichen Gestaltungskompetenz bzw. beruflichem Konzeptwissen zwischen verschiedenen Abstufungen unterschieden: nominelle, funktionale, konzeptionell-prozessuale sowie ganzheitliche Handlungskompetenz (Grollmann und Haasler 2009). Das gilt auch für das produzierende Gewerbe wie die Automobilindustrie (Lacher 2007).

Eine weitere Metakompetenz im Kontext selbstorganisierter Arbeitsformen liegt in der Fähigkeit, negative Folgen autonomen Arbeitens – insbesondere ein „Arbeiten ohne Ende" (vgl. Pickshaus et al. 2001; siehe auch Glißmann und Peters 2001) – zu reflektieren und dem auf individueller wie kollektiver Basis arbeitspolitisch entgegenzuwirken. Das neu herzustellende Verhältnis von Autonomie und Kontrolle (vgl. Peters 2001) erfordert zumindest in Teilen neue Strategien der (individuellen) Aushandlung – ohne dass kollektive Interessenvertretungen (Boes und Baukrowitz 2002) obsolet werden müssen. Und auch die aktive Strukturierung der eigenen Lebensführung und die dazu notwendige, bereits in der Primärsozialisation auszubildende Planungskompetenz (vgl. Kirchhöfer 2001) werden bedeutsamer.

Entgrenzte, posttayloristische Arbeitsorganisation erweist sich insofern als ambivalent: erweiterte Autonomie und Entfaltungsspielräume in der Arbeit einerseits bei umfassenderer betrieblicher Vernutzung von Arbeitskraft und verstärkter Einbindung in die betrieblichen Abläufe andererseits. Diese Ambivalenz entgrenzter Arbeit benötigt, soll sie nicht überfordernd wirken und damit ggf. negative Folgen für die Subjekte und dauerhaft indirekt auch für den Betrieb zeitigen, neue nicht nur individuelle, sondern auch institutionelle Grenzziehungen (Kratzer et al. 2004; Minssen 2000).

Der Modus selbstorganisierten Arbeitens ist nur in der unmittelbaren Produktionsarbeit – auf die die Debatte um post-tayloristische Arbeitsformen als Referenzgröße meist implizit Bezug nimmt – wirklich „neu". Demgegenüber waren entsprechende Modi bei hoch qualifizierten Angestellten schon immer eine normale Form der Leistungssteuerung. Im Bereich der Angestelltenarbeit werden Formen indirekter Leistungssteuerung aber inzwischen auch auf weniger qualifizierte Beschäftigte übertragen und intensivieren sich bei den hoch qualifizierten (Kels 2009). Ältere Vorstellungen aus den Debatten um die „Humanisierung der Arbeit", dass selbstorganisierte Arbeit mit einem emanzipatorischen Gehalt verknüpft sein könnte, scheinen von der arbeitsorganisatorischen Wirklichkeit aktuell überholt zu werden – was die Formulierung „Herrschaft durch Autonomie" (Moldaschl 2001) treffend auf den Punkt bringt. Für die Arbeitenden besteht ein zunehmender Zwang zur Selbstverwirklichung (Kocyba 2005) bzw. zur Selbstbestimmung (Wagner 2005).

Es vollzieht sich eine Umorientierung der Perspektive betrieblicher Steuerung und Kontrolle der Arbeitskraft: In Zentrum steht nunmehr weniger der individuelle Arbeitsaufwand als vielmehr der zählbare (qua Zielvereinbarungen definierte und technisch per Kennziffern kontrollierte) Arbeitserfolg. Damit geht ein veränderter Modus der Steuerung einher (Vormbusch 2006; Menz 2009; Matuschek 2010). Es entstehen „Zonen kontrollierter Autonomie" (Dörre 2001), innerhalb derer im Sinne einer betrieblichen Rationalisierungsstrategie eine „Objektivierung subjektgesteuerten Handelns" (Böhle 2003, S. 128) erfolgt, das sich als zweckrationales Handeln den unternehmerischen Zielen unterordnet.

4.2.3 Flexibilisierung der Arbeitstätigkeit und des betrieblichen Personaleinsatzes

Neuere Formen der Arbeitsorganisation sind gekennzeichnet durch eine zunehmende Flexibilisierung insbesondere der Arbeitszeiten (z. B. Jürgens 2003; Hielscher 2006; Holst 2009) und -orte (z. B. Kleemann 2005) und eine damit verbundene Entgrenzung der zuvor üblicherweise klar getrennten Sphären Erwerbsarbeit und Privatleben (siehe dazu Kap. 6). Weiteres Merkmal ist die Flexibilisierung des betrieblichen Personaleinsatzes auf der Grundlage „atypischer" Beschäftigungsverhältnisse, die in einzelnen Dimensionen systematisch von den Standards des Normalarbeitsverhältnisses abweichen (siehe Kap. 5 sowie Keller und Seifert 2009).

a) Flexibilisierung der Arbeitszeiten und -orte

Die Flexibilisierung von Arbeitszeiten im Rahmen normaler Beschäftigungsverhältnisse ist inzwischen für viele zur Normalität geworden (Jurczyk et al. 2009). Überstunden als betriebsseitige Form der Arbeitszeitflexibilisierung hat es schon immer gegeben; neuere Instrumente dagegen sind insbesondere gleitende Arbeitszeiten und Arbeitszeitkonten in unterschiedlichen Spielarten und in einem radikaleren Sinne auch das Konzept der Vertrauensarbeitszeit, bei dem auf Zeiterfassung zugunsten einer ergebnisbezogenen Kontrolle ganz verzichtet wird.

Optionen zur Mitgestaltung der eigenen Arbeitszeit erhalten Beschäftigte mit der allgemeinen Verbreitung von gleitenden Arbeitszeiten (oder kürzer Gleitzeit), bei denen die Beschäftigten Anfangs- und Endzeiten des Arbeitstages im Rahmen vorgegebener Tageszeitkorridore selbst bestimmen können – sofern Sie die vertraglich festgelegten Arbeitszeitvorgaben erfüllen. Erfasst werden die Arbeitszeiten dann mittels Zeitkonten – Erfassungssysteme von Arbeitszeit, die Plus- oder

Minusstunden der Beschäftigten registrieren, die nach festen Regeln auf- und wieder abgebaut werden können –, sodass sich insgesamt ein Arrangement „kontrollierter Flexibilität" ergibt (Seifert 2001, 2007). Eine Tücke solcher Erfassungssysteme zeigt sich aber im Kontext ergebnisbezogener Steuerungsformen von Arbeit, wenn verbuchte Zeitguthaben aufgrund ständig neu anfallender Arbeitsaufgaben mit Fertigstellungsfristen de facto gar nicht nutzbar sind, weil permanent Überstunden anfallen, sodass der individuelle Zeitwohlstand letztlich fiktiv bleibt. In ihrer branchenübergreifenden Studie zu tarifvertraglich geregelten Arbeitszeiten sehen Haipeter und Lehndorff (2002, 2004) Zeitarbeitskonten in der Automobilindustrie als ein Instrument, das auf dem Wege moderner Gleitzeitkonten als Flexibilisierung daherkomme, de facto aber zu Arbeitszeitverlängerungen führe, weil erbrachte Überstunden von den Beschäftigten dauerhaft nicht abgerufen und damit nicht ausgeglichen werden können. Böhm et al. (2002, 2004) zeigen in ihrer Untersuchung zur Vertrauensarbeitszeit – als neuem flexiblem Arbeitszeitmodell, bei dem völlig auf eine Zeiterfassung verzichtet wird und die Arbeitsleistung allein über erbrachte Ergebnisse bemessen wird –, dass zahlreiche Aushandlungsprozesse zur Umsetzung dieses Modells erforderlich sind und es nur auf der Grundlage einer entsprechenden betrieblichen Arbeitskultur funktioniert. Zudem müssen die Arbeitenden ihre Alltagszeiten selbst strukturieren (vgl. Jurczyk und Voß 2000; im Kontext verkürzter Arbeitszeit: Hielscher und Hildebrandt 1999). In diesem Zusammenhang entsteht der Eindruck eines Balanceakts, den Arbeitende bei einer tendenziell ausgedehnten und flexibilisierten Arbeitszeit zwischen den betrieblichen und individuellen Zeitinteressen leisten müssen (Eberling et al. 2004). In ganz ähnlicher Perspektive wird für die Metallindustrie die Ausdehnung flexibler Arbeitszeiten auch auf weniger hoch qualifizierte Arbeitende beschrieben, etwa in der Produktion. Deutlich wird hier, dass Motive für variable Arbeitszeiten nicht nur individuelle Interessen, sondern auch reproduktionsbezogene Motive der Belastungsreduzierung sind (Promberger et al. 2012). Hielscher (2006) verweist in seinem Vergleich betrieblicher Zeitregime auf den erhöhten Abstimmungsbedarf zwischen Arbeitsanforderungen und den eigenen (sozial und familiär bedingten) Zeitbedürfnissen, die letztlich eine aktive individuelle Zeitgestaltung erfordern, um Dysfunktionalitäten im Hinblick auf die Sozialintegration zu vermeiden (vgl. dazu auch Mückenberger 2004). Bei den außerbetrieblichen Wirkungen konkreter Arbeitszeitarrangements kommen alle genannten Studien zu dem Ergebnis, dass Arbeitszeit nach wie vor ein zentrales und angesichts der vielfältigen Flexibilisierungsexperimente umkämpftes Feld der Arbeitsorganisation ist – und dies weit über deren unmittelbar arbeitsbezogenen Kern hinaus. Das zeigt sich u. a. auch bei den Langzeitkonten und dem Thema nachhaltige Lebenslaufpolitik (vgl. hierzu den Sammelband von Hildebrandt et al. 2007 sowie Hildebrandt et al. 2009).

4.2 Zentrale Debatten zur betrieblichen Arbeitsorganisation

Generell führen eine flexiblere Lage und Dauer der täglichen Arbeitszeit (die auch durch Teilzeitarrangements befördert wird) sowie eine Zunahme situativer Verschiebungen während des Tagesverlaufs (die sowohl durch die Erwerbsarbeit als auch durch private Zeitgeber hervorgerufen werden) für die Beschäftigten zu einem komplexeren Wechselspiel zwischen Arbeits- und Freizeit. Dies kann aber auch in ihrem eigenen Interesse sein, sofern sich für sie dadurch mehr Gestaltungsmöglichkeiten für den privaten Alltag ergeben. Daher wird neben erwerbsbezogenen Zeiten zunehmend auch die Frei- und Familienzeit in Analysen der Arbeitszeitgestaltung systematisch einbezogen und der Zusammenhang von Arbeits- und Lebenszeit reflektiert. Insoweit die Betriebe flexible Arbeitszeiten einseitig nach Maßgabe des zeitlichen Arbeitskräftebedarfs – vor allem in Form temporärer Mehrarbeit, also Überstunden – bestimmen, werden private zeitliche Flexibilitätspotenziale instrumentalisiert. Dem stehen Modelle gegenüber, bei denen die Beschäftigten über (begrenzte) „Zeitsouveränität" verfügen, etwa bei erweiterten Arbeitszeitkonten-Modellen mit entsprechenden Handlungsspielräumen für die Beschäftigten.

Zwar belegen Studien eine insgesamt relativ große Ignoranz betrieblicher Zeitplanung gegenüber lebensweltlichen Belangen (siehe dazu die Beiträge in Seifert 2005; Groß und Seifert 2010) und einen starken Verschleiß von Arbeitskraft infolge flexibler Arbeits(zeit)organisation (z. B. Fuchs und Conrads 2003; Pröll und Gude 2003; Ahlers 2010). Gleichwohl sind Rückwirkungen zeitlich und räumlich flexibilisierter Arbeitsformen auf die betriebliche Arbeitsorganisation darin zu sehen, dass die Beschäftigten im Gegenzug für mehr betriebliche Flexibilität auch größere individuelle Handlungsspielräume erwarten. Wenn auch insgesamt noch zögerlich, gehen Unternehmen auch deshalb vermehrt auf die lebensweltlichen Bedürfnisse der Beschäftigten ein. Entsprechende personalpolitische Maßnahmen werden von den Betrieben meist unter dem Leitbild der „Work-Life-Balance" verhandelt (siehe dazu ausführlich Abschn. 6.5.2.2). Solche betrieblichen Arbeitszeit- und Beschäftigungsarrangements reagieren auf Bedürfnisse von Beschäftigten, ohne dabei aber die Betriebsinteressen zu vernachlässigen. So ist etwa das Angebot von häufig mit dem arbeitsorganisatorischen Kalkül verknüpft, dass Beschäftigte bei kürzerer Arbeitszeitdauer effizienter arbeiten und dass zeitliche Flexibilisierung nicht im Sinne eines einseitigen Anrechts, sondern nach der Logik eines impliziten Tauschs auch im betrieblichen Interesse gestaltet wird.

Die vor einigen Jahren begonnene allmähliche Verlängerung des gesetzlichen Renteneintrittsalters bis auf 67 Jahre, die sowohl längere Lebensarbeitszeit als auch eine alternde Beschäftigtenstruktur befördert, ist ein weiterer wichtiger Aspekt der Debatte um eine Flexibilisierung von Erwerbsarbeit. Darauf reagieren Betriebe mehr oder weniger zögerlich und häufig in Unkenntnis geeigneter Konzepte berufsbegleitender Weiterbildung oder der Personalentwicklungsplanung, weil diese nicht als nachhaltige Instrumente altersgerechter betrieblicher Personalpolitik durchgesetzt sind (Morschhäuser 2006). Dabei stehen die Unternehmen veränderten erwerbsbiografischen Orientierungen, gesundheitlichen Problemen und Frühverrentung sowie allgemein erodierter Bindungen an den Betrieb gegenüber (Faust 2002). Betont wird die wachsende Bedeutung eines lebenslangen Lernens, um eine stärkere Beteiligung Älterer am Erwerbsleben zu ermöglichen (Bosch und Schief 2005). Auch der Ausstieg aus dem Erwerbsleben ist gegenüber dem früheren Normalarbeitsleben weniger strukturiert, wie anhand der verschiedenen Modelle von Altersteilzeit, Langzeitkonten etc. deutlich wird. Der Prozess des Ausscheidens aus dem Erwerbsleben wird mithin zunehmend ein von Betrieben und Arbeitenden selbst zu organisierender Akt (Kerschbaumer 2009).

In räumlicher Hinsicht befördert insbesondere der Einsatz von Informationstechnologien örtliche Flexibilität und Mobilität. Das betrifft die relativ neue betriebsgebundene Form der Teleheimarbeit und erweitert die immer schon vorhandenen Formen von Mobilarbeit, d. h. Beschäftigung an wechselnden Einsatzorten. Huchler et al. (2009) sowie Matuschek und Voß (2008) zeigen an der (Extrem-) Gruppe der Luftverkehrspiloten die berufsbedingt notwendige, von den Unternehmen als Selbstverständlichkeit vorausgesetzte Ausbildung eines multilokalen doppelten Lebenszusammenhangs. An diesem Beispiel wird die „strukturierende Kraft betrieblicher Mobilitätspolitik" (Vogl 2009) mit ihren weitreichenden Auswirkungen auf Arbeit und Leben der Beschäftigten besonders ersichtlich. Generell verlangt der zunehmende arbeitsmarktbedingte Imperativ der Mobilität (Kesselring 2012) den Beschäftigten, aber auch ihren Partnern und Familien eine enorme Anpassungsbereitschaft und -fähigkeit ab (zu den Wechselwirkungen von Arbeits- und Privatsphäre bei räumlich entgrenzten Arbeitsformen siehe Abschn. 6.4.1).

b) Flexibilisierung des betrieblichen Personaleinsatzes

Der Einsatz „atypischer", vom Normalarbeitsverhältnis (vgl. Bosch 2017) systematisch abweichender Formen abhängiger Beschäftigung – Teilzeit- und Leiharbeit, befristete und geringfügige Beschäftigung – stellt eine zunehmend wichtiger werdende Strategie betrieblicher Personalpolitik dar. Er dient insbesondere als Instrument, um eine externe numerische (über den Arbeitsmarkt vermittelte) Flexibilität des eingesetzten Arbeitskraftvolumens zu erreichen, und bewirkt zugleich eine Unterteilung in eine dauerhaft beschäftigte Stamm- und eine temporäre Randbelegschaft (vgl. Keller und Seifert 2006, 2007, 2009). Die arbeitsvertraglichen Bedingungen sind meist nachteilig für die atypisch Beschäftigten geregelt; demgegenüber erhalten die Betriebe mehr Flexibilität beim Arbeitskrafteinsatz. Bei befristeter Beschäftigung ist nach Ablauf der Vertragslaufzeit keine geson-

4.2 Zentrale Debatten zur betrieblichen Arbeitsorganisation

derte Kündigung der Beschäftigten erforderlich. Leiharbeiter*innen können – in Abhängigkeit von den vertraglichen Vereinbarungen des Betriebs mit dem jeweiligen Leihunternehmen – tendenziell völlig flexibel abgerufen werden. Geringfügig Beschäftigte können relativ kurzfristig und ohne weitere Einschränkungen gekündigt werden. Nur in sozialversicherungspflichtiger Teilzeitbeschäftigung gelten die auch in Normalarbeitsverhältnis üblichen Kündigungskriterien. Numerische Flexibilität kann von den Betrieben darüber hinaus auch vermittelt über Auftragsvergaben an vertraglich selbstständige Auftragnehmer*innen erreicht werden, also sogenannte „neue Selbständige" bzw. „Solo-Selbständige" ohne eigene Mitarbeiter*innen und mit geringen oder keinen unternehmerischen Gestaltungsspielräumen (vgl. Betzelt 2006; Egbringhoff 2007; Manske 2007), denen gegenüber der Betrieb nach Auftragserbringung keinerlei Verpflichtungen hat.

Seit den 1990er-Jahren ist die Ausweitung dieser atypischen Beschäftigungsformen, die nicht dem Normalarbeitsverhältnis als unbefristete, tariflich abgesicherte Vollzeitbeschäftigung mit vollen Arbeitnehmerschutzrechten entsprechen, eine zentrale Entwicklung im Beschäftigungssystem (Keller und Seifert 2009). In der Gesamtsicht zeichnet sich eine zunehmende Abkehr von der Dominanz interner Arbeitsmärkte ab, ohne dass damit aber Stammbelegschaften ganz und gar abgebaut würden. Es kommt stattdessen zu einer instabilen Koexistenz von internen und externen Arbeitsmärkten, die zu einer „dynamischen Segmentation" führt (Köhler und Loudovici 2007).

Für die Beschäftigungssituation bedeuten diese neuen betrieblichen Personaleinsatzstrategien, dass es zu einer Aufteilung in ein relativ abgesichertes und ein unsicheres Segment kommt. Entscheidend sind insbesondere die diachronen Auswirkungen dieser Segmentierung. Auf zwei Wegen stellt sich eine Flexibilisierung von Erwerbsverläufen ein: Zum einen nehmen biografische Unsicherheiten durch atypische bzw. prekäre Beschäftigung zu, zum anderen wachsen darüber hinaus die allgemeinen Risiken des Arbeitsplatzverlusts, woraus vermehrt diskontinuierliche Erwerbsverläufe hervorgehen (Mutz et al. 1995). Die seit Beginn der 1990er-Jahren festzustellenden Prozesse einer Deinstitutionalisierung des Lebenslaufs (Wohlrab-Sahr 1993) sind insbesondere für die jüngere Beschäftigtengeneration sichtbar: Bereits in der Statuspassage des Übergangs von der Schule in den Beruf differenzieren sich die „(Um-) Wege" (Gaupp et al. 2008) ins Beschäftigungssystem. Gefragt sind eine erhöhte räumliche Mobilität und die Bereitschaft zum Durchlaufen von Warteschleifen und temporären Beschäftigungsverhältnissen. Einstiege in die Erwerbstätigkeit bieten Betriebe zunehmend nur noch vermittelt über Praktika an (Hohendanner und Florian 2008). Das birgt bei allen damit möglicherweise verbundenen Qualifizierungschancen ein deutliches Risiko, nur als billige Arbeitskraft missbraucht zu werden (Metz-Göckel et al. 2006; siehe umfassend zu diesen Fragen Kap. 5).

4.2.4 Die Debatte um die „Arbeitskraftunternehmer"-These

Einen anderen, subjektbezogenen Weg, um die post-tayloristische bzw. postfordistische Konstellation systematisch in den Blick zu nehmen, schlägt das von Voß und Pongratz (1998) entwickelte Konzept des „Arbeitskraftunternehmers" ein. Die verschiedenen oben dargestellten Einzelprozesse werden in ihren Auswirkungen auf die arbeitenden Subjekte analysiert. Dies führt Voß und Pongratz zu der These, es finde aktuell und in Zukunft ein grundlegender Wandel der Konstitution der Ware Arbeitskraft statt (siehe als Überblick Voß 2017). Sie behaupten, dass im Zuge der konstatierten Entwicklung der Arbeitswelt weg von tayloristisch-fordistischen Prinzipien ein neuer Typus von Arbeitskraft im Entstehen begriffen sei, den sie „Arbeitskraftunternehmer" nennen. Der im Fordismus dominante Typus des fachlich qualifizierten „verberuflichten Arbeitnehmers" werde abgelöst von diesem stärker selbstgesteuerten Typus.

Voß und Pongratz (1998) unterscheiden für die Epoche der Industrialisierung drei historische Idealtypen der gesellschaftlichen Konstitution von Arbeitskraft: Der „proletarisierte Lohnarbeiter" der Frühindustrialisierung arbeitete unter harten Ausbeutungsbedingungen, hatte keinerlei sozialen Schutz und seine Arbeitsleistung unterlag einer direkten Kontrolle. Als gesellschaftlicher Leittypus wurde er ab der Hochphase der Industrialisierung bis Mitte des 20. Jahrhunderts zunehmend vom „verberuflichten Arbeitnehmer" abgelöst, der in den Nachkriegsjahrzehnten im Fordismus seine Blüte erlebte. Er war durch in formalen Ausbildungsgängen erworbene, relativ standardisierte Qualifikationen und einem speziellen Facharbeiterethos gekennzeichnet und musste nicht zuletzt aufgrund der Einbindung in technisierte Arbeitsumgebungen weniger rigide und direkt kontrolliert werden. Die in der Arbeits- und Industriesoziologie nachfolgend kontrovers diskutierte These von Voß und Pongratz (1998) lautet, dass dieser Idealtypus im Zuge der postfordistischen Entwicklungen der letzten Jahrzehnte tendenziell von einer dritten „gesellschaftlichen Form der Ware Arbeitskraft", dem „verbetrieblichten Arbeitskraftunternehmer", ergänzt und tendenziell abgelöst wird, der (bei weiterhin hoher formaler beruflicher Qualifikation) auf der Grundlage entsprechender personaler Kompetenzen die Transformation der Ware Arbeitskraft in Arbeitsleistung immer stärker in Eigenregie betreibt.[4]

---

[4] Das analytische Abstraktionsniveau von Voß und Pongratz (1998) ist an dieser Stelle hoch und die sprachliche Darstellungsform lädt zu Missverständnissen ein, weil der Begriff Arbeitskraftunternehmer – der sprachlichen Form nach scheinbar ein Personentypus – für ein Abstraktum, die „gesellschaftlichen Form der Ware Arbeitskraft", verwendet wird. Man neigt unwillkürlich dazu, sich „den Arbeitskraftunternehmer" als konkrete Person vorzustel-

4.2 Zentrale Debatten zur betrieblichen Arbeitsorganisation

Der neue Arbeitskrafttypus ist insbesondere durch drei Strukturmerkmale charakterisiert, die Voß und Pongratz (1998) mit den Begriffen Selbstkontrolle, Selbstökonomisierung und Verbetrieblichung der Lebensführung (bzw. in späteren Publikationen: Selbstrationalisierung; vgl. Pongratz und Voß 2003a) fassen. Selbstkontrolle deswegen, weil die Arbeitenden ihre konkrete Arbeitstätigkeit angesichts wegfallender direkter Steuerung immer stärker selbst strukturieren müssten, woraus aber keine wirkliche Autonomie resultiere, weil die Arbeitenden betriebliche Zielvorgaben zu berücksichtigen haben. Insofern werde das Transformationsproblem in die arbeitende Person hinein verlagert und systematisch auf deren Selbststeuerungskompetenzen zugegriffen. Selbstökonomisierung bezeichnet das zunehmend strategische Verhältnis der Arbeitenden zu ihrer Arbeitskraft als Ware: Sowohl die Qualifikations- und Kompetenzentwicklung als auch die Vermarktung der eigenen (Arbeits-)Person müsse aktiv von den Arbeitenden selbst betrieben werden. Mit Verbetrieblichung der Lebensführung bzw. Selbstrationalisierung ist schließlich die zunehmende instrumentelle Ausrichtung des gesamten Alltagslebens und privater Ressourcen auf die Erwerbstätigkeit gemeint. Die gesamte Lebensführung der Person, so die These, nehme tendenziell einen zweckförmigen Charakter an und werde zum individuellen Betrieb im Weber'schen Sinne eines „kontinuierlichen Zweckhandelns bestimmter Art" (Weber 1985, S. 28).

Substanzielle Grundlage der Diagnose von Voß/Pongratz sind im Kern jene Prozesse der Aufweichung tayloristisch-fordistischer Formen der Arbeitsorganisation, die in der arbeitssoziologischen Debatte um die Kontrolle und Steuerung von Arbeit in den letzten beiden Jahrzehnten im Zentrum standen (und die in Abschn. 4.2.1 bis 4.2.3 unter den Leitbegriffen Flexibilisierung, Entgrenzung und Vermarktlichung eingehend diskutiert wurden). Sie basieren auf partiell erweiterten Autonomiespielräumen in der Arbeit und einer dazu komplementären indirekten, ergebnisbezogenen Kontrolle der Arbeitenden. Die mit ihrem Einsatz verbundenen zentralen Ziele sind eine systematische Erhöhung des Leistungsumfangs sowie eine betriebliche Nutzung und ökonomische Verwertung der Fähigkeiten von Arbeitenden in neuer Qualität: zum einen durch die verstärkten Anforderungen in Bezug auf die eigenständige Strukturierung der Arbeitsausführung, zum anderen durch einen erweiterten Zugriff auf bislang nicht systematisch genutzte Potenziale

---

len. Der „Arbeitskraftunternehmer" ist aber ausschließlich ein Idealtypus, auf den bestimmte abstrakte Kriterien zutreffen. (Insofern und nur insofern „ist" er eine bestimmte gesellschaftliche Form von Arbeitskraft.) Konkrete Beschäftigte entsprechen den idealtypischen Kriterien – allem voran dem Kriterium, die Transformation seiner Arbeitskraft (also des Potenzials, produktive Arbeit zu leisten) in Arbeitsleistung, ohne direkte Steuerung durch Vorgesetzte selbst aktiv zu vollziehen, – mehr oder weniger umfassend.

der Arbeitskraft wie Innovativität und Kreativität, Sozial- und Kommunikationskompetenzen, Leistungsbereitschaft und Begeisterungsfähigkeit, Loyalität und Solidarität. Die dadurch entstehenden Handlungsspielräume sind für die Arbeitenden von hoher Ambivalenz. Sie werden zunehmend in Situationen gestellt, in denen zeitliche, räumliche, sachliche und soziale Strukturvorgaben für ihr Arbeitshandeln zurückgedrängt (und in diesem Sinne zugleich entgrenzt (vgl. Voß 1998)) sind. Daher müssen Arbeitskräfte aufgrund der betrieblich geforderten „Selbstorganisation" nun zunehmend eigenständig funktionale Strukturen für ihre Arbeit schaffen, um ihre Aufgaben effizient erfüllen zu können.

Das Arbeitskraftunternehmer-Konzept ist also „subjektorientiert" in dem Sinne, dass die Arbeitenden und die gesellschaftliche Konstitution ihrer Arbeitskraft Gegenstand der Betrachtungen sind. Letztlich werden die betrieblichen Wandlungsprozesse und die daraus resultierenden Handlungserfordernisse für die Arbeitenden jedoch in einem normativen Sinne beschrieben: Es wird vor allem darauf geachtet, was die Subjekte im Sinne der neuen, post-tayloristischen Logiken der Arbeitsorganisation leisten sollen. Insofern wird im Kontext der Debatte um die Subjektivierung von Arbeit eine Perspektive eingenommen, die einseitig diejenigen Auswirkungen betrieblicher Arbeitskraftstrategien thematisiert, die der gezielten betrieblichen Vernutzung von Subjektpotenzialen dienen (vgl. Pongratz und Voß 2003a, S. 11 ff. u. 215 ff.). Die tatsächliche Praxis der Beschäftigten mit ihrer potenziellen Widerständigkeit und Eigensinnigkeit dagegen wird nicht theoretisiert (vgl. Matuschek et al. 2004) und zunächst auch nicht empirisch in den Blick genommen. Erst später führten Voß und Pongratz selbst eine Studie zur Überprüfung der empirischen Reichweite ihrer Arbeitskraftunternehmer-These durch. In ihr wurden die Erwerbsorientierungen Beschäftigter mittlerer Qualifikation in post-tayloristischer Gruppen- und Projektarbeit analysiert (vgl. Pongratz und Voß 2003a, b). Genereller Befund war, dass diese im Hinblick auf die Selbstkontrolle, also die eigenständige Steuerung der Arbeitspraxis, Dispositionen aufwiesen, die dem Typus des Arbeitskraftunternehmers entsprechen, während entsprechende Dispositionen bei der Selbstökonomisierung, also bei der Qualifizierung und Vermarktung der eigenen Arbeitskraft, nur teilweise ausgeprägt waren. Was die Selbstrationalisierung betrifft, wurden recht unterschiedliche Muster und Umgangsformen festgestellt. (Die Befunde der Studie werden in Kap., Abschn. 7.1.2.4, noch ausführlicher dargestellt.)

In der Arbeits- und Industriesoziologie kam es unmittelbar nach der Veröffentlichung der Arbeitskraftunternehmer-These zu einer teils vehementen Kritik an ihr (vgl. für einen Überblick die Beiträge in Kuda und Strauß 2002; Pongratz und Voß 2004). Immer wieder wurde argumentiert, dass das Konzept nur auf ausgewählte Gruppen von Beschäftigten, tendenziell nur extrem qualifizierte, zuträfe und nicht verallgemeinert werden könne (vgl. hierzu exemplarisch Schumann 1999). Andere

Autoren verwiesen darauf, dass bei hoch qualifizierten Angestellten und Selbstständigen ein entsprechender Arbeitskrafttypus schon immer ausgeprägt gewesen sei und insofern kein neues Phänomen beschrieben werde. Die Debatte um Reichweite und Allgemeingültigkeit der These hält bis heute an, weil die These selbst prognostischen Charakter hatte und allenfalls Entwicklungstendenzen identifizieren konnte, die zwar Hinweise auf die Reichweite liefern, aber keine unmittelbare empirische Prüfung ermöglichen. Es gab aber auch harsche Kritik an den theoretischen Grundannahmen der Arbeitskraftunternehmer-These. Ihr wurde u. a. vorgeworfen, implizit einem neoliberalen Leitbild von Arbeit zu folgen (vgl. hierzu insbesondere Deutschmann 2001, 2002; Faust 2002).

Trotz aller Kritikpunkte: Die Arbeitskraftunternehmer-These regte insbesondere in den Jahren unmittelbar nach ihrer Veröffentlichung einen Meta-Diskurs zum Thema post-tayloristische Arbeitsorganisation an, darunter eine theoretische Diskussion über Entwicklungstendenzen der gesellschaftlichen Konstitution von Arbeitskraft. So fokussierte z. B. die Studie von Bröckling (2007) zum „Unternehmerischen Selbst" darauf, wie auf der Ebene des gesellschaftlichen Diskurses kulturelle Leitbilder hegemonial werden, die eine ideologische Grundlage für entsprechende Arbeitskraftdispositionen bilden. Befruchtend wirkte die Arbeitskraftunternehmer-These auch auf Debatten in anderen mit dem Thema Arbeit befassten Disziplinen wie etwa der Betriebswirtschaftslehre oder der Berufspädagogik (vgl. Wilkens 2004; Elster 2007). In der Arbeits- und Industriesoziologie folgten weitere Untersuchungen zum Interessenhandeln von „individualisierten" Arbeitnehmern oder zur veränderten Qualität von Berufen und beruflicher Qualifizierung. Hierzu lieferten die Vertreter der These selbst weitere Diskussionsbeiträge (vgl. zur betrieblichen Interessenvertretung: Pongratz 2000; Pongratz und Voß 2003a; zum Wandel von Beruflichkeit Voß 2001a, b, 2002, 2007.)

Schließlich gab die These der Debatte um die Subjektivierung von Arbeit (siehe Kap. 6) einen wichtigen Schub, indem sie eine Perspektive auf neue betriebliche Anforderungen an Beschäftigte eröffnete und Anstöße lieferte, sich eingehender theoretisch und empirisch mit der Rolle der Subjekte und von Subjektivität in der Arbeit auseinanderzusetzen.

4.3 Veränderungen betrieblicher Lohn- und Leistungspolitik

Mit der Einführung von post-tayloristischen Formen der Arbeitsorganisation veränderten sich auch die Prinzipien der Leistungsbemessung und Lohngestaltung. Die Lohn- und Leistungspolitik ist Teil betrieblicher Arbeitsorganisation. Seit etwa zehn Jahren gibt es dazu in der Arbeits- und Industriesoziologie eine eigenständige

Debatte, die eng mit gewerkschaftlichen Perspektiven verflochten ist. Lohngestaltung war schon immer auch ein gesellschaftlich relevantes Thema, weil es hier neben rein materiellen Aspekten (Verhältnis von Lohn und Leistung, Lohndifferenzen und Entgeltformen) auch um Gerechtigkeitsvorstellungen der Arbeitenden geht (siehe dazu auch Abschn. 7.3.1). Diese müssen von den Betrieben in ihrer Leistungs- und Lohnpolitik berücksichtigt werden, weil eine als gerecht empfundene Leistungsbewertung in der Tendenz eine höhere Leistungsbereitschaft hervorbringt.

Die wohl zentrale Gerechtigkeitsvorstellung in gegenwärtigen Arbeitsgesellschaften ist das Leistungsprinzip. Es kann „als wichtigstes status-legitimierendes Organisationsprinzip, das diese Gesellschaften selbst als verbindlich akzeptieren oder sogar als erfüllt ausgeben", verstanden werden (Offe 1975, S. 42). Es wird davon ausgegangen, dass die Anstrengungen des Einzelnen und die daraus resultierenden Gegenleistungen in einer angemessenen Proportion zueinanderstehen. Man spricht hier von einer „Äquivalenzerwartung" (Faßauer 2008, S. 91). Im Gegensatz zu vormodernen Gesellschaften zeichnet sich eine Leistungsgesellschaft dadurch aus, dass nicht Abstammung oder Privilegien über die Lebenschancen entscheiden, sondern „dass die individuelle Leistung als Zuteilungskriterium für Status und Lebenschancen gilt – demnach also das Leistungsprinzip prinzipiell als Verteilungsmechanismus akzeptiert wird" (ebd., S. 94).

Im Folgenden (Abschn. 4.3.1) wird als Grundlage für das Verständnis betrieblicher Lohn- und Leistungspolitik zunächst das Verhältnis von Lohn und Leistung problematisiert, danach werden das Zustandekommen der Lohnhöhen und die zentralen Entgeltformen erklärt, bevor aktuelle Entwicklungslinien betrieblicher Leistungspolitik in Abschn. 4.3.2 vor dem Hintergrund des bereits (in Abschn. 4.1) dargestellten Wandels der betrieblichen Arbeitsorganisation hin zu mehr Vermarktlichung, Entgrenzung und Flexibilisierung in den Blick genommen werden. Anknüpfend daran werden in Abschn. 4.3.3 weiterführende arbeitssoziologische Perspektiven und Diagnosen zum Themenfeld Leistung und Leistungspolitik vorgestellt.

4.3.1 Zum Verhältnis von Lohn und Leistung

Entgegen den Versprechungen des Leistungsprinzips handelt es sich bei der Relation von Lohn und Leistung nicht einfach um ein Entsprechungsverhältnis (etwa Aulenbacher et al. 2017). Auch wenn eine individuelle Arbeitsleistung die Grundlage darstellt („Kein Lohn ohne Leistung!"), bemisst sich die Lohnhöhe nicht unmittelbar daran. Es mag zwar im Rahmen von Stunden- oder Monatslöhnen so erscheinen, als ob die ganze Arbeit (also Leistung) bezahlt würde, tatsächlich ist der Lohn aber nur „der Preis für die Überlassung der menschlichen Arbeitskraft" (Hillmann 1994, S. 499), also der Gegenwert für den Wert der Ware Arbeitskraft. In die Lohnfindung fließen auf Basis der Bewertung der Arbeitsleistung u. a. folgende Faktoren ein: der Marktwert, der sich am Wechselverhältnis von Arbeitskräfteangebot und -nachfrage bemisst, die damit im Zusammenhang stehende Dringlichkeit der zu leistenden Arbeit, aber auch Qualifikationen und besondere Kompetenzen der Arbeitenden sowie der Wert der aus der Arbeit entstehenden Produkte. Auch besondere Belastungssituationen (wie z. B. unterschiedliche Formen der Schicht- oder Wochenendarbeit) können das Verhältnis von Lohn und Leistung verändern, wenn ihre Honorierung z. B. in Tarifverhandlungen durchgesetzt werden kann. Diese und weitere Faktoren stellen aber nicht etwa Summanden zur Lohnberechnung dar, sondern bilden nur die Grundlage für (in der Regel kollektive) Prozesse der Aushandlung der Lohnhöhe zwischen den Konfliktparteien Arbeitgeber und Arbeitnehmer.

Abhängig ist die Lohnhöhe vornehmlich von der Verhandlungsmacht der Tarifakteure in unterschiedlichen Branchen, die einen guten Teil der unterschiedlichen Entgeltstrukturen und -niveaus erklärt, aber auch vom Lohngefälle in einzelnen Branchen. Leistungsanforderungen wie Entgelte sind das Ergebnis von Aushandlungen zwischen einzelnen Arbeitgebern bzw. deren interessenpolitischen Verbänden und (einzeln oder kollektiv auftretenden) Arbeitnehmern bzw. deren gewerkschaftlichen Interessenvertretungen. Tarifverhandlungen fördern Interessengegensätze zutage: Unternehmen sind profitorientiert und wollen möglichst günstig produzieren; Arbeitskräfte wollen an der Produktivität angemessen beteiligt werden, um ihre Teilhabe an der gesellschaftlichen Entwicklung zu sichern und ein finanziell möglichst sorgenfreies, auskömmliches Leben zu führen. Auch jenseits von tariflichen Löhnen, entweder in nicht tarifgebundenen Unternehmen oder aber im Falle außertariflicher Angestellter, die individuell mit ihrem Arbeitgeber über die Entgelthöhe übereinkommen, sind die jeweiligen Druckmittel entscheidend.

Unterschiede können sich aber auch ohne solch direkten Bezug auf die Leistung ergeben, wie insbesondere geschlechtsbezogene Entgeltdifferenzen belegen: Frauen werden in Deutschland auch bei gleicher und gleichwertiger Tätigkeit regelmäßig schlechter bezahlt als Männer. Allem voran verdeutlicht das die geringere Durchsetzungsmacht von weiblichen Beschäftigten insbesondere in den sogenannten frauentypischen Berufen, die sich auch durch eine mangelnde Wertschätzung von Care-Arbeiten ergibt.[5] Einige Leistungskriterien haben Eingang in Kriterien-

---

[5] Auf die zahlreichen Erklärungsmodelle des Gender Pay Gaps (siehe dazu Abschn. 2.5.2;

kataloge der Tarifverträge gefunden, prominent darunter die Verantwortung, mit der auch im Alltagsverständnis begründet wird, warum ein Chefarzt viel verdient, eine Putzfrau hingegen wenig. Genau betrachtet, handelt es sich dabei aber auch um eine kulturelle und gesellschaftliche Wertung, denn sowohl der Operationshergang als auch eine keimfreie Umgebung sind für die Genesung des Patienten essenziell. „Was jeweils als Leistung gilt, ist davon abhängig, was die Angehörigen einer Bezugsgruppe (Vorgesetzte, Kollegen, Familie, Betriebsrat etc.) vor dem Hintergrund ihrer Kriterien und Maßstäbe als Leistung bezeichnen, anerkennen und durchsetzen" (Schettgen 1996, S. 180).

Der Leistungsbegriff variiert also und benötigt einen überindividuell anerkannten Gütemaßstab, der beispielsweise in Tarifverträgen (die neben der Höhe der Entlohnung auch weitere Rahmenbedingungen festschreiben; vgl. Ehlscheid et al. 2006) und der angehängten Entgeltordnung festgelegt wird. Denn in Betrieben und Organisationen – anders als in intersubjektiven Leistungsverständnissen – bedarf Leistung einer Operationalisierung, da davon Eingruppierungen abhängen (Offe 1975, S. 47 f.). Grundsätzlich wird im Eingruppierungsvorgang der Arbeitsplatz bewertet – also ein Typus von erwarteter Leistungserbringung statt die tatsächlich verrichtete Einzelleistung, auch wenn diese im Rahmen von Prämienlöhnen oder Leistungszulagen erfasst werden kann. Indessen spielt der Verweis auf Leistung und ihre umkämpften Kriterien in den individuellen oder tariflichen Verhandlungen eine große Rolle; nicht zuletzt ergeben sich daraus unterschiedliche Formen der Leistungsbewertung und -bemessung.

Das komplexe Verhältnis von Lohn und Leistung drückt sich auch in unterschiedlichen Entgeltformen aus. Qualitativ lassen sich insbesondere Lohn und Gehalt, Stück- und Akkordlohn, feste und variable Lohnbestandteile, tarifliche und außertarifliche Entgelte voneinander unterscheiden (Schmierl 2017). So erhalten traditionell die in der beruflichen Hierarchie höherstehenden Angestellten ein monatliches, in der Höhe gleichbleibendes Gehalt, die Arbeiter*innen dagegen einen z. B. an der registrierten tatsächlichen Arbeitszeit und/oder an der Anzahl produzierter Arbeitsstücke orientierten variablen Lohn. Die Arbeitsleistung von strategischen Managern (wie Unternehmenslenkern) etwa wird – meist mit dem Hinweis auf ihre Verantwortung – gewöhnlich außertariflich in bilateralen Verhandlungen festgelegt und orientiert sich nicht an der faktischen Arbeitszeit. Für alle Entgeltformen in der Industriegesellschaft gilt, dass die Zahlung von Gehalt oder Lohn

---

vgl. auch Beck-Gernsheim 1981; Busch 2013; Klammer et al. 2018) und von anderen Entgeltdiskriminierungen soll an dieser Stelle nicht eingegangen werden. Vielmehr dient der Verweis auf diese Art der Entgeltdifferenz als Beleg dafür, dass zwischen Leistung und Lohn kein Gleichheitszeichen steht.

prinzipiell unabhängig davon organisiert ist, ob sich ein durch die Arbeit erstelltes Produkt auch verkaufen lässt – dieses Risiko trägt das Unternehmen. Entgelte für die Arbeitsleistung und der Absatzmarkt für Produkte waren nicht direkt miteinander verkoppelt, auch wenn sich bei länger ausbleibendem Verkaufserfolg der Abbau von Arbeitsplätzen als mittelbare Folge einstellte. Das änderte sich aber in den letzten Jahrzehnten im Zuge der Vermarktlichung von Unternehmen (siehe dazu Abschn. 4.2.1).

4.3.2 Entwicklungstendenzen betrieblicher Leistungspolitik

Betriebliche Leistungspolitik soll eine Verhaltenskonditionierung der Arbeitenden im Sinne der organisationalen Zielsetzungen bewirken. Darüber hinaus soll sowohl mittels betrieblicher Arbeitsorganisation als auch über andere Steuerungsinstrumente (etwa über Lohnregelungen, Anerkennung, Arbeitszeitregelungen, Zielvereinbarungen, Corporate Identity) sowie über die Erfassung von Leistung mehr oder weniger direkt Einfluss auf die konkrete Tätigkeit genommen, also Leistung reguliert werden.

Zu den Hochzeiten fordistischer Massenproduktion hatte sich in Deutschland die Tarifpartnerschaft zwischen Unternehmen und Gewerkschaften als geeignetes Aushandlungsmuster etabliert, um Konflikte in normierte Bahnen zu lenken und das Streikvolumen (verglichen mit anderen Ländern) gering zu halten. Allgemein verbindliche Vereinbarungen zur Laufzeit eines Tarifvertrages, zur tariflichen Arbeitszeit und natürlich zur Lohnentwicklung waren geeignet, beiden Seiten – Arbeitgebern und Arbeitnehmern – ein gewisses Maß an Stabilität und Sicherheit für die nähere Zukunft zu vermitteln. Allerdings ist einschränkend anzumerken, dass die Zielgruppe in der Arbeitnehmerschaft gerade zu den Hochzeiten des Fordismus allein die einheimischen männlichen Arbeiter waren, während Frauen und ausländische Arbeitnehmer (sogenannte Gastarbeiter) Elastizitätspotenziale darstellten. Auch selbst die Kernklientel kam nicht durchweg in den Genuss von Beschäftigungsstabilität und umfassender materieller Absicherung.

Mit der Krise der fordistischen Massenproduktion geriet spätestens seit den 1980er-Jahren auch die eingespielte Lohn-Leistungs-Politik an ihre Grenzen (Bergmann et al. 1986; Wagner 1992; Siegel und Schudlich 1993). Mit dem Einzug post-tayloristischer Arbeitsformen in die industrielle Fertigung ging eine grundlegende Strukturveränderung der betrieblichen Arbeitsorganisation einher, die auf eine rigide Detailsteuerung verzichtete, die Kontrolle von Arbeitsleistung im Vergleich zur nachprüfbaren Stückzahl weicher und weniger direkt organisierte und so eine neue Form der Arbeitskraftnutzung etablierte. Abgezielt wird damit auf eine erweiterte Autonomie der Arbeitenden, um bislang stillgestellte Leistungspotenziale freizusetzen, bei gleichzeitiger Festlegung der zu erzielenden Produktivität. Kreativität, Sozial- und Kommunikationskompetenzen, Leistungsbereitschaft und Eigenverantwortung der Beschäftigten sollen systematisch verwertet werden (vgl. Kleemann et al. 2002). Eine solche arbeitskraftszentrierte betriebliche Leistungspolitik (Schmierl 1995) erhebt Leistungsentlohnung zum Mittel, um Arbeitskontexte zu steuern (Bender 1997), und verändert letztendlich die Tariflandschaft, indem sie Flexibilisierung und Ökonomisierung der betrieblichen Prozesse in den Mittelpunkt stellt.

Gegenüber der Regulation in fordistischer Tradition (als tarifvertraglich vereinbarte Lohnfindung, die den individuellen Arbeitsaufwand für die Herstellung von Produkten und den betriebsökonomischen Erlös durch den Verkauf dieser Produkte auf Märkten prinzipiell voneinander getrennthielt) drückt sich in der postfordistischen Leistungsregulierung ein Wandel des Leistungsverständnisses aus: Es wird vermehrt ergebnisbezogen operiert, die vorherige Entkopplung von Arbeitsaufwand und Ertrag auf Grundlage der Vermarktlichung der betrieblichen Produktion (siehe dazu Abschn. 4.2.1) wird aufgegeben und Markterfolg zu einem eigenständigen Kriterium der Leistungsbewertung gemacht. Im Zuge entgrenzter und vermarktlichter Formen der Arbeitsorganisation verändern sich Verantwortungszuschreibungen. Letztlich ist jeder und jede für den betrieblichen Erfolg am Markt mitverantwortlich – und nicht nur für die eigene Arbeitsleistung.

Unter dem Signum post-tayloristischer Betriebsorganisation und sich wandelnder Verhältnisse auf dem Arbeitsmarkt (Massenarbeitslosigkeit) entstand im ausgehenden 20. Jahrhundert eine Vielzahl neuer (tariflich oder betrieblich festgelegter) Lohn-Leistungs-Systeme, die die herkömmlichen Zeit- und Akkordlöhne in den industriellen Leitbranchen verdrängten. Es entstand eine unübersichtliche Tariflandschaft mit großen Differenzen bei der betrieblichen Lohn- und Leistungspolitik, die mittels Betriebsvereinbarungen noch zunahmen und denen in anderen Arbeitsfeldern wie dem Dienstleistungsbereich zudem gänzlich andere Lohn-Leistungs-Relationen gegenüberstanden (vgl. dazu näher Ortmann 1994; Braczyk 1997; zum Dienstleistungssektor vgl. Tondorf 1995, 2007; Weller et al. 2005).

In Organisationen unterschiedlichster Branchen werden leistungspolitische Gestaltungsaufgaben inzwischen vermehrt den betrieblichen Akteuren übertragen. Zahlreiche Öffnungsklauseln in den Flächentarifen bewirken eine Delegation konkreter Ausgestaltung an die Betriebsparteien, die immer stärker maßgeschneiderte Lösungen finden müssen (Iwer et al. 2008; Huber et al. 2008). Solche Sonderregelungen mittels Betriebsvereinbarungen haben in den zurückliegenden Jahren eine immer größere Bedeutung erlangt. Sie erlauben größere Elastizität in der Produktion und ermöglichen eine flexible Personalführung, etwa über Zeitverträge, Teilzeit- und Schichtarbeit und Regelungen zur Lohneingruppierung einzelner Beschäftigter. Mit Betriebsvereinbarungen lassen sich auch die Höhe von variablen Lohnbestandteilen sowie die Prozeduren zu deren Ausschüttung oder Verweigerung bestimmen, Modalitäten von Kündigungen festlegen oder Regelungen zur Arbeitsplatzsicherheit treffen. Es wird kritisiert, dass Betriebsvereinbarungen generell die Verbindlichkeit von Tarifabschlüssen unterlaufen – ein neben der ansteigenden Tarifflucht ganzer Branchen weiterer Baustein, der aus der Mauer entgeltpolitischer Traditionen des Fordismus bröckelt (vgl. Siegel und Schudlich 1993; Schmierl 1995; Bender 1997).

Veränderte gesellschaftliche Rahmenbedingungen tragen ihren Teil zur Unübersichtlichkeit bei: Eine zunehmend globalisierte Ökonomie mit internationalisierten Wertschöpfungsketten fördert transnationale Lohnkostenvergleiche; mit Verweisen der Arbeitgeber auf mögliche Standortverlagerung wird die gewerkschaftliche Verhandlungsmacht geschwächt (vgl. z. B. Streeck 1999, 2001; Deiß und Schmierl 2005; Schmierl 2007; Schmierl et al. 2001). Die Tertiarisierung hat zur Schrumpfung klassischer Industriesektoren geführt und begünstigt den Bedeutungsverlust der dortigen tarif- und lohnpolitischen Instrumente (Trautwein-Kalms 2001; Boes und Baukrowitz 2002; Schmierl 2006). Mit den Shareholder-Value-Konzepten hat sich eine auf den einzelnen Arbeitsplatz herunterreichende, an kurzfristigen Renditen orientierte betriebliche Leistungs- und Kontrollstrategie etabliert (vgl. Meil et al. 2003; Höpner 2003; Streeck und Höpner 2003). Die in Ostdeutschland praktizierten Sonderregelungen abgesenkter Tarife schlagen inzwischen auf den Westen durch; allgemein sinkt die Tarifbindung (Artus 2004; Bispinck 2004; Kohaut und Schnabel 2003; Ellguth 2004; Ellguth und Kohaut 2008). Betriebliche Bündnisse für Arbeit (zum Erhalt von Betrieben und Personal) erfordern lohn- und tarifpolitische Zurückhaltung der Gewerkschaften (Rehder 2002, 2003; Seifert 2002). Gewerkschaften wie Arbeitgeberverbände als Akteure des Systems industrieller Beziehungen verlieren Reputation, Mitglieder und Verhandlungsmacht (vgl. z. B. Keller 2004). Im Ergebnis all dieser Prozesse richtet sich betriebliche und tarifliche Lohn- und Leistungspolitik verstärkt an dem Ziel der Sicherung der Position im globalisierten Wettbewerb aus (Schmierl 2018).

Ein Resultat ist die Einführung von Klauseln zur Regulierung von Arbeitsleistungen, mit denen der Ansatz verfolgt wird, „den Geltungsbereich der Leistungsregulierung über die Bereiche des traditionellen Leistungslohns hinaus auszudehnen" (Haipeter 2008, S. 201): Hinzu kommt das Bemühen, mithilfe von Leistungssteuerungsinstrumenten alle Arbeitsprozesse datentechnisch zu erfassen und damit einem Controlling zuführen zu können. Hilfreiches Instrument hierfür sind aufseiten der Betriebssteuerung Systeme des Enterprise Resource

Plannning (ERP), wie etwa SAP sie anbietet. Nicht nur der Materialfluss, sondern auch der Personaleinsatz und die Kontrolle der Arbeitsleistung lassen sich hiermit arbeitsplatzgenau und zeitlich beliebig steuern. Dazu bedarf es Zielvorgaben, die den Beschäftigten als Kennziffern entgegentreten: Wieviel muss während einer Schicht produziert werden? Wie viele Fälle sind einem Sozialarbeiter zuzuweisen oder welches Ergebnis ist von einer Arbeitsgruppe insgesamt zu erbringen?

Im Zusammenspiel von Kennziffernsteuerung und Vermarktlichung etabliert sich ein neuer Leistungsbegriff. Fern von Zeitentgelten (z. B. Dauer der Anwesenheit) und Stückzahlenkontrolle (z. B. Produktion per Zeitintervall, Fließbandarbeit) der fordistischen Lohn-Leistungs-Relation halten zumindest partiell fluidere Steuerungsinstrumente wie Zielentgelte und Provisionen Einzug. Das Regulationsniveau wird abgesenkt, die Berechenbarkeit des Entgelts schwindet (Ehlscheid und Nobel 2008; Haipeter 2014). Neben einem festen Grundentgelt, das gleichsam eine Basis des Gesamtlohns ist, gibt es bei relativer Absenkung desselben zunehmend variable Bestandteile. Das heißt, zur Grundlohndifferenzierung (also der vielfältigen Klassifikation und Eingruppierung von singulären Tätigkeiten, inklusive dementsprechender Vergütung der Arbeitsleistung) tritt eine Leistungslohndifferenzierung (Vereinbarung von Zielen; Kontrolle, Beurteilung und Vergütung individueller Arbeitsleistung) hinzu. Es kann eine relative Stabilität des Grundlohnsystems angenommen werden, welches aber zunehmend um variable Anteile ergänzt wird, die je nach (wechselnden) betrieblichen Erfordernissen flexibel angepasst werden können. Die oben angesprochene wachsende Bedeutung der Marktlogik für die Entgeltsysteme erzeugt allerdings einen zunehmenden Druck auf die Grundlöhne, sodass von einem zugunsten variabler Bestandteile veränderten System auszugehen ist.

In diesem Zusammenhang wird zwischen Gewerkschaften und Arbeitgebern auch darum gestritten, ob eine summarische, also auf vorhandene formale Qualifikationen zielende oder aber eine analytische, d. h. auf konkrete Aufgaben fokussierende Arbeitsbewertung sinnvoll ist (vgl. dazu Meine et al. 2006). Ist also ein Facharbeiter als Facharbeiter zu bezahlen, auch wenn er Aufgaben übernimmt, die vielleicht auch ein Angelernter erledigen könnte? Diese Frage ist prinzipieller Natur, weist aber auf die jeweiligen Interessenlagen hin: Auf der einen Seite wird ein erreichtes Qualifikationsniveau als gerechte Ausgangslage angenommen, auf der anderen Seite wird davon abgesehen. Die bestehenden tariflichen Regelungen lassen in Bezug auf Entlohnungsvariabilität (Zulagen, übertarifliche Lohnbestandteile etc.) bereits einen relativ großen Spielraum zu.

Zu den leistungspolitischen Kernthemen gehört das arbeitspolitische Feld der Arbeitszeit. Die Ausrichtung auf flexible, „atmende" Unternehmen (Hartz 1996)

4.3 Veränderungen betrieblicher Lohn- und Leistungspolitik

steht im diametralen Gegensatz zu den starren Regelungen, die man mit dem Modell fordistischer Produktion verbindet: Schichtarbeit, ja, aber dann in geregelten Acht-Stunden-Schichten. Auch Wochenendarbeit ist möglich, wird dann aber besser entlohnt. Solche festen Arbeitszeitregelungen erodieren seit geraumer Zeit und lassen „atemlose Beschäftigte" zurück (Haipeter und Lehndorff 2004). Das hat nicht nur Auswirkungen auf die gesellschaftlichen Zeitstrukturen. Vielmehr ist davon auch das Verhältnis von Arbeits- und Lebenssphäre (inklusive geschlechterpolitischer Aspekte; vgl. Wilz 2008) und damit von Erhol- und Regenrationszeiten berührt. Arbeitszeitfragen sind angesichts anhaltender Unsicherheiten auf dem Arbeitsmarkt zudem mit Beschäftigungsfragen verknüpft und individuelle Zugeständnisse (nicht nur in Bezug auf Vertrauensarbeitszeit) hängen unmittelbar mit der Leistungsfrage zusammen (Sauer 2003).

Betriebliche Leistungspolitik ist demnach nicht allein vom Betrieb her zu denken, sondern umfasst makro-, meso- und mikrosoziale Prozesse gleichermaßen und trifft auf Beschäftigte mit unterschiedlichen Wünschen und Zielsetzungen. Im Zuge einer generalisierten Orientierung an Marktprinzipien stellen die konkreten Ausgestaltungen betrieblicher Leistungspolitik daher einen integralen Teil der Suche nach einem neuen Produktionsmodus dar (Boes und Bultemeier 2008). Betrieblicher Leistungspolitik differenziert sich weiter aus und wird zum Konfliktfeld der betrieblichen Akteure – ggf. auch jenseits des relativ formalisierten Dialogs zwischen Management und Betriebsrat direkt auf der Arbeitsebene. Daher sind die Beschäftigten nicht nur Objekte leistungspolitischer Steuerung, sondern leistungspolitische Akteure im eigenen wie im betrieblichen Sinn (Kels 2009). Das befördert in letzter Instanz die weitgehende formale Anerkennung des Leistungsprinzips und schafft eine neue Form von „homogenisierter Mitgliedschaftsmotivation" (Schimank 2005), die eine variable, Marktprinzipien betonende Arbeitsorganisation mit entsprechender Lohn-Leistungs-Relation legitimiert und stabilisiert. Mit der einseitigen Betonung des Leistungsprinzips werden allerdings Ausschlusstendenzen begünstigt und droht die Verdrängung all derer aus dem (betrieblichen) Arbeitsmarkt, die nicht permanent Höchstleistungen erbringen können.

Zusammengefasst stellt sich Leistungspolitik (und eng damit verbunden die Lohnpolitik) angesichts verflüssigter arbeitsorganisatorischer Strukturen als eine partiell durch die Tarifpolitik gerahmte, tagtägliche Auseinandersetzung von Kapital und Arbeit dar. Wo Tarifvereinbarungen fehlen, aber auch dort, wo diese durch Betriebsvereinbarungen ergänzt oder eingeschränkt werden, kommt es zu direkten Verhandlungen zwischen Arbeitgebern und Beschäftigten bzw. deren Interessenvertretungen. Die Zielstellung eines fairen Leistungskompromisses setzt einerseits ihn ermöglichende Machtverhältnisse voraus. Diese werden jedoch von der Kapitalseite mit dem Verweis auf die vorgeblich objektiven Marktverhältnisse und daraus resultierende Sachzwänge unterschwellig angegriffen und gleichzeitig faktisch verändert. Die zunehmende Segmentation der Beschäftigten ist insbesondere durch den systematischen Ausbau der Leiharbeit und immer mehr befristete Verträge ein Einfallstor für Leistungsverdichtung bzw. Lohnabsenkung, was tendenziell auf eine Aufkündigung des kollektiven betrieblichen Leistungskompromisses hinausläuft (vgl. Holst et al. 2009).

Mit Schmierl (2017, S. 115 f.) lassen sich zusammenfassend Entwicklungspfade identifizieren, die Schneisen durch das Dickicht der Lohn- und Leistungspolitik der vergangenen Jahre schlagen:

1. Die zunehmenden Zielvereinbarungen zeichnen sich dadurch aus, dass sie variabel und in sehr unterschiedlichen Arbeitsprozessen zum Einsatz kommen. Sie unterlaufen bisherige Formen der Leistungsbemessung und stellen im (dezentralisierten) Mix aus individualisierenden, organisatorischen und prozesshaften Vorgaben eine erweiterte Verpflichtung der Beschäftigten auf die Unternehmensziele dar.
2. Damit einhergehend kommt es zu einer Verbetrieblichung der Aushandlungen und zu einem relativen Bedeutungsverlust der tariflichen gegenüber der betrieblichen Ebene.
3. Mit der 2009 erfolgten Zusammenlegung von Lohn- und Gehaltsstrukturen in Entgeltabkommen wurden Status-, Bewertungs- und Entgeltunterschiede zwischen Arbeiter*innen und Angestellten partiell hinfällig.
4. Branchenspezifische und ab 2015 geltende gesetzliche Mindestlöhne, obwohl sie vielerorts unterlaufen werden, sind ein Instrument zur Eindämmung von Lohndumping.
5. In den im Vergleich zur Produktion weniger regulierten Dienstleistungssektoren sind die Entgeltstrukturen durch eine größere Uneinheitlichkeit, diffusere Bestimmungen und eine größere Bedeutung von individuellen Absprachen gekennzeichnet.

4.3.3 Leistung und Leistungspolitik: Konzepte und Diagnosen

Die öffentliche wie wissenschaftliche Debatte zum Leistungsbegriff – und damit auch zur Leistungs-Lohn-Relation – erfährt seit einigen Jahren eine Renaissance, da sich die Prinzipien der Leistungsbemessung in Betrieben grundlegend verändern. Auch die Dezentralisierung der Lohn- und Leistungspolitik bedingt den Fo-

4.3 Veränderungen betrieblicher Lohn- und Leistungspolitik

kus auf Leistungskriterien und deren organisationale Bewertung. Die Arbeitssoziologie hat sich daher seit einigen Jahren aus gutem Grund verstärkt (wieder) speziell dem Verhältnis von Arbeit und Leistung zugewandt (vgl. Dröge et al. 2008; Kratzer und Nies 2009; Menz 2009; Matuschek 2010). Dominierte zur Bestimmung der Arbeitsleistung über lange Zeit die während der Arbeitszeit verausgabte Arbeitskraft als alleiniger Maßstab, so wird in jüngster Zeit das, was als zu vergütende Leistung angesehen wird, zunehmend redefiniert: Nicht (nur) der investierte Aufwand der Arbeitskraft, sondern (auch) die Verwertbarkeit der Leistung wird zur relevanten Bezugsgröße. Was Leistung ist, wird vermehrt vom Erfolg her bewertet (Bahnmüller 2001; Menz 2009; Dröge et al. 2008) und damit korrespondierend erfolgt die Vergütung vermehrt nach Kriterien des Markterfolgs (Neckel et al. 2004), z. B. wenn vom Unternehmensgewinn abhängige Prämien als „ungewisses Extra" (Haipeter 2014) gezahlt werden.

Entsprechend unterscheiden Voswinkel und Kocyba (2008) im Hinblick auf den Leistungsbegriff konzeptionell zwischen Aufwands- und Ergebnisdimension: Leistung als Aufwand bezieht sich zum einen auf Ressourcen, z. B. auf das persönliche Arbeitsvermögen oder die erworbenen Qualifikationen, und zum anderen auf den Einsatz, d. h. Mühe, Zeiteinsatz, Belastung und Anstrengung. Daneben können sachlich Menge und Qualität von Produkten als Ergebnis einer Leistungsverausgabung bewertet, als sozial wünschenswerte Lösungen honoriert oder nach ökonomischen Kalkülen bilanziert werden (siehe auch den Dualismus des Leistungsbegriffs bei Offe 1975). Auch wenn Leistung immer den Vorgang der Verausgabung selbst und zugleich das erreichte Ergebnis umfasst, sind die Verweise auf die Leistung oft entsprechend der Interessenlage: Während Arbeitnehmer vor allem die Verausgabung ihrer Arbeitskraft im Blick haben, kommt es dem Arbeitgeber auf die Ergebnisseite der Leistung an.

Auch in der gewerkschaftsnahen Forschung wird die Leistungsfrage neu diskutiert (vgl. Wagner 2005; Ehlscheid et al. 2006; Schwitzer et al. 2010; Sterkel et al. 2010). Bilanziert wird auch hier, dass der Topos Leistung in der Arbeitswelt seit einiger Zeit einer Redefinition unterliegt: So wird Leistungsfähigkeit zunehmend als individuelle Angelegenheit aufgefasst, zugleich findet im Kontext einer kulturellen Hegemonie des Marktes eine Reduzierung des Themas auf marktgängige Leistungen statt (vgl. Neckel et al. 2004). Auf Arbeitgeberseite wächst die Ansicht, dass es zur Leistungssteigerung finanzieller Anreize bedarf. Damit gehen allerdings seit Jahren Bemühungen der Arbeitgeber einher, nach „Marktkriterien" (sei es von Angebot und Nachfrage oder im internationalen Vergleich) als zu hoch eingeschätzte Grundlöhne relativ oder absolut abzusenken.

Leistung wird mit dieser Entwicklung zu einer allgemeinen Verhaltensdisposition eines jeden Einzelnen, deren konkrete Form sich mit den Aufgaben wandelt

(Menz und Siegel 2002). Unabhängig von der konkreten Aufgabe wir ständige Höchstleistung, Optimierung und eine mitdenkende Selbstorganisation von den Arbeitenden verlangt. Das dient der kollektiven Absicherung aller in einem Unternehmen, führt aber zugleich eine interne Konkurrenz ein: Im Zuge von projektförmiger Arbeit z. B. ringen die Einzelnen in einer betrieblichen Arena des Wettbewerbs um Karriere oder auch nur Arbeitsplatzsicherheit und müssen im Kollegen immer auch einen Konkurrenten sehen. Letztlich kann jeder Einzelne als „Profitcenter" geführt und danach beurteilt werden, ob die erbrachte Leistung für den Betrieb profitabel ist oder nicht. Gegenüber einer tarifvertraglichen Kollektivvereinbarung mit der Belegschaft erhält damit die Konkurrenz untereinander einen größeren Stellenwert, was einen repressiven Leistungsanreiz darstellt. Das Leistungsverständnis der Arbeitenden selbst ist dabei in hohem Maße abhängig vom Qualifikationsniveau (vgl. Neckel et al. 2008): Je qualifizierter, desto eher wird der Wettbewerb angenommen. Besondere Bedingungen bestehen in nicht bzw. nicht ausschließlich profitorientierten Bereichen der Arbeitswelt, wie z. B. im öffentlichen Dienst. Zielvereinbarungen spielen hier zwar eine zunehmende, aber im Vergleich zum Gewerbe und zur Industrie weiterhin untergeordnete Rolle (vgl. Trittel et al. 2010).

Der initiierte Wettbewerb findet allerdings nicht unter der Bedingung von Gleichheit statt; vielmehr greifen zum Teil implizit wirkende soziale Praxen und Hierarchien: etwa das Wetteifern zwischen Jung und Alt oder eine geschlechtsspezifische Leistungsbewertung. Jüngere wollen sich beweisen, gehen häufiger an ihre körperlichen Grenzen (und können besser regenerieren) oder begeistern sich für Innovationen, während Ältere die Last der Beschäftigung vielleicht stärker spüren oder gegenüber Veränderungen zurückhaltender sind. Frauen müssen im gleichen Job häufig mehr leisten, um eine vergleichbare Anerkennung von den Kolleg*innen oder Vorgesetzten zu erlangen. Jüngere müssen häufig mit dem Verweis auf ihre geringere Erfahrung mit Einstiegslöhnen auskommen, ohne dass ihre Produktivität zur Bemessung herangezogen würde. Ältere werden aufgrund einer ihnen pauschal zugeschrieben Minderleistung benachteiligt, ohne dass auf Erfahrungen Rücksicht genommen würde. Im Hinblick auf Leistungsgerechtigkeit berühren solche Entwicklungen unmittelbar Verteilungsfragen (Aulenbacher et al. 2017), insbesondere zwischen den Geschlechtern, aber auch zwischen den Generationen. In aller Regel sind Berufe und darin Aufgaben ungleich zugewiesen (vgl. dazu Hoffmann und Walwei 2002).

Doch die Arbeitssoziologie hat ihre Perspektive auf die betriebliche Lohn- und Leistungspolitik schon immer nicht allein auf monetäre Lohnanreize beschränkt

4.3 Veränderungen betrieblicher Lohn- und Leistungspolitik

(wie bereits ältere Arbeiten belegen; vgl. Schmiede und Schudlich 1976; Düll und Böhle 1980; Altmann et al. 1986), sondern nimmt auch nichtmonetäre Formen von Leistungsanreizen in den Blick, etwa Aufstiegsperspektiven, die eine höhere Leistung der Beschäftigten stimulieren.[6] Gleichwohl steht die materielle Entlohnung im Zentrum der Betrachtungen, und zwar über das ganze Berufsleben: von der Rekrutierung bis zur Verrentung. Die Entgeltfestsetzung beeinflusst individuelle Lebens- und damit auch Reproduktionsmöglichkeiten der Beschäftigten und die Chancen zum Erhalt der eigenen Arbeitskraft (u. a. Regenerationsmöglichkeiten und Urlaub, aber auch individuelle Weiterbildung und Qualifizierung). Die Lohn-Leistungs-Relation wird damit sowohl im Arbeitsprozess selbst als auch in Bezug auf das (Arbeits-)Leben wirksam. Und nicht zuletzt erhält sie auch eine gesellschaftspolitische Dimension, wenn Renten- und Sozialversicherungen feste Lohnbestandteile der Beschäftigten sind.

---

[6] Insbesondere die teils vehementen Arbeitskämpfe in Kindertagesstätten, in der Luftfahrt, bei der Eisenbahn und bei der Post im Frühjahr 2015 zeigen, dass es bei Tarifverhandlungen nicht nur um höhere Entgelte geht. Gerade in diesen Arbeitskämpfen stehen die Rahmenbedingungen von Arbeit zur Disposition: Bei der Post kämpften die Beschäftigten gegen schlechtere Arbeitsbedingungen für Angestellte in ausgelagerten Subunternehmen, es ging also um das Verhindern einer „Zweiklassengesellschaft". Erzieher*innen forderten die Eingruppierung in höhere, qualifizierte Lohngruppen, was neben monetären Verbesserungen insbesondere auch eine angemessene Wertschätzung der Tätigkeit dieser Beschäftigtengruppe zum Ausdruck bringen soll. Beim Streik der Lufthansa-Piloten ging es um die Beibehaltung von Vorruhestandsregelungen; im Bereich Eisenbahnen um prinzipielle Vertretungsansprüche der unterschiedlichen Gewerkschaften.

Arbeit und Sozialintegration: Verunsicherung durch Prekarisierung

5

Angesichts der anhaltenden Arbeitslosigkeit in den 1990er-Jahren, insbesondere aber durch die einschneidenden Reformen in der Arbeitsmarkt- und Sozialpolitik, die landläufig als Agenda 2010 oder als Hartz-Reformen bezeichnet werden, ist das Thema der Prekarisierung im wissenschaftlichen wie öffentlichen Diskurs äußerst präsent. Die Intensität der Prekarisierungsdebatte erklärt sich durch die Renaissance des „sozialen Skandal[s] von Armut trotz Arbeit" (Kurz-Scherf 2004b, S. 29). Nicht zuletzt die Befürchtung, dass eine grundlegende Verschlechterung der Beschäftigungsverhältnisse politische Instabilitäten hervorbringt und damit das sogenannte Prekariat als „new dangerous class" (Standing 2011) politisch wirksam werden könnte, fordert Aufmerksamkeit bezüglich der weiteren Entwicklungen. Eine Studie der Friedrich-Ebert-Stiftung im Herbst 2006 bezeichnete bereits ca. 8 Prozent der Bevölkerung als vom politischen System entfremdetes „abgehängtes Prekariat" (Neugebauer 2007). Eine Studie im Auftrag der Hans-Böckler-Stiftung (Gagné et al. 2017) nennt die Kritik an den sozialen Verhältnissen in Deutschland als eine der Ursachen für die Erfolge von Rechtspopulisten. Castel (2000, S. 32) zufolge ist mit der Zunahme prekärer Beschäftigungsverhältnisse eine veritable „Krise der Integration durch Arbeit" verbunden. Koppetsch (2017) wiederum verweist darauf, dass selbst prosperierende Ökonomien und Arbeitsmärkte keine Garanten gegen Abstiegsängste von Mittelschichten und Hochqualifizierten sind. Damit einher gingen

Macht- und Geltungseinbußen spezifischer Gruppen, die zu sozialmoralischen Verwerfungen führen können. Mithin stellt Prekarisierung nicht nur eine Gefahr für die Beschäftigten, sondern für die gesellschaftliche Entwicklung insgesamt dar.

Lohnarbeit ist zweifelsohne eine der dominanten Vergesellschaftungsformen. Als zentrales Integrationsmedium einer kapitalistisch verfassten, auf Arbeitsteilung und Abhängigkeit basierenden Gesellschaft wird über den Zugang dazu die soziale Position der Beschäftigten vermittelt. Dieser Zusammenhang ist der Kern der sozialen Frage und der Debatte um Prekarisierung (Castel 2009). Dem Rückbau der „gigantischen gesellschaftlichen Integrationsmaschine" (Dörre 2012, S. 29) fordistisch regulierter abhängiger Normalarbeitsverhältnisse werden gesellschaftliche „Desintegrationspotenziale" zugeschrieben (Motakef 2015, S. 50 f.; Heitmeyer und Imbusch 2012; Mückenberger 2010). Die Zunahme von Unsicherheitsfaktoren wie drohende Arbeitslosigkeit und sozialer Abstieg, Leiharbeit und Befristung sowie Einkommen unterhalb der Existenzsicherung berge die Gefahr in sich, dass Erwerbsarbeit ihre integrative Funktion verliere, da die ökonomische und soziale Unsicherheit eine Teilhabe an gesellschaftlichen Entwicklungen, eine langfristige Lebensplanung und eine politische Einflussnahme erschwere (Aulenbacher 2009; Haubner 2011).

Der analytische Blick der Prekarisierungsforschung erfasst die Beziehungen der Lohnabhängigen zur Gesellschaft (vgl. Promberger 2012, S. 24 f.) – veränderte Beschäftigungsformen werden somit hinsichtlich ihrer sozialen Folgen für die Subjekte betrachtet (Heitmeyer und Imbusch 2012; Motakef 2015). Die in Deutschland seit den 2000er-Jahren virulente Gegenwartsdiagnose der Prekarisierung (Bourdieu 1998; Brinkmann et al. 2006; Castel 2000; Dörre 2017; Kronauer 2002) reflektiert damit insbesondere die Resultate von Flexibilisierung und Deregulierung (vgl. Hepp 2012). Als sozialkritische Gesellschaftsanalyse begreift sie Veränderungen der Erwerbsarbeit und ihrer Regulierung als ursächlich für gesellschaftliche Phänomene wie Abstiegsängste, Armut und das „Abrutschen" der Mittelschichten. Gemeinsame normative Orientierung ist die Kritik an marktliberalen Konzepten (vgl. Castel und Dörre 2009b, S. 16) und die Betonung notwendiger gesellschaftlicher Schutzfunktionen für die Beschäftigten.

Die Frage nach der sozialen Integration ist deshalb eng mit der Ausgestaltung der Beschäftigungsverhältnisse verknüpft, da die mittels Arbeitsverträgen geregelten Formen der Verrichtung von abhängiger Arbeit gegen Entgelt die konkrete Form der Vergesellschaftung durch Lohnarbeit darstellen. Im Hinblick auf die Sozialintegration sind vor allem vier Funktionen wichtig (vgl. Nickel 2009, S. 213; Kurz-Scherf 2004a, S. 9):

1. Existenzsicherung durch Entlohnung als Relation von Einkommen und Lebenshaltungskosten. Ein regulärer Lohn ermöglicht meist nicht nur das blanke Überleben, sondern die Teilhabe an jeweils gültige Konsumnormen.

5 Arbeit und Sozialintegration: Verunsicherung durch Prekarisierung

2. Soziale Absicherung. Geregelt wird diese mittels Arbeitsvertrag, insbesondere wenn dieser eingebettet ist in Strukturen (über-)betrieblicher Daseinsvorsorge (Tarifverträge und Kollektivvereinbarungen), arbeitsrechtliche Garantien und soziale Sicherungssysteme und vom Sozialstaat als übergeordnetem Kollektiv garantiert wird (Castel 2009, S. 24). Der Zugang zu öffentlichen Dienstleistungen ist so durch die Erwerbsarbeit gewährleistet (Castel 2005, S. 40 ff.). Mückenberger (1985a, b, 2010) spricht hier auch von einer Schutzfunktion, die er für das Normalarbeitsverhältnis geltend macht.
3. Persönliche Identitätsbildung. Die individuelle Identifikation mit der ausgeübten Tätigkeit hat sich in der Bundesrepublik stark über ein durch Berufe geprägtes Beschäftigungssystem und einen hohen Spezialisierungsgrad herausgebildet.
4. Bürgerschaftliche Integration von Arbeitnehmer*innen durch die Teilnahme am öffentlichen Leben – etwa durch die Mitgliedschaft in Organisationen der abhängig Beschäftigten wie Interessensvertretungen, Gewerkschaften oder Berufsverbände und durch den täglichen Kontakt mit Kolleg*innen.

Es sind also nicht nur unmittelbar materielle Fragen wie die nach der Lohnhöhe, sondern auch lebenslauforientierte Erwartungshaltungen, sinnstiftende Aspekte und Positionierungsaspekte, die dem System der Erwerbsarbeit insgesamt zugeschrieben werden können. Demzufolge ist Prekarisierung mehr als ein nur materielles Problem, auf das es gelegentlich reduziert wird. Dementsprechend breit ist der wissenschaftliche Zugang zu Prekarisierungsphänomenen angelegt.

Im Fokus der sozialgeschichtlichen und kapitalismustheoretischen Forschung stehen die Zunahme prekärer und atypischer Beschäftigung und der Niedergang sozialrechtlicher Standards, vorrangig in westeuropäischen Industrienationen mit wohlfahrtsstaatlicher Prägung. Ein wichtiger Teil der einschlägigen Literatur behandelt strukturtheoretische Fragen einer sich verändernden Regulierung von Beschäftigungsverhältnissen, auf die Prekarisierungsprozesse zurückgeführt werden können (vgl. Vogel 2010; Bieling 2012). Von Interesse sind sozialstrukturelle Effekte der Beschäftigungsverhältnisse und die unterschiedliche Betroffenheit einzelner Genusgruppen durch Prekarität (vgl. Bosch 2018; Gottschall 2018). Gleichzeitig erschöpft sich die Thematik nicht in der (makro-)strukturellen Betrachtung von prekärer Arbeit: Beachtung finden nicht nur Erkenntnisse über Prekarisierungserfahrungen in bestimmten Branchen, Berufsgruppen und sozialen Klassen, sondern auch über den subjektiven Umgang mit prekären Erwerbslagen. Spätestens mit dem 34. Kongress der Deutschen Gesellschaft für Soziologie („Unsichere Zeiten. Herausforderungen gesellschaftlicher Transformationen", 2008 in Jena) wurde die Verunsicherungserfahrung im Zuge einer Ökonomisierung aller Lebensbereiche auf die soziologische Agenda gesetzt (vgl. Lemke 2004; Marchart 2013; Schultheis 2011). Erwerbsbezogene Verunsicherung gilt der Prekarisierungsforschung auf Subjektebene deshalb als Quintessenz der neuen Entwicklungstendenzen der Arbeitswelt.

5.1 Prekarisierung: prekär arbeiten – prekär leben

Während in Kap. 2 die Entwicklungslinien des Wandels von Arbeit und Beschäftigung in ihrer Realentwicklung aufgezeigt wurden, wird im Folgenden die prominente Lesart dieser Prozesse als Prekarisierung dargestellt und ursächlich erklärt (Abschn. 5.1.1). Die arbeitssoziologische Debatte zielt entgegen bloß statistischer Erfassung nicht nur auf veränderte Prävalenzen der (atypischen) Beschäftigungsformen, sondern fokussiert auch die Auswirkungen auf Erwerbsbiografien, Existenzsicherung, Umgangsweisen und Sozialintegration der Subjekte mit begrifflichen Schärfungen. Die unterschiedlichen Konzepte und Begriffserweiterungen werden in Abschn. 5.1.2 eingeführt.

5.1.1 Prekarisierung als Transformationsprozess der Arbeitsgesellschaft

Prekarisierung umschreibt die zunehmende Verbreitung von ungesicherten Beschäftigungsverhältnissen aller Art bis in die Mittelschichten hinein, bei gleichzeitigem Rückgang des Normalarbeitsverhältnisses. Beschäftigungsrisiken und Formen atypischer Beschäftigung sind nicht etwas grundlegend Neues – gerade unqualifizierte Arbeiter oder Frauen waren in der Vergangenheit schwerwiegenden Exklusionsmechanismen ausgesetzt und nur unzureichend in den Arbeitsmarkt integriert (Achatz 2008; Gottschall 2018). Die aktuelle Prekarisierungsdebatte betont jedoch als neue Qualität die Verallgemeinerung der Unsicherheit in der Erwerbssphäre, inklusive der Desintegration weiter Teile der Mittelschichten, die zuvor auf eine hohe Beschäftigungssicherheit bauen konnten (Bologna 2006). Die Leitdiagnose geht daher von einem Transformationsprozess der gesamten Arbeitsgesellschaft aus (vgl. Brinkmann et al. 2006, S. 17; Motakef 2015, S. 7). Die schon früh als Krisentendenz (Mückenberger 1985a, b) charakterisierte Deregulierung des Arbeitsmarktes setzte in Deutschland in den späten 1980er-Jahren ein und ist verschärft seit Ende der 1990er-Jahre zu beobachten (Motakef 2015, S. 11). Der Prozess des Abbaus der „industrialistischen Regulierung von Arbeit" (Promberger

5.1 Prekarisierung: prekär arbeiten – prekär leben

2012, S. 18) ist durch folgende Entwicklungen gekennzeichnet, die Prekarisierungsphänomene hervorrufen und stärken (siehe dazu ausführlicher Kap. 2):
Es findet eine Institutionalisierung unsicherer und atypischer Beschäftigungsverhältnisse statt. Diese unterlaufen die sozialpolitischen und tariflichen Standards von regulierten unbefristeten Vollzeitstellen (Motakef 2015, S. 7; Brinkmann et al. 2006). Dieser Prozess der Entgarantierung ist in Deutschland eng mit der Lockerung des Kündigungsschutzes (ab 1990) verbunden und hat sich seitdem insbesondere im Zuge der Agenda 2010 ausgeweitet (Dingeldey 2006; Seifert 2017).

Die arbeitsmarktpolitisch forcierte Expansion des Niedriglohnsektors setzte im Vorfeld der EU-Finanz- und Wirtschaftskrise ein und ging mit dem Abbau von Beschäftigungssicherheiten einher (Bosch und Kalina 2005; Kalina und Weinkopf 2012).

Frauen sind auf spezifische Weise von Prekarität betroffen: Erstens treten Frauen weiterhin überwiegend mit atypischen Beschäftigungsverhältnissen in den Arbeitsmarkt ein (vgl. zu Teilzeitarbeit Apitsch et al. 2015; Blimlinger 2008; Eckart 1998; Holst und Maier 1998; Koch und Bäcker 2004; Standing 2005). Zweitens ist mit dem Wandel sozialpolitisch regulierter Einkommensmodelle – vom Male-Breadwinner-Modell hin zum Dual-Worker-Modell oder dem Zusatzverdiener-Modell – eine Entwertung von Arbeitskraft verbunden (Berninger und Dingeldey 2013; Gottschall und Schröder 2013; Kurz-Scherf 2004b), sodass der Beitrag von Frauen zum Haushaltseinkommen immer wichtiger wird.

Mit der Krise nach 2007, die große Bevölkerungsteile dauerhaft aus dem Erwerbssystem ausgrenzte, ist die Massenarbeitslosigkeit in die kapitalistischen Wirtschafts- und Gesellschaftssysteme Europas zurückgekehrt (Bude und Willich 2006; Castel 2009; Paugam 2008). Auch in Deutschland, das sich als Krisengewinner (zurzeit noch) in einer Sondersituation befindet, wächst durch Unterbeschäftigung und Niedriglohn der Druck auf die erwerbstätige Bevölkerung.

Es findet eine Verschärfung der gesellschaftlichen Polarisierung und der sozialen Ungleichheit statt. Die Einkommensschere wird größer, die neuen Beschäftigungsrisiken treffen z. B. niedrig Qualifizierte und nicht an einen Betrieb gebundene Arbeitskräfte ungleich stärker (etwa Völker 2006; Weber-Menges 2016) und haben je nach den sozioökonomischen Ressourcen der Betroffenen unterschiedliche Auswirkungen.

Als gemeinsame Ursache dieser Phänomene gilt eine sozialversicherungs- und arbeitsrechtliche Deregulierung. Mit diesem Begriff wird der in den frühindustrialisierten Wirtschaftsnationen unterschiedlich stark erfolgte Schwächung etwa von kollektivvertraglichen Schutzbestimmungen und Institutionen von Arbeit im Feld der industriellen Beziehungen und der Arbeitszeit umrissen (Promberger 2012,

S. 24). Deregulierung sollte dabei nicht als Entregulierung verstanden werden, da letztlich den Arbeitgebern als Käufern von Arbeitskraft ein größeres Verfügungsrecht und eine größere individuelle Flexibilität institutionell gesichert wird, ohne dass auf einen – wenn auch geschliffenen – Regulationsrahmen gänzlich verzichtet würde.

Gleichwohl: Unter den Vertretern einer sozialgeschichtlich angeleiteten Theorie des Sozialstaats ist die Wahrnehmung eines an den wirtschaftstheoretischen Maximen des Neoliberalismus orientierten partiellen Rückzugs des Sozialstaates weitgehender Common Sense. In Deutschland wurde dazu zu Beginn der 2000er-Jahre unter den Vorzeichen eines „Dritten Weges", der eine Position jenseits von Neoliberalismus und klassischer Sozialdemokratie reklamiert, der Paradigmenwechsel vom versorgenden zum aktivierenden Sozialstaat vollzogen (Dingeldey 2006; Esping-Andersen 1990; Lessenich 2008; Oschmiansky 2010; Vogel 2009). Dies beinhaltete die Förderung des Niedriglohnsektors als zentralem Bestandteil eines legislativ eingeleiteten Modernisierungskonzepts zur Erhöhung der Wettbewerbsfähigkeit des Wirtschaftsstandorts Deutschland. Mittels geringerer Schutzbestimmungen und niedriger Löhne sollten möglichst viele Erwerbslose in den Arbeitsmarkt integriert werden: „Wir werden Leistungen des Staates kürzen […] und mehr Eigenleistung von jedem Einzelnen abfordern müssen," erklärte der damalige Bundeskanzler Gerhard Schröder in einer Regierungserklärung am 14. März 2003 (Deutscher Bundestag 2003). Zielstellung dieses Credos war eine stärkere Integration insbesondere gering qualifizierter Personen in den ersten Arbeitsmarkt. Arbeitgeber erhielten Subventionen für die Einrichtung von im Lohngefüge abgesenkte „Einstiegsjobs". Arbeits- wie sozialpolitisch wurde das u. a. mit den Gesetzen für moderne Dienstleistungen am Arbeitsmarkt und novellierten Fassungen der Sozialgesetzbücher (SGB II und III) sowie durch eine stärkere Kontrolle des Bezugs von Sozialleistungen und Arbeitslosengeld flankiert. Die sogenannten Hartz-Gesetze, insbesondere das vierte Maßnahmenpaket der Hartz-Kommission (landläufig Hartz IV genannt), waren in Bezug auf ihre konzeptionelle Anlage, ihre konkrete Ausgestaltung (z. B. der Regelsätze für Arbeitslosengeld II) und ihre Folgen von Beginn an arbeits-, sozial- wie gesellschaftspolitisch höchst umstritten.

Brinkmann et al. (2006, S. 15) beschreiben die damit verbundenen Entwicklungen als politisch gesteuerten „Prozess der betrieblichen und gesellschaftlich-politischen Rekommodifizierung von Erwerbsarbeit", mit der die marktorientierte Flexibilisierung immer weniger durch eine „robuste sozialstaatliche Regulationsweise" gedämpft wird (ebd.). Zyklische Krisen der Wirtschaft schlagen mit dem Wegfall wichtiger Schutzfunktionen des Wohlfahrtsstaats unmittelbarer auf die Individuen durch und werden als konjunkturelle Risiken an den Einzelnen weitergereicht (Lessenich 2008).

Gängige Erklärungsansätze für die Durchsetzung dieser marktgetriebenen Maßnahmen sind: ein zugunsten der Kapitalseite verändertes Kräfteverhältnis zwischen Kapital und Arbeit (auch aufgrund einer Schwäche der Interessenvertretungen von Beschäftigten und der Erosion von Arbeitgeberverbänden); der Wegfall der Systemkonkurrenz durch sozialistische Gesellschaftsmodelle (DDR/Sowjetunion); der Rückgang manueller Industriearbeit bei zunehmender Bedeutung des Dienstleistungssektors; ein mit steigender Frauenerwerbstätigkeit verändertes Arbeitskräftereservoir sowie die Strategie, mit der Senkung der Lohnstück- und Produktionskosten die Konkurrenzfähigkeit von Produktionsstandorten zu erhalten. Zwischen diesen Faktoren gibt es Wechselwirkungen. Zugleich sind differenzierte Mehrebenenperspektiven aber wenig relevant für konkrete arbeits- und sozialpolitische Aktivitäten, die in der Regel monothematisch orientieren und zum Beispiel die Höhe der Regelsätze adressieren.

Aus arbeitssoziologischer Perspektive bleibt festzuhalten: Mit dem Begriff Prekarisierung werden sozioökonomische und politische Restrukturierungsprozesse bezeichnet, durch die gesellschaftliche Gruppen von gesicherten Formen der Erwerbsarbeit ausgeschlossen werden und die damit restrukturierend auf die gesamte Arbeitsgesellschaft wirken (vgl. Brinkmann et al. 2006, S. 17). Diesbezüglich lassen sich zwei zentrale Analyseebenen identifizieren (ähnlich auch Hardering 2011):

- Prekarisierung als Zunahme der problematischen Abweichung vom Normalarbeitsverhältnis, also die Entsicherung und Rekommodifizierung der gesellschaftlichen Kerninstitution Erwerbsarbeit. Das Aufkommen prekärer Beschäftigung stellt sich den (politischen) Subjekten als Defizit bei den Sozialstandards dar und geht mit dem Verlust von sozialer Einbindung und Sicherheit einher (vgl. Dörre 2012; Dörre et al. 2004; Krämer 2008; Pelizzari 2009).
- Prekarisierung als Veränderung rechtlicher bzw. politischer Regulierungsformen von Arbeit und Beschäftigung – konkret: Rückbau des Sozialstaates mit gleichzeitigem Ausbau von marktgesteuerten Mechanismen zur Gestaltung von Arbeitsbeziehungen (vgl. Esping-Andersen 1990; Lessenich 2008).

5.1.2 Prekäre Erwerbs- und Lebenslage

Der Begriff Prekarisierung beschreibt in den arbeits- und sozialpolitischen Debatten wie auch im arbeitssoziologischen Diskurs zunächst den empirischen Sachverhalt, dass in den letzten Jahrzehnten eine Zunahme prekärer Beschäftigung zu verzeichnen war. Die amtlichen Arbeitsmarktstatistiken über Entwicklung von

Einkommen und atypischer Beschäftigung weisen das in den letzten Jahren ebenso deutlich nach (siehe Abschn. 2.4) wie Studien der Arbeits- und Industriesoziologie und der Wohlfahrtstaatsforschung. Das Attribut prekär hat als relationale Kategorie Eingang in verschiedene disziplinäre Debatten gefunden, ihr Stellenwert bestimmt sich in Abhängigkeit von gesellschaftlichen Normalitätsstandards (Brinkmann et al. 2006, S. 17; Pelizzari 2009). Insbesondere das Normalarbeitsverhältnis als jeweils gültiges Ensemble institutioneller Schutzregeln für abhängig Beschäftigte (Mückenberger 1985a, b) bildet dafür den kategorialen Referenzrahmen und normativen Anker (siehe dazu ausführlicher Abschn. 2.5; Vogel 2006). Abweichungen vom Normalarbeitsverhältnis werden daher in der Prekarisierungsforschung als problematisch behandelt (Nickel 2009, S. 213; Kurz-Scherf 2004a, S. 9). Angemerkt und kritisiert wird jedoch von feministischen Autorinnen an einer solchen Bezugnahme, dass Frauen seit jeher von diesem auf das Ernährermodell familialer Arbeitsteilung zugeschnittenen, also männlich dominierten Erwerbsverhältnis überwiegend exkludiert waren und dass die Prekarität von Beschäftigung erst problematisiert wird, seitdem sie zunehmend Männer betrifft (Aulenbacher 2009; Ludwig und Mennel 2005; Manske und Pühl 2010; Mayer-Ahuja 2013).

Das Normalarbeitsverhältnis wird in Deutschland verstanden als eine unbefristete, sozialversicherungspflichtige (das betrifft vor allem die Arbeitslosen-, Kranken- und Rentenversicherung) Vollzeitbeschäftigung auf Basis bestimmter beruflicher Qualifikationen, die sich durch die Weisungsgebundenheit des Arbeitnehmers an den Arbeitgeber auszeichnet. Regelmäßige oder zumindest planbare Arbeitszeiten, eine existenzsichernde Vergütung, eine ununterbrochene Erwerbsbiografie sowie eine (lebens-)lange Erwerbssicherheit gehören zu den Eckpfeilern des Normalarbeitsverhältnisses. Seltener wird auch eine langjährige Betriebszugehörigkeit als Kriterium angeführt (Mückenberger 2010, S. 407), mit der die Möglichkeit eines innerbetrieblichen Aufstiegs und der Zugang zu Senioritätsrechten eröffnet wird (Mayer-Ahuja 2013, S. 34 f.). Grundlage des (idealtypisch gedachten) Normalarbeitsverhältnisses sind entsprechende institutionelle, insbesondere gesetzliche, aber auch tarifliche Rahmensetzungen, die den Arbeitnehmern eine gewisse Sicherheit bezüglich Arbeitsplatz und Einkommen bieten.

Beachtet werden muss, dass das Normalarbeitsverhältnis selbst nicht statisch ist, sondern sich allgemeine Standards verändern können (z. B. wenn das Regeleintrittsalter in die Altersrente sukzessive auf 67 Jahre angehoben wird). Denn das beschriebene Verständnis von Normalarbeit speist sich derzeit immer noch aus insbesondere im Zeitraum 1960er bis 1980er-Jahre im Zuge der fordistischen Regulierung vorherrschenden Normen. Inwiefern dieser Maßstab auch derzeit und zukünftig sinnvoll anzulegen ist, wird daher kontrovers diskutiert (etwa Mückenberger 2010). Umstritten ist zudem, inwieweit das Normalarbeitsverhältnis noch die

5.1 Prekarisierung: prekär arbeiten – prekär leben

statistisch nachweisbare vorherrschende Normalität abbildet (vgl. Arnold et al. 2016; Bosch 2017; Seifert 2017) oder ob prekäre Beschäftigung selbst zur neuen empirischen Normalität mutiert. Eindeutig feststellbar ist die absolute und relative Zunahme prekärer Beschäftigung, allerdings bei Fortbestand der absoluten Zahl an Arbeitsplätzen, die weiterhin dem Normalarbeitsverhältnis entsprechen. Die Schwankungen in dieser Relation lassen sich nicht zuletzt mit konjunkturellen Schüben und einer spezifischen Entwicklung des Arbeitskräftereservoirs erklären, wie z. B. einer allgemein alternden Erwerbsbevölkerung.

Auch wenn die Begriffe Prekarität bzw. prekäre Beschäftigung meist nicht trennscharf auseinandergehalten werden (vgl. Mayer-Ahuja 2003, S. 17), erscheint es angebracht, den Begriff prekäre Beschäftigung für unsichere und nur begrenzt das Auskommen sichernde Arbeitsformen zu reservieren. Primär werden darunter nicht informelle oder selbstständige Tätigkeiten, sondern abhängige, sozialversicherungspflichtige Beschäftigungsverhältnisse auf dem sogenannten ersten Arbeitsmarkt verstanden (vgl. Mayer-Ahuja 2012). Prekarität dagegen beschreibt als übergreifendes Konzept einen bezogen auf die gesamte Lebensform gültigen Zustand der Unsicherheit und Mangelhaftigkeit (vgl. Brinkmann et al. 2006, S. 16; Dörre et al. 2004, S. 379). Als Kerndefinition gilt, dass Beschäftigungsformen dann prekär sind, wenn sie hinsichtlich des Einkommensniveaus, der kollektiven Absicherung oder der betrieblichen Integration unterhalb des gegenwärtig und mehrheitlich anerkannten Standards liegen (Brinkmann et al. 2006, S. 17). Prekarität ist demnach ein Umstand, in dem „Beschäftigte aufgrund ihrer Tätigkeit und deren vertraglicher Einbettung deutlich unter das wohlfahrtstaatliche Schutz- und Integrationsniveau sinken" (Dörre 2017, S. 258).

Im internationalen Kontext und im Zeitvergleich unterscheiden sich Normalitätsstandards stark voneinander. Merkmalsorientierte, Einzelkriterien addierende Begriffsdefinitionen versuchen daher üblicherweise, Mindestanforderungen an Beschäftigung zu formulieren. Diese Mindestanforderungen werden zu den real geltenden Standards ins Verhältnis gesetzt, um das mit prekärer Beschäftigung verbundene Armutsrisiko identifizieren zu können. Ein Beschäftigungsverhältnis gilt diesen merkmalsorientierten Definitionen als prekär, wenn es die Sicherung des Lebensunterhalts nicht gewährleistet, eine geringe Sicherheit des Arbeitsplatzes besteht oder arbeitsrechtlicher Schutz lediglich partiell gegeben ist (Dörre 2010; Lang 2009, S. 166). Auch wenn Attribute wie „partiell" und „gering" Unschärfen offenbaren, wird mit diesem Verständnis gerade im internationalen Vergleich dem Problem in der Forschung begegnet, von der nationalstaatlichen Rahmung des Normalarbeitsverhältnisses absehen zu müssen.

Wichtig für das Verständnis von prekärer Beschäftigung ist deren begriffliche Unterscheidung von atypischen Beschäftigungsverhältnissen wie Teilzeitarbeit, geringfügige Beschäftigung, Befristung und Leiharbeit. Auch wenn diese zum größten Teil als prekär gelten können (Krämer 2008; Promberger 2012; Vogel 2008) und aus ähnlichen wirtschaftlichen Motiven für die Betriebe vorteilhaft sind, gibt die Form der Beschäftigung selbst noch keinen letztgültigen Aufschluss über den Grad ihrer Prekarität. Die Differenz zwischen beiden Konzepten offenbart sich im empirischen Zugang: Teilzeitarbeit kann von hoher Beschäftigungssicherheit geprägt sein, eine existenzsichernde Entlohnung gewährleisten und zudem den Lebensgestaltungswünschen der Beschäftigten genau entsprechen. Es handelt sich dann zwar um eine atypische Beschäftigung, aber nicht unbedingt um eine prekäre. Andererseits kann eine unbefristete Vollzeitbeschäftigung prekär sein, wenn sie niedrig entlohnt, wenig sicher und mit mangelnden Partizipationsmöglichkeiten ausgestattet ist. Das geht oft einher mit Rationalisierungsdruck, hohen Leistungsanforderungen, psychischen und physischen Belastungen durch systematische Unsicherheit hinsichtlich der eigenen Arbeitsfähigkeit oder die Furcht vor einem Arbeitsplatzverlust (Jürgens 2018). Alle diese Aspekte deuten in der Regel auf eine Verschiebung der Normalarbeit und ihrer Standards hin und sind daher auch von besonderem Interesse für die Untersuchung von Prekarisierungsprozessen (Krämer 2008; Mückenberger 2010).

Atypische Beschäftigung ist als formale arbeitsvertragliche Abweichung vom Normalarbeitsverhältnis (als der im normativen Sinne typischen Beschäftigung) zu verstehen. Der Begriff erfasst also im Gegensatz zur prekären Beschäftigung nicht die Unsicherheits- und nur indirekt die Einkommensdimension. In dieser Mehrdimensionalität liegt die Stärke des Prekaritätsbegriffs. Als erweitertes Kriterium kommt zudem die Kategorie der Planungssicherheit (Brinkmann et al. 2006, S. 18; Grimm und Vogel 2006; Krämer 2008, S. 80) hinzu, für deren Messung die Stetigkeit des Arbeitseinkommens, der Zugang zu Weiterbildungsangeboten, etwaige Stigmatisierungen durch nicht anerkannte Tätigkeiten im Lebenslauf, der physische und psychische Verschleiß durch die Tätigkeit (Dörre et al. 2004, S. 380; Jürgens 2011, S. 380) und die Art der Lohnersatzleistungsbezüge herangezogen werden (vgl. Krämer 2008). Einige Studien beziehen den persönlichen Haushaltskontext ein: Wenn das Haushaltseinkommen einer geringfügig beschäftigten, niedrig entlohnten Person durch das Gehalt eines Partners langfristig auskömmlich gesichert ist, muss prekäre Beschäftigung nicht unbedingt zu einer prekären Lebenslage führen. Allerdings etablieren sich dann innerfamiliale Abhängigkeitsverhältnisse. Vorstellbar ist auch die Verdopplung von prekärer Beschäftigung, wenn beide Partner solche Arbeit verrichten. Prekäre Beschäftigungsverhältnisse können also im Haushaltskontext kompensiert werden oder sich gegenseitig „verschärfen" (vgl. Bartelheimer 2011, S. 388).

Die aktuelle Prekarisierungsforschung bezieht sich, Anregungen aus der Geschlechterforschung folgend, inzwischen auf den gesamten Lebenszusammenhangt, d. h. auf die „Organisation, Verteilung und Anerkennung von der ganzen Arbeit" (Nickel 2009, S. 210) unter Einbezug von Kriterien wie „Belastung durch Reproduktionsarbeit" und „Entscheidungsgewalt über das Haushaltseinkommen" (vgl. Aulenbacher 2018). Der Blick auf prekäre Arbeitsbedingungen wird ergänzt um ihre Wechselbeziehungen zur und Verschränkung mit der Sphäre des Privaten und der Reproduktion (vgl. Aulenbacher et al. 2007; Lohr und Nickel 2005; Krämer 2008; Schiek 2010; Schier et al. 2011; Seifert 2009). Weitere Überschneidungen ergeben sich insbesondere mit berufsbiografischen Forschungsperspektiven (vgl. Kohli 1994; Hardering 2011; Schiek 2010), der Debatte um die Entgrenzung von Arbeit und Leben und den Bezügen zur Sorgepolitik, mit denen der Referenzrahmen des „männlichen" Normalarbeitsverhältnisses relativiert und die chronische Unterbelichtung der Reproduktionsarbeit aufgehoben wird (vgl. Klenner et al. 2011; Nickel 2009; Völker 2011; Völker und Amacker 2015).

Der Generalbefund zunehmender Prekarisierung konstatiert Auflösungserscheinungen der beruflichen Normalbiografie, die kontinuierliche Betriebs- und Berufsfeldbindung und damit verbundene (inkrementelle) berufliche Aufstiege als biografische Normalitätserwartung bereithält. So stellt sich die Frage nach neuen Zeitlogiken der Unsicherheit für Erwerbsverläufe: Durch die notwendige Orientierung auf kurzfristige Beschäftigungsarrangements (sogenannte Bastelbiografien) und die abverlangte Erfolgsfähigkeit der Subjekte setzt sich eine auch zeitliche Ökonomisierung der Lebensführung durch (Hardering 2011). Bei diesem „Diskontinuitätsmanagement" bleibt für die Subjekte bemerkenswerterweise die Normalbiografie expliziter Orientierungspunkt (Schiek 2010, S. 145 ff.) und verdeutlicht damit eine Sehnsucht nach Stabilität und Sicherheit. Angesichts einschneidender Veränderungen der Beschäftigungsverhältnisse und bei der reproduktionsbezogenen Sozialpolitik sehen sich die Subjekte vor anwachsende Anforderungen an Alltagskoordination und Lebensplanung gestellt, die als Strukturierungsleistung von Subjekten selbst prekäre Qualität annehmen kann (Jürgens 2017; Jurczyk 2014; Jurczyk und Oechsle 2008). Prekarität lässt sich in dieser Perspektive nicht auf unsichere Formen abhängiger Arbeit reduzieren, sondern bezieht die Gesamtheit unsicherer Lebensverhältnisse ein.

5.2 Theoretische Fundierung

Der vorstehende Abriss von Debatten zu prekärer Erwerbs- bzw. Lebenslage verweist bereits darauf, dass die Theoriebezüge der Prekarisierungsforschung breit gestreut sind, auch wenn die sozialgeschichtliche Perspektive in der Regel in ein kapitalismustheoretisches Fundament eingebettet ist. Im Folgenden werden ihre gewichtigen theoretischen Fundamente, die (neo-)marxistische politische Ökonomie (MEW 1962a, b, c; etwa aktuell bei Dörre et al. 2012) und die Regulationstheorie (Aglietta 1976; Lipietz 1985; abgewandelt aktuell bei Bourdieu) kurz eingeführt, um in Anschluss ihre zahlreichen theoretischen Bezüge, darunter das Durkheim'sche Gesellschaftsmodell (1992 zuerst [1893]; etwa aktuell bei Castel), den Postoperaismus (Hardt und Negri 2003; etwa aktuell bei Candeias) und die Geschlechterforschung (etwa Aulenbacher 2009; Scheele 2013; Völker 2009; Völker und Amacker 2015; Winker 2010) zu behandeln.

Die für die internationalen Debatten impulsgebenden Autoren (für eine Übersicht vgl. Krämer 2008) entstammen insbesondere der französischen Soziologie. Pierre Bourdieu und seine Schüler Robert Castel und Serge Paugam (2008) initiierten mit umfangreichen Arbeiten in den 1990er-Jahren die Prekaritätsdebatte, die vor allem deswegen großen Anklang fand, weil sie die soziale Wirklichkeit Frankreichs der 1990er-Jahre abzubilden vermochte. Sie wird aktuell z. B. in Bezug auf das Wahlverhalten der abgehängten Arbeiterschichten fortgeführt (vgl. etwa Eribon 2016). Auf Bourdieu und Castel wird im Folgenden gesondert eingegangen (Abschn. 5.2.1 und 5.2.2), da ihr Einfluss auf die deutsche Prekarisierungsforschung als leitbildend betrachtet werden kann.

Insbesondere Marx' und Engels' Bestimmungen von Pauperisierung und Proletariat gelten als Vorläufer für die Konzepte Prekarisierung und Prekariat (vgl. Paugam 2008). Marx beleuchtet in seiner Pauperismusanalyse zu Zeiten der Frühindustrialisierung die tendenzielle Verelendung der Arbeiterklasse als eine notwendige ökonomische Entwicklung im in Umfang und Energie der Akkumulation stets wachsenden Kapitalismus. Er begründet den augenscheinlich paradoxen Zusammenhang damit, dass für die Arbeiter in dem Maße, wie sie fremden Reichtum produzieren und die Produktivität ihrer Arbeit steigt, ihre Funktion für die Vermehrung von Kapital sinkt: Ihre „Überzähligmachung" (MEW 1962a, Bd. 23, S. 572) schreitet voran. Die einschlägigen Autoren der französischen Soziologie stellen entgegen der ökonomistischen Deutung dieses Phänomens als unumgängliche Gesetzmäßigkeit die politische Gestaltbarkeit in den Vordergrund: Die historische Erfahrung der fordistischen Prosperitätsphase wird teils zum Anlass genommen, Verelendung der Lohnabhängigen als vermeidbare soziale Erscheinung der kapitalistischen Produktion zu thematisieren. Pate dafür stand die Regulationstheorie mit ihrem postulierten Primat der Produktionsverhältnisse (vgl. Jürgens 2006, S. 25 f.) – also der politischen Gewalt immanenten ökonomischen Interventionen, welche freilich nicht unabhängig von historisch verschiedenen weltwirtschaftlichen Konkurrenzverhältnissen und dem Stand der Produktivkräfte implementiert werden können. In jene konkrete staatliche Er-

5.2 Theoretische Fundierung

scheinungsform seien aber (klassen-)politische Kräfteverhältnisse eingeschrieben (vgl. Poulantzas 2002) und diese wiesen demnach eine gewisse Breite an politisch alternativen Maßnahmen auf. Letztlich seien die legislativen wie exekutiven Prozesse des Steuerns, Regelns und Ordnens als spezifische politische Ausgestaltung der kapitalistischen Produktionsweise seitens staatlicher Institutionen zu verstehen (vgl. Jürgens 2006, S. 25). Reguliert werden demnach etwa Beschäftigungsverhältnisse, die Unternehmensform und Geldbeziehungen (vgl. Bieling 2012, S. 130). Die Regulationstheorie betont dabei „die konstitutive Bedeutung von kulturellen, ideologischen und politischen Verhältnissen für die kapitalistische Produktionsweise" (ebd., S. 128). Muster bestimmter regulativer Maßnahmen werden als (politisch-institutionelle) Regulationsweise oder auch als ein spezifisches (ökonomisches) Akkumulationsregime bezeichnet (vgl. Aglietta 1976; Hirsch 1990; Lipietz 1985). Prekarisierung ist demnach das Resultat spezifischer politischer Regulierung – die arbeitsmarkt- und sozialpolitische Neuorientierung ließe sich somit als ideologisch getriebene Verunsicherung deuten, die im Einklang mit strukturellen Veränderungen der Beschäftigungsverhältnisse ein neues Ganzes, eine neue Regulationsweise erschaffen hat.

Auf der betrieblichen Ebene wirkt dies fort: Die Vermittlungsmechanismen zwischen staatlicher Regulierung und überbetrieblichem Marktdruck einerseits und prekarisierte Arbeitsverhältnisse andererseits entsprechen sich und erzeugen subjektive Unsicherheit. Darauf legt ein anderer Strang der Prekarisierungsforschung besonderes Augenmerk. Zumeist von den arbeitenden Subjekten her aufgerollt, wird die Ebene des Betriebs und der Arbeit stärker beachtet und die Subjektblindheit der strukturtheoretischen Regulationstheorie aufgehoben (Jürgens 2006; S. 27 f.). Leitend ist dabei die Fragestellung, wie Betriebe arbeitspolitische Maßnahmen der Deregulierung umsetzen und wie sich allgemeine Prekarisierungstendenzen auf die Subjektebene „übersetzen". Betriebliche Arbeitsorganisation und subjektive Erfahrung werden so in ihrem Zusammenhang interpretiert (schon früh: Littek 1982, S. 114 f.; später: Hardering 2011; Lengfeld und Hirschle 2009; Promberger 2012). Mit Ausnahme der Studie von Nickel et al. (2008; siehe hierzu auch Abschn. 7.1.2.4) ist dieser Zusammenhang bisher jedoch wenig untersucht. Subjekte sind damit nicht bloße Statisten regulativer Prozesse, sondern können sich im Betrieb und in ihrer Privatsphäre dazu verhalten und erlangen damit ein Stück Handlungsmacht – wie pro- bzw. reaktiv diese auch ausfallen mag. Das hat schließlich auch Auswirkungen darauf, wie man sich in der Arbeitsgesellschaft aufgehoben fühlt und in ihr bewegt – mit anderen Worten: in welchem Grad man in diese integriert ist. Das Zusammenspiel von Regulationsweise und Statuszuweisung qua Beschäftigung sozialwissenschaftlich zu erfassen und es in seinen Auswirkungen zu beschreiben, ist Ziel des Zonenmodells gesellschaftlicher Integration.

5.2.1 Das Zonenmodell gesellschaftlicher Integration (Robert Castel und Klaus Dörre)

Robert Castel hat mit seiner sozialgeschichtlichen Analyseperspektive die deutsche Prekarisierungsforschung wesentlich geprägt (vgl. Motakef 2015, S. 24). Er beschreibt in seinem Standardwerk „Die Metamorphosen der sozialen Frage. Eine Chronik der Lohnarbeit" (dt. Ausgabe veröffentlicht 2000) anhand historischer Daten den hohen gesellschaftlichen Status der Lohnarbeit, den sie durch die Einführung von sozialen Sicherungssystemen in Frankreich erhielt. Für die Gegenwart diagnostiziert er dagegen eine Abnahme der „Inklusionskraft des Modells Lohnarbeit bei gleichzeitig fortschreitender Verallgemeinerung des Lohnarbeitsverhältnisses" (Promberger 2012, S. 25). Er erfasst damit Prekarisierung als eine in den 1970er-Jahren einsetzende Entwicklung (Kronauer 2004, S. 461 f.):

> „Doch just in dem Moment, als die der Arbeit anhaftenden Attribute zur Kennzeichnung des für die Platzierung und Klassifizierung eines Individuums in der Gesellschaft verantwortlichen Status endgültig die Oberhand gegenüber anderen Identitätsstützen wie der Familienzugehörigkeit [...] gewonnen haben, wird diese zentrale Rolle der Arbeit brutal in Frage gestellt." (Castel 2000, S. 336)

Wie gewonnen, so zerronnen. Mit diesem Sprichwort lässt sich der dramatische Statusverlust der Lohnarbeit im Zuge eines Modernisierungsprozesses zusammenfassen, der in einer Modernisierungsfalle endet. Castel entfaltet seine Analyse auf der Grundlage des zentralen Durkheim'schen Motivs der gesellschaftlichen Kohäsion. Diese meint einen durch wechselseitige Abhängigkeiten im Zuge der Arbeitsteilung gekennzeichneten sozialen Zusammenhalt, der Gegenbegriff Anomie umreißt einen durch fehlende soziale Ordnung geprägten Zustand gescheiterter gesellschaftlicher Integration (vgl. Durkheim 1893).[1] Als wichtigster Integrationsmodus gilt Castel analog dazu die arbeitsteilige Gesellschaft: Die Lohnarbeit besitzt mittels der durch sie eröffneten Teilhabemöglichkeit an sozialen Sicherungssystemen eine integrative Kraft, die über die Einbindung durch die primären Sozialbeziehungen wie Familie und lokale Gemeinschaften hinausgeht (vgl. Castel 2000, S. 13). Entscheidend für den hohen Status und die sozialintegrative Funktion der Erwerbsarbeit sei der Arbeitsvertrag, insofern er die Ware Arbeitskraft partiell dekommodifiziert, sie also teilweise ihres Warencharakters enthebe. Damit ziele man u. a. darauf ab,

---

[1] Ausführlicher zur Kopplung von Castels Analyseperspektive an das Durkheim'sche Theoriegebilde mit den Konzepten Kohäsion, Anomie, Solidarität, Entkopplung und Integration siehe Kronauer (2004).

5.2 Theoretische Fundierung

„die Marktgängigkeit von Arbeitskraft wegen vorübergehender Beschädigung (sprich Krankheit) wiederherzustellen [und] dem Verkaufszwang von Arbeitskraft wegen zeitweiliger oder dauerhafter Entbehrlichkeit (sprich Arbeitslosigkeit oder Kindererziehung beziehungsweise Alter) institutionelle Grenzen zu setzen" (Wolf 2010, Absatz II).

Die institutionelle Einhegung des Warencharakters der Arbeitskraft durch die Regulierung von Rahmenbedingungen sichert die Kohäsion, so die Quintessenz der Castel'schen Analyse – vice versa gefährden Prekarisierung und die Rücknahme sozialer Errungenschaften den gesellschaftlichen Zusammenhalt. Ob Regulierung die grundsätzliche Bestimmung von Arbeitskraft in kapitalistischen Tauschverhältnissen als Ware berührt, ist schon allein deshalb fraglich, weil ein Tauschgeschäft immer auch ein reguliertes Rechtsverhältnis ist. Relevant an dieser Beobachtung ist aber vielmehr, dass die entsicherten Tauschbedingungen ein höheres einseitiges Risiko für die Arbeitenden darstellen, denen so gesellschaftliche Teilhabe verwehrt bleibt und die sich von einkommensstarken und abgesicherten Schichten zunehmend entfernen.

Im aktuellen Kontext sich wandelnder Arbeitsverhältnisse und Sozialintegration unternimmt Castel eine Neuformulierung der sozialen Frage „im Sinne der Rückkehr einer [neuen] Massenverwundbarkeit, die man schon gebannt glaubte" (2000, S. 337). Die soziale Frage ist ihm soziologisches Grundproblem, mit dem die Fähigkeit der Gesellschaft auf die Probe gestellt wird, als eine „durch wechselseitige Abhängigkeitsbeziehungen verbundene Gesamtheit zu existieren" (ebd., S. 17). Die neue soziale Frage ist durch die Überzähligen und Prekarisierten repräsentiert (entsprechend den Vagabunden der Feudalgesellschaft und den Paupern der frühkapitalistischen Gesellschaft). Sie stellen eine nicht mehr eingebundene soziale Gruppe dar, mit deren Existenz die gesamte gesellschaftliche Kohäsion bedroht ist. Grund dafür ist eine erneute Rekommodifizierung der Lohnarbeit durch eine Zurücknahme der den Arbeitsmarkt regulierenden Elemente, wie des Kündigungsschutzes.

Die gesellschaftlichen Klassen unterschiedlicher Sicherheits- und Integrationsniveaus fasst Castel zu einem dreistufigen Zonenmodell zusammen. Die Zonen sind jeweils durch die Komplementarität der gesellschaftlichen Integration qua Lohnarbeit und qua Integration in soziale Netzwerke bestimmt (vgl. ebd., S. 360): 1. Zone der Integration (Inklusion) mit Normalarbeitsverhältnis und intakten sozialen Netzen; 2. Zone der Verwundbarkeit (Prekarität), die durch unsichere Beschäftigung und erodierende Unterstützungsnetzwerke charakterisiert ist; und 3. Zone der Entkopplung (Exklusion), in der von regulärer Erwerbsarbeit ausgeschlossene Gruppen sich in relativer sozialer Isolation befinden. Weil die Zone der

Integration schrumpft, während mit dem Abbau sozialstaatlicher Sicherungen die der Verwundbarkeit expandiert, stellt sich die soziale Frage erneut und neu (vgl. ebd., S. 13).

Ein qualitativer Unterschied zu den Zuständen massenhafter Verwundbarkeit in der Vergangenheit besteht insofern, als sie vor dem Hintergrund bereits eingeführter sozialstaatlich garantierter Sicherungsmechanismen existiert (vgl. Castel 2000, S. 401; Dörre 2012, S. 30 f. u. 50; Weber 2002) und nicht nur die unteren Klassen, sondern auch die Mittelschichten betrifft („Destabilisierung der Stabilen"; Castel 2000, S. 357; Bologna 2006; Bude und Willich 2006; Dörre 2009, S. 35 ff.; Kronauer 2004, S. 472). In Frankreich wie in Deutschland wird dies als Verlusterfahrung breiter Bevölkerungsschichten thematisiert. Nicht nur der faktisch vollzogene oder drohende absolute Abstieg in die Zone der Verwundbarkeit wird als Bedrohung erlebt, sondern auch der relative Abstieg gegenüber „Erfolgreicheren", wie Nachtwey (2016) in seiner Metapher der Rolltreppe ausführt. Koppetsch (2017) weist darauf hin, dass neben den manifesten sozioökonomischen Aspekten auch solche sozio-kultureller Art für das Gefühl eigener Verwundbarkeit essenziell sein können. Schließlich sind damit auch Abwehrkämpfe verbunden, die in einem Aufstand der Etablierten zu münden drohen (ebd.).

In ihrer Betonung der gesellschaftlichen Integration bzw. der Desintegrationspotenziale von prekärer Erwerbsarbeit folgt die deutsche Prekarisierungsforschung dem Castel'schen Argumentationsgang und überträgt das Zonenmodell auf den deutschen Kontext (vgl. Brinkmann et al. 2006; Dörre 2009, 2013; Hepp et al. 2016; Kronauer 2002). Insbesondere die Arbeitsgruppe um Dörre und Brinkmann analysiert auf Grundlage empirischer Forschungen die Entwicklung der Beschäftigungsverhältnisse der letzten Jahrzehnte und ergänzt die Zonen-Charakterisierung um die subjektive Erfahrungsebene. Das Neuartige der sogenannten postsozialstaatlichen Form diskriminierender Prekarität (vgl. Dörre 2009, S. 40) bestimmt Dörre nicht nur hinsichtlich der spezifischen historischen Voraussetzungen (siehe oben). Vielmehr beschreiben er und andere Autoren eine Ersetzung der „Integrationslogik des ‚bürokratisch-sozialen Kapitalismus' (Sennett 2007), die immer auch auf materieller und politischer Teilhabe beruhte" (Dörre 2012, S. 30), durch einen neuen Integrationsmodus, der durch die Disziplinierung durch den Markt und die Intervention in die private Lebensführung bestimmt sei:

> „die prekär Beschäftigten befinden sich in einer eigentümlichen ‚Schwebelage' (Kraemer und Speidel 2005, S. 119 ff.). Einerseits haben sie den Anschluss an die ‚Zone der Normalität' noch immer vor Augen und müssen alle Energien mobilisieren […]. Andererseits sind permanente Anstrengungen auch nötig, um einen dauerhaften sozialen Abstieg zu vermeiden. […] [Sie] besitzen keine Reserven, kein Ruhekissen. Sie sind die ersten, denen in Krisenzeiten Entlassungen drohen." (Brinkmann et al. 2006, S. 61)

5.2 Theoretische Fundierung

Sommer et al. (2005) betrachten die Unterschiedlichkeit organisatorischer Formen, die Erwerbsarbeit in der Zone der Verwundbarkeit annimmt. Das umfasst etwa Leiharbeit, geringfügige und/oder befristete Beschäftigung und auch abhängige Selbstständige – also Erwerbstätige, die zwar sozialrechtlich in keinem abhängigen Beschäftigungsverhältnis stehen, gleichwohl aber in ihrer Existenz bedroht sein können, wie etwa freie Mitarbeiter*innen, Gewerbetreibende und Solo-Selbstständige (vgl. Bührmann und Pongratz 2010; Manske 2007; Manske und Scheffelmeier 2015). Dörre et al. (2004) postulieren, dass die Zone der Prekarität weiter ausdifferenziert und um die Vielschichtigkeit des subjektiven Umgangs ergänzt werden müsse, und schlagen folgende Differenzierung der Zone der Prekarität vor:

1. Temporäre Integration (die Hoffenden) – Beschäftigte, die sich zeitweilig in prekärer Beschäftigung befinden und auf eine baldige dauerhafte Beschäftigung hoffen;
2. dauerhaftes Arrangement (die Realistischen) – Arbeitnehmer*innen, welche sich über die Grenzen der Planbarkeit bewusst sind und sich auf eine prekäre Erwerbsbiografie einstellen; und
3. entschärfte Möglichkeit (die Zufriedenen) – die prekäre Beschäftigung stellt in dieser Kategorie einen Ausweg aus Arbeitslosigkeit oder auch eine „Hausfrauentätigkeit" dar.

Damit gelingt es der Prekaritätsforschung in Deutschland, strukturelle und handlungstheoretische Stränge der Prekarisierung weiter Bevölkerungsteile zu thematisieren und auf Bereiche jenseits der Erwerbsarbeit auszudehnen. Erwerbsarbeit steht zwar in der Regel im Zentrum der Analyse, wird jedoch zunehmend als eine relevante Sphäre neben anderen aufgefasst. Somit öffnet sich die Perspektive auch auf jene, die drohen, in die Zone der Entkopplung zu geraten und sich damit schwindender Integration ausgesetzt zu sehen, wie z. B. Alleinerziehende.

5.2.2 Prekarisierung als politisch-ideologische Herrschaftsform (Pierre Bourdieu)

Pierre Bourdieu (1998) prangert in seinem politischen Essay „Prekarität ist überall" die Generalisierung prekärer Beschäftigungsverhältnisse an und stellt Prekarisierung damit explizit als Resultat neoliberaler Praxis und Ideologie dar. Für Bourdieu (1998, S. 101) ist Prekarität „das Produkt eines politischen Willens". Er liest Prekarisierung als „ein die gesamte Lebensweise im Postfordismus imprägnierendes Phänomen" (Marchart 2013, S. 41). Die Herrschaft, das Regieren (mittels) der Unsicherheit (vgl. Legnaro und Birenheide 2008), bestehe darin, auf Grundlage der zum allgemeinen Dauerzustand gewordenen Unsicherheit „die Arbeitnehmenden zur Unterwerfung, zur Hinnahme ihrer Ausbeutung zu zwingen" (Bourdieu 1998, S. 100). Prekarität als Strategie der Profitmaximierung in den privaten und zunehmend in den öffentlichen Unternehmen erlegt Bourdieu zufolge der gesamten Arbeitswelt eine erdrückende Zäsur auf, die eine Mobilisierung für Arbeitskämpfe erschwert und den Leistungsdruck erhöht. Durch die Wiederkehr der Arbeitslosigkeit würde die allgemeine Verschlechterung der Arbeitsbedingungen möglich gemacht. Denn Prekarität wirke auch in Normalarbeitsverhältnissen quasi als Damoklesschwert der Verunsicherung und berühre als Drohszenario und Disziplinierungsinstrument somit auch „stabil" Beschäftigte. Castel (2000) nennt diesen Vermittlungseffekt Diffusion von Unsicherheit, die sich etwa in der Angst vor Arbeitsplatzverlust offenbart. Diese basiert auf der Tendenz zum intersubjektiven Vergleich und in der massenmedial vermittelten Kenntnis von Personalabbau, Arbeitslosigkeit und der Kürzung von Sozialleistungen.

Für die direkt Betroffenen bedeutet Prekarität im Wesentlichen eine Ohnmacht hinsichtlich der Gestaltung der eigenen Zukunftsplanung (vgl. zur Veränderung der Zeitlogiken auch Rosa 2017). Den Individuen wird „die rationale Vorwegnahme der Zukunft" genommen (Bourdieu 1998, S. 97). Planbarkeit gilt ihm als die wesentliche Grundlage für Handlungsfähigkeit. Der über die gesamte Erwerbsbiografie erschwerte Arbeitskraftverkauf werde aufgrund der Atomisierung und Pluralisierung von Erwerbsbiografien zudem nicht mehr über Klassen und Schichten wahrgenommen, sondern individuell als ein persönliches Versagen. Durch die Auflösung von kollektiven Sicherungsstrukturen und die Schwäche der Interessensvertretungen stehen die Arbeitnehmer*innen tatsächlich in einer stärkeren Konkurrenz zueinander und sind damit der Aufforderung unterworfen, „sich als Individuum durchzusetzen" (Castel 2009, S. 26). Prekarisierung sei somit gleichermaßen Ursache und Folge der zirkulär wirkenden Konkurrenzverschärfung (vgl. Bourdieu 1998). Bourdieus Prekaritätskonzept wird in der gegenwärtigen Prekarisierungsforschung als wesentlicher Impuls gewürdigt (Motakef 2015, S. 34 f.), sich mit den Ursachen dieser kapitalistischen Entwicklungstendenz auseinanderzusetzen (Brinkmann et al. 2006; Dörre 2012).

5.3 Die Sozialstruktur der Prekarität

Um die Begriffe der Exklusion bzw. der Exkludierten entspannt sich eine veritable Debatte. Es wird gefragt, ob es eine Existenz strikt außerhalb gesellschaftlicher Einbettung überhaupt geben kann (vgl. dazu auch Abschn. 5.2.2). Das „abgehängte Prekariat" (Neugebauer 2007) liege zwar weit hinten, sei aber noch im

5.3 Die Sozialstruktur der Prekarität

Rennen und damit in gewisser Weise weiterhin inkludiert und auch Zielpunkt sozialstaatlicher Intervention, die bei Exkludierten ja per Definition entfiele. Nicht immer deckungsgleich werden in den einschlägigen Studien der Prekarisierungsforschung entweder die Prekarisierten als die Ausgeschlossenen (im Sinne der Castel'schen Zone der Exklusion) oder als die auf unsicherer Basis Integrierten (im Sinne der Zwischenzone der Prekarität) empirisch erfasst (Bude und Willich 2006). Das Prekariat wird als klassen- und schichtenübergreifende soziale Erscheinung dargestellt, dem äußerst heterogene Lebenslagen zugeordnet werden. Zuweilen existieren indes Verständnisse des sogenannten Prekariats als einer Klassenfraktion (vgl. Candeias 2008, S. 132; Dörre 2010, S. 849). Eine derartige Zusammenfassung von heterogenen Individuen zu einer gesellschaftlichen Gruppe, die lediglich auf dem Kriterium einer prekären Erwerbslage beruht, ist mindestens fragwürdig (vgl. Bescherer 2013). Es ist vielmehr diskutabel, ob diese begriffliche Homogenisierung von Subjekten in unterschiedlichsten Lebenslagen und ihren Ursachen den analytischen Gehalt der Kategorie Prekariat grundsätzlich infrage stellt.

Für das Gros der Autoren besteht die Neuartigkeit heutiger Prekarität in dem beklagten Übergreifen auf Mittelschichten (vgl. Krämer 2008, S. 77), also in der sozialen Entgrenzung von Prekaritätsrisiken. Als andauernde Entwicklung ist eine „Ausweitung der Prekarität in berufsfachliche Arbeitsmärkte der Mittelklassen und in Sektoren männlich dominierter Erwerbstätigkeit" zu registrieren (Vogel 2009, S. 192), auch wenn „dauerhafte, armutsnahe Prekarität […] häufiger in unterprivilegierten Berufsklassen anzutreffen ist, während temporäre, wohlstandsnahe Prekarität besonders in mittleren Berufsklassen verbreitet ist" (Krämer 2008, S. 88). Unbestritten ist, dass seit den 1990er-Jahren und verschärft seit der Einführung der Agenda 2010 prekäre Beschäftigungsverhältnisse auch in den Kernbranchen der deutschen Industrie und damit in die Mittelschichten Einzug gehalten haben und davon zunehmend auch männliche Beschäftigte betroffen sind.

Wird allerdings mit der Entgrenzungsthese suggeriert, dass Prekarität ein Phänomen ist, das quer zu Klassenstrukturen liege, ist der Kern der neuen sozialen Frage verkannt: Mit der Entwertung von Arbeitskraft werden massenhaft Arbeitskräfte unbrauchbar und Lohnverhältnisse etabliert, die nicht darauf ausgelegt sind, dass ein Mensch davon leben kann. So hat der noch gebrauchte Teil der Bevölkerung mit Lohnverzicht und Leistungssteigerung zu kämpfen, während der durch diese Leistungssteigerung überflüssig gemachte Teil sich mit dem Leistungsniveau von Hartz IV zu arrangieren hat und dabei nicht resignieren soll (vgl. Hagen und Flatow 2007, S. 15). Soziale Erscheinungen von „oben" und „unten" der Klassenstruktur und „draußen" und „drinnen" als Integrationsmodi der Erwerbsarbeit überlagern sich demnach (Lühr 2009, S. 4).

Kritik wird überdies daran geübt, dass nicht ausreichend der Tatsache Rechnung getragen werde, „dass Frauen stärker als Männer, AusländerInnen stärker als InländerInnen und Menschen ohne Berufsausbildung stärker als Menschen mit Berufsausbildung von Prekarisierungsprozessen betroffen sind" (Winker 2010, S. 162). Die unzureichende sozialstrukturelle Bestimmung von Prekarität könne darauf zurückgeführt werden, dass Prekarisierung ein zeitdiagnostischer Begriff zur Charakterisierung von sozialen Umbrüchen der gesamten Arbeitsgesellschaft geblieben ist (vgl. Krämer 2008, S. 87), dessen Stärke gerade darin liege, eine umfassende Verunsicherung und Verarmung zu diagnostizieren. Als „systematische Kartographie" bezeichnet (Freudenschuss 2013, S. 30), liefern indes zahlreiche Studien eine empirische Grundlage, indem sie die Betroffenheit von prekär Beschäftigen in einzelnen Branchen oder von konkreten Personen- und Beschäftigtengruppen aufzeigen, ohne aber bisher eine umfassende Neubestimmung der Zusammensetzung der Lohnabhängigen und ihrer Lage vorweisen zu können.

Welche Strukturmerkmale korrelieren nun besonders mit prekärer Beschäftigung? Evident ist, dass allgemeine arbeitsrechtliche Maßnahmen, die zur Prekarisierung von Beschäftigungsverhältnissen beitragen, je nach Standort, Branche und Beschäftigtengruppe unterschiedlich umgesetzt werden. Die Stärke des Prekarisierungsdrucks hängt u. a. von der Wettbewerbsfähigkeit von Wirtschaftsstandorten, privater oder staatlicher Trägerschaft der Betriebe und ihrer Größe sowie der Stärke der gewerkschaftlichen und betrieblichen Interessenvertretung ab. Spitzenwerte erzielen laut der umfassenden Mikrozensus-Auswertung von Weber-Menges (2013), welche die Personengruppen den Kategorien „Armut", „Prekarität", „instabiler", „bescheidener" und „gesicherter Wohlstand" zuteilt und Daten zwischen 1991 und 2013 erhoben hat, insbesondere untere und mittlere Qualifizierungsstufen: Un- und Angelernte finden sich zu etwa 38,9 Prozent in einer prekären Lage hinsichtlich ihres Einkommens wieder, bei gering qualifizierten Dienstleistenden waren es 43,4 Prozent. Die Unterschiede zwischen Ost- und Westdeutschland haben sich zwar fortlaufend angeglichen, beliefen sich im Jahr 2013 aber dennoch auf 17 Prozentpunkte (West: 23,0 Prozent vs. Ost: 40,6 Prozent; ebd., S. 77).

Prekarisierung hat auch mit gesellschaftlichen Strukturmerkmalen wie Geschlecht und Nationalität zu tun und variiert je nach Bildung und Alterskohorte. Es wird daher von soziostrukturellen Ungleichzeitigkeiten der Betroffenheit (Aulenbacher 2009, S. 13) gesprochen. Junge Arbeitnehmer∗innen werden bei Neueinstellungen oftmals zu arbeitsrechtlich kategorial schlechteren Bedingungen beschäftigt als ihre durch ältere Arbeitsverträge besser gestellten Kolleg∗innen, die aufgrund reduzierter Rentenansprüche (u. a. auch durch brüchige Erwerbsbiografien und Frühverrentung) selbst prekäre Lebenslage und Altersarmut befürchten müssen (Brussig 2010). Diese Sachlage taucht mitunter als Generationenfrage

5.3 Die Sozialstruktur der Prekarität

auf, da sich darin nicht unbedingt eine Altersdiskriminierung ausdrückt, sondern eine Entwicklungstendenz der Beschäftigungsverhältnisse allgemein (Bundesagentur für Arbeit 2013; Rhein und Stüber 2014). Besonders hervorgehoben wird die soziale Verwundbarkeit von Migrant*innen (Jungwirth und Scherschel 2010; Krenn und Saunders 2012; Mauer 2009; Reiners 2010). Die Erklärung der Überproportionalität prekärer Erwerbslagen bedarf jedoch des Einbezugs migrationspolitischer Steuerungen wie Aufenthaltsrecht und Qualifikationsanerkennung in die Analyse. Die prekäre Beschäftigung des wissenschaftlichen Mittelbaus und anderer Akademiker*innen (vgl. Bologna 2006; Klecha et al. 2008) schaffte es unter dem Stichwort „forschendes Prekariat" (Dörre und Neis 2008) in die Feuilletons und steht seitdem als ureigenes Bedrohungsszenario auf der Agenda der Prekarisierungsforscher*innen. Kernkriterium des Befundes ist die steigende Tendenz zur Befristung des Mittelbaus (2008 waren es 74 Prozent; vgl. Kreckel 2010, S. 39), die durch die notwendige Drittmitteleinwerbung und das 2007 in Kraft gesetzte Wissenschaftszeitvertragsgesetz zur Regel wird.

Weiterhin bietet die Ökonomisierung des Pflegesektors Anlass für prekarisierungstheoretische Betrachtungen (Auth 2013; Katmann und Dingeldey 2013; Pfau-Effinger et al. 2008): Personalabbau, effektive Gehaltssenkungen und nachteilige Übernahmeregelungen in Konsequenz der Teilprivatisierung von Krankenhäusern bedeuten für die Beschäftigten Mehrbelastung, Einkommenseinbußen und eine Entstabilisierung der Beschäftigung (Bispinck et al. 2012). Die Enttariflichung der Branche ist Folge der Erschließung ambulanter Pflegedienstleistungen durch private Träger. Auch ein prekäres Unternehmertum wurde ausfindig gemacht (Bührmann und Pongratz 2010), welches sich auf die IT-Branche, in die Selbstständigkeit gedrängte Handwerker und Freelancer wie freie Journalist*innen und Kulturschaffende konzentriert (Bologna 2006; Loacker 2010). Die an Erwerbstätigkeit gekoppelten sozialen Sicherungssysteme greifen hier nicht – in Überbrückungsphasen ohne Einkommen wird das Solo-Selbstständigen ohne andere Einkommensquellen zum existenziellen Problem (Manske 2009).

Besonderer Beachtung bedarf das gesellschaftliche Strukturmerkmal Geschlecht in der Prekarisierungsdebatte (etwa bei Aulenbacher 2009; Aulenbacher und Wetterer 2009; Nickel 2009; Notz 2007). Zahlenmäßig überwiegen bei Weitem weibliche Beschäftigte in unsicherer Erwerbsarbeit; das gilt beinahe ohne Ausnahme in ganz Europa und in Deutschland in besonderem Maße (George 2011; Klenner et al. 2011). Erwerbstätige Frauen waren mit 30,6 Prozent im Jahr 2013 knapp doppelt so stark betroffen wie Männer mit 17,4 Prozent (Weber-Menges 2013, S. 55). Empirisch begründet sich dieses Phänomen zum einen mit der weiblichen Überrepräsentation in Teilzeitbeschäftigung, zum anderen mit der horizontalen Geschlechtersegregation auf dem Arbeitsmarkt (Achatz 2008; Gottschall

2018). In frauentypischen Branchen und Berufen findet sich grundsätzlich ein höheres Prekaritätsrisiko. Prekarisierung wird insofern auch als Verallgemeinerungstendenz frauentypischer Beschäftigung und Erwerbsverläufe umrissen (Eckart 1998). Erwerbstätigkeit wird in dieser Lesart also feminisiert (vgl. Standing 2005). Daran knüpft die feministische Kritik an. Sie bemängelt, dass prekäre Beschäftigung erst auf die Agenda der Arbeitssoziologie gerückt ist, seitdem die Problematik auch männliche Beschäftigte ergreift (Aulenbacher 2009, S. 66). Kritisiert wird, dass mit der zwar ökonomisch plausiblen Bestimmung der Lohndrückerfunktion von Frauenerwerbsbeteiligung die Schlechterstellung der weiblichen Arbeitskräfte aus dem Blickfeld gerate.

Die Befunde zur durch Prekarisierung bedingten Reorganisation der Geschlechterverhältnisse gehen auseinander (Aulenbacher 2009; Klenner et al. 2011). Empirisch lässt sich tendenziell eine Angleichung der Erwerbsbiografien feststellen. Klaus Dörre (2007, S. 294 ff.) geht auf Grundlage verletzter männlicher Identitätskonstruktion über ihre nun ähnlich mangelhafte Einbindung in Erwerbsarbeit von einer Retraditionalisierung der Geschlechterbeziehungen aus (Lengersdorf und Meuser 2010, S. 90 f.). Völker (2011, S. 426 f.; auch Motakef 2015, S. 104 f.) hingegen postuliert, dass bisherige Geschlechterarrangements brüchig werden, wenn Frauen aufgrund der Arbeitslosigkeit oder der unzureichenden Beschäftigung des Partners unversehens zu Familienernährerinnen werden (Amacker 2011; Aulenbacher 2009; Klammer et al. 2012; Klenner et al. 2011). Diese neuen „riskanten Chancen" (Nickel und Lohr 2009) eröffnen sich größtenteils im Niedriglohnsektor und in Teilzeitbeschäftigung. Insgesamt besteht die Gefahr einer Geschlechterangleichung „nach unten", wenn nunmehr auch Männer von einer prekären Erwerbssituation betroffen sind und die Integration von Frauen mehrheitlich in untere Arbeitsmärkte und prekäre Beschäftigungsverhältnisse erfolgt.

5.4 Subjektiver Umgang mit prekärer Beschäftigung

Die konstatierte Forschungslücke hinsichtlich der subjektiven Verarbeitungsformen von prekären Erwerbs- und Lebenslagen (Brinkmann et al. 2006, S. 55 ff.) ist mittlerweile durch Ansätze geschlossen worden, welche die originäre Strukturperspektive handlungs- und subjekttheoretisch ergänzen. Bescherer (2013, S. 186 ff.) konstatiert, dass das Bild einer Apathie der von Prekarität Betroffenen auf die Annahme von Castel und Bourdieu zurückgehe, dass vor allem die Eingebundenheit in die Lohnarbeit die Einzelnen zur Planung und Organisierung ihrer Biografie befähige und dass die „gesellschaftliche Nutzlosigkeit" der Überzähligen (Castel 2000, S. 359 u. 384) diese lähme. Ihrer materiellen Sicherheiten und Planungsper-

5.4 Subjektiver Umgang mit prekärer Beschäftigung

spektiven enthoben und aus den linearen Zeitlogiken der Normalbiografie geworfen, mangelte es den von Prekarität betroffenen der Fähigkeit, ihr Handeln an Zielen in der Zukunft auszurichten (Bescherer 2013, S. 190). Diese Zuschreibung kulminiert in der Entdeckung des neuen Kollektivsubjekts „Prekariat", dem politische Handlungsunfähigkeit attestiert wird (Bude und Willich 2006; Bourdieu 1998; Brinkmann et al. 2006; Castel 2000).[2]

Tatsächlich sind kollektive Gegenwehrstrategien durch die virulenten Zumutungen für die Subjekte (Individualisierung, Beanspruchung, sozialer Abstieg und Armut) erschwert, aber viele Autor*innen (vgl. Haubner 2011; Nowak 2007, 2009; Pelizzari 2009; Schiek 2010) zeigen auf, dass das Bild der von Prekarität Betroffenen als politisch nicht mobilisierbare Individuen empirisch sowie theoretisch nicht haltbar ist. Dagegen betonen sie deren kreativen Bewältigungsformen (vgl. Adolphs und Hamm 2008; Balz 2012) bzw. die Widerspruchsorientierung einiger, die sich in (oft unzulänglichen) Politiken gegen Prekarisierung manifestiere (Candeias 2006). Andere widmen sich der politischen Aktivität von Prekarisierten unter dem Gesichtspunkt neuer Formen der Interessensvertretungspolitik (vgl. Adam und Pernicka 2007; Bührmann und Pongratz 2010; Goes 2015) und der Aushandlung von Geschlechterarrangements (vgl. Völker 2006, 2007; Notz 2007). Erwähnt sei, dass für das Erstarken des virulenten Phänomens Rechtspopulismus die Prekaritätserfahrungen der Subjekte als eine Ursache angeführt werden (schon früh: Neugebauer 2007; Dörre et al. 2013a).

Empirisch gehen die Befunde zu den subjektiven Orientierungen und Ansprüchen der Betroffenen an Erwerbsarbeit im Kontext der Prekarisierung auseinander: Sowohl für die bleibende Orientierung an als auch für die Loslösung von Normalarbeit und ihrer lebensweltlichen Einbettung sprechen Studienergebnisse (vgl. Gefken et al. 2015). Als knappes Gut gewinne die reguläre Erwerbsarbeit sogar an Relevanz für den sozialen Status und die Selbstverortung (Castel 2000). Als Indiz dafür wird mitunter angeführt, dass selbst Langzeitarbeitslose die Normen der Arbeitsgesellschaft teilten (vgl. Sondermann et al. 2009, S. 159). Mayer-Ahuja (2017, S. 272 f.) weist darauf hin, dass sogar in Ländern des globalen Südens wie Indien formell der normalen Arbeit ähnliche Beschäftigungsverhältnisse ein normatives Ideal darstellen, obwohl sie statistisch keine Dominanz aufweisen und daher für das Gros der Bevölkerung auch nicht erreichbar sind.

Grimm (2013) konstatiert übergreifend ein „Zwischenzonenbewusstsein", das den Kontrollverlust der Gestaltbarkeit des eigenen Lebens zum Inhalt habe. Man sei sich der eigenen veränderten prekären Lage durchaus bewusst, ohne dass die

---

[2] Das Spiegelbild dessen ist die Hoffnung auf ein mögliches Aufbegehren gegen Prekarisierung seitens dieses „neuen" Kollektivakteurs (vgl. Vogel 2009, S. 198).

Subjekte deswegen die Orientierung am Normalarbeitsverhältnis aufgeben würden. Zur Folge habe dieser Umgang z. B. einen Aufschub der Familienplanung (Kreyenfeld 2008). Brinkmann et al. (2006, S. 58) betonen hingegen das Bemühen der Subjekte, andere Integrationsmodi zu entwickeln, um der eigenen Lebensplanung Kohärenz zu verleihen. Frühe Studien (etwa Krömmelbein 1996) zeigen eine Sensibilität für die unterschiedlichen Ressourcen, etwa andere Einkommensquellen oder soziale Netzwerke, und eine Milieuspezifik, die eine Bewältigung von prekären Erwerbslagen beeinflussen. Eine vertiefende Erforschung der Ursachen unterschiedlicher Formen des Umgangs (etwa Affirmation, Suche nach Kohärenz, Legitimierung, Kritik, Grenzziehung, Widerstand) steht noch aus. Die Verunsicherung wird aber dessen ungeachtet als die Quintessenz der neuen Entwicklungstendenz auf der Subjektebene betrachtet.

Die Einsicht, dass die von Prekarität Betroffenen nicht nur passiv auf Impulse ihrer Umwelt reagieren, sondern die sie umgebenden Strukturen mitkonstituieren, bietet Anschluss zur Gegenwartsdiagnose der Subjektivierung von Arbeit (siehe Abschn. 7.2; Matuschek 2010; Kleemann 2012). Mit Ausnahme der Studie von Nickel et al. (2008) wurde dieser Zusammenhang bisher vernachlässigt. Der Zusammenhang zwischen erwerbsarbeitsbezogenen Ansprüchen der Subjekte, berufsbiografische Brüche und flexible Arbeitsverhältnisse selbst zu gestalten, und dem Nutzen für die Betriebe, diese subjektive Koordinationsleistung an die Subjekte auszulagern, würde so systematischer in den Blick geraten. Dieser Zusammenhang könnte für das Verständnis des ins Subjektive verlagerten Umgangs mit Prekarität produktiv gemacht werden.

5.5 Fazit

Prekarisierung als Gegenwartsdiagnose gilt als eine weit über das konkrete Beschäftigungsverhältnis hinausgehende gesellschaftliche Entwicklungstendenz bei der Regulierung von Erwerbs- und Lebensverhältnissen. Diese ist ursächlich eng mit einer liberalisierten und sanktionierenden Arbeitsmarktpolitik und einer auch international zugespitzten Konkurrenzlage verknüpft. Der Forschungsstrang zeigt sich indessen sensibel für Auswirkungen dieser Beschäftigungsverhältnisse auf die Lebenslagen und Prekaritätserfahrungen der Subjekte und bestimmt ihr Verhältnis zur Gesellschaft. Im Kern scheint festzustehen: Die verschärfte Konkurrenz um Normalarbeitsstandards entsprechende und existenzsichernde Arbeitsplätze sowie die verringerte Gestaltbarkeit der eigenen Erwerbsbiografie führen zu einer Anpassungsdynamik „nach unten" aufgrund von Verunsicherung und dadurch zunehmender Disziplinierung und Entsolidarisierung, auch wenn stellenweise

5.5 Fazit

Gegenwehr oder selbstbestimmte Bewältigungsformen zu beobachten sind. Völlig offen ist, ob im Rahmen prekärer Beschäftigungsverhältnisse eine „Geschlechtergleichstellung" das Potenzial hat, egalitäre Beziehungen der Geschlechter zu befördern oder ob es eher zu einem geschlechterübergreifenden Konkurrenzkampf und zu einem Klima regressiver Rollenvorstellungen und Retraditionalisierungen kommt, forciert durch eine konservative Familien- und Frauenpolitik.

Kritische Erwägungen zum Zweck der Schärfung theoretischer Grundannahmen und notwendige Gegenstandserweiterungen heben insbesondere folgende Aspekte hervor:

1. Ein von der Geschlechterforschung schon oft angemahnter kritischer Umgang mit der Bezugnahme zum Normalarbeitsverhältnis und fordistischer Regulierung scheint unerlässlich, um nicht die darin enthaltene Prekarität der Frauenerwerbsbeteiligung und die Schädigungen der Subjekte durch „normale" Lohnarbeit zu vernachlässigen. Prekarität sollte demgemäß als ständiger Begleiter kapitalistischer Verwertung (vgl. Candeias 2008) gefasst werden, denn die Ratio optimaler Verwertung und der Reproduktionsfähigkeit der Arbeitskraft bringt stets fremdbestimmte, den subjektiven Ansprüchen entzogene und für untere Schichten die Existenz bedrohende Erwerbsverhältnisse hervor. Überlegenswert für die heutige Bestimmung von Normalarbeit scheint eine trennschärfere Unterscheidung zwischen anerkannten legitimen Erwartungen an die Erwerbsarbeit (Normen) und einer empirische Feststellung der statistischen Normalität, welche die Formen atypischer Beschäftigung integriert. Aus der Divergenz abgeleitete, für die Arbeitnehmer*innen vorteilhafte, arbeitspolitische Forderungen könnten über die bloße Feststellung der Abweichung vom ehemaligen Normalarbeitsverhältnis fordistischer Regulierung hinausweisen und so kritisches Potenzial entfalten.
2. Die politische Sorge um die Prekarisierung äußert sich in zweierlei Hinsicht: einmal als Sorge um das Übergreifen auf den Mittelstand, als die leistungsfähige Kernschicht des gesellschaftlichen Zusammenhalts, und darüber hinaus als Sorge um die Unterschicht und ihr Unordnung stiftendes Destabilisierungspotenzial. Im Sinne der Wissenschaftlichkeit und der grundsätzlichen Ausrichtung der Prekarisierungsforschung als gesellschaftskritisch und arbeitnehmerfreundlich wäre es zweckmäßig, diese Sorge nicht unhinterfragt zu übernehmen, sondern stattdessen die eigenen normativen Bezüge auf die Lohnarbeit als funktionales Medium zur gesellschaftlichen Integration zu reflektieren.
3. Im verwendeten Begriff der Erosion (des Normalarbeitsverhältnisses) äußerte sich beizeiten eine Blindheit gegenüber politischer Regulierung, da konkrete überbetriebliche und staatliche Maßnahmen selten benannt und die Gründe für

Prekarisierung zumindest begrifflich ins Reich der Naturerscheinungen verbannt wurden. Ebenfalls geht mit einer Beschränkung auf ein typologisches Zonenmodell, selbst unter Berücksichtigung der Subjektdimension, die Gefahr einer statischen Betrachtung einher, weil nicht der Prozess einer Destabilisierung der Beschäftigungsverhältnisse beschrieben und keine Ursachen bestimmt werden. Vielversprechend wären hingegen Ansätze, die das Konzept der Arbeitspolitik[3] (vgl. für einen Überblick Kuhlmann 2017; Vogel 2010, S. 916 f.) zum Anknüpfungspunkt für die Prekarisierungsforschung machen, weil darin die gestaltenden Prozesse überbetrieblicher Akteure und damit auch die Bedeutung der Sozialpolitik für die Stellung der Institution Erwerbsarbeit in den Blick genommen und theoretisch fundiert werden könnten (Böhle und Sauer 1975; Hirsch 1990). Vermittlungsmechanismen auf der betrieblichen Ebene zwischen staatlicher Regulierung von Arbeitsbeziehungen und Beschäftigungsverhältnissen sowie der subjektive und interessenpolitische Umgang mit dem Marktdruck (vgl. Bieling 2012) erfahren indes verstärkte wissenschaftliche Aufmerksamkeit (Lengfeld und Hirschle 2009; Nickel et al. 2008; Promberger 2012).

4. Ziel müsste es ein, die anhaltende Beschränkung auf den nationalstaatlichen Rahmen (vgl. Castro Varela und Dhawan 2010; Hornung 2003) aufzuheben. Ohne beim Vergleich mit weniger fortgeschrittenen kapitalistischen Länder Armutsrisiken zu relativieren (Westerheide 2016), sollte die Relationalität von Prekarität, also ihre Orientierung an den jeweiligen Normalverhältnissen (siehe oben), ernsthaft auch im globalen Vergleich von Beschäftigungsverhältnissen und Lebenslagen Berücksichtigung finden. Es ist nämlich gerade der globale Unterbietungswettbewerb der Lohnstückkosten ursächlich relevant für den Prekarisierungsdruck und es gibt Parallelen zu ähnlichen Entwicklungen im globalen Süden, z. B. der Informalisierung (Mayer-Ahuja 2017), die neue Erkenntnisse über die Funktionslogiken von Prekarisierungsprozessen bieten.

Eine weitere Zerfaserung kann dabei nicht das Ziel einer Feinjustierung der Gegenwartsdiagnose Prekarisierung und der „soziologischen Kategorie" Prekarität sein (Krämer 2009, S. 241). Das würde die Gefahr in sich bergen, die Begriffe analytisch zu überfrachten und sie des arbeitssoziologischen und gehaltvollen

---

[3] „Der Prozeß der Einflussnahme von betrieblichen, überbetrieblichen und staatlichen Handlungsträgern auf die Organisation des Arbeits- und Produktionsprozesses und seine sozialen Folgewirkungen." (WZB 1984, S. 82)

5.5 Fazit

Kerns zu berauben. Infrage steht, was Erwerbsarbeit als Inklusionsmedium leistet und inwiefern die durch den Lohnarbeitsvertrag vermittelten sozialen Sicherungssysteme und die Lohnhöhen die Existenzsicherung der Subjekte gewährleisten. Zu debattieren wäre demnach zunächst die Leistungsfähigkeit des Begriffs Prekarisierung in Relation zu anderen Bewegungen auf dem Arbeitsmarkt und in den Betrieben. Die Überstunden der einen sind die Unterversorgung der Überzähligen mit Arbeit. Statt singulären Gruppen analytische Aufmerksamkeit zu gewähren, könnte eine kritische Arbeitssoziologie auch über die Gesamtarchitektur der Arbeitsgesellschaft reflektieren.

6 Arbeit und Leben: Wechselwirkungen und Entgrenzung von Erwerbs- und Privatsphäre

Wurden Erwerbsarbeit und Privatleben analytisch lange Zeit als separate gesellschaftliche Sphären behandelt, ist seit den späten 1980er-Jahren unter der Leitchiffre „Arbeit und Leben" eine umfangreiche arbeitssoziologische Auseinandersetzung mit ihrem Wechselverhältnis entstanden. Das korrespondiert mit einer aktuellen historischen Realentwicklung, in der die industriegesellschaftlich etablierte Trennung beider Lebensbereiche durch aktuelle Prozesse einer „Entgrenzung von Arbeit und Leben" zumindest teilweise aufgehoben wird. Die Leitdiagnose einer sich wandelnden Arbeitswelt führt innerhalb der Debatte um Arbeit und Leben zur Wahrnehmung von Veränderungen in der Erwerbssphäre, die mit einem Wandel von Lebensführungsmustern korrespondieren. Diese Dynamik wird begrifflich als Entgrenzung von Arbeit und Leben gefasst: Die institutionell arrangierte räumliche und zeitliche Trennung und Koordination der beiden Lebenssphären wird aufgeweicht und erfordert die individuelle Bewerkstelligung eines integrierenden Lebenszusammenhangs.

Voß (1998) verortet den Ausgangspunkt des sich damit abzeichnenden gesellschaftlichen Strukturwandels in betrieblichen Rationalisierungsstrategien, im Zuge derer Unternehmen die private Lebenswelt von Beschäftigten als einen Bereich entdecken, in dem für die Lohnarbeit relevante Kompetenzen erlernt und produktive Leistungen erbracht werden können. Entgrenzung ist in diesem Sinne wörtlich zu nehmen: Grenzen zwischen Betrieb und Markt, Erwerbs- und Hausarbeit, Reproduktion von Arbeits- und Reproduktion von Lebenskraft werden durchlässig.

Die arbeitssoziologische Debatte integrierte nicht nur Anregungen aus der (feministisch orientierten) Frauenforschung, sondern nahm Hinweise des Diskurses um die Entgrenzung von Arbeit (siehe Kap. 4) auf und erweiterte dessen Perspektive auf die gesamte Lebensführung von Subjekten (etwa Jurczyk und Rerrich 1993; Voß 1998). Erörtert werden auch Fragen zum grundsätzlichen Verhältnis von Produktion und Reproduktion und zur gesellschaftlichen Arbeitsteilung (etwa Mies 1996; Voß und Jürgens 2007). Zentraler Bezugspunkt der Debatte bleibt aber das Wechselverhältnis von Erwerbs- und Privatsphäre,

> „[während] unter Arbeitsteilung weiterhin alle Formen der Aufteilung bzw. Zerlegung von Arbeitsprozessen verstanden werden, interessiert mit Blick auf das Thema Arbeit und Leben Arbeitsteilung als Prozess der Differenzierung von Produktion und Reproduktion, d. h. von produzierenden, marktvermittelten Tätigkeiten in der Sphäre der Arbeit einerseits und reproduktiven Tätigkeiten im privaten Leben andererseits" (Jürgens 2010, S. 483 f.).

Die Chiffre „Arbeit und Leben" wurde insbesondere in der Forschung zu Frauenarbeit (Ostner 1982; Beck-Gernsheim und Ostner 1977; Becker-Schmidt 1983; Becker-Schmidt et al. 1984; Becker-Schmidt und Knapp 1987; Gottschall 1988; Jurczyk 1976; Wetterer 1995) kritisiert. Demnach suggeriere die Rede von „Arbeit und Leben", dass Leben eine arbeitsfreie, durch Kommunikation und Werte integrierte Sphäre sei, also Freizeit. Das verschleiere die vielfältigen Arbeiten, die in der Privatsphäre mehrheitlich von Frauen geleistet werden. Mit der Aufnahme der oben genannten Perspektiven verbindet sich in der Folge zumindest konzeptionell in der Regel keine dichotome Trennung und Gegensätzlichkeit von Handlungskontexten mehr in dem Sinne, dass Erwerbsarbeit kein Leben sei (denn während der Arbeit wird gelernt, soziale Bindungen werden hergestellt etc.) und das Privatleben keine Arbeit (denn Hausarbeit fällt an, Freizeit muss geplant werden etc.). Spätestens mit der Vermarktlichung auch reproduktiver Bereiche (Stichwort Care-Arbeit, Sorgearbeit) in den 2000er-Jahren scheint eine integrative Analyse zudem mehr denn je geboten.

Die Auseinandersetzungen um eine adäquate Begrifflichkeit setzen auch am Terminus Leben an: Er wird in den einschlägigen Debatten explizit nicht als Oberbegriff für jedwede menschliche Existenz und Tätigkeit verwendet, sondern dient vielmehr als analytische Unterscheidung zur Bestimmung von Lebensbereichen, die sich historisch als strukturell divergente Sozialsphären entwickelt haben: die Erwerbssphäre und die Privatsphäre (vgl. Voß und Jürgens 2007). Diese Differenzierung stellt ein produktives Instrument dar, um auf unterschiedliche und teils widersprüchliche Handlungslogiken und Beziehungsformen aufmerksam zu machen (vgl. Jürgens 2018): In der Erwerbssphäre werden Arbeiten geleistet, die gegen Bezahlung stattfinden und meistens durch einen Arbeitsvertrag formalisiert und öffentlich sind, wohingegen die in der Privatsphäre verrichteten Tätigkeiten in der Regel nicht entlohnt werden, unreguliert sind und (als „Gewährleistungs-" bzw. „Reproduktionsarbeit") weitgehend unsichtbar bleiben. Das impliziert voneinander abweichende Handlungsnormen und -muster sowie Arbeits- und Qualifikationsanforderungen. Diese stehen unter Umständen in einem konkurrierenden Wechselverhältnis, das auch durch an die einzelnen Lebensbereiche geknüpften unterschiedlichen Statuszuweisungen und Hierarchisierungen (Jürgens 2017) konfiguriert wird. Im Alltagsdenken wie in der Forschung wird der Erwerbsarbeit regelmäßig eine prioritäre Stellung gegenüber anderen Tätigkeiten zugewiesen. Dies ist allerdings nicht allein aus einer Ignoranz gegenüber geschlechtlich konnotierten reproduktiven Tätigkeiten und einer Vernachlässigung der Vermittlungsmechanismen zwischen Lebensführung und Arbeitsorganisation zu erklären, sondern hat seinen Ursprung in einem strukturellen Abhängigkeitsverhältnis der Reproduktions- von der Erwerbssphäre (Jürgens 2018). Die Erwerbssphäre ist in kapitalistisch verfassten Industriegesellschaften zentrale Instanz der gesellschaftlichen Integration (siehe Kap. 4). Auf Arbeit, Betrieb und Markt bezogene Vorgänge können als das entscheidende Feld der aktuellen Entgrenzungsdynamik angesehen werden, die Einfluss auf angrenzende gesellschaftliche Sphären und vor allem auf die privaten Lebensformen nehmen (Gottschall und Pfau-Effinger 2002; Gottschall und Voß 2003, S. 16; Nickel et al. 2008). Teleheimarbeit bzw. Home Office (siehe Abschn. 3.3.1) und Vertrauensarbeitszeit (siehe Abschn. 4.2.2) etwa sind prototypisch für selbstorganisierte Arbeitsformen, die sich zu einer „Arbeit ohne Ende" (Pickshaus et al. 2001) auswachsen und weit in die Privatsphäre hineinwirken können. Komplementär zu den betrieblichen Erfordernissen werden dabei auch subjektive Ansprüche im und an das Arbeitsleben erhoben (siehe Abschn. 7.2).

Daher ist generell von der Wechselwirkung beider Sphären auszugehen, aber es handelt sich keineswegs um ein gleichrangiges Wechselspiel von Produktion und Reproduktion, sondern um eine Hierarchisierung der Sozialsphären zugunsten der Erwerbsarbeit. Darin zeigt sich für die westlichen Industrieländer eine spezifische Verknüpfung von Kapitalismus und patriarchalen Strukturen, die – mittels des hierarchisierten Verhältnisses von Produktions- und Reproduktionssphäre, inklusive dort eingenommener sozialer Positionierungen – Dynamiken sozialer Über- und Unterordnung fortschreibt (Jürgens 2017). Arbeit und Leben als eng verflochtenen Zusammenhang zu begreifen, öffnet erst den Blick für die fundamentale Bedeutung gesellschaftlicher Arbeitsteilung jenseits vermeintlich tradierter Aufgabenbereiche als ungleich organisierte, auf reziproker Abhängigkeit basierende Gesamtkonstellation.

Die lange Zeit währende Reduzierung der Perspektive der Arbeits- und Industriesoziologie auf die „produktive" Erwerbsarbeit erzeugte eine Unterbelichtung des Verhältnisses von Arbeit und Leben. Das ließ die Verschränktheit von Produktion und Reproduktion, respektive die Vermittlungszusammenhänge von Erwerbs- und Privatsphäre, letztlich unbegriffen und verhinderte eine integrative Theorieentwicklung zu subjektiven wie gesellschaftlichen Folgen der Gestaltung von Erwerbsarbeit und Beschäftigung in ihren Wechselwirkungen mit der Privatsphäre (vgl. Aulenbacher 2013, S. 41). Erwerbsarbeit ist gesellschaftlich permanent von anderen Arbeiten abhängig, die ihrerseits wiederum mit dem zur Reproduktion von Arbeitskraft in der Privatsphäre notwendigen Erwerbseinkommen verkoppelt sind (Prinzip der indirekten Entlohnung). Die thematische Unterbelichtung reproduktiver Tätigkeiten, wie der Haus- und Sorgearbeit, des alltäglichen gesellschaftlichen und individuellen Reproduktionshandelns und des Abhängigkeitsverhältnisses von Erwerbs- und Privatsphäre mündete in eine tendenzielle Ignoranz der Arbeitssoziologie gegenüber der vergeschlechtlichten sozialen Ungleichheit, die in Teilen andauert. Insbesondere die sich seit den späten 1970er-Jahren etablierende Frauenarbeitsforschung (maßgeblich Beck-Gernsheim 1980; Becker-Schmidt 1980; Beer 1984, 1989, 1990; Ostner 1982) hat mit ihrem Unterfangen, den Zusammenhang und die Vermittlungsmechanismen zwischen Produktion und Reproduktion gesellschaftstheoretisch zu fassen und einen erweiterten Arbeitsbegriff einzuführen, eine gesteigerte Sensibilität gegenüber Gender- und anderen Ungleichheiten hervorgebracht.

Mittlerweile liegen einige arbeitssoziologische Publikationen zu diesem Problemfeld vor (etwa Jürgens 2018; Kratzer und Sauer 2007; Wetterer 2005). Aktuell wird auch der Ansatz, lediglich erwerbsinduzierte Veränderungen, also Auswirkungen der Erwerbs- auf die Privatsphäre, zu beleuchten, stärker hinterfragt (Jurczyk und Lange 2002; Jurczyk et al. 2009), selbst wenn die Dominanz erwerbsarbeitsinduzierter Veränderungen weiterhin angenommen wird. Stattdessen werden beide Lebensbereiche hinsichtlich ihrer Marktvermittlung und ihrer Eigenlogik als zwar unterschiedliche, aber wechselseitig aufeinander bezogene und damit strukturell integrierte Sphären aufgefasst (vgl. Aulenbacher et al. 2007; Langfeldt 2009; Lohr und Nickel 2005).

Mit dem zunehmenden Einfluss gender- und ungleichheitssensibler Perspektiven und der These einer Entgrenzung von Arbeits- und Privatsphäre hat sich ein erweiterter Arbeitsbegriff etabliert, mit dem die Vermittlungszusammenhänge und Wechselwirkungen beider Bereiche adressiert werden können. Dabei interessieren sowohl die reproduktiven Voraussetzungen der Produktion in strukturell-institutioneller und subjektiver Hinsicht als auch die Auswirkungen von Wandlungsprozessen in beiden Bereichen. Unter Berücksichtigung der Kategorie Geschlecht werden Analyseperspektiven entwickelt und empirische Studien durchgeführt, die Arbeit und Leben jeweils in ihrer Eigenständigkeit Rechnung tragen (vgl. Aulenbacher 2018; Jürgens 2006, 2008; Voß und Weiß 2005; Dunkel und Sauer 2006). Interessiert zeigen sich die einschlägigen Autor*innen auch an den Strukturierungs- und Herstellungsleistungen (Jurczyk 2014; Jurczyk und Oechsle 2008) von Subjekten, u. a. im Rahmen unterschiedlicher familialer Konstellationen. Diese stehen gewandelten Anforderungen an Alltagskoordination und Lebenslauforganisation aufgrund einschneidender Veränderungen der betrieblichen Arbeitsorganisation, der Beschäftigungsverhältnisse und sozialpolitischer Maßnahmen gegenüber.

Im Folgenden werden insbesondere die im Marxismus und in der feministischen (Arbeits-)Forschung untersuchten gesellschaftlichen Strukturen und institutionellen Rahmenbedingungen in den Blick genommen (Abschn. 6.1), die im Prozess der Entfaltung industriekapitalistischer Gesellschaften bis einschließlich der fordistischen Epoche dominant wurden (Abschn. 6.2), während die Realentwicklung der letzten Jahrzehnte auf eine zunehmende Entgrenzung von Erwerbs- und Privatsphäre hindeutet (Abschn. 6.3). Dies korrespondiert mit neuen Ansätzen in der Arbeitsforschung seit den 1990er-Jahren, die das Verhältnis von Erwerbs- und Privatsphäre fokussieren: Reproduktive Leistungen werden (auch) als Arbeitsleistung der Person und weniger als unmittelbares Produkt gesellschaftlicher und geschlechtlicher Arbeitsteilung in den Blick genommen (Abschn. 6.4). Das geht einher mit der Analyse sozial ungleicher Ressourcenausstattungen der Subjekte und der strukturierenden Effekte institutioneller Arrangements für das Reproduktionshandeln (Abschn. 6.5) sowie mit der gesellschaftlichen Organisation und geschlechtsspezifischen Verteilung von Care-Arbeit und ihrer Auslagerung von sozial privilegierten Schichten aus den Zentren des Weltsystems auf Arbeitsmigrantinnen aus peripheren Weltregionen (Abschn. 6.6).

6.1 Gesellschaftliche Produktion und Reproduktion – begrifflich-theoretische Grundlagen

Begrifflich-theoretisch schafft die Debatte um Arbeit und Leben und ihre Einlagerung in die Perspektive des Verhältnisses von Produktion und Reproduktion zwar auch zahlreiche neue Begrifflichkeiten zur Bestimmung der Relation der Sphären zueinander, bedient sich aber im Grundvokabular im Wesentlichen bei Marx und den marxistisch inspirierten geschlechtertheoretischen Erweiterungen.

6.1.1 Reproduktion – theoretische Grundbestimmungen

Die Bedeutung der Reproduktion als unerlässliche Bedingung für den Erhalt der kapitalistischen Produktionsweise betonte bereits Marx: Die „beständige Reproduktion oder Verewigung des Arbeiters ist das sine qua non der kapitalistischen Produktion" (MEW 1962a, Bd. 23, S. 596) – mithin essenzielle Basis des Kapitalismus. Das geht über die Erneuerung eines Ausgangszustandes (inklusive der Produktionsbedingungen) hinaus (ebd., S. 591). Bezogen auf die Reproduktion von Arbeitskraft wird konstituiert, dass die Anstrengungen des Arbeitstags die Leistungsfähigkeit verschleißen und für ihre Regeneration die Familie, die Freizeit und der Konsum überaus bedeutsam sind. Dabei geht es Marx nicht (nur) um eine nachträgliche Regeneration – die Arbeitskraft ist vielmehr Produkt vorausgehender Reproduktionsarbeit: Sie „existiert nur als Anlage des lebendigen Individuums. Ihre Produktion setzt also seine Existenz voraus. Die Existenz des Individuums gegeben, besteht die Produktion der Arbeitskraft in seiner eignen Reproduktion oder Erhaltung" (ebd., S. 185). Letztlich setzt damit kapitalistische Produktion von Mehrwert auf (individuellem) Reproduktionshandeln auf. Daran angelehnt wird der Begriff Reproduktion in der Arbeitssoziologie als Gegenüber der (betrieblichen) Produktion verwendet, auf Wiederherstellung bzw. Aufrecherhaltung orientierend. Unter Reproduktionsarbeit werden im engeren Sinne Tätigkeiten verstanden, die gesellschaftliche und individuelle Ausgangszustände wiederherstellen, mit der die fortwährende Nutzung von Arbeitskraft gesichert erscheint. Reproduktion umfasst damit Arbeiten, die daraus resultieren, a) dass Menschen Kinder zeugen und aufziehen (biologische Reproduktion) und b) dass sie sich von den Belastungen der Produktionsarbeit erholen und sich für selbige qualifizieren müssen (soziale Reproduktion; vgl. insgesamt Jürgens 2017). In die gesellschaftliche Reproduktion fließen demnach Aktivitäten wie Hausarbeit, Kindererziehung und Sorgearbeit ein, aber auch jene Tätigkeiten, die der physischen und psychischen Stabilisierung und Regeneration der Person dienen. Das umfasst nicht nur Erholung und Nahrungsaufnahme, sondern auch körperliche Aktivitäten, die Erhaltung und Erweiterung des Wissens und der beruflichen Qualifikation sowie die Pflege sozialer Bindungen. Dazu gehören ebenso Tätigkeiten für andere (Fürsorge) – die dank der Frauen- und Geschlechterforschung vergleichsweise gut untersucht sind (etwa Aulenbacher 2013; Becker-Schmidt 2011; Le Bihan et al. 2013; Senghaas-Knobloch 2008), aber auch die „Selbstsorge" für die eigene Person uns Arbeitskraft (vgl. Jürgens 2006, S. 204; Conradi 2001; Eckart 2004; Senghaas-Knobloch 2008; zum Pate stehenden Begriff „Sorge um sich" siehe Foucault 1986). Im Hinblick auf familiale Sorgearbeit erwachsen Debatten um Vereinbarkeit, häusliche

Arbeitsteilung, demografische Entwicklung, Familienführung und die intersektionale Analyse von Care Work. Die Anforderungen an sich selbst sowie Bewältigungsformen von Belastung und Beanspruchung evozieren Debatten um die Work-Life-Balance und die Auswirkungen auf die physische wie psychische Gesundheit (vgl. z. B. zum Konzept der Muße den Sonderforschungsbereich der Universität Freiburg 2013).Für die Reproduktion sind gesellschaftliche Strukturen wie institutionalisierte Arbeitsteilung, das Bildungs- und das Pflegesystem hochrelevant – das ist seit Langem anerkannte Gewissheit in der Arbeitssoziologie. Nicht minder wichtig ist das individuelle Reproduktionshandeln als aktive wiederherstellende Leistung von Personen. Die mit dessen Beachtung vollzogene Gegenstandserweiterung ermöglichte es, die verbreitete Assoziation von Reproduktion als oft lediglich unbezahlte, maßgeblich von Frauen im Privaten verrichtete Arbeit zu überwinden. Mit dem Begriff Reproduktionshandeln werden Dimensionen von Reproduktion erfasst,

> „die sich für alle Beschäftigten ergeben und die grundlegend in Zusammenhang zum gesellschaftlichen Produktionsmodell stehen. Es geht [...] weniger um Reproduktion als gesellschaftliche Sphäre, sondern in einer akteurssoziologischen und praxeologischen Perspektive um die konkreten individuellen Reproduktionsleistungen, die für den Erhalt eigener Arbeitskraft notwendig sind" (Jürgens 2008, S. 1468, Herv. i. O.).

In den letzten beiden Dekaden richtete sich das arbeitssoziologische Interesse aus gutem Grund zunehmend auf das Thema des Erhalts der eigenen Arbeitskraft: Wenn die Beschäftigten „vom Objekt zum Subjekt der Rationalisierung" werden (Howaldt 1993; siehe auch Kap. 4), erscheint der Perspektivwechsel von der Struktur- zur Handlungsebene obligatorisch (Jürgens 2003, S. 1469 f.). Die Gegenstandserweiterung auf die Reproduktionsleistungen der Personen ist dann allein schon aufgrund der veränderten Funktionslogik betrieblicher Arbeitsorganisation, die auch subjektive Potenziale zu nutzen sucht, folgerichtig. Niederschlag findet das mitunter in der Verschränkung des Konzepts Arbeitshandeln (vgl. Böhle 2018) mit dem Ansatz des Reproduktionshandelns (Jürgens 2006). Prämisse dabei ist, dass Reproduktion immer mehr zu einer individualisierten Herausforderung wird, die zwar gesellschaftlich vermittelt, aber immer eine konkrete Praxis der Person ist, die sich letztlich nicht delegieren lässt (siehe schon Asendorf-Krings et al. 1976).

Reproduktive Tätigkeiten entziehen sich trotz der Verknüpfung mit erwerbsarbeitsbezogener Verwertbarkeit von (individueller) Arbeitskraft und trotz struktureller Handlungsrestriktionen (z. B. Freizeit- und Erholungsangebote, finanzielle Möglichkeiten, gesetzliche Ansprüche auf Pflege oder Kitaplätze, Sorgerechtsregelung, zeitliche Begrenzung durch die Erwerbsarbeit etc.) einem ausschließlich ökonomischen Verwertungszusammenhang. Sie enthalten die Option auf eigensinniges Handeln, das auch auf die betriebliche Arbeitsorganisation und die gesellschaftliche Arbeitsteilung zurückwirkt. Den wohl umfassendsten Ansatz in dieser Richtung liefert Jürgens (2006), die als Komplementärbegriff zur Arbeitskraft das Konzept „Lebenskraft" einführt. Sie definiert dies als

> „Vermögen der Person, physische und psychische Stabilität sowie soziale Einbindung herzustellen. Der Erhalt von Lebenskraft ist insofern nicht nur für Erwerbstätige bedeutsam, sondern eine für alle Menschen gleichermaßen existenzielle Ressource – unabhängig davon, ob und wie diese ökonomisch genutzt wird." (Jürgens 2017, S. 273)

Reproduktionsarbeit (die sonst lediglich mit der Herstellung und dem Erhalt von Arbeitskraft assoziiert wird) wird hier konzeptuell um Leistungen jenseits von Verwertungslogiken ergänzt, die zum Erhalt und zur Weiterentwicklung physischer und psychischer Stabilität und des Lebens dienen (Jürgens 2006, S. 8) und dem kapitalistischen Verwertungsprozess allenfalls eingeschränkt zugänglich sind. Diese begriffliche Trennung in Arbeits- und Lebenskraft läuft allerdings Gefahr, den virulenten Zusammenhang von Gebrauchs- und Tauschwertseite der Arbeitskraft zu vernachlässigen. Denn der Erhalt jener Lebenskraft ist stets notwendige Vorbedingung dafür, dass Teile von ihr als verwertbare Fertigkeiten und Fähigkeiten als Arbeitskraft verkauft werden können (etwa körperliche Fitness zum Erhalt der Physis und ihre Transformation in warenförmige Arbeitskraft z. B. als Fahrradkurier). Diesen Zusammenhang adressiert systematisch das Konzept des Arbeitsvermögens von Pfeiffer (2004), mit dem zugleich anerkannt wird, dass nicht alle individuellen Potenziale unmittelbar auf eine Nachfrage auf dem Arbeitsmarkt treffen bzw. manchmal nur Bedingung für ihre nachfragegerechte Ausbildung sind.

6.1.2 Perspektiven auf die Vergesellschaftung weiblichen Arbeitsvermögens

In dieser wissenschaftlichen Reflexion von Arbeit bilden die aus der Frauenarbeitsforschung der 1970er-Jahre hervorgegangenen Theoreme „doppelte Vergesellschaftung" und „weibliches Arbeitsvermögen" wichtige Grundlagen für die weitere Auseinandersetzung der Disziplin. Ausgehend davon, dass Frauen in zweifacher Weise zur gesellschaftlichen Reproduktion beitragen – durch Hausarbeit und marktvermittelte Arbeit – stellt die Soziologin Becker-Schmidt (1980, 2003, 2010) die Fragen, wie die hierarchische Rangordnung der Geschlechter mit jener der gesellschaftlichen Sphären zusammenhängt und inwiefern durch die

6.1 Gesellschaftliche Produktion und Reproduktion – begrifflich-theoretische ... 143

geschlechtliche Arbeitsteilung Männer und Frauen unterschiedlich in die Gesellschaft integriert sind. Dazu zieht sie das Theorem der Vergesellschaftung heran, unter dem sie einerseits den Prozess versteht, der aus Individuen Gesellschaftsmitglieder macht, und andererseits den Prozess fortschreitender Rationalisierung, in dem die Subjekte und ihre Arbeit versachlichten Anforderungen unterworfen sind (Becker-Schmidt 2003, S. 2 f.). Die doppelte Einbindung in das Sozialgefüge stellt Frauen vor strukturelle Probleme:

„Die Vergesellschaftung über zwei Arbeitsformen impliziert doppelte Diskriminierung. Frauen werden zur unbezahlten Hausarbeit verpflichtet, was zudem ihre gleichberechtigte Integration in das Beschäftigungssystem erschwert. Und marktvermittelte Frauenarbeit wird schlechter bewertet als männliche." (ebd., S. 13)

Frauen werden also aufgrund ihrer Klassen- und Geschlechtszugehörigkeit vergesellschaftet (vgl. auch Beer 1990). Es wird auf ihr Arbeitsvermögen sowohl in der Organisation des Privatlebens als auch in der Strukturierung des Beschäftigungssystems zugegriffen. Becker-Schmidt (1980) zeigt in ihrer Ausgangsstudie über Fabrikarbeiterinnen zwischen Akkord und Hausarbeit, dass diese doppelte Vergesellschaftung auch subjektiv die Frauen mit widerstreitenden Anforderungen und Handlungslogiken konfrontiert, sofern sie an einer Doppelorientierung festhalten (müssen). In der Kindererziehung seien etwa emotionale und affektive Fähigkeiten gefragt, die in der rational geprägten Erwerbssphäre eben genau unterdrückt werden sollen. Zum einen erfasst sie so die Bedeutung der Geschlechterdifferenz für das Verhältnis von Produktions- und Reproduktionssphäre. Zum anderen lenkt sie den Blick auf die abverlangte Verknüpfung und die widersprüchlichen Handlungsmuster und Integrationsmodi, die sich für Frauen aus der Unterschiedlichkeit der Anforderungen aus beiden Sozialsphären ergeben.

Der von Beck-Gernsheim und Ostner (1977) geprägte Begriff des weiblichen Arbeitsvermögens ist eng mit dem der doppelten Vergesellschaftung verknüpft. Grundlegend ist auch für dieses Theorem die Trennung zwischen Berufs- und Hausarbeit. Diese Separierung hat eine geschlechtsspezifische Sozialisation zur Folge, weil Männer nur auf die Berufsarbeit hin sozialisiert werden, während Frauen gezwungenermaßen durch Haushalt und Berufsarbeit und deren unterschiedliche Kontexte geprägt werden. Diese geschlechtsspezifische Arbeitsteilung mache sich in der Entwicklung von Fähigkeiten und Persönlichkeitsmerkmalen bemerkbar: Im Unterschied zu Männern, die sich vornehmlich mit abstrakten und unpersönlichen Dingen auseinandersetzten, kümmerten sich Frauen um die Bedürfnisse anderer und um die konkreten Anforderungen des alltäglichen Lebens. So konstituiere sich durch die familiär-reproduktionsbezogene Orientierung ein spezifisches weibliches Arbeitsvermögen, das sich sowohl in einer Bevorzugung bestimmter Berufsbilder als auch in der bevorzugten Verwertung weiblichen Arbeitsvermögens für bestimmte Dienstleistungen oder eben Fürsorgetätigkeiten ausdrücke. Fraglich ist, ob sich die geschlechtliche Segregation tatsächlich (primär) auf unterschiedlich herausgebildete Fähigkeiten zurückführen lässt. Beck-Gernsheim und Ostner (1977) erklären aber sozialisationstheoretisch die Persistenz eines ungleichen Geschlechterverhältnisses durch die starke Separierung der Sozialsphären.

6.2 Historische Genese des vergeschlechtlichten Verhältnisses von Erwerbs- und Privatsphäre

Die Entwicklungsgeschichte industriekapitalistischer Gesellschaften ist verbunden mit einer formalen, historisch gewachsenen Trennung von Produktion und Reproduktion, die mit einem spezifischen Geschlechterverhältnis einhergeht (vgl. Aulenbacher 2009, S. 69 f.; Lühr 2009). Mit dem Siegeszug des Industriekapitalismus setzte sich in weiten Teilen eine strukturelle Separierung der Sphären von Arbeit und Leben durch, die schon früh von der Arbeiterbewegung thematisiert wurde: Von der gemeinsamen „Produktions- und Reproduktionsstätte des Ganzen Hauses'" (Jürgens und Voß 2007, S. 3) verlagerte sich ein Teil der Tätigkeiten in räumlich separierte Betriebsstätten, insbesondere die Fabrik. Spezialisierte Tätigkeiten ermöglichten hier den Gelderwerb, der zur Grundlage der Existenzsicherung und zugleich zum zentralen Ort sozialer Anerkennung und gesellschaftlicher Teilhabe wurde. Der Haushalt blieb zwar essenziell für die soziale und biologische Reproduktion der Arbeitskraft der Familienmitglieder, war aber fortan abhängig von Erwerbseinkommen. Die damit einhergehende Aufteilung in männliche produktive Tätigkeit außerhalb und weibliche reproduktive Arbeit innerhalb des Hauses wurde – letztlich als Regulierung geschlechtlicher Arbeitsteilung – durch die Institution der bürgerlichen Ehe hergestellt und gesichert.

Das damit unmittelbar verbundene männliche Familienernährer-Modell setzte sich historisch zunächst nur im Bürgertum sukzessive durch; in der Arbeiterklasse dagegen erst allmählich etwa seit den 1920er-Jahren, zuerst in Branchen mit hoher Produktivität und hohen Einkommen. Allgemeine Verbreitung fand es erst in der wirtschaftlichen Prosperitätsphase der Nachkriegszeit etwa ab Mitte der 1950er-Jahre, nachdem es im Nationalsozialismus als allgemeines ideologisches Leitbild verankert worden war. Diese Konstellation wird mit dem in den 1980er-Jahren populären Schlagwort der „Hausfrauisierung" (Mies 1996, S. 131) gefasst. Darin gründet die tendenzielle persönliche Abhängigkeit der Frau vom Mann, der als Familienernährer fungiert, während die Frau die häuslichen Arbeiten im vorgeblich

6.2 Historische Genese des vergeschlechtlichten Verhältnisses von Erwerbs- ...

Privaten verrichtet – damit aber zugleich die Reproduktion der Arbeitskraft des Mannes wesentlich garantiert. Heute liegt der Fokus der soziologischen Debatten statt auf der „Institution Ehe" eher auf geschlechtstypischen Rollenbildern und -zuweisungen, mit denen die geschlechtsspezifische patriarchale Arbeitsteilung konsolidiert und stabilisiert wird. Da die unbezahlte reproduktive Tätigkeit mit dem Erhalt und der Wiederherstellung der Arbeitskraft einen wichtigen ökonomischen Zweck hat, treten Erklärungen, die weibliche Hausarbeit als Anachronismus begreifen, in den Hintergrund (vgl. umfassend zur Trennung von Haus- und Erwerbsarbeit und der vergeschlechtlichten Arbeitsteilung: Bock und Duden 1977 sowie Tilly und Scott 1987; zum ideologischen und institutionellen Überbau dieser Arbeitsteilung Engels 1884 und Hausen 2012).

Von der Nachkriegszeit bis in die 1970er-Jahre – seit denen das deutsche Modell graduell erodiert – wurde Reproduktion über die Trias Erwerbsarbeit, Sozialstaat und Familie stabilisiert. Dieses kollektiv regulierte fordistische Reproduktionsmodell (Jürgens 2017) markiert nicht nur die geschlechtliche Arbeitsteilung als solche, sondern ein alle gesellschaftlichen Bereiche erfassendes integriertes Verhältnis auf (ungleicher) Gegenseitigkeit – bestehend aus Normalarbeitsverhältnis, sozialstaatlicher Absicherung und traditioneller Arbeitsteilung in der Versorgerehe. Kennzeichnend war eine spezifische staatlich stabilisierte institutionelle Rahmung der Arbeits- und Beschäftigungsverhältnisse (insbesondere arbeitsrechtliche und allgemeine tarifvertragliche Regelungen auf der Grundlage weitreichender Tarifautonomie) sowie eine soziale Absicherung in Fortschreibung der sozialpolitischen Errungenschaften insbesondere der Weimarer Republik. Unmittelbar damit verknüpft ist der sogenannte Familienlohn, der die Basis dafür legt, dass die häusliche Reproduktionsleistung erfüllt werden kann – zumindest die Ernährung der Familie ist im Lohn des Hauptverdieners einbegriffen (vgl. ausführlicher zu Familienlohn und männlichem Familienernährer-Modell: Dalla Costa und Selma 1972; Gottschall und Schröder 2013; Kurz-Scherf 2004a, b; zur aktuellen Entwicklung der Lohnmodelle Berninger und Dingeldey 2013; Schröder und Schäfer 2013).

Auch die heute vorherrschende Teilintegration von Frauen in den Arbeitsmarkt und der Wandel des Lohnmodells hin zum Zuverdiener-Modell unterminiert die Beständigkeit der Arbeitsteilung nicht wesentlich. Denn in der Konkurrenz beim Verkauf ihrer Arbeitskraft haben Frauen nach wie vor entscheidende Nachteile: Arbeitgeber müssen gewisse Ausfallsrisiken kalkulieren (Schwangerschaft, Kindererziehung etc.), die als Kostensteigerung virtuell eingepreist werden. Es sind weniger die biologischen Unterschiede, die – abgesehen von Zeiten der Schwangerschaft – zählen, sondern die Delegation gesellschaftlicher Reproduktionsleistungen an Frauen, die aus der historisch gewachsenen häuslichen Arbeitsteilung erwächst und Unternehmen Einschränkungen beim betrieblichen Zugriffsauf die weibliche Arbeitskraft erwarten lässt. Gesetzliche Regulierungen wie ein spezieller Kündigungs- und Mutterschutz mildern die Nachteile für die betroffenen Frauen, den Konkurrenznachteil beseitigen sie jedoch in keiner Weise. Daraus resultiert, dass Frauen als niedriger zu bewertende Arbeitskraft häufig in atypischen Beschäftigungsverhältnissen mit relativ schlechterem Kündigungsschutz erwerbstätig sind. Trotz egalitärer Rhetorik und Gleichbehandlungsgrundsatz reproduziert sich in diesem Modus letztlich auch eine klassische häusliche Arbeitsteilung, denn die institutionalisierten Strukturierungen verdichten sich zu Modernisierungsfallen (Wetterer 1995): Aus ökonomisch rationalen Gründen bleibt die Niedrigverdienerin oder Teilzeitkraft eher zu Hause als der Mann – Steuerrecht und Ehegattensplitting begünstigen diese Entscheidung. Es bleibt in vielen Paarbeziehungen und Familien trotz anderer Absichten in der Regel bei einer traditionellen häuslichen Arbeitsteilung allein schon aus dem pragmatischen Kalkül heraus, dass die weniger arbeitende Ehepartnerin mehr Zeit für Hausarbeit aufwenden kann.

Konservative politische Vorstöße wie das in Bayern im Jahr 2015 eingeführte Betreuungsgeld – eine Sozialleistung für zu betreuende Kinder im Alter von ein bis drei Jahren, wenn für das Kind keine öffentlich geförderte Tagesbetreuung in Anspruch genommen wird – stärken diese Arbeitsteilung zusätzlich rechtlich-institutionell und wollen Fürsorge und Pflegetätigkeiten im Privaten belassen. Die fortbestehenden „doppelten" Anforderungen an Kindererziehung und Hausarbeit (Vereinbarkeitsproblematik) erschweren die volle Erwerbsbeteiligung, weil die Zuweisung ihrer Bearbeitung in geschlechterungleichen Bahnen erfolgt.

Die strukturelle Separierung der Lebensbereiche von Produktion und Reproduktion bzw. Erwerbs- und Privatsphäre im fordistischen Modell äußert sich vor allem in sachlicher, zeitlicher und räumlicher Hinsicht (vgl. Gottschall 2005; Jürgens und Voß 2007; Marburger Gender-Kolleg 2008). Erstens stehen sie sich hinsichtlich ihres Arbeitsinhalts und -zwecks gegenüber: einerseits nicht erwerbsförmige und nicht explizit zweckrationale reproduktive Tätigkeiten, die im Privaten verrichtet werden; andererseits erwerbsförmige Tätigkeiten, die hierarchisch und formell reguliert vermarktbare Waren und Dienstleistungen herstellen. Zweitens determiniert die durch Tarifverträge und Gesetze regulierte Arbeitszeitstruktur strukturell auch die eigenständige Sphäre der Freizeit (bspw. Feiertage, Wochenende, Feierabend, Urlaubstage und durch Schulferien strukturierte Urlaubszeiten bis hin zu standardisierten Lebenslaufmustern). Drittens werden erwerbsförmige Tätigkeiten hauptsächlich in betrieblichem Rahmen am Arbeitsort geleistet, während für die anderen Tätigkeiten der eigene Wohnraum in städtebaulich separierten Räumen (Wohngebiete, Einkaufszentren, Naherholungsgebiete) zur Verfügung steht. Produktion und Reproduktion haben sich zwar historisch als räumlich und sozial getrennte Sphären entwickelt, in denen sich Arbeiten hinsichtlich ihrer Marktvermittlung und ihrer Eigenlogik unterscheiden, standen und stehen aber dennoch sozial und ökonomisch in Wechselwirkung zueinander (vgl. hierzu resümierend die Beiträge von Becker-Schmidt, Beer, Knapp und Lenz in Becker und Kortendiek 2010). An diese Erkenntnis ist mit Hinblick auf die nachfolgend dargestellte Entgrenzungsdynamik zu erinnern, um nicht mit der These einer Entgrenzung beider Lebensbereiche die Wechselwirkungen zu vernachlässigen (Gottschall & Voß 2003; Jürgens 2018).

6.3 Leitdiagnose: Entgrenzung von Arbeit und Leben

Die beschriebene Separierung von Produktions- und Reproduktionssphäre gerät mit den vielfältigen Formen von Entgrenzung von Arbeit als Resultat eines neuen Rationalisierungstyps grundlegend in Bewegung (vgl. dazu Kratzer 2003; Minssen 2000; siehe auch Kap. 4). Im engeren Sinne erst mit der Industrialisierung entstanden und als irreversible Entwicklung bewertet, erweist sich die Trennung der Sphären jetzt als kontingentes und nur für eine relativ kurze Zeitspanne von Taylorismus und Fordismus allgemeingültiges Strukturmerkmal. Entgrenzungen entstehen durch neuartige und steigende Anforderungen an die Arbeitskraft, mit denen zugleich vormals gültige Berufsrollen erodieren: durch die zunehmende Auflösung von Unternehmen in kleinere, marktförmig integrierte Einheiten (Profitcenter) bzw. durch die Ausgliederung in eigenständige Unternehmen, die marktförmig operieren (siehe Abschn. 4.2), oder durch Integration von Arbeitsleistungen von Kunden in Unternehmensprozesse bis hin zum Crowdsourcing (siehe Abschn. 3.1).

Die andere Seite der berufs- wie tätigkeitsbezogenen Dynamik sind erweiterte Spielräume bei der Arbeitsgestaltung, die ihrerseits neue Kompetenzen und Fähigkeiten der Subjekte erfordern. Ob und inwieweit die dazu erforderlichen Ressourcen beigebracht werden oder aber selbst eingebracht werden müssen, ist nicht zuletzt abhängig vom Kräfteverhältnis zwischen den Beteiligten. Wie dem auch sei: Das vormals relativ starre und hierarchisch wie vertikal eindeutig erscheinende Gefüge der fordistischen Arbeitsorganisation, inklusive ihrer gesellschaftlichen Institutionen, wird dynamisiert, mit dem Ziel einer erhöhten Rendite über die Vernutzung bisher brachliegender Potenziale der Arbeitskraft (vgl. Kratzer 2003).

Die für die Arbeitswelt festgestellte Entgrenzungslogik greift notwendigerweise auf das Verhältnis der Lebensbereiche über und führt zu einer Entgrenzung von Arbeit und Leben (Voß 1994, 1998).

> „Die Erwerbsarbeit ist erfasst von Flexibilisierung und Prekarisierung [...], der aktivierende und sanktionierende Sozialstaat verlangt private Selbstvorsorge der Bürger; in Familie und Partnerschaft finden wir neue Selbst- und Fremderwartungen, und als neues (familien-)politisches Leitbild zeichnet sich das ‚adult worker model' (Lewis 2003) ab. Die bislang kollektiv und über Arbeitsteilung regulierte Reproduktion von Arbeitskraft wird zu einem individualisierten Projekt." (Jürgens 2017, S. 274)

Auf der einen Seite stehen als Wandlungstendenzen der massive Rückbau der sozialen Sicherungssysteme (siehe Kap. 4), die Vermarktlichung, Deregulierung und Dezentralisierung der Arbeitsorganisation und die gesteigerten Mobilitäts- sowie Verfügbarkeitserwartungen, auf der anderen Seite der Wandel und die Pluralisierung privater Lebens- und Beziehungsformen, die Ablösung eines konsekutiven Phasenmodells der Erwerbs- und Familienorientierung durch eine Gleichzeitigkeit von Karriereentwicklungs- und Familiengründungsphase, die Ergänzung des Familienernährer-Modells durch das Zuverdiener- und das Adult-Worker-Modell und damit eine gesteigerte Frauenerwerbsbeteiligung und höhere qualitative Ansprüche an Arbeit und Leben.

Aus subjektorientierter Perspektive (Voß 1998) wird bilanziert, dass Entgrenzungsdynamiken in der Erwerbssphäre zu einem Wandel der Lebensführungsmuster im Sinne einer Entgrenzung von Arbeit und Leben führen. Der Ausgangspunkt dieses Strukturwandels wird in der Rationalisierungsstrategie verortet, nach der Unternehmen die private Lebenswelt von Beschäftigten als eine Sphäre entdecken, in der für die Lohnarbeit relevante Kompetenzen erlernt werden und produktive Ressourcen vorhanden sind. Die frühere Ausklammerung privater und subjektiver Komponenten aus der Erwerbsarbeit wird aufgehoben und die Vermischung der Sphären als effizienzsteigerndes Instrument ist ausdrücklich gefordert.

Die schematische Übersicht von Voß (1998) in Tab. 6.1 verdeutlicht beispielhaft, welche Dimensionen und welche Ausprägungen die Entgrenzungen jeweils umfassen.

Erodierende Strukturen bei zugleich weniger differenzierter Arbeitsteilung und erhöhter Selbstorganisation der Arbeitenden führen zu fluideren Abgrenzungen – mit neuen Widersprüchlichkeiten, die Gottschall und Voß (2003, S. 16) analog dem Giddens'schen Dualitätsproblem bewerten: Es entsteht neuer Handlungsspielraum und zugleich steigen systematisch die Anforderungen. Unvermeidliche Aufgabe der Subjekte ist es nun, durch aktive Strukturierung neue Handlungsarrangements zu erschließen. Zwar gelten weiterhin „traditionelle" Reproduktionsanforderungen wie Hausarbeit, Fürsorge, und Erholung, jedoch gesellen sich weitere für die Anpassung an neue betriebliche Konstellationen notwendige Kompetenzen im Reproduktionshandeln hinzu: Soziale Kompetenzen, Kreativität, Kommunikations-

6.3 Leitdiagnose: Entgrenzung von Arbeit und Leben

Tab. 6.1 Entgrenzungserscheinungen in verschiedenen Sozialdimensionen

Sozialdimension	Entgrenzungen in der Erwerbsarbeit	Entgrenzungen von „Arbeit und Leben"
Zeit	Weitreichende Flexibilisierung und Individualisierung von Arbeitszeiten in Dauer, Lage und Regulierungsform (z. B. bei Gleitzeit, exzessiver unregelmäßiger Mehrarbeit, Zeitkonten, Aufhebung von Arbeitszeiten, Arbeit auf Abruf usw.).	Durchmischung bzw. individualisierte Koordination von Arbeits- und Privatzeiten – als Folge flexibler Arbeitszeiten und individualisierter Zeitwünsche und -strategien.
Raum	Abbau der Bindung von Arbeit an Orte – innerbetrieblich und betriebsübergreifend (z. B. bei exzessiver Projektarbeit, Home- und Mobil-Offices, Telearbeit, Mobilarbeit, Scheinselbstständigkeit, ausgelagerten Einheiten, virtualisierten Betrieben usw.).	Abbau fester Grenzen zwischen Arbeits- und privaten Lebensorten – als Folge neuer Arbeitsformen und eines individualisierten Raumverhaltens.
Hilfsmittel/ Technik	Entstandardisierung von Arbeitsmitteln und wachsende Selbstorganisation und Individualisierung der Auswahl und der konkreten Nutzung von Hilfsmitteln (insbes. bei IuK-Technologien).	Durchmischung des privaten und betrieblichen Besitzes von Arbeitsmitteln und ihrer Nutzung (z. B. bei IuK-Technologien, KFZ, Verbrauchs- und Informationsmaterialien, Fachliteratur, Räumen, Mobiliar usw.).
Arbeitsinhalt/ Qualifikation	Selbstorganisation der Arbeitsausführung, Rücknahme von Detailkontrolle und Zunahme von Rahmensteuerung; Dynamisierung von Qualifikationsanforderungen und Qualifizierung; „employability" und fachliche Flexibilität statt Lebens-Beruf; neue überfachliche Anforderungen (z. B. Sozialqualifikation, Selbstmanagement, Kreativität und Begeisterung, Ichstärke, Belastungsresistenz usw.).	Zunehmende Bedeutung unklarer Tätigkeiten und Kompetenzen zwischen Privatheit und Arbeit (z. B. bei der allgemeinen Informationsbeschaffung, Qualifizierung, Vor- und Nachbereitung von Arbeiten, Kontakt- und Netzwerkpflege, dem Selbstmanagement und der biogr. Lebensorganisation usw.).

(Fortsetzung)

Tab. 6.1 (Fortsetzung)

Sozialdimension	Entgrenzungen in der Erwerbsarbeit	Entgrenzungen von „Arbeit und Leben"
Sozialorganisation	Selbstorganisation der Kooperationsformen und Sozialnormen in der Arbeit – horizontal und vertikal (z. B. bei Team- und Gruppenarbeit, abgeflachten Hierarchien, kooperativer Führung, Empowermentstrategien, Cost- und Profitcentern usw.).	Wachsende Rolle diffuser Sozialformen und -normen zwischen Arbeit und Privatleben (z. B. bei dienstlichen Sozial-Events, der Aufwertung persönlicher Kontakte in der Arbeit, bei der Nutzung privater Beziehungen für berufliche Zwecke, bei der Kontaktpflege usw.).
Sinn/Motivation	Verstärkte Anforderungen an Selbstmotivierung, individuelle Sinnsetzung, Selbstbegeisterung und Disziplinierung – individuell und kooperativ.	Durchmischung von Arbeits- und Lebensmotivationen. Arbeit als aufgewertete Lebenssphäre, Privatheit als verstärkt beruflich zu nutzender Bereich und „Arbeit".

Quelle: Voß 1998, S. 480

und Kooperationsfähigkeit, Konflikt- und Zeitmanagement sind nur einige der persönlichen Ressourcen, die neben (berufs-)fachlichen Qualifikationen und der Erfahrung mit sowie Kenntnis von Betriebsabläufen implizit gefragt sind. Die weniger deutlich voneinander abgegrenzten Arbeits- bzw. Lebenssphären müssen in ihrem Verhältnis zueinander durch die Subjekte hergestellt und vermittelt werden. Dazu gehören auch die Konfiguration von aktiven Begrenzungen und die bewusst herbeigeführte Balance im Sinn eines in der alltäglichen Lebensführung entstehenden gezielten Alltagsmanagements (Gottschall und Voß 2007, S. 19).

Mit der zunehmenden Entlohnung von erbrachter Leistung statt aufgewendeter Arbeitszeit und der Flexibilisierung der Arbeitszeiten liegt es nunmehr in der Eigenverantwortung der abhängig Beschäftigten, diese Arrangements zu treffen, einen funktionierenden Ablauf des Alltags zu gewährleisten und dafür die zeitlichen und räumlichen Rahmenbedingungen zu schaffen – dementsprechend die eigene Arbeitsorganisation zu synchronisieren und zu kontrollieren. Zugleich, so betont Voß, bieten sich neue Möglichkeiten aufgrund von mehr Zeitsouveränität und eine bessere Vereinbarkeit von Arbeit und Leben durch individuelle Selbstregulierung. Zumindest potenziell könnte nun die alltägliche Zeitsynchronisation selbstbestimmter erfolgen (Gottschall und Voß 2003). Beispielsweise könnten Männer und Frauen mit einer flexiblen Arbeitszeitregelung erst dann zur Arbeit fahren, wenn die Kinder versorgt und zur Schule gebracht worden sind. Oder sie könnten ihre Arbeit ggf. bei Bedarf für akut anfallende Aufgaben der Kinderbetreuung unterbrechen.

Die Stärke der Leitdiagnose einer Entgrenzung von Arbeit und Leben bzw. einer entgrenzten Lebensführung (siehe unten) liegt darin, dass ein Nebeneinander und Ineinanderfließen alter und neuer Organisationsprinzipien als Prozess gedacht wird, statt den Strukturwandel als Ablösung des einen durch ein anderes Modell zu begreifen. Auch wenn empirisch noch zu prüfen ist, inwiefern alte Reproduktionsmodelle gänzlich sukzessive ersetzt oder lediglich ergänzt und inwieweit die Grenzen durchlässiger werden (Jürgens 2018), kann von einer Umstellung der Reproduktionsmuster ausgegangen werden. Im zunehmenden Maße sind geschlechts- wie berufsfeldspezifische Entgrenzungen sichtbar. Die bislang nur sporadische Perspektiverweiterung auf den außerbetrieblichen Alltag wird somit zur wissenschaftlichen Aufgabe (Gottschall 1999; Aulenbacher 2005a, b; Andresen und Völker 2005).

Der Begriff der Entgrenzung trägt dennoch problematische Züge in sich: Nicht nur bleiben Trennlinien zwischen den Lebensbereichen weiterhin bestehen. Vielmehr erweisen sich auch die sozialen Hierarchisierungen, bedingt durch den Fortbestand der konstitutiv dominanten Erwerbssphäre, als persistent (Jürgens 2003). Des Weiteren geraten mit dem Begriff und der damit zusammenhängenden Leitdiagnose eventuell neu entstehende Grenzziehungen aus dem Blick (etwa kinderfreie Zonen in Cafés, weil da nun auch gearbeitet wird). Das ändert jedoch nichts an der insgesamt großen Reichweite des Konzepts der Entgrenzung, unter der die wesentlichen aktuellen soziologischen Debatten zum Verhältnis Arbeit und Leben weiterhin subsumiert werden können.

6.4 Umgangsweisen und Strukturierungsleistungen der Subjekte

Schwerpunktmäßig beschäftigen sich die Debatten zu Arbeit und Leben, Entgrenzung und Produktion/Reproduktion mit den Umgangsweisen sowie Herstellungs- und Strukturierungsleistungen der Subjekte, die einerseits den jeweiligen Koordinationsanforderungen der beiden Lebenssphären ausgesetzt sind und diese andererseits durch ihren subjektiven Umgang mit konstituieren. Das Konzept der alltäglichen Lebensführung kann dabei als theoretischer Vorläufer jener Diskussionen verstanden werden, die sich der Betrachtung der neuen Koordinationsleistungen und Grenzziehungen im Angesicht der Entgrenzungsdynamik zuwenden (etwa Jurczyk 2014; Jürgens 2017).

6.4.1 Alltägliche Lebensführung

Mit dem ab den 1980er-Jahren entwickelten Forschungsansatz zur alltäglichen Lebensführung (Projektgruppe „Alltägliche Lebensführung" 1995; Kudera und Voß 2002; Rerrich und Voß 1992; Voß 1991, 1994) erfuhr die wissenschaftliche Debatte über die Entstehung gesellschaftlicher und familialer Arbeitsteilungen, Arbeitsmärkte und Sphären mit ihren jeweiligen Wechselwirkungen eine produktive Wendung. Dieses Theorem fasst das Verhältnis von Arbeit und Leben weniger als fixe Struktur, denn als eine permanente Aufgabe und Arbeitsleistung (vgl. Gottschall und Voß 2003, S. 21). Damit gerät das Handeln der Subjekte in den Blick – eine wichtige Voraussetzung, um geschlechtsspezifische Unterschiede und Anforderungen erkennen zu können. Die Lebensführung gilt als sozial geprägt, aber nicht als determiniert – sie erfolgt in aktiver Auseinandersetzung mit gesellschaftlichen Bedingungen (vgl. Voß 1998, S. 479 f.). Sie wird verstanden als ein auf alltäglichen Routinen basierendes Handlungssystem, das zwischen den Tätigkeiten einer Person in verschiedenen Sozialsphären vermittelt. Damit ist das Konzept Lebensführung synchron angelegt, betrachtet also das aktive Handeln der Subjekte zu einem bestimmten Zeitpunkt und ist komplementär zur diachronen Perspektive auf deren biografisches Handeln konzipiert.

Verschiedene Studien zur individuellen oder familialen alltäglichen Lebensführung (Jurczyk und Rerrich 1993; Jürgens 2001; Weihrich 1998; Jürgens und Reinecke 1998; Weihrich und Voß 2002; Egbringhoff 2007) haben die Frage aufgeworfen und empirisch untersucht, inwiefern diese sich individuell stabilisierend auswirkt und funktional für die Gesellschaft und die gesellschaftliche Arbeitsteilung ist. Ein zentraler Befund der Untersuchungen ist die Unterscheidung zwischen drei Grundformen der Lebensführung: der traditionalen, der strategischen und der situativen (vgl. Projektgruppe „Alltägliche Lebensführung" 1995). Während sich eine traditionelle Lebensführung eher präreflexiv auf der Grundlage fester Gewohnheiten und Vorbilder formt, sind die strategische wie die situative Lebensführung reflexiv-kontrollierte Muster der Lebensführung. Setzt die strategische Lebensführung eine feste und verlässliche Planung voraus, ähnelt die situative Lebensführung – hier wird eine feste Planung zugunsten eines flexiblen Eingehens und Reagierens auf sich ständig wandelnde Anforderungen aufgegeben – in „verblüffender Weise den neuen Betriebsstrategien" (Voß 1998, S. 482).

6.4.2 Rationalisierung und Koordination als Strukturierungsleistung

Als neues Spannungsfeld in der Wechselwirkung entgrenzter Lebensbereiche und der Erwerbstätigkeit beider Geschlechter kommt der stark geschlechtlich konnotierten Arbeitsteilung zwischen Haushalt und Betrieb nun der Status einer zudem noch individualisierten Aufgabe und Arbeit (Jürgens und Voß 2007) zu. Angesichts zunehmend flexibilisierter Arbeitszeiten wird Zeithandeln – verstanden als auf die zeitliche Einteilung des Alltags durch die Subjekte bezogene Unterkategorie von Reproduktionshandeln – essenziell für die Koordination der Lebensbereiche (vgl. bereits Hochschild 1997; Hielscher und Hildebrandt 1999; Schöneck 2009). Nach Voß (1998, S. 479) steigt der „Bedarf einer reflexiven Handlungsstrukturierung". Dies meint die bewusste zielorientierte Koordination der Subjekte, um den betrieblichen Anforderungen dauerhaft gerecht zu werden und ihre Arbeitskraft nachhaltig und adäquat zu reproduzieren. Damit wird die von Max Weber formulierte These von der Rationalisierung der Lebensführung aufgegriffen. Idealerweise wird Reproduktionshandeln zweckrational an den eigenen und betrieblichen Reproduktionsbedürfnissen ausgerichtet. Die Rationalisierung des Alltags erscheint dann als Folge entgrenzter Arbeitsverhältnisse:

> „Je ausgeprägter die Entgrenzung von Arbeitsverhältnissen und damit der Zwang zur aktiven Restrukturierung der eigenen Arbeit ist, umso stärker wächst die Notwendigkeit, den gesamten Alltag gezielt auf die beruflichen Anforderungen auszurichten und effizient durchzuorganisieren. [Das] hat zur These der zunehmenden ‚Verarbeitlichung' des Alltags geführt: Lebensführung wird immer mehr zu einer bewußt ergebnisorientiert betriebenen Strukturierungsleistung." (Voß 1998, S. 482, Herv. i. O.)

Jürgens und Voß (2007) zufolge wird nicht nur die Reproduktion der Arbeitskraft individualisiert, sondern auch die gesellschaftliche Arbeitsteilung. Reproduktion wird damit auch zur Leistung der Person und kann bewusste Abgrenzungen beinhalten, mit denen versucht wird, sich der Entgrenzung von Arbeit und Leben zu entziehen (Völker 2003). Denn Erholung, soziale Beziehungen und Fürsorgetätigkeiten vollziehen sich nicht länger in einem regulierten Schutzraum des Privaten (Jürgens und Voß 2007, S. 4 f.), sondern hängen von dem Vermögen der Subjekte ab, sich freie Zeiten zu erhalten. Dies ist (auch) abhängig von der subjektiven Verhandlungsposition und den Ressourcen, sich Freiräume für Für- und Selbstsorge gegen die betrieblichen Zugriffe zu erkämpfen.

Nach anfänglicher Euphorie über möglicherweise durch Entgrenzung entstehende neue Handlungsspielräume für die Subjekte wird in der Debatte einhellig bilanziert, dass diese Entwicklungsdynamik vor allem das Ergebnis von Rationalisierungsstrategien in der Erwerbssphäre ist, strukturierend in die Privatsphäre eingreift und neue Belastungen für die Subjekte mit sich bringt (vgl. ebd.). Dem liegt (auch im Wissen um die vergeschlechtlichte Hierarchisierung) die Einsicht zugrunde, dass mit der fordistischen Trennung der Sozialsphären ein Schutzraum des Privaten entstanden war, der aufgrund einer starren institutionellen Regulierung Rationalisierungsabsichten weitgehend entzogen war (ebd.). Diese Schutzräume müssen nun mühsam von den Subjekten selbst hergestellt werden, um die eigenen Reproduktionsbedürfnisse zu erfüllen. Die zentralen Untersuchungsgegenstände und Perspektiven der diesbezüglichen Debatte werden nachfolgend dargestellt.

6.4.2.1 Familie und Beziehung

Wenig überraschend haben sich Vertreter*innen des Konzepts der alltäglichen Lebensführung dem Reproduktionsraum Familie zugewandt: Das Familienleben zu organisieren, stellt sich angesichts einer flexibilisierten Arbeitswelt immer mehr als aufwendige Herstellungsleistung dar (Jurczyk et al. 2009). Wenn Arbeitszeiten auf der Basis von flexibleren Modellen wie Vertrauensarbeitszeit oder Home Office einseitig an den Erfordernissen des Jobs ausgerichtet werden und es zur Auflösung festgelegter freier Zeiten kommt (abends nach 17 oder 18 Uhr, Wochenende, Feiertage), kann das im Privaten zu neuen Konflikten führen. Verlangt ist dann das aktive Bemühen um Lösungs- und Handlungsstrategien, die der aktiven Beziehungssicherung genug Zeit und Raum einräumen (das ist mit Herstellung gemeint). Grundsätzlich knüpfen Konfliktlösungsstrategien zwischen Erwerbs- und Sorgearbeit an tradierte, dem fordistischen Ernährermodell entstammende Handlungsansätze an und schreiben damit geschlechtsspezifische Arbeitsteilungen und Zuständigkeiten zur Abfederung von innerfamilialen Konflikten fort, die vor allem dem weiblichen Teil überantwortet werden (Schneider et al. 2002; Canzler und Kesselring 2006; Behnke und Meuser 2003).

In der wissenschaftlichen Debatte haben sogenannte Doppelkarrierepaare in den zurückliegenden Jahren vermehrt Aufmerksamkeit auf sich gezogen, da sich in solchen Beziehungen ganz spezifische Anforderungen ergeben. Diese bestehen insbesondere darin, die Vereinbarkeit von zwei beruflichen Karrieren zu gewährleisten und genügend Zeit und Raum für das partnerschaftliche Zusammenleben und die gegenseitige Fürsorge zu finden (ebd.). Das Ergebnis von empirischen Studien, die auf Paarinterviews beruhen, ist, dass selbst in nichttraditionellen Geschlechterarrangements, in denen von einer Gleichwertigkeit der beruflichen

6.4 Umgangsweisen und Strukturierungsleistungen der Subjekte

Karrieren von Mann und Frau ausgegangen wird, das „Vereinbarkeitsmanagement" weiterhin auf der Basis geschlechtstypischer Zuständigkeiten stattfindet (ebd., S. 303) – auch wenn punktuell Reproduktionsarbeiten von Männern übernommen werden. Während der Mann weitgehend Karriereautonomie genießt, muss die Frau weitaus stärker auf eine Kompatibilität ihrer Karrierepläne mit der Familienplanung und -arbeit achten.

Generell beinhalten aber die Deinstitutionalisierung des Lebenslaufs (Hardering 2011; siehe auch Abschn. 4.2) und damit der neue Zwang zur individualisierten Koordination des alltäglichen Lebens auch die Möglichkeit, dass solche tradierten Formen der Aufteilung von Verpflichtungen und Freiräumen infrage gestellt werden. Familien- und Lebensformen entwickeln sich als kooperative Herstellungsleistung (Schier und Jurczyk 2007) in der Alltagsorganisation, die nicht immer widerspruchs- und konfliktfrei verläuft (vgl. Wagner 2005; Wimbauer 2005). Synchronisationsprobleme, Machtkonstellationen und Durchsetzungsvermögen der Partner*innen, abnehmende räumliche Kopräsenz im familialen Alltag, Zeitstress und Zeitnot, steigende psychische und körperliche Belastungen sind Rahmenbedingungen und Folgen dieses „Doing Family" (Jurczyk et al. 2009). Im Zuge einer „familialen Lebensführung" (Jürgens 2001), die nicht nur das Individuum, sondern die familiale Gesamtkonstellation umfasst, sind sowohl die inhaltliche Ausrichtung der Beziehungen (z. B. Familienplanung, Gestaltung des gemeinsamen Lebens, Aufteilung der Hausarbeit), ihre räumliche Verankerung (Mobilitätsaspekte, Multilokalität), zeitliche Aspekte (Verhältnis von Erwerbs-, Familien- und Freizeit) und sozial-emotionale Dimensionen (Liebe versus Gewohnheit, Kontakte, Kinder) zu berücksichtigen sowie die Ressourcen, die den Familienmitgliedern zur Verfügung stehen (Jürgens 2006).

Inzwischen wird räumliche Mobilität als weiterer bedeutsamer Faktor für die Gestaltung familiären Zusammenlebens eingeschätzt, denn das Familienmanagement unterliegt zunehmend veränderten gesellschaftlichen Mobilitätsanforderungen und -vorstellungen und damit einhergehenden räumlichen Verschiebungen (Bertram 2002). Das gilt insbesondere, wenn die Aufrechterhaltung der Berufsausübung zu Partnerschaften führt, die in hohem Maße durch die Mobilität einer oder mehrerer Personen gekennzeichnet sind (Schneider et al. 2002). Immer längere Pendlerstrecken, mehr Wochenendbeziehungen und die Zunahmen von Familien mit wechselnden Arbeits- und Wohnorten verweisen auf neue Abstimmungsprobleme von Ansprüchen aus der Erwerbs- und Privatsphäre (vgl. Kesselring und Vogl 2010). Die Folgen räumlicher Entgrenzungen werden zwar potenziell durch den Einsatz moderner Kommunikationstechnologien gemindert, damit stellen sich aber „Gemengelagen der doppelten Entgrenzung" (Schier und Jurczyk 2007) ein, die wiederum neue Probleme evozieren können. So gilt etwa alternierende Teleheimarbeit zwar als Instrument, mit der eine ausgewogenere Work-Life-Balance erzielt werden kann, sofern die Arbeitsanforderungen angemessen sind, die Arbeit hohe Freiheitsgrade aufweist und Kollegialität gesichert ist (Junghanns und Pech 2008; Kleemann 2005). Ständige elektronische Erreichbarkeit bleibt aber trotzdem der meist genannte Stressfaktor – nicht nur für Topmanager*innen (Stock-Homburg und Bauer 2007).

6.4.2.2 Individualisierte Reproduktionsmodi

Insbesondere in neueren Studien wird versucht herauszufinden, wie die Subjekte mit veränderten Bedingungen umgehen. Ziel ist es, unterschiedliche Formen des Reproduktionshandelns bzw. Typen von persönlichen Reproduktionsmodi zu identifizieren. In einer Untersuchung zu Web-Worker wollte Manske (2003) wissen, wie diese das Verhältnis von Arbeit und Leben konkret arrangieren. Sie kommt zu dem Ergebnis, dass Subjekte in entgrenzten Arbeitsverhältnissen immer wieder vor Zerreißproben gestellt werden und entscheiden müssen, wie sie mit ökonomisch induzierten Anforderungen und Ansprüchen an die Selbstverwirklichung umgehen, ohne dass es in jedem Fall zu einer Durchrationalisierung des Alltags kommt (ebd., S. 27). Stattdessen deuten sich unterschiedliche Handlungsstrategien der Akteure im Umgang mit diesen Belastungen an. Wie unterschiedlich diese ausfallen können, beweisen auch Nowak et al. (2012) in einer Studie über Altenpflegekräfte und Facharbeiter*innen. Sie stellen vier unterschiedliche Umgangspraxen fest: Die erste Gruppe passt sich aktiv und zufrieden in die gegebenen Verhältnisse ein. Die zweite Gruppe versucht, im Konflikt mit belastenden Anforderungen ihre gewünschte Lebensweise zu verwirklichen, während sich die Handlungsausrichtung der dritten zwischen Grenzziehung und Ohnmacht bewegt. An einer vierten Gruppe werden Perspektiven, aber auch Problematiken von institutionalisierten kollektiven Handlungsformen im Betrieb deutlich. Diese Ausdifferenzierung erweist sich angesichts der Leitdiagnose individualisierter Umgangsstrategien (ebd., S. 272 f.) als fruchtbare Ergänzung und Zuspitzung des Konzepts der alltäglichen Lebensführung.

6.4.2.3 Scheitern und Grenzen ziehen

Die unterschiedlichen Formen des Reproduktionshandelns müssen keineswegs erfolgsorientiert sein: Gesundheitsschädliche Verhaltensweisen als Reproduktionsmuster (z. B. „Abschalten durch Alkoholkonsum", Stress, Burnout, Depression; vgl. hierzu Richter und Hacker 2012), existenzielle Krisen oder chaotische Lebensführung, die sowohl zu beruflichem als auch privatem Misserfolg führen, können nur dann als „gescheiterte" Reproduktionsversuche gelten, wenn ihnen im

6.4 Umgangsweisen und Strukturierungsleistungen der Subjekte

Grundsatz das subjektive Anliegen eines reibungslosen „Funktionierens" zugrunde liegt. Der notwendig gewordene „Seiltanz" (Brinkmann 2014) zwischen den verschiedenen Anforderungslogiken bringt in jedem Fall Dilemmata und manche Enttäuschung angesichts nicht erfüllter subjektiver Ansprüche an Arbeits- und Lebensgestaltung hervor, was von den Subjekten eine Relativierung ihrer Selbstsorgeansprüche verlangt (etwa Flick 2013). All das sind Hinweise auf Reproduktionsmodi, mit denen Interessenkonflikte nicht gelöst oder verschiedene Anforderungen nicht ausbalanciert werden können. In anderen Worten: Die Reproduktion von Arbeitskraft misslingt auch sehr häufig. Angesichts dessen wird die These von einem möglichen Gleichgewicht zwischen den verschiedenen Lebenssphären (Work-Life-Balance) zusehends in Zweifel gezogen. Umso relevanter erscheint die wissenschaftliche Gegenstandserweiterung auf Grenzziehungen der Subjekte angesichts erhöhter Anforderungen einerseits und verringerter Unterstützungsleistungen andererseits. Resümierend stellt Jürgens (2009, S. 206) fest, dass die Individuen ihre Reproduktionsbedürfnisse in Auseinandersetzung mit Institutionen und sozialen Gruppen, aber vor allem gegenüber betrieblichen Interessen vertreten und realisieren müssen, wodurch manifeste Konflikte deutlich werden.

Formen der Grenzziehung gegenüber einer verstärkten Vermischung der Lebensbereiche und gegenüber dem Zugriff von Unternehmen und Arbeitgebern auf die Privatsphäre können präventiver und reaktiver Natur sein. Erstere können minimale Grenzziehungen sein wie das Ausschalten des Telefons oder die Weigerung, E-Mails außerhalb der Betriebszeiten zu beantworten. Damit werden eigene Reproduktionsvorstellungen gegenüber erwerbsarbeitszentrierten Arrangements vertreten. Als präventiv kann auch die Durchsetzung von an sicheren Arrangements ausgerichteten Erwerbspräferenzen gelten, die langfristig eine klarere Trennung der Lebensbereiche ermöglichen sollen. In der Stress- und Gesundheitsforschung wird die Fähigkeit zur Bewältigung von widersprüchlichen Reproduktionserfordernissen und dadurch bedingte Krisen unter dem Leitbild optimale Anpassungsfähigkeit oder Selbstwirksamkeit diskutiert (ebd., S. 233 ff.). Letzteres verortet Interventionsansätze oder Umgangsstrategien allerdings nur auf der Ebene des individuellen Reproduktionshandelns, statt betriebliche Anforderungen und Reproduktionserfordernisse zu kritisieren. Das verweist auf die Wichtigkeit einer „Grenzziehung als Widersetzung" (ebd., S. 260 ff.), die ihrerseits auf die Strukturierung der Erwerbssphäre zurückwirken kann und bestimmte Reproduktionsbedürfnisse auch im Betrieb geltend macht, um etwa einen Ausweg aus der Krise der Sorgearbeit zu finden (Aulenbacher und Dammayr 2014).

6.5 Soziale Ungleichheit: persönliche Ressourcen und institutionelle Arrangements

Ist die Annahme korrekt, dass Reproduktion strukturell geprägt und über eine Herstellungsleistung der Person vermittelt ist, dann sind zunächst alle Mitglieder einer Gesellschaft vom Strukturwandel in Richtung Entgrenzung von Erwerbs- und Privatsphäre betroffen und stehen doppelten und widersprüchlichen Anforderungen an ihr Reproduktionshandeln gegenüber. Lebensführung entpuppt sich damit als neue Dimension „soziale[r] Polarisierungen" (Jürgens 2017, S. 274). Dafür gibt es empirische Belege: Grenzziehungen vorzunehmen, Reproduktionserfordernisse auszulagern oder autonom den Lebensgestaltungsansprüchen konforme Erwerbssituationen zu wählen und von institutionellen Arrangements wie betrieblichen Work-Life-Balance-Initiativen zu profitieren, steht vor allem Personen mit hoher Qualifikation (die schwer zu ersetzen sind), mit einer gewissen finanziellen und sozialen Absicherung sowie mit einem ausgeprägten Selbstreflexionsvermögen offen (Henninger und Papouschek 2005). Lebensführung stellt sich also anhängig von persönlichen oder milieu- und klassenbedingten Ressourcen dar.

6.5.1 Persönliche und soziale Ressourcen

Verschiedentlich wird angesichts dieser Einschätzung gefordert, den sozialen Status bei der Untersuchung der Auswirkungen von Entgrenzungsprozessen stärker zu berücksichtigen (vgl. dazu Faust et al. 2000; Kocyba 2005). Es wären also sowohl klassische Ungleichheitsfaktoren (Ethnie, Geschlecht, Klassen-, Berufsgruppen- oder Branchenzugehörigkeit) einzubeziehen wie die individuelle Verfügbarkeit über kompensatorisch einsetzbare Ressourcen. Da Beschäftigte im Niedriglohnsektor häufig mehreren Jobs nachgehen müssen, bleibt ihnen für die Reproduktions- und Familienarbeit nur sehr wenig Zeit. Eine autonome Gestaltung der Freizeit erscheint geradezu utopisch. Auch Führungskräfte klagen verstärkt über die erschwerte Koordination von Arbeit und (Familien-)Leben, nicht zuletzt angesichts gestiegener Ansprüche in privaten Beziehungen an die Gestaltung der gemeinsamen Freizeit (Behnke und Liebold 2001; Liebold 2001). Sie können aber im Unterschied zu Angehörigen niedriger Einkommensgruppen unter Rückgriff auf außerfamiliale Arbeitskraft (siehe Care Chains, Abschn. 6.6) die damit verbundenen Probleme in der Regel viel besser bewältigen.

Anhand von Beispielen entgrenzter medienvermittelter Arbeit thematisiert Matuschek (2003, S. 28 f.) die Einbindung von Mitgliedern des sozialen (familialen) Beziehungsnetzes entgrenzter Erwerbspersonen in deren Arbeit, indem Tätigkeiten

6.5 Soziale Ungleichheit: persönliche Ressourcen und institutionelle ...

dafür übernommen werden. Er zeigt auf, dass das Konzept der Lebensführung um den Aspekt der sozialen Koproduktion erweitert werden muss, um den Blick auf produktive Hilfeleistungen aus dem sozialen Beziehungsnetz von Angehörigen und Freunden zu lenken. Damit ist die Anregung verbunden, die Restrukturierungsleistungen der Einzelnen im Spannungsfeld von Arbeits- und Privatsphäre stärker unter Berücksichtigung ihrer sozialen Umgebung und damit weniger als quasi persönliche Eigenschaft zu begreifen (Matuschek et al. 2004; Wagner 2005).

6.5.2 Institutionelle Arrangements

Die Konzentration auf Veränderungen der betrieblichen Arbeitsorganisation einerseits und auf die Strukturierungsleistungen des Reproduktionshandelns der Subjekte andererseits birgt die Gefahr, die institutionelle und politische Regulierung des Verhältnisses von Arbeit und Leben zu vernachlässigen. Jürgens (2009, S. 205) setzt der dominanten Individualisierungsthese in der Reproduktionsforschung differenzierend entgegen, dass das Reproduktionshandeln zwar individuelle Komponenten hat, es aber gleichwohl strukturell geprägt ist durch

- den Zwang zur materiellen Existenzsicherung im Rahmen von Erwerbstätigkeit;
- Institutionen wie Steuer- und Eherecht, die Reproduktionsbedingungen rahmen und normieren und etwaige Abweichungen sanktionieren;
- Sozialisierungsprozesse, die Reproduktionsbedürfnisse sowie subjektiv verfügbare Reproduktionsstrategien bestimmen.

Das spricht dafür, sich genauer damit zu befassen, wie Entgrenzungen auf der institutionellen, betrieblichen und individuellen Ebene ineinandergreifen und die alltägliche Lebensführung beeinflussen.

6.5.2.1 Vereinbarkeitsmodelle

Seit einiger Zeit wird von staatlicher Seite versucht, mit verschiedenen Programmen und Maßnahmen eine bessere Vereinbarkeit von Erwerbstätigkeit und Familie zu ermöglichen. Dahinter steht die Absicht, den Unternehmen und Institutionen in Deutschland ein ausreichendes Angebot an männlichen und weiblichen Arbeitskräften zu garantieren. Zu diesen Maßnahmen zählen sowohl die Ausweitung des Elterngeldes als auch der Ausbau von Betreuungseinrichtungen für Kinder. Von diesen profitieren nicht alle Beschäftigten gleichermaßen. Als androzentrische Konstruktion von Erwerbsarbeit zeichnen Nickel et al. (2008) darüber hinaus die von den realen Lebensanforderungen abstrahierenden betrieblichen Erwartungen an die Verfügbarkeit von Führungskräften nach, die bei vielen Frauen aufgrund der Verantwortung für das Vereinbarkeitsmanagement weiterhin eingeschränkt ist (siehe auch Dettmer et al. 2003; Dettmer und Hoff 2005; Überblick bei Lenz 2003).

Aktuell klafft eine große Lücke zwischen Rhetorik und Leitbildern sowie der praktischen Umsetzung des Vereinbarkeitspostulats.[1] Konstrukte wie individuelle Einstellungen zur Vereinbarkeit sind eher auf die Vorstellung egalitärer Arbeitsteilung und ein Nebeneinander von Familie und Beruf gerichtet. Praktisch sind eklatante Nachteile für Frauen und auch für Familienernährinnen (Klammer und Klenner 2009) zu konstatieren (Beckmann 2008; siehe allgemein auch Jurczyk und Walper 2012; Behnke und Meuser 2005; Solga und Wimbauer 2005). Nach Wetterer (2005) gehen damit verbundene Widersprüche bei der Balance von Produktion und Reproduktion und die Persistenz der weiblich konnotierten Hausarbeit, die ursächlich für eine verschärfte Vereinbarkeitsproblematik für Frauen stehen, auch auf sogenannte Modernisierungsfallen (Wetterer 1995) zurück, welche etwa aufgrund eines sanktionierenden Steuerrechts oder des Ehegattensplittings die Realisierung zunehmend egalitärer Vorstellungen institutionell schwierig machen. Zwar dokumentiert der Forschungsstand eine anhaltende Abstinenz der Männer bei der Hausarbeit, doch sollte Erwähnung finden, dass sich auch für Männer strukturelle Hürden auftun, wenn sie ihre Vaterschaft aktiv gestalten und andere Männlichkeitsvorstellungen und Vaterrollen leben wollen (Tölke 2007; Scholz 2009).

6.5.2.2 Work-Life-Balance

Auch auf betrieblicher Ebene hat das Thema Work-Life-Balance an Bedeutung gewonnen und neue Ansätze in der Personalpolitik sowie verschiedene Koordinierungsmodelle hervorgebracht (vgl. Nippert-Eng 1996; Harvard Business School 2000; Guest 2002; Kossek und Lambert 2004). Diskutiert werden vor dem Hintergrund veränderter betrieblicher Personalpolitiken konvergierende Anforderungen unterschiedlicher Lebensbereiche und deren Management (Oechsle 2008; Gregory und Milner 2009; Ulich und Wiese 2011). In US-amerikanischen Work-Life-Balance-Debatten (z. B. Harvard Business School 2000; Guest 2002; Harvard Business Manager 2010) werden auch Vereinbarkeitsprobleme von männlichen Beschäftigten thematisiert (vgl. Jürgens 2017).

Bei betrieblichen Maßnahmen wie passförmige Arbeitszeitmodelle, Elternförderung oder Kinderbetreuungsangeboten kommt es, so die Forschungsergebnisse, ins-

---

[1] Die eklatanten historisch begründeten Ost-West-Unterschiede werden hier nicht behandelt, sind aber für die Debatte fruchtbar gemacht worden (vgl. für einen Überblick Opielka 2002; Jurczyk und Oechsle 2008).

besondere auf die Einstellung und das Engagement der Personalverantwortlichen und Geschäftsführer an. Nicht überall ist das Wissen über geeignete Modelle und Fördermaßnahmen vorhanden (Stumpf 2008). Es kann also nicht davon ausgegangen werden, dass das Gros der Beschäftigten in den Genuss von Maßnahmen zur Verbesserung ihrer Work-Life-Balance kommt. Das Angebot variiert sehr stark je nach Firmenpolitik. In einer Studie zur Nutzung von Zeitkonten als eine Möglichkeit, die Anforderungen der Erwerbs- und Privatsphäre besser aufeinander abzustimmen, kommen Hildebrandt et al. (2007, S. 348 ff.) zu dem Ergebnis, dass es trotz vieler Angebote von Unternehmerseite erhebliche Nutzungsbarrieren aufseiten der Arbeitnehmer*innen gibt. Die Optionalität der Angebote kann bedingen, dass die Entscheidung zur Nutzung als ein Karriererisiko eingeschätzt wird. Zudem birgt die Umstellung in der durch rhythmisierte Zeitstrukturen gekennzeichneten alltäglichen Lebensführung ein Koordinations- und Synchronisationsrisiko sowie ein Belastungs- und Gesundheitsrisiko durch Förderung der Normalisierung von Mehrarbeit.

Eine häufig formulierte Kritik lautet: Work-Life-Balance hat sich zu einem populären, aber auch überstrapazierten und theoretisch nicht fundierten Konzept entwickelt, das sich Unternehmensleitungen zunehmend zu eigen machen, z. B. im Rahmen von Programmen des Human Resource Managements. Zudem werde der Anschein einer Win-win-Situation erweckt, von der Unternehmen und Beschäftigte gleichermaßen profitieren könnten. Das betriebliche Interesse kann in einem nachhaltigen Personalmanagement liegen, um sich etwa schwer ersetzbare hoch qualifizierte Arbeitskräfte zu sichern oder um deren Kreativität zu fördern. Dass Studien weiterhin eine generelle Ignoranz betrieblicher Zeitplanung gegenüber lebensweltlichen Belangen (siehe die Beiträge in Seifert 2005 sowie Groß und Seifert 2010) und einen neuen Verschleiß von Arbeitskraft in Folge flexibler Arbeits(zeit)organisation feststellen (z. B. Fuchs und Conrads 2003; Pröll und Gude 2003; Ahlers 2010), steht dazu nicht im Widerspruch, sondern verdeutlicht vielmehr das Nebeneinander verschiedener Rationalisierungsstrategien. Dennoch verweist das Schlagwort der Work-Life-Balance auf eine wesentliche Problemlage: das Spannungsverhältnis zwischen der von Unternehmen vorangetriebenen Flexibilisierung und Entgrenzung der Arbeit einerseits und dem Anspruch der Arbeitenden auf ein eigenständiges und ausgewogenes Leben andererseits (Hildebrandt et al. 2007, S. 340 f.).

6.6 Care Work und „Global Care Chains"

Auch wenn sich das arbeitssoziologische Interesse zurzeit auf die Reproduktion der eigenen Arbeitskraft – also die Selbstsorge – und die Strukturierungsleistungen der Subjekte in Reaktion auf die beschriebene Entgrenzungsdynamik konzentriert, ist für die Untersuchung des Verhältnisses von Arbeit und Leben das Reproduktionshandeln in Bezug auf andere – also die Fürsorge – genauso relevant. Denn hier zeigt sich die geschlechtliche Arbeitsteilung wohl am deutlichsten (siehe Meier-Gräwe 2010). Außerdem werden Fürsorgetätigkeiten nun zunehmend marktförmig organisiert und angeboten, was einkommensstarke Haushalte nutzen können, um reproduktive Arbeiten und Aufgaben auszulagern. Damit ist das Reproduktionsvermögen letztlich nicht nur eine Geschlechter-, sondern auch unmittelbar eine Klassenfrage.

Unter der Überschrift Care Work hat sich zunächst im angelsächsischen Sprachraum (etwa Crompton 2002; England 2005) eine an feministische Theorien anschließende Debatte etabliert, die mit der Thematisierung von Fürsorgetätigkeiten an die Hausarbeitsdebatte und die Haushaltsforschung anknüpft (Aulenbacher 2013, S. 42). Ökonomische Wertschöpfungsketten von Reproduktionsarbeit und die Intersektionalität von geschlechtlicher sozialer Ungleichheit in der Arbeit werden mit dem Konzept „Global Care Chains" beleuchtet (Hochschild 2001; Lutz 2002, 2007). Dadurch rücken auch internationale Vergleiche von sogenannten Care-Arrangements (Crompton 2002), also den rechtlich-institutionellen Rahmenbedingungen der „fürsorgenden" Reproduktionsarbeit, in den Fokus der Forschung (etwa Le Bihan et al. 2013; Meier-Gräwe 2015; Riegraf 2013; Scheiwe und Krawietz 2010).

Mit dem Care-Begriff wird die Aufmerksamkeit stärker auf die Arbeitsinhalte und die Beziehungsaspekte von Sorgearbeit wie Kinderbetreuung und Altenpflege gelenkt. Was diese Tätigkeiten gemeinsam haben, ist ihre Orientierung an den Bedürfnissen anderer, also eines „other-centred norm" (Lynch und Walsh 2009, S. 1). Sie werden außerdem mit besonderer weiblicher Fürsorglichkeit, Geduld, Einfühlsamkeit und Empathie in Verbindung gebracht. Unterschiedliche begriffliche Akzentuierungen von Care-Arbeit reichen von der Betonung stark einseitiger Abhängigkeit, auf Grundlage derer Fürsorgetätigkeiten verrichtet werden (hier steht der Beziehungsaspekt im Vordergrund), bis hin zu der Betonung einer spezifischen ethischen Haltung der Care-Leistenden (vgl. England 2005; Lynch und Walsh 2009; Senghaas-Knobloch 2008). Umstritten ist, inwiefern sinnvoll zwischen direkter und indirekter Care-Arbeit unterschieden werden kann, also zwischen Tätigkeiten, die nicht unmittelbar in der Interaktion mit oder Betreuung von anderen Personen geleistet werden – wie Waschen, Kochen, Putzen, Einkaufen –, die aber dennoch zum Repertoire von Pflegekräften gezählt werden können.

Mit dem Fokus auf Ökonomie und Care-Arbeit werden die Fürsorgetätigkeiten als personenbezogene Dienstleistungen in den Blick genommen, die auf direktem zwischenmenschlichem Kontakt basieren (die Arbeit von Altenpflegerinnen, Betreuungs- und Pflegediensten, Erzieherinnen, Kinderammen, Au-pair-Mädchen,

6.6 Care Work und „Global Care Chains"

Dienstmädchen etc.). Die ökonomische Relevanz des kontinuierlich wachsenden Pflege- und Erziehungssektors ist unbestritten: In Deutschland waren etwa im Jahr 2016 gut 19 Prozent der Erwerbstätigen dort tätig (Destatis 2017b, S. 61 ff.). Der Anteil der im Care-Bereich geleisteten Arbeitsstunden an der gesamtgesellschaftlich geleisteten Arbeitszeit läge prozentual noch deutlich höher, wenn unbezahlte Fürsorgetätigkeiten und der informelle Sektor (Schwarzarbeit etc.) hinzugerechnet würden. Mit einem weiteren Wachstum dieser Branche ist zu rechnen. Ursächlich dafür sind sowohl der demografische Wandel als auch die mit steigender Frauenerwerbsbeteiligung eingeschränkte Erwartung, dass Frau jederzeit für Fürsorge- und Pflegetätigkeiten zur Verfügung stehen. Diese Entwicklungen lassen den Bedarf an marktförmigen Pflegedienstleistungen in die Höhe schnellen, worauf der Staat u. a. mit der Stärkung privater Anbieter und Träger reagiert hat. Dem wurde durch die Einführung der Pflegeversicherung Vorschub geleistet (vgl. Auth 2013; Pfau-Effinger et al. 2008), was u. a. einen verschärften Wettbewerb mitsamt Senkung des Lohnniveaus zur Folge hatte. Dies ging zulasten der vornehmlich weiblich Beschäftigten in diesem Bereich. Auth (2013) beschreibt diesen Prozess, der dazu führt, dass bislang vorwiegend unbezahlte oder informelle Tätigkeiten Teil des formellen Arbeitsmarktes werden, als einen Prozess der Professionalisierung, Formalisierung und Ökonomisierung.

Zwei Erklärungsmuster für die geringe Entlohnung von Care-Tätigkeiten liegen vor: zum einen, dass Arbeitskraft durch und in Frauenberufe(n) entwertet wird (siehe Kap. 5); zum anderen, dass die dort Beschäftigten aufgrund einer großen emotionalen Nähe zu den Betreuenden und einer weit verbreiteten intrinsischen Motivation bzw. der hohen Bereitschaft zur Aufopferung willens sind, auch gegen niedrige Entlohnung zu arbeiten (siehe England 2005; Lynch und Walsh 2009). Außerdem ist zu berücksichtigen, dass personenbezogene Dienstleistungen, insbesondere solche mit einem großen Anteil an sogenannter emotionaler Arbeit, nur im geringen Umfang rationalisiert werden können (vgl. Lynch und Walsh 2009, S. 6). Beispielsweise geht es in der Altenpflege nicht allein um das Vorbeibringen des Essens und notwendige hygienische Maßnahmen, sondern auch um die stete Anwesenheit, falls etwas passiert, und darum, einer alleinstehenden alten Person Gesellschaft und Beistand zu leisten. Daher bedürfen sie eines hohen Personalaufkommens, das nicht beliebig zurückgefahren werden kann. Winker (2011) zeigt in einer Studie zur Organisation von Care-Arbeit in Familien auf, wie stark die ökonomische Situation und die Art der Erwerbstätigkeit das Gefüge der Fürsorgetätigkeiten determinieren. Sie identifiziert drei Modelle: erstens ein prekäres Reproduktionsmodell, bei dem – unabhängig davon, ob beide Elternteile erwerbstätig sind – die Möglichkeit, die Fürsorgetätigkeiten auszulagern, aufgrund mangelnder finanzieller Ressourcen entfällt; zweitens ein paarzentriertes Familienernährer-

Modell, bei dem die Frau für die Care-Arbeit zuständig bleibt; und drittens die Auslagerung von Care-Arbeit bei Doppelverdiener-Paaren an bezahlte Haushaltshilfen, Pflegekräfte oder Kindermädchen.

So erklärt sich ökonomisch, dass vermehrt niedrig entlohnte Arbeitskräfte aus dem Ausland im Pflegesektor in Deutschland tätig sind – eine schwache Tarifbindung und geringe Kontrolle der Arbeitsverhältnisse sind weitere, die schlechte Bezahlung erklärende Faktoren. Rerrich (2008) stellt diesbezüglich fest, dass insbesondere Konzepte einer partnerschaftlichen Gleichverteilung bzw. moderner ausgedrückt: von einem egalitären Geschlechterverhältnis (Wetterer 2005) nur erfolgreich auf dem Rücken migrantischer Frauen umgesetzt werden können. Die um sich greifende Inanspruchnahme transnationaler Dienstleitungen in Privathaushalten wird mit dem Begriff „Global Care Chains" umschrieben. Sie reproduzieren die ungleiche geschlechtliche Arbeitsteilung im Weltmaßstab und suggerieren nur deren Überwindung im nationalen Kontext. Daher stellen sie auch eine Herausforderung für die arbeitszentrierte Genderforschung dar (vgl. Lutz 2002).

Von einer Care-Krise sprechen u. a. Aulenbacher und Dammayr (2014), wenn sie konstatieren, dass ein Ungleichgewicht zwischen Nachfrage und restriktiven Politiken bezüglich der Care-Migration vorliegt. Die so entstehende semilegale „twilight zone" (Lutz und Palenga-Möllenbeck 2010, S. 419) sei ein integraler Bestandteil deutscher wohlfahrtsstaatlicher Politik, die soziale Ungleichheit entlang von Geschlecht und Nationalität verstärke. Einerseits sind dafür fehlende oder kostspielige öffentliche Betreuungsangebote ursächlich, andererseits die Beibehaltung informeller Care-Arrangements durch migrantische Dienstmädchen, denen der Zugang zu sozialer Sicherung und Arbeitsrechten verwehrt bleibt und die oftmals gezwungen sind, ihre Dienste 24 Stunden am Stück anzubieten („die 24-Stunden-Polin"; Lutz 2007).

Angesichts dieser Auslagerung reproduktiver Tätigkeiten auf migrantische Frauen wird in der arbeitssoziologischen und ungleichheitstheoretischen Debatte der aus der Geschlechterforschung entlehnte Intersektionalitätsansatz angewendet (etwa Apitzsch und Schmidbaur 2011; Lutz 2002, 2007). Unter dem Begriff Intersektionalität wird die Verschränkung verschiedener Ungleichheit generierender Strukturkategorien verstanden. In Bezug auf die globalen Betreuungsketten geht es also um die Wechselwirkungen der Kategorien Geschlecht und Migration bzw. Ethnizität und Nationalität (zu begrifflichen Schwierigkeit der Übertragung des englischen Konzepts race siehe Lutz et al. 2010), die die spezifische Überausbeutung migrantischer Pflegearbeiterinnen begründen.

Arbeit und Subjektivität 7

In den vier vorangegangenen Kapiteln standen Realentwicklungen und die darauf bezogenen soziologischen Debatten in den für die gegenwärtige Arbeitswelt prägenden Bereichen im Zentrum. Gegenstand der Analyse und Erörterung waren gesellschaftliche Strukturen und deren Veränderungen, die sich auf die Subjekte der Arbeit auswirken. Die strukturierende Rolle, die den Subjekten selbst in diesem Zusammenhang zukommt, wurde an vielen Stellen aufgezeigt. In diesem abschließenden Kapitel soll die Perspektive nun systematisch auf die Subjektivität der Arbeitenden gerichtet werden, wie sie in arbeitssoziologischen Debatten thematisiert wird, also das Ensemble der – zwar gesellschaftlich vorgeformten, aber je individuell angeeigneten und ausgeprägten – Orientierungen, Wissensbestände und praktischen Fertigkeiten einer Person, die sie befähigen, sich mit ihrer (sozialen) Umwelt auseinanderzusetzen, und die sie in ihre Arbeit einbringen.

Die (kollektiven) Orientierungen der Beschäftigten sind unter der Überschrift „Arbeiterbewusstseinsforschung" bereits in den 1950er- bis 1980er-Jahren ein zentrales Thema der Industriesoziologie gewesen (als Überblicke vgl. Tyrell 1978; Seltz 1982; Voß 1984; Brock 1991; Deutschmann 2002; Menz 2009).[1] Hier geht es

---

[1] Beteiligt an dieser Debatte über die kollektiven Orientierungen der Arbeiterschaft waren Vertreter*innen ganz unterschiedlicher Disziplinen und Ansätze. Dazu gehörten die politischen Soziologie (Deppe 1971), die Analyse innerbetrieblicher Arbeit und außerbetrieblicher Lebensweisen (Osterland 1975), die berufssoziologische Perspektive (Lempert und Thomssen 1974) und die Einstellungsforschung (Meinefeld 1977), die klassentheoretischer Perspektive (Hack et al. 1972; Beckenbach und Herkommer 1973), Arbeiten zu Arbeits-

um die Einschätzung sozialer Lagen, die Beurteilung von konkreten Arbeitssituationen sowie das Nachzeichnen individueller politisch-sozialer Positionierungen in Arbeitswelt und Gesellschaft bis hin zu der Frage nach den Entstehungsbedingungen von Klassenbewusstsein. Aspekte wie soziale Sicherheit auf dem Arbeitsmarkt (Böhle und Altmann 1972) oder der Zusammenhang zwischen Sozialstatus und Anspruchshaltung (Eckart et al. 1974) umfassen emotive wie kognitive Dimensionen (vgl. Reinhold 1991). Insbesondere Kudera et al. (1979) und Schumann et al. (1982) verweisen auf den doppelten Bezug auf Arbeit als Lohnarbeitsverhältnis und konkrete Tätigkeit. Die Identifikation mit dem Beruf entsteht im konkreten Arbeitshandeln, und dieses fundiert letztlich instrumentelle versus intrinsische Arbeitsorientierungen (Schmidt und Wentzke 1991; vgl. grundlegend zum Instrumentalismus Goldthorpe et al. 1970a, b; zur Kritik vgl. Brandt et al. 1971).

Kleemann und Voß (2018) zeichnen die Entwicklung der Arbeiterbewusstseinsforschung bis in die 1980er-Jahre entlang dreier Forschungsperspektiven nach: Standen zunächst Perspektiven im Vordergrund, die Arbeiterbewusstsein als unmittelbaren Reflex objektiver Arbeits- oder Klassenerfahrungen analysierten, erweiterte sich der Blick zunehmend auf Wahrnehmungen von Arbeit und Gesellschaft, in die auch arbeitsexterne Orientierungen einfließen, und schließlich auf Perspektiven, die das Arbeitsbewusstsein als relativ autonome subjektive Aneignung objektiver Erfahrungen erfassen. Dies korrespondiert mit der Entwicklung der Arbeiterbewusstseinsforschung bis in die frühen 1980er-Jahre hinein, die zunehmend auch empirische Befunde über uneinheitliche Bewusstseinsformen in der Arbeiterschaft zutage förderte.

In der Folge verebbte die primär auf Merkmale des kollektiven Bewusstseins der Arbeiter bezogene Arbeiterbewusstseinsforschung. Zwar blieb der Fokus auf konkrete Erfahrungen und Herrschaftsbeziehungen in der Arbeitswelt erhalten (u. a. in den unterschiedlichen Stadien der Gender-Debatte bei der Thematisierung von Haus-, Subsistenz-, Eigen- und Sorgearbeit bzw. Care Work; vgl. Aulenbacher 2009). Die Frage nach kollektiven Bewusstseinsformen aber wurde gegenüber Fragen sozialer Identität und der Einbindung in andere Lebensbereiche (vgl. Kap. 6) eher randständig behandelt.

In der arbeitssoziologischen Forschung setzte vermehrt eine Orientierung auf Arbeiterbiografien und Individualisierungsschübe ein; hinzu kamen Forschungs-

---

marktkrisen (Krieger et al. 1989), zu gewerkschaftlicher Strategiebildung (Herkommer und Bischoff 1979; Tudyka et al. 1978) oder zur Entwicklung der Frauenerwerbsarbeit (Schöll-Schwinghammer und Lappe 1978). Zum Teil wurde auch die Transformation der Arbeiterklasse debattiert (Mallet 1965; Deppe 1971; Goldthorpe et al. 1970b; Hörning 1971; Benz-Overhage et al. 1982; PAQ 1987).

7 Arbeit und Subjektivität

stränge, die das einseitig auf das Arbeitsleben von Männern fokussierende Arbeiterbewusstseinsforschung kritisierten und systematisch den Fokus auf die Reproduktionsarbeit richteten (Beck-Gernsheim und Ostner 1977; Becker-Schmidt 1987; als Überblick Jürgens 2006; vgl. auch Aulenbacher 1991). Der Verweis auf die Mehrdimensionalität von Erfahrungen verbietet vereinfachende Polarisierungsannahmen (Becker-Schmidt 1980, 1983; Beer 1983), stärkte gegenüber einem rein produktivistischen Ansatz die Reproduktionssphäre (Brock 1988; Vetter 1988) und betonte damit u. a. die personale Handlungsqualität. Mit Perspektiven auf Individualisierung und Wertewandel in pluralisierten Gesellschaften rückten Ansprüche der Subjekte an ihre Arbeitsinhalte stärker in den Vordergrund (Baethge 1991). Das wurde in den folgenden Jahren in unterschiedlichen subjektorientierten Ansätzen aufgegriffen (Knapp 1981; Voß 1984), die sich vor allem für die aktive Auseinandersetzung der Individuen mit ihrer (sozialen) Umwelt unter den gegebenen gesellschaftlichen und betrieblichen Bedingungen interessierten.

In dieser Linie stehen auch die Debatten zur Subjektivierung von Arbeit (Abschn. 7.1), die mit Bezug auf die (in Kap. 4 bereits unter den Begriffen Entgrenzung und Flexibilisierung ausführlich thematisierte) Realentwicklung einer tendenziellen Abkehr von arbeitsweltlich dominanten „tayloristischen" Prinzipien der Arbeitsorganisation und der Entwicklung hin zu einer stärkeren Eigenstrukturierung der Arbeitsausführung und der damit einhergehenden Erweiterung von Gestaltungsspielräumen (bei gleichzeitiger Erhöhung des Leistungsdrucks und der erwerbsbezogenen Unsicherheit) die subjektiven Ansprüche, Orientierungen, Umgangsweisen und Alltagspraxen der Erwerbstätigen in den Blick nehmen. Im Zentrum der Debatte über die Subjektivierung von Arbeit stehen die neuen betrieblichen Anforderungen einerseits und die subjektiven Ansprüche und Einforderungen andererseits, aber auch die Frage, wie die Subjekte gesellschaftlich geprägt werden, um den veränderten betrieblichen Ansprüchen zu genügen. Es werden die spezifischen Ansprüche der Subjekte an Erwerbsarbeit überwiegend in ihren Wechselwirkungen mit Formen subjektivierter Arbeit thematisiert. Ein neuerer Forschungsstrang befasst sich mit den subjektiven Sinngehalten von Arbeit und mit den Sinnansprüchen der Beschäftigten in Bezug auf ihre Arbeit und deren Einbettung in ihren Gesamtlebenszusammenhang (Abschn. 7.2).

Zwar hatte, wie bereits erwähnt, die Auseinandersetzung mit dem Arbeiterbewusstsein seit den 1980er-Jahren keinen zentralen Stellenwert mehr in der Arbeits- und Industriesoziologie, aber die früher als maßgeblich erachtete Frage nach kollektiven Bewusstseinsformen der Arbeitenden blieb virulent. Sie fand in den letzten Jahren – auch und gerade hinsichtlich neuer Formen der Arbeitsorganisation und der zunehmenden materiellen Verunsicherungen der Arbeitenden – vermehrt wieder Eingang in arbeitssoziologische Diskussionen. Abschn. 7.3 stellt zwei neuere

Debatten dar, die an die ältere Arbeiterbewusstseinsforschung anknüpfen: die Auseinandersetzung mit Gerechtigkeits- und Legitimitätsvorstellungen in Bezug auf Leistung sowie die interessenpolitische Aktivierung und das Gesellschaftsbild der Arbeitenden, die bereits ein zentrales Thema der klassischen Arbeiterbewusstseinsforschung waren (vgl. Popitz et al. 1957; Kern und Schumann 1970; Goldthorpe et al. 1970a, u.b; Kudera et al. 1979).

Zum Themenkomplex Arbeit und Subjektivität gehören schließlich auch politische Fragen nach der Gestaltung und Gestaltbarkeit der Arbeitswelt, nach den praktizierten Formen von Arbeit und ihrer Bewertung durch verschiedene arbeitspolitische Akteure. Diese Fragen waren schon immer gesellschaftlich relevant und wurden auch in der Vergangenheit bereits wissenschaftlich untersucht. Ein jüngerer und insbesondere von den Gewerkschaften beförderte Diskurs, der abschließend in Abschn. 7.4 vorgestellt wird, kreist um den Begriff der „Guten Arbeit".

7.1 Subjektivierung von Arbeit

Die Zeitdiagnose der Subjektivierung hat ihre wesentlichen Ausgangspunkte in Prozessen des Wertewandels und in neueren betrieblichen Entwicklungen. Vertrauensarbeitszeit, Zielvereinbarungen und andere neue Steuerungsformen (vgl. Kap. 4) zeigen, dass Betriebe ihren Beschäftigten die dazu notwendigen Fähigkeiten wie Selbstdisziplin und Strukturierungsvermögen zutrauen – gegenüber den klassischen fordistisch-tayloristischen Formen der Arbeitsorganisation eine fundamentale Abkehr von rigider Kontrolle (ohne darauf ganz zu verzichten; siehe hierzu etwa die Steuerung über Kennziffern). Zudem wünscht sich ein relevanter Teil der Beschäftigten mehr Gestaltungsoptionen und Entfaltungsspielräume. Das Verhältnis von Arbeit und Subjektivität – verstanden als die Gesamtheit von gesellschaftlich geprägten, aber individuell angeeigneten Orientierungen, Wissensbeständen und praktischen Fertigkeiten einer Person, die sie befähigen, sich mit ihrer (sozialen) Umwelt auseinanderzusetzen – wandelt sich also in doppelter Weise: Sie wird zu einer An- und Einforderung.

Ziel des Managements bleibt der möglichst kontrollierte Zugriff auf verwertbare Potenziale des menschlichen Arbeitsvermögens für betriebliche Produktionsprozesse. Im tayloristischen Prinzip „Lohn gegen vorgegebene Leistung" sind Selbstentfaltungsansprüche auf Sphären jenseits der Erwerbsarbeit verwiesen. Doch selbst im Kontext vorgeblich exakt vorstrukturierter Tätigkeiten sind Arbeitende immer von betrieblichen Vorgaben abgewichen. Sie haben den Arbeitsprozess zumindest im Detail auch selbst gestaltet, sei es um sich stillschweigend Freiräume zu verschaffen oder um Unzulänglichkeiten des Arbeitsprozesses

7.1 Subjektivierung von Arbeit

durch eigenes Handeln zu überwinden. Selbsttätigkeit der Arbeitenden (vgl. weiterführend Weltz 1991; Wolf 1999) wird so zum unmittelbar funktionalen Element für den Arbeitsprozess, basierend auf Erfahrungswissen und der Fähigkeit zum subjektivierenden Arbeitshandeln (siehe Abschn. 3.3.3). Das begründete im Taylorismus bzw. Fordismus eine spezifische Konstellation des Verhältnisses von (Erwerbs-)Arbeit und Subjektivität: Die als integraler Bestandteil ihres Arbeitsvermögens vorhandenen Mit- und Selbstgestaltungskompetenzen wurden weitgehend stillgestellt, subjektive Entfaltung in der Erwerbsarbeit war nur noch begrenzt möglich.

Davon hat sich die Arbeitswelt in den letzten Jahrzehnten in vielen Bereichen entfernt. In der arbeits- und industriesoziologischen Diskussion hat man die veränderten betrieblichen Strategien der Arbeitsorganisation zur Kenntnis genommen und ausführlich analysiert (vgl. hierzu Kap. 4). Mit Blick auf die Arbeitenden als Subjekte und auf die konstitutive Rolle von menschlicher Subjektivität hat sich unter dem Topos „Subjektivierung von Arbeit" ein eigener, facettenreicher Diskurs herausgebildet. Dieser thematisiert Wechselwirkungen und Wechselprozesse zwischen veränderten betrieblichen Anforderungen an die Subjekte und deren veränderten Ansprüchen an die Erwerbsarbeit. Im zeitdiagnostischen Sinne wird ein veränderter Stellenwert von menschlicher Subjektivität in der (post-tayloristischen) Arbeitswelt konstatiert: die gezielte betriebsseitige Vernutzung von menschlicher Subjektivität als Fähigkeit, Arbeit selbst zu strukturieren. Die Verwertung lebendiger Arbeit wird – bei entsprechender Kontrolle – nunmehr als Produktivitätsressource und nicht mehr primär als Störpotenzial wahrgenommen.

Der veränderte Stellenwert von Subjektivität in der Arbeitswelt zeigt sich besonders deutlich vor der Kontrastfolie des Taylorismus-Fordismus. Kaum jemand geht davon aus, dass alte Formen der Arbeitsorganisation vollständig von neuen einfach ersetzt werden. Vielmehr lassen sich heterogene Entwicklungstendenzen in den verschiedenen Bereichen der Arbeitswelt erkennen. Insgesamt gilt jedoch, dass menschliche Subjektivität einen höheren Stellenwert und mehr Relevanz erhält als zuvor, z. B. weil menschliche Gewährleistungsarbeit auch in industriellen, automatisierten Prozessen notwendig ist oder in Dienstleistungsarbeit subjekthaftes Arbeitshandeln konstitutiv bleibt (siehe Kap. 3).

Im Folgenden wird zunächst die Entwicklung der wichtigsten Diskursstränge in ihrer chronologischen Abfolge nachgezeichnet (Abschn. 7.1.1). Danach werden Fragestellungen und Themen erörtert, die in der Auseinandersetzung mit dem Prozess der Subjektivierung von Arbeit eine zentrale Rolle spielen und einige empirische Studien dazu exemplarisch vorgestellt (Abschn. 7.1.2). Im Anschluss an eine Reflexion der Debatte erfolgt ein kurzer Ausblick auf zukünftig wichtige Forschungsfragen (Abschn. 7.1.3).

7.1.1 Der Diskurs zur Subjektivierung von Arbeit

Der Diskurs zur Subjektivierung von Arbeit lässt sich in mehrere Phasen und Diskussionsstränge unterteilen. Den (begriffsprägenden) Auftakt bildete der Beitrag von Baethge (1991) zur „normativen Subjektivierung von Arbeit": Er ging von neuartigen inhaltlichen Ansprüche der Subjekte an die Erwerbsarbeit aus und deutete dies als eine Abkehr vom instrumentellen Arbeitshabitus des Taylorismus-Fordismus (Abschn. 7.1.1.1). Beginnend mit dem Überblick von Kleemann et al. (1999) wird diese Perspektive dann in einen Zusammenhang gestellt mit veränderten betrieblichen Strategien der Arbeitsorganisation (im Sinne einer Flexibilisierung und Entgrenzung von Arbeit; siehe dazu Kap. 4), die auf eine verstärkte Selbstorganisation der Arbeitenden bei gleichzeitiger (indirekter) Kontrolle von Arbeitsergebnissen abzielen. Fokussiert werden in der folgenden Debatte sowohl die neuen betrieblichen Strategien in ihren Auswirkungen auf die Subjekte als auch deren Wechselspiel mit konstitutiven subjektiven Ansprüchen. Welcher Stellenwert Letzteren eingeräumt wird, unterliegt gewissen Schwankungen. Später durchgeführte empirische Studien fragen nach den Auswirkungen des Subjektivierungsprozesses und den Konsequenzen subjektivierter Arbeitsformen für Betriebe wie Beschäftigte (Abschn. 7.1.1.2).

An diese Debatten anknüpfend, entwickelte sich außerdem ein weiterer Diskursstrang, der sich für die historisch spezifische gesellschaftliche Formung von menschlicher Subjektivität als Voraussetzung bzw. Ressource für entsprechend „subjektivierte" Arbeitsformen interessiert (Abschn. 7.1.1.3). Hier wird Subjektivität also nicht als Handlungspotenzial im Sinne eines komplexen Arbeitsvermögens, sondern primär als (historisch wandelbares) gesellschaftliches Produkt im Sinne bestimmter Dispositionen für die Arbeit gefasst. Pointiert gesagt, geht es also nicht primär um die Subjektivierung von Arbeit, sondern um die Subjektivierung von Subjekten als kulturelle Voraussetzung für die Subjektivierung von Arbeit.

Insgesamt lassen sich im Verlauf der Debatte drei unterschiedliche analytische Perspektiven auf Subjektivität erkennen (die in den empirischen Untersuchungen zum Teil kombiniert zur Anwendung kommen):

- veränderte Bezugnahmen und Ansprüche Erwerbstätiger im Sinne zunehmender subjektiver Ansprüche an die Arbeit („reklamierende Subjektivität");
- Wechselspiel von Entfaltungsansprüchen der Subjekte in der Arbeit mit dem (gezielten) betrieblichen Zugriff auf subjektive Leistungen und Potenziale der Beschäftigten und
- gesellschaftliche Prozesse einer mentalen Prägung der Subjekte für entsprechende subjektivierte Arbeitsformen.

7.1 Subjektivierung von Arbeit

Ab etwa Mitte der 2000er-Jahre kann von einer allmählichen Kodifizierung des Topos „Subjektivierung von Arbeit" in der Arbeits- und Industriesoziologie gesprochen werden, der sich auch in den einschlägigen Lehrbüchern niedergeschlagen hat (vgl. Mikl-Horke 2007; Minssen 2006, 2012). Inzwischen wird die damit verbundene Diagnose einer allgemeinen Entwicklungstendenz fast schon selbstverständlich vorausgesetzt – auch wenn bei der Rezeption zu berücksichtigen ist, dass unterschiedliche Begriffsverständnisse von Subjektivität fortbestehen. Ebenfalls ab Mitte der 2000er wurden zahlreiche empirische Untersuchungen durchgeführt, deren Befunde zugleich die teils übertriebenen Prognosen zur Subjektivierung von Arbeit als neuem, tayloristisch-fordistische Prinzipien ersetzenden Grundmodus betrieblicher Rationalisierung relativieren. Auch Positionen, die Subjektivierung auf leistungs- bzw. ergebnisbezogene Steuerungsformen von Arbeit reduzieren und als Sonderphänomen in begrenzten Bereichen hoch qualifizierter Tätigkeiten behandeln, wurden damit infrage gestellt (vgl. Abschn. 7.1.2).

7.1.1.1 Normative Subjektivierung von Arbeit

Auf Grundlage einer empirischen Untersuchung über junge Arbeiter in der industriellen Produktion formulierte Baethge (1991) die These, dass sich in der Arbeitswelt ein Prozess der zunehmenden „normativen Subjektivierung von Arbeit" vollziehe. Insbesondere jüngere, qualifizierte Arbeitende formulierten zunehmend eigene Ansprüche an die Qualität ihrer Arbeit. Dies stehe im Kontrast zur bislang unter Beschäftigten dominanten instrumentellen Arbeitsorientierung, die Arbeit primär unter ihrem Erwerbsaspekt als fremdbestimmte und in sich wenig sinnstiftende Tätigkeit begreife. Neu sei auch, dass der konkreten Tätigkeit bei einer wachsenden Zahl von Beschäftigten ein positiver Stellenwert für die eigene Identität zugewiesen werde. Arbeit werde nicht mehr passiv hingenommen, sondern es würden eigene Erwartungen an die Sinnstiftung durch Arbeit formuliert und in einem wechselseitigen Anpassungsprozess mit den Arbeitserfordernissen umgesetzt bzw. umzusetzen versucht. Insgesamt resultiere daraus ein verändertes Verhältnis der Subjekte zur Erwerbstätigkeit. In diesem Sinne ist der Terminus „Subjektivierung von Arbeit" bei Baethge zu verstehen: Die Arbeit wird von den Individuen auf je eigene, subjektive Weise angeeignet (also „subjektiviert"). Und das vorgeschaltete Attribut „normativ" markiert, dass es nicht primär um die faktische Aneignung geht (die von den individuellen Umsetzungsmöglichkeiten solcher Ansprüche abhängig ist), sondern um die Tatsache, dass (normative) Ansprüche von den Individuen überhaupt formuliert werden, dass die eigene Arbeit entsprechende sinnstiftende und positiv identitätsbildende Eigenschaften haben soll.

Auf dieser Basis diagnostiziert Baethge (1994) das Entstehen eines neuen Sozialtypus des „modernen Arbeitnehmers" in den wachsenden nicht-tayloristisch organisierten Bereichen der Erwerbsarbeit, der charakterisiert sei durch

„eine starke inhaltlich akzentuierte Berufsorientierung; ein hohes, auf Wissen und Fachkompetenz gestütztes Selbstbewusstsein; eine hohe Sensibilität gegenüber rigiden Organisations- und Kommunikationsstrukturen und eine ausgeprägte Reflexivität, die ein individualistisches Interessen- und Handlungskonzept hervorbringt, mit dezidierten Ansprüchen an Selbstentfaltung und Selbstdarstellung in der Arbeit wie im Privatleben." (ebd., S. 720)

Die inhaltlichen Ausprägungen dieser Ansprüche sind verschieden; Subjektivierung bedeutet also zugleich eine Individualisierung und inhaltliche Vielfalt der Bezugnahmen auf und Ansprüche an die Arbeit.

Als die drei zentralen Ursachen für die Ausbildung dieses Arbeitsverständnisses identifizierte Baethge (1991)

1. die Verlängerung der vorberuflichen Sozialisationsphase durch ausgedehnte Ausbildungszeiten, welche Freiräume zur Entwicklung eigener Ansprüche eröffne;
2. den Rückgang tayloristisch-fordistischer Arbeit und damit rigider Arbeitsteiligkeit, der zu einer Erweiterung der Arbeitsinhalte und individueller Gestaltungsoptionen führe;
3. die zunehmende Erwerbstätigkeit von Frauen. Jüngere Frauen würden höher Ansprüche an Selbstbestätigung und an die Erfahrung von Unabhängigkeit in der Erwerbstätigkeit stellen, einerseits in Abgrenzung zur Generation der eigenen Mütter und andererseits im Vergleich zu Männern, die sozialisationsbedingt stärker auf den Erwerbsaspekt von Arbeit orientiert seien Diese Ansprüche strahlten auf die Arbeitswelt insgesamt ab.

Diese Entwicklung wird darüber hinaus mit anderen allgemeinen soziokulturellen Wandlungsprozessen in Verbindung gebracht. So bewirken Prozesse des Wertewandels, dass Ansprüche auf individuelle Selbstentfaltung wichtiger werden, und Prozesse der Individualisierung und des Wegfalls alter kollektiver Identitäten führen zu vermehrten Bedürfnissen nach individueller Identitätsbildung im sozialen Nahraum und damit auch in der eigenen Erwerbsarbeit. Insgesamt beschreibt die hier thematisierte „normative Subjektivierung" von Arbeit einen soziokulturell induzierten Prozess, in dem die Arbeitenden zunehmend Sinn- und Selbstverwirklichungsansprüche an die eigene Arbeitstätigkeit formulieren und aktiv einfordern. In diesem Zusammenhang verweist Heidenreich (1996) in einer makroperspekti-

7.1 Subjektivierung von Arbeit

vischen Betrachtung darauf, dass veränderte Strukturbedingungen von Arbeit – insbesondere der Wandel der Industriearbeit und die mit einer Höherqualifizierung der Beschäftigten einhergehende Tertiarisierung – sowie sich ausdifferenzierende Arbeits- und Lebensstile wechselseitig verstärken und dass eine „Wahlverwandtschaft zwischen veränderten Arbeitsformen und den eher an Selbstbestimmungs- und Selbstverwirklichungswerten orientierten Arbeitseinstellungen der jüngeren, gebildeteren Arbeitnehmergruppen" bestehe (ebd., S. 40). Er richtet damit den Fokus auf die Wechselwirkungen zwischen betrieblicher Arbeitsorganisation und subjektiven Dispositionen, die im nachfolgenden Unterkapitel behandelt werden.

7.1.1.2 Subjektivierung von Arbeit als Wechselspiel zwischen An- und Einforderungen

Umfassend wurde das Wechselverhältnis zwischen post-tayloristischen Arbeitskraftstrategien, die auf die betriebliche Vernutzung von Subjektpotenzialen (auch jenseits der formalen Qualifikation der Arbeitskraft) zielen, und inhaltlichen Ansprüchen der Subjekte an die Erwerbsarbeit zuerst von Kleemann et al. (1999) in den Blick genommen und als „doppelter Subjektivierungsprozess" (Kleemann et al. 2002, S. 58) interpretiert – wobei allerdings die konkreten Interessen und Zielsetzungen von Betrieben und Subjekten keineswegs deckungsgleich sind, auch wenn sie prinzipiell in die gleiche Richtung weisen.

In sechs Themenfeldern werden dort Prozesse ausgeleuchtet, die eine Subjektivierung von Arbeit im Sinne einer Intensivierung der Wechselverhältnisse zwischen Arbeit und Subjekt beinhalten: 1. zunehmend technisierte Arbeit, 2. das Vordringen post-tayloristischer Formen der Arbeitsorganisation, 3. Entwicklungen hinsichtlich des Verhältnisses von Arbeit und Leben, 4. veränderte erwerbsbiografischer Verläufe, 5. Wandel der Geschlechterverhältnisse sowie 6. neue Arbeitswerte. Der Blick richtet sich in strukturationstheoretischer Perspektive gleichermaßen auf An- und Einforderungen: Arbeitende müssen Strukturen der Arbeitswelt und betrieblichen Erwartungen Genüge tun; andererseits formulieren sie eigene Ansprüche an „gute Arbeit", versuchen Anforderungen aus anderen Lebensbereichen mit denen der Arbeitswelt zu integrieren und insgesamt ein stabiles, balanciertes Verhältnis zwischen den Bereichen herzustellen.

Analytisch werden vier Formen von Subjektivität unterschieden, die Teil des Prozesses der Subjektivierung von Arbeit sind und jeweils spezifische Funktionen erfüllen: Auf der Ebene der Arbeitspraxis werden Störungen des formalisierten Arbeitsprozesses durch den regulierenden Eingriff der Subjekte kompensiert (kompensatorische Subjektivität), und/oder die Subjekte sichern den effizienten Ablauf der Arbeit, indem sie selbst die dazu notwendigen Strukturen schaffen (strukturierende Subjektivität). Auf der diskursiven Ebene bringen die Arbeitenden zum einen Orientierungen, wie Arbeit zu organisieren ist, und inhaltliche Ansprüche an die eigene Tätigkeit ein (reklamierende Subjektivität), zum anderen sind diese Orientierungen immer auch gesellschaftlich überformt durch öffentliche Diskurse und dominante kulturelle Leitbilder (ideologisierte Subjektivität; vgl. Traue 2005 für einen Überblick zu Analyseperspektiven, die in diese Richtung weisen). Verwiesen wird insbesondere auf neoliberale Leitbilder wie Wettbewerb, Marktorientierung oder Flexibilität, die neue Arbeitsanforderungen ausschließlich positiv konnotieren und die diskursiv als alternativlose Werte präsentiert werden. Erst ab Anfang/Mitte der 2000er-Jahre erscheinen Publikationen, die sich dezidiert mit dem Aspekt der gesellschaftlichen Überformung von Subjektivität und der ideologischen Unterfütterung subjektivierter Arbeit auseinandersetzen. Diese stellen einen weiterführenden Strang der Debatte dar, der nachfolgend (in Abschn. 7.1.3) separat behandelt wird.

Angestoßen durch den Beitrag von Kleemann et al. 1999 entstanden der Sammelband von Moldaschl und Voß (2002) sowie eine Vielzahl weiterer Einzelbeiträge (siehe Lohr 2003; Traue 2005; Kap. 4 in Aulenbacher 2005a sowie die Sammelbände von Schönberger und Springer 2003; Lohr und Nickel 2005 sowie Arbeitsgruppe SubArO 2005), die an eigene Konzepte anknüpfende Sichtweisen auf „Subjektivierung" entwickelten, diese aber noch nicht mit empirischen Untersuchungen verknüpften. In dieser frühen Phase der Debatte gab es einige weitreichende zeitdiagnostische Interpretationen des Prozesses der Subjektivierung, der als neuer Grundmodus der Arbeitskraftnutzung und Rationalisierung verstanden wurde (vgl. Kleemann 2012). So war etwa von einer „historisch neuen Entwicklungsstufe von Arbeit", einem „neuen Vergesellschaftungsmodus", der „inneren Landnahme der Subjekte", einer „Kolonisierung der Subjekte" oder einer „neuen Herrschaftsform" die Rede. Diese Debatte ist inzwischen abgeebbt. Das liegt auch daran, dass entsprechende Verallgemeinerungen hinsichtlich der Entwicklung der Arbeitswelt empirisch schwer zu bekräftigen bzw. zu widerlegen sind.

Diese frühen zeitdiagnostischen Beiträge hatten eine enge Verbindung zu anderen Diskursen zum Wandel betrieblicher Arbeitsorganisation (Flexibilisierung und Entgrenzung von Arbeit, Arbeitskraftunternehmer; siehe hierzu Kap. 4) sowie zum Wertewandel und zur Individualisierung, die alle in je verschiedener Weise auf die post-tayloristische bzw. post-fordistische Grundkonstellation Bezug nehmen. Allerdings verkürzen die generalisierenden Interpretationen die Debatte tendenziell auf theoretisch abgeleitete allgemeine Auswirkungen neuer betrieblicher Formen der (subjektivierten) Arbeitsorganisation auf die Subjekte, ohne Wechselbeziehungen und Widersprüche zu berücksichtigen.

Der von Kleemann et al. (1999, 2002) eröffnete analytische Fokus auf unterschiedliche Dimensionen von Subjektivität und auf das (zwar im Hinblick auf konkrete Interessen von Betrieben und Arbeitenden konflikthafte, aber in der Gesamttendenz sich gleichwohl positiv verstärkende) Wechselverhältnis von betrieblichen An- und subjektiven Einforderungen wurde von den Autoren selbst weiterverfolgt. Das geschah z. B. in empirischen Untersuchungen zur Teleheimarbeit (Kleemann 2005) als einer prototypischen subjektivierten Arbeitsform sowie zur Arbeit in Callcentern (Matuschek et al. 2007), mit einer Erweiterung auf neuartige arbeitsorganisatorische Mischverhältnisse von subjektivierter und taylorisierter Arbeit („subjektivierte Taylorisierung").

Die Arbeitsgruppe um Nickel und Lohr hat den Ansatz von Kleemann et al. (1999, 2002) aufgegriffen und auf unterschiedliche Formen von Subjektivität übertragen. Er wurde empirisch insbesondere im Hinblick auf Geschlechterverhältnisse und auf eigensinnige Verhaltensweisen der betroffenen Subjekte fruchtbar gemacht (Lohr 2003; Lohr und Nickel 2005; Nickel et al. 2008; Frey 2009). Lohr und Nickel (2005) kamen zu dem Schluss, dass der Prozess der Subjektivierung von Arbeit – als Effekt eines für die Beschäftigten prekären Aushandlungsprozesses – für diese „riskante Chancen" birgt. Andere Untersuchungen fokussierten explizit subjektive Verarbeitungsweisen. So analysierte bspw. Drinkuth (2007) in seiner Studie den (kollektiven) Umgang von Belegschaften mit subjektivierter Arbeit auf der Grundlage der Situationsdeutungen der beteiligten Akteure.

Gemeinsam ist all diesen Forschungsansätzen und Perspektiven, dass sie menschliche Subjektivität als tendenziell flexible und von den sozialen Dispositionen der involvierten Subjekte abhängige Handlungsressource begreifen, die situativ von den Arbeitenden eingebracht und von den Betrieben abgerufen werden kann. Der Fluchtpunkt der Betrachtungen ist also stets das Wechselspiel zwischen subjektiven Ein- und betrieblichen Anforderungen.

7.1.1.3 Gesellschaftliche Formierung von Subjektivität

Einen grundlegend anderen Bezug zum Gegenstand Subjektivität eröffnen demgegenüber Autor*innen (beginnend mit dem Überblick von Traue 2005), deren Hauptinteresse den gesellschaftlichen Prozessen der Formierung einer (postulierten) einheitlichen post-fordistischen Subjektivität für die neoliberale Arbeitswelt gilt. Entsprechende Ansätze sind in Anlehnung an Foucaults Subjekt- bzw. Subjektivisierungskonzepte und seine Ausführungen zur Gouvernementatität sowie unter Rückgriff auf weitere poststrukturalistische Ansätze oder solche der Kritischen Theorie makrosoziologisch ausgerichtet. Menschliche Subjektivität wird hier nicht als Handlungspotenzial (also als konkretes Arbeitsvermögen) betrachtet, sondern als (einheitliche) Überformung von Dispositionen der Subjekte – d. h. als ideologisierte „Subjektivität" im Sinne von Kleemann et al. (1999, 2002). Der Analysefokus liegt hier also auf der gesellschaftlichen Produktion der subjektseitigen Voraussetzungen für subjektivierte Arbeit oder anders formuliert: darauf, wie die Subjekte passförmig gemacht werden, um den neuartigen betrieblichen Anforderungen zu entsprechen. Überspitzt gesagt, gilt das analytische Interesse weniger der Subjektivierung von Arbeit als vielmehr der Subjektivierung der Subjekte. Subjektivierung meint hier weniger eine Entfaltung von subjektiven Potenzialen (in der Arbeit) als vielmehr eine Präformierung der subjektiven Dispositionen.

Auch die häufig zitierte Studie zum „unternehmerischen Selbst" von Bröckling (2007) bleibt auf die Analyse des gesellschaftlichen Diskurses beschränkt: Empirisch untersucht wird auf der Grundlage von betriebswirtschaftlicher Ratgeberliteratur zur Unternehmenskultur die Herausbildung eines gesellschaftlichen Leitbilds, das sich an die Arbeitenden richte und von ihnen eine umfassende marktzentrierte Selbstoptimierung verlange. Bröckling verweist selbst auf die Beschränktheit seiner Analyse auf die Diskursebene und postuliert nicht, dass sich gesellschaftliche Leitbilder eins zu eins in der realen Lebenswelt niederschlagen. Immer wieder jedoch kommt es im Zusammenhang mit dem Prozess der Subjektivierung von Arbeit jedoch zu diesem Fehlschluss. Das ist allerdings nicht dem Autor vorzuwerfen, sondern allenfalls den Rezipient*innen, die das von Bröckling identifizierte (idealtypische) Leitbild quasi ableitungstheoretisch auf die realen Dispositionen von Arbeitenden im Kontext subjektivierter Arbeit übertragen, anstatt die Mechanismen zu untersuchen, mit denen solche diskursiven Leitbilder und Topoi Eingang in die Lebens- und Vorstellungswelt der Subjekte finden (oder eben nicht).

Die in diesem Abschnitt referierten Analysen sind also keineswegs soziologisch wertlos; zu konstatieren ist nur, dass sie im Sinne einer arbeitssoziologischen Auseinandersetzung mit Prozessen der Subjektivierung von Arbeit – die sich auf das Verhältnis von Arbeit und Subjekt bezieht – ergänzungsbedürftig sind. Es gilt aufzuzeigen, wie diskursiv erzeugte gesellschaftliche Leitbilder sich ihren Weg „in die Köpfe der Subjekte" bahnen. In diesem Sinne stellen entsprechende Analysen eine notwendige makrosoziologische Ergänzung der Analysen zur Subjektivierung von Arbeit im Sinne der beiden vorigen Abschn. (7.1.1.1 und 7.1.1.2) dar. Außerdem liegt bereits eine Reihe von Untersuchungen vor, die eine Subjektivierung nach diesem Verständnis in den Blick nehmen und versuchen, entsprechende Mechanismen zu identifizieren. Hier ist exemplarisch insbesondere die Studie von Rau (2010) zu nennen, die nachfolgend (Abschn. 7.1.2.1) genauer betrachtet wird.

7.1 Subjektivierung von Arbeit

7.1.2 Zentrale Themen und Untersuchungsgegenstände

Anknüpfend an die zuvor kurz skizzierten verschiedenen analytischen Ansätze werden im Folgenden die zentralen Themenstränge der Debatte zur „Subjektivierung der Arbeit" genauer beleuchtet Anders als bei den bereits behandelten Diskussionen zur Flexibilisierung, Entgrenzung oder Vermarktlichung von Arbeit (siehe Kap. 4) stehen beim Thema Subjektivierung nicht die Auswirkungen von betrieblichen Reorganisations- und institutionellen Wandlungsprozessen auf die Subjekte im Mittelpunkt, sondern zwei distinkte subjektbezogene Perspektiven. Zum einen werden die Formen der Auseinandersetzung der Subjekte mit subjektivierter Arbeit und die empirisch feststellbaren tatsächlichen Auswirkungen von Prozessen einer Subjektivierung der Arbeit in den Blick genommen; zum anderen geht es um soziokulturelle Rahmenbedingungen bzw. gesellschaftliche Prägungen von Subjektivität im Wechselspiel mit neuen betrieblichen und gesellschaftlichen Anforderungen an Arbeit und Arbeitende. Steht die erstgenannte Sichtweise im Zentrum der einschlägigen aktuellen arbeitssoziologischen Diskussion, so ist auch die zweitgenannte, letztendlich auf eine Subjektivierung der Subjekte und auf gesellschaftliche Konstitution(sbedingungen) von Subjektivität (und nicht der Arbeit) bezogene Perspektive – sofern sie empirisch verankert ist und nicht bloßes theoretisches Postulat bleibt – wichtig für ein umfassendes Verständnis der derzeit zu beobachtenden Prozesse. Daher beginnt die nachfolgende Darstellung mit dieser (Meta-)Perspektive auf die gesellschaftliche Konstitution von für subjektivierte Arbeit „passförmigen" Ausprägungen von Subjektivität (Abschn. 7.1.2.1).

Anschließend wird das für den Diskurs zur Subjektivierung von Arbeit zentrale Wechselspiel zwischen subjektivierter Arbeit und Arbeitssubjekten in den Blick genommen (für einen systematischen Überblick zu entsprechenden Realentwicklungen vgl. Matuschek 2010, S. 18 ff.). Ohne Anspruch auf Letztgültigkeit wird im Folgenden eine thematische Unterscheidung der Perspektiven vorgeschlagen: Zunächst steht die Diskussion um den spezifischen produktiven Stellenwert von Subjektivität im Arbeitskontext im Fokus (Abschn. 7.1.2.2), anschließend die Debatte um die Ambivalenzen des Prozesses der Subjektivierung von Arbeit (Abschn. 7.1.2.3) und schließlich die Analyse von Umgangsweisen der Arbeitenden mit subjektivierter Arbeit (Abschn. 7.1.2.4).

7.1.2.1 Gesellschaftliche Konstitution von Subjektivität

Eine zentrale Frage bleibt, warum Arbeitende prinzipiell ein Interesse daran haben sollten, auf betriebliche Angebote einzugehen, die das Ziel haben, eine stärker selbstgesteuerte Arbeit durchzusetzen. Evident scheint nämlich, dass nicht alle

Arbeitenden entsprechende Dispositionen aufweisen. So zeigt beispielsweise die Analyse von Wittel (1998), dass sich zumindest ein relevanter Teil der Industriearbeiterschaft gegen die von ihnen als Zumutung wahrgenommene Gruppenarbeit – eine geradezu prototypische post-tayloristische Arbeitsform – sperrt. Diese entspricht weder ihren (in ihrer Sozialisation als Industriearbeiter erworbenen) Vorstellungen von Arbeit noch ihren Interessen. Arbeiten heißt für sie primär körperliche Tätigkeiten auf der Grundlage klarer Anweisungen „von oben", d. h. im Rahmen einer hierarchischen Organisation. Jegliche Art von erbrachter Leistung und eingebrachter Qualifikation bedarf nach diesen Vorstellungen einer entsprechenden (zusätzlichen) Entlohnung. Die mit Gruppenarbeit assoziierten (zusätzlichen und unentlohnten) Koordinations- und Kommunikationsleistungen („Quatschen statt Arbeiten") widersprechen diesen Grundannahmen ebenso wie die Idee, dass Gruppen einen Sprecher als primus inter pares wählen, der die gemeinsamen Entscheidungen der Gruppe nach außen vertritt. Die von Wittel untersuchten Arbeiter wünschten sich den Gruppensprecher vielmehr als eine Art Vorgesetzten, der sie von solchen Koordinationsaufgaben entlastet und Anweisungen gibt. Seine Studie verdeutlicht nicht nur, dass der Trend hin zur (normativen) Subjektivierung von Arbeit nicht alle Beschäftigtengruppen gleichermaßen erfasst hat, sondern auch, dass sich viele Arbeiter sich ihnen fremd erscheinenden Formen der Arbeitsorganisation widersetzen.

Dieses empirische Beispiel verdeutlicht, dass die Arbeitenden eigensinnig und widerständig mit betrieblichen Anforderungen umgehen. Die Frage, warum Beschäftigte im Kontext betrieblich initiierter subjektivierter Arbeitsformen „mitmachen", lässt sich also nicht damit beantworten, dass sie schlichtweg dazu „gezwungen" würden bzw. dass veränderte Formen der Arbeitsorganisation „notwendigerweise" bestimmte Reaktionsweisen der Arbeitenden bewirkten. Ein wichtiger Grund dafür, warum die Arbeitenden „mitmachen", ist, dass vielfach korrespondierende Ansprüche der Subjekte bestehen und dass die Betriebe folglich – auch wenn konkrete betriebliche An- und subjektive Einforderungen keineswegs deckungsgleich sind – häufig offene Türen einrennen, wenn sie entsprechende Angebote an ihre Beschäftigten unterbreiten. Allerdings bleibt hiermit die für den Diskurs ebenfalls zentrale Frage unbeantwortet, warum die Subjekte überhaupt erst Ansprüche auf Selbstentfaltung in der Erwerbstätigkeit erheben. Dies ist implizit oder explizit die Leitfrage jener Untersuchungen, die historisch spezifischen, gesellschaftlichen Formierungen von Subjektivität nachgehen (siehe Abschn. 7.1.1.3). Ihre Antworten darauf variieren in der Sache, aber ihre Antwortstrategie ist ähnlich: Ausgehend von einer Vorstellung von Subjektivität als einer historisch spezifischen gesellschaftlichen Prägung von Personen (in bestimmten Epochen) wird versucht, die Konturen von Subjektivität genau zu er-

7.1 Subjektivierung von Arbeit

fassen bzw. die Mechanismen zu identifizieren, mittels derer sich die so verstandenen Prozesse der Subjektivierung der Subjekte vollziehen.

Nach Bröckling (2007) ist die Figur des Unternehmers, verstanden als eigenverantwortliche und aktiv gestaltende Kraft, im Neoliberalismus zum generellen Leitbild für das Handeln von Subjekten geworden. Daraus ergibt sich eine umfassende „Aktivierung" der Subjekte in dem Sinn, dass von ihnen erwartet wird, zu „funktionieren" bzw. sich selbst funktionsfähig zu machen. Dieses Leitbild lässt sich aktuell etwa beim Umbau des deutschen Sozialstaats erkennen: Die im Zuge der Hartz-Reformen formulierte Maxime des „Förderns und Forderns" Arbeitsloser läuft primär darauf hinaus, dass von den Betroffenen erwartet („gefordert") wird, mit Unterstützung staatlicher Stellen selbst aktiv zu werden, sich ggf. weiter- oder umzuqualifizieren und um eine neue Beschäftigung zu kümmern. Die Analyse fokussiert also auf ein neues gesellschaftliches „Regime der Subjektivierung" (ebd., S. 10) auf der diskursiven Ebene, das neuartige Anforderungen an die Subjekte stellt (ein „unternehmerisches Selbst" zu sein) und ein verändertes Menschenbild vertritt. Wie und ob Beschäftigten auf diese Anforderungen tatsächlich reagieren und darauf Bezug nehmen sowie die Qualität(en) der im Prozess der Subjektivierung von Arbeit involvierten menschlichen Subjektivität sind dagegen nicht Gegenstand der Untersuchung.

Demgegenüber knüpft Rau (2010) dezidiert an die Debatte über die Subjektivierung von Arbeit an und fragt nach den historisch-normativen Faktoren und Voraussetzungen dafür, dass sich Beschäftigte gegenwärtig aktiv an der Vermarktlichung ihrer Subjektpotenziale beteiligen. Ihre Untersuchung zielt auf die Identifikation von Zusammenhängen zwischen gesellschaftlichem Diskurs und spezifischen Dispositionen der Subjekte (insbesondere Handlungsfähigkeit und Authentizität) und daraus resultierenden Handlungsweisen. Für Rau ist Subjektivität keine anthropologische Konstante, sondern wird historisch-gesellschaftlich geformt. Ziel der Studie ist es, die historisch spezifische Konstitution gegenwärtiger Subjekte zu erfassen, um genauer bestimmen zu können, worin der in der Debatte zur Subjektivierung von Arbeit der zentrale Zugriff auf die Subjektivität der Arbeitenden besteht und wie er vonstattengeht. Mit Bezug auf Foucaults Gouvernementalitätsstudien werden unterschiedliche historische Formen herausgearbeitet, wie Subjekte von gesellschaftlichen Machtstrukturen beherrscht („regiert") werden und wie sie sich neuerdings selbst „regieren". Gefragt wird insbesondere, welche spezifischen Bedingungen dafür sorgen, dass sich die Subjekte gegenwärtig aktiv an der betrieblichen Verwertung ihrer Subjektpotenziale beteiligen. Rau (2010, S. 185) vertritt die Position, dass „die Psyche als modernes Selbstkonzept" Grundlage einer neuen Machtform ist, „die weniger durch Zwang und Kontrolle als durch Anreize und Freiräume operier[t]" (ebd.; Klappentext). Sie nennt dies Psychopolitik.

Menschen in westlichen Gesellschaften würden gegenwärtig (im Sinne der Gouvernementalität) vermittelt über ihre Psyche „regiert" und „regierten" sich dadurch zugleich selbst. Das heißt, die „Psyche" wird hier nicht als anthropologische Konstante angesehen, sondern als gesellschaftlich-historische Konstruktion, der die Einzelnen unterworfen sind. In diesem Sinne wird auch der Prozess der Subjektivierung von Arbeit als Ausdruck der psychopolitischen Regierungsweise verstanden. Diese adressiert (moderne) Menschen, die verstärkt den normativen Prinzipien Handlungsfähigkeit und Authentizität unterliegen, vermittelt über die Psyche als Subjekte. Bedeutsam für das Verständnis des Prozesses der Subjektivierung von Arbeit sind somit insbesondere „Selbsttechniken" der Subjekte, mit denen sie das Verhältnis von Herrschaft und Selbstführung gestalten. Anstatt einen unmittelbaren Zusammenhang zwischen gesellschaftlichem Diskurs und spezifischen Dispositionen bzw. Handlungsweisen von Subjekten nur zu postulieren, identifiziert Rau in ihrer Analyse spezifische Mechanismen, die zwischen beiden Ebenen vermitteln. Auf der Grundlage ihrer theoretischen Annahmen analysiert die Autorin subjektivierte Arbeitsverhältnisse in der IT-Branche als konkrete Konstellationen subjektivierter Arbeit und untersucht die dort wirksamen Effekte der Psychopolitik. Im Resultat verdeutlicht die empirische Analyse die Anwendbarkeit und Fruchtbarkeit der eigenen theoretischen Perspektive.

Die Studie von Wittel (1998), auf die weiter oben bereits Bezug genommen wurde, stellt hingegen heraus, dass zumindest in der Industriearbeiterschaft keineswegs alle offen für Prozesse einer „Subjektivierung von Arbeit" sind. Es ergeben sich daraus zwei wichtige Relativierungen diskursanalytischer bzw. gouvernementalitätstheoretischer Grundannahmen, die sich auf epochenspezifische allgemeine gesellschaftliche Prägungen von Subjektivität und damit auf eine „Subjektivierung von Subjekten" und nicht auf die Subjektivierung von Arbeit beziehen. Zum einen scheint die Wirkmächtigkeit der (einheitlichen) gesellschaftlichen Formung von Subjektivität deutlich zu variieren. Unterschiedliche Beschäftigtengruppen zeigen offensichtlich mehr oder weniger Resonanz auf gouvernementale Strukturen bzw. hegemoniale kulturelle Deutungsmuster oder Leitbilder. Das heißt zum anderen auch, dass solche „hegemonialen" Denkmuster nicht direkt und vollständig auf die Subjekte durchschlagen, wie es die Rhetorik entsprechender Analysen oft zu suggerieren scheint. Sie sind also, wenn überhaupt, nur für bestimmte Teilgruppen relevant. Erfasst wird vielmehr ein (wichtiger) Kontextfaktor für die „Subjektivierung von Arbeit". Produktiver – auch darauf verweist exemplarisch die Studie von Wittel (1998) – erscheinen demgegenüber Untersuchungen, die die Konstitution von „Dispositionen" einzelner Kategorien von Erwerbstätigen betrachten und eingrenzen, um auf dieser Grundlage deren Wechselwirkungen mit subjektivierten

7.1 Subjektivierung von Arbeit

Arbeitsformen sowie das Ausmaß und den Stellenwert hegemonialer gesellschaftlicher Prägungen von Subjektivität genauer zu bestimmen. In diese Richtung weist auch die Studie von Bosančić (2014), deren empirischer Untersuchungsgegenstand die typischen Selbstverständnisse angelernter Arbeiter und deren Konstituierungsweise sind. Die Analyseperspektive ist auf das Wechselspiel zwischen gesellschaftlichen Diskursen, in denen „Subjektpositionen" formuliert werden – also Deutungsmuster, auf die die Subjektive zugreifen können – und den „individuellen und kreativ-eigensinnigen Aneignungsweisen" (ebd., S. 271) dieser Deutungsmuster durch konkrete Subjekte gerichtet. Theoretischer Ausgangspunkt ist die Annahme, dass „menschliche Subjektivitäten und Identitäten" sowohl von materiellen Bedingungen wie von der „kulturellen Verfasstheit einer Gesellschaft" (ebd., S. 17) abhängen. Angelernte Arbeiter*innen bilden also aufgrund ihrer materiellen Lage typischerweise andere Selbstwahrnehmungsweisen als bspw. Lehrer*innen oder kaufmännische Angestellte aus. Sie sind aber ebenso wie diese durch allgemeine kulturelle Überformungen der Gesellschaft geprägt, die sich in Form gesellschaftlicher Diskurse zeigen. In diesem Sinne werden „Subjektpositionen" in Diskursen über die Arbeitswelt und insbesondere den Wandel betrieblicher Arbeitsorganisation erzeugt. Als besonders relevant identifiziert der Autor hier Diskurse zu Flexibilität, Aktivität und Selbststeuerung – die etwa Boltanski und Chiapello (2003) als dominanter „neuer Geist des Kapitalismus" gelten – sowie den Diskurs zum lebenslangen Lernen, das angesichts unsicherer Beschäftigungsverhältnisse immer mehr zur Anforderung erhoben wird.

Bosančić versucht anhand der „Selbsterzählungen" von angelernten Arbeitern herauszuarbeiten, wie die Subjekte diskursiv vorgeformte Subjektpositionen adaptieren und wie sie sich damit unter Rückgriff auf entsprechende Deutungsmuster selbst positionieren. Auf der Grundlage von 20 Einzelfallanalysen identifiziert er drei Typen von Selbstverhältnissen angelernter Arbeiter, die spezifische Umgangsweisen mit der eigenen beruflichen Position aufweisen: erstens die „häuslich Situierten", die primär privatistische Orientierungen haben; zweitens die auf Selbstbehauptung in der Arbeit orientierten „kritischen Kämpfer", deren Weltbezüge vor allem auf Macht- und Ohnmachtserfahrungen gründen; und drittens die „unentbehrlichen Aufsteiger", deren Identität vorwiegend auf eigenen Fertigkeiten gründen, die ihnen im Betrieb eine besondere Position verleihen. Auch Bosančić befasst sich in seiner Analyse hauptsächlich mit der Subjektivierung von Subjekten und nicht mit der Subjektivierung von Arbeit. Die Ebene der konkreten Arbeit kommt, dem Untersuchungsziel entsprechend, in der Analyse allenfalls am Rande vor. Vielmehr geht es dem Autor um die Identifizierung kollektiver Deutungsmuster. Damit steht er in der Tradition der von ihm in Teilen rezipierten arbeits- und industriesoziologischen Arbeiterbewusstseinsforschung (vgl. hierzu Abschn. 7.1).

7.1.2.2 Subjektivierte Arbeit: Subjektivität als Handlungspotenzial

Neue betriebliche Formen der Steuerung von Arbeit, in denen gezielt auf menschliche Subjektivität als Handlungsressource und Produktivitätspotenzial zurückgegriffen wird, bilden zusammen mit komplementären Prozessen einer „normativen Subjektivierung" von Arbeit den zentralen Ausgangspunkt der Debatte um die „doppelte" Subjektivierung von Arbeit (siehe Abschn. 7.1.1.2). Diese Debatte gibt es seit etwa Anfang der 2000er-Jahre. Die spezifisch neue Entwicklung in der Arbeitswelt wird insbesondere darin gesehen, dass die Betriebe nunmehr bewusst auf zuvor arbeitsorganisatorisch mehr oder weniger stillgestellte Subjektpotenziale bzw. ausgeblendete subjektive Leistungen zugreifen. Die „Selbsttätigkeit" (Wolf 1999) bzw. „Selbstorganisation" (Weltz 1991) der Arbeitenden – also die situationsadäquate und unter Umständen (im Begriffssinne von Joas 1992) „kreative" Auslegung der formalen Vorgaben und deren Übersetzung in den konkreten Arbeitsprozess – war und ist schon immer eine subjektive Leistung lebendiger Arbeit, die für die Aufrechterhaltung von Produktionsprozessen notwendig ist (vgl. Weltz 1991). „Subjektivierte Arbeit" hat es vor allem im qualifizierten Angestelltenbereich und in den Professionen schon immer gegeben, ohne dass darüber umfänglich reflektiert worden wäre. Neu ist aber, dass solche Leistungen auch in formal mittel- und geringqualifizierten Tätigkeitsbereichen, wo sie bislang eher stillschweigend geduldet wurden, eine positive Neubewertung erfahren. Menschliche Subjektivität wird nun (auch hier) vom Management als funktionale Ressource erkannt und produktivitätssteigernd zu nutzen gesucht.

In diesem Sinne nimmt Holtgrewe (2006) den konstitutiven Stellenwert von Subjektivität – verstanden als kreatives Handeln und Strukturierungsvermögen – für Organisationen in unterschiedlichen Kontexten „flexibilisierter" Arbeit in den Blick. Matuschek et al. (2002, siehe auch Kleemann und Matuschek 2001) wiederum formulieren mit dem „personalen Arbeitsstil" – verstanden als „sozial geprägter, gleichwohl individueller Modus" des alltäglichen Arbeitshandelns (Matuschek et al. 2002, S. 231) – ein Konzept zur Erfassung der genuin subjektiven Leistungen in informatisierten Arbeitszusammenhängen. Böhle (2002) verweist darauf, dass Prozesse der Subjektivierung von Arbeit im Sinne einer zunehmenden Selbststeuerung ihrerseits nach einer Rahmensteuerung durch die Subjekte im Modus zweckrationalen Handelns verlangten – so wie dies auch das Arbeitskraftunternehmer-Konzept von Voß und Pongratz (1998) nahelegt (siehe Abschn. 4.2.4), sodass die Arbeitenden hier eine Selbstobjektivierung des eigenen Arbeitshandelns vollziehen.

Geht es in dieser wissenschaftlichen Auseinandersetzung allgemein um die Funktionalität menschlicher Subjektivität für Arbeitspraxis und Arbeitsprozess,

7.1 Subjektivierung von Arbeit

befassen sich andere Autor*innen stärker mit den betrieblichen Rahmenbedingungen und dem Beitrag, den die Beschäftigten zur Herstellung subjektivierter Arbeitskontexte leisten. Zentral sind in dieser Hinsicht zunächst die unmittelbaren Einstellungen und Bezüge der Subjekte zur Arbeit, wie sie in der Perspektive der „normativen Subjektivierung von Arbeit" thematisiert werden.

Eine darüber hinausgehende akteurstheoretische Perspektive nimmt Drinkuth (2007) ein. Er untersucht, warum sich die Beschäftigten der Einführung von entgrenzten Arbeits- und Arbeitszeitstrukturen nicht widersetzen und fragt, welchen (widersprüchlichen) Eigenbeitrag zum Prozess der Subjektivierung sie beisteuern. Auf der Grundlage von zwei umfassenden Betriebsstudien in Ost- und Westdeutschland beschreibt er, wie Management und Beschäftigte trotz prinzipiell unterschiedlicher Interessen auf der Grundlage gemeinsam geteilter Situationsdeutungen zu einem Konsens bezüglich der betrieblichen Restrukturierung gelangen. Im Hinblick auf die Dimension „ideologisierte Subjektivität" wird deutlich, dass über rein ökonomische Interessenkalküle hinaus auch individuelle und kollektive Deutungsmuster für die Akteure handlungsleitend sind. Diese lokalen Deutungsmuster nehmen zwar auf allgemeine gesellschaftliche Diskurse Bezug, übernehmen diese aber nicht einfach, sondern „filtern" und verarbeiten sie vor dem Hintergrund lokalspezifischer Erfahrungen und der Auseinandersetzung mit der konkreten betrieblichen Situation. Es handelt sich also letztlich um eine Herstellungsleistung der Akteure. Drinkuth zeigt auf, dass eine „einseitige Täter-Opfer-Perspektive […], nach der das Management der Verursacher entgrenzter Arbeitsverhältnisse ist und die abhängig Beschäftigten seine Opfer sind", verfehlt ist, weil die Beschäftigten „an der Konstituierung der jeweiligen unternehmensspezifischen Machtverhältnisse […] beteiligt sind" (ebd., S. 195). In dieser konsequent akteurstheoretisch ausgerichteten Studie werden subjektiv wichtige Gründe wie Flexibilität ersichtlich, die Arbeitende dazu bringt, sich auf entgrenzte Arbeitsverhältnisse einzulassen. Deutlich wird zudem, dass solche Arbeitsverhältnisse nicht quasi von selbst entstehen, sondern dass das Management äußere Zwänge des Marktes aktiv in betriebliche Vorgaben und Strukturen übersetzen und dafür unter den Beschäftigten um Akzeptanz werben muss.

7.1.2.3 Ambivalente und negative Effekte der Subjektivierung von Arbeit für die Individuen

Im alltagssprachlichen Sinne ist der Begriff Subjektivierung überwiegend positiv konnotiert. Dies spiegelt sich auch in Perspektiven einer „normativen Subjektivierung" von Arbeit wider, die ihr Augenmerk in der Tendenz vor allem auf Höherqualifizierte und Jüngere mit guten Arbeitsmarktchancen richten. Demgegenüber fokussiert die Debatte zur Subjektivierung von Arbeit, die den umfassenderen

Prozess der „doppelten Subjektivierung" betrachtet, auch und gerade auf weniger qualifizierte Beschäftigtengruppen und auf die ambivalenten Effekte subjektivierter Arbeit, die sich insbesondere aus der Inkongruenz der diesbezüglichen Interessen der Betriebe und der Beschäftigten ergeben.

Die prinzipielle Ambivalenz der Subjektivierung von Arbeit wird insbesondere in den Beiträgen des Sammelbandes von Lohr und Nickel (2005) anhand von Teilprozessen und unterschiedlichen Betroffenengruppen sowie in der Genderperspektive beleuchtet. Dörre (2005) verweist am Beispiel der Leiharbeit darauf, dass prekäre Beschäftigungsformen Subjektivierungseffekte ganz anderer Art haben: Einerseits verschließen sich den Betroffenen der „normativen Subjektivierung" von Arbeit im Sinne einer Formulierung von positiven Ansprüchen an die eigene Arbeit weitgehend, weil sie genötigt sind, ihre Aktivitätspotenziale für die materielle Existenzsicherung aufzuwenden. Andererseits müssen sie ihren prekären Beschäftigungsstatus und die damit verbundene Arbeits- und Lebenssituation individuell bewältigen. Das betrifft sowohl künftige Beschäftigungsperspektiven, den Umgang mit dem eigenen Arbeitsvermögen als auch die Gestaltung des Wechselverhältnisses von Arbeit und Leben. Das sei hier für Leiharbeitsverhältnisse eingehender illustriert: In der Leiharbeit ist das Risiko einer betriebsbedingten Kündigung durch das Leiharbeitsunternehmen aufgrund schwankender Auftragslage ungleich höher als in regulären Beschäftigungsverhältnissen. Leiharbeitsunternehmen betreiben in der Regel keine strategische Qualifizierung der Beschäftigten. Mit dem üblicherweise stattfindenden Wechsel des Entleihers verändern sich für den Beschäftigten jedes Mal Arbeitsaufgaben, -orte und -zeiten, aber auch die sozialen Kontakte. Aus all dem resultiert für die Leiharbeiter*innen im Vergleich zu Festangestellten u. a., dass sie nur begrenzt dauerhaft stabile private Zeitstrukturen ausbilden können. Sie müssen sich vielmehr an die jeweiligen raumzeitlichen Anforderungen des Entleihers anpassen und damit ihre privaten Verpflichtungen flexibel gestalten. Hinzu kommt, dass sie bei der Leistungsverausgabung immer abwägen müssen, ob sie sich besonders „reinknien", weil daraus ggf. Chancen auf eine Übernahme in eine Festanstellung erwachsen, oder ob sie „nur ihren Job machen", was wiederum bedeutet, von ihren temporären Kolleg*innen und Vorgesetzten keinerlei soziale Anerkennung zu erfahren und mit einem demotivierenden Arbeitskontext zurechtkommen zu müssen. Ein weiterer Nachteil ist, dass sie sich Zugänge zu beruflicher Weiterbildung mühsam selbst erschließen müssen, während Festangestellte in der Regel die für ihren Bereich erforderlichen Maßnahmen von betrieblicher Seite angeboten bekommen. All dies sind (negative) Subjektivierungseffekte, die sich aus der Spezifik des Beschäftigungsverhältnisses ergeben. Insgesamt ergibt sich im Kontext prekärer Beschäftigungsverhältnisse eine spezifische Konstella-

7.1 Subjektivierung von Arbeit

tion, die Dörre (2005) unter Bezugnahme auf Castel (2000, S. 407) „Individualismus des Mangels" nennt. Hier zeigen sich Verbindungen zwischen dem wissenschaftlichen Subjektivierungs- und Prekarisierungsdiskurs (siehe Kap. 5). Mit Ausnahme der Studie von Nickel et al. (2008; siehe auch Abschn. 7.1.2.4) ist diesem Zusammenhang allerdings bislang nicht wirklich umfassend nachgegangen worden. Für die Subjektivierungsdebatte wären von solchen Forschungsansätzen weitere Anstöße für eine Weitung der bislang überwiegend auf die unmittelbare Arbeitstätigkeit bezogene Perspektive zu erwarten: So könnten auch andere gesellschaftliche Funktionsanforderungen an die Subjekte wie die Bewältigung von berufsbiografischen Brüchen bzw. die Gestaltung der eigenen Berufsbiografie systematischer Berücksichtigung finden (zum Stellenwert von subjektiven Leistungen im Prekarisierungsdiskurs siehe Abschn. 5.4).

Eingangs wurde konstatiert, dass der Topos inzwischen in der Arbeits- und Industriesoziologie allgemein verbreitet sei. Allerdings sind die Bezugnahmen uneinheitlich und reduzieren häufig den Geltungs- bzw. Gegenstandsbereich: Wenn in der allgemeinen arbeitssoziologischen Debatte von „Subjektivierung von Arbeit" bzw. „subjektivierten Arbeit(sformen)" die Rede ist, dann wird dabei häufig implizit vorausgesetzt, dass damit entgrenzte, ergebnisbezogen gesteuerte, hoch qualifizierte Tätigkeiten etwa von Manager*innen oder Expert*innen gemeint sind. Der Prozess der Subjektivierung von Arbeit ist aber keineswegs nur darauf beschränkt. Darauf verweisen diverse Untersuchungen, die sich mit „normalen" Tätigkeitsfeldern befassen und zeigen, dass und wie auch hier Prozesse der Subjektivierung wirken. Eine empirische Fokussierung allein auf „Extremgruppen" wie hoch qualifizierte Manager*innen oder Expert*innen wäre auch deswegen nur begrenzt produktiv, weil sich bei diesen möglicherweise nur graduelle Veränderungen in Bezug auf die Ausweitung und Intensivierung subjektivierter Arbeit feststellen lassen, da ihre Beschäftigungs- und Aufgabenbereiche auch früher schon weitgehend dem arbeitsorganisationalen Leitbild der „verantwortlichen Autonomie" (Friedman 1977) entsprechend gestaltet waren. Der empirisch interessantere Bezugspunkt scheint demgegenüber die Aufweichung der bislang am Gegenpol der „direkten Kontrolle" (ebd.) orientierten Formen der Arbeitsorganisation zu sein.

Im Hinblick auf hoch qualifizierte Tätigkeiten scheint vielmehr die gegenläufige Frage produktiv, inwieweit zuvor in hohem Maße subjektivierte Arbeitsbereiche zunehmend Prozessen einer Formalisierung oder gar Taylorisierung unterliegen. Auf entsprechende Tendenzen verweisen Boes et al. (2014) auf der Grundlage mehrerer eigener Untersuchungen vor allem in der IT-Industrie (vgl. Boes und Baukrowitz 2002; Boes und Kämpf 2011; Boes und Trinks 2006; Kämpf 2008). Ihr Forschungsgegenstand waren „Kopfarbeiter", meist männliche Ingenieure und

Informatiker, die bereits in der Vergangenheit als individuelle Experten galten und deswegen hohe Freiheitsgrade und Handlungsspielräume im Sinne einer „verantwortlichen Autonomie" genossen, sodass ein gezielter Zugriff auf weitere Produktivitätspotenziale dieses Personenkreises für die Betriebe nicht möglich war. Aktuell, so die empirischen Befunde von Boes und Kolleg*innen, bezwecken Reorganisationsprozesse in diesem Beschäftigtensegment gerade, die Abhängigkeit von einzelnen Beschäftigten und ihrer Individualität (im Sinne „eigensinniger" Momente von Subjektivität) zu verringern, ohne zugleich auf deren Subjektivität (im Sinne betrieblich funktionaler strukturierender und kompensatorischer Leistungen) verzichten zu müssen. Wesentliche Grundlage dafür sind Boes et al. (2014) zufolge informatisierte Strukturen des Wissensmanagements und der Arbeitsorganisation, die Subjektleistungen objektivieren und dadurch austauschbarer machen.

Neben solchen zu Prozessen der Subjektivierung von Arbeit gegenläufigen Tendenzen einer stärkeren Formalisierung von Arbeit von Hochqualifizierten gibt es auch neue, hybride Formen der Arbeitsorganisation, die subjektivierte und tayloristische Komponenten integrieren. Eine umfassende Untersuchung dazu bieten Matuschek et al. (2007) am Gegenstand der Callcenter, die sowohl eine Form der Rationalisierung der Kundenbeziehungen von Unternehmen als auch eine Form „(neo-)tayloristischer" Rationalisierung der Arbeitsorganisation darstellen. In ihnen werden vormals dezentral und face-to-face erbrachte Auskunfts-, Beratungs- und Sachbearbeitungsdienstleistungen räumlich konzentriert, dadurch als Tätigkeit spezialisiert und auf informationstechnischer Grundlage standardisiert. Ausschließlich mit der Erbringung telefonischer Services befasste Callcenter-Agent*innen bearbeiten hier Kundenanliegen in telefonischer Interaktion mit den Kund*innen. Parallel zur Kundenkommunikation, in der sie deren Anliegen identifizieren und in systemkompatible Form übersetzen, be- und verarbeiten sie Kundendaten im Informationssystem des Unternehmens und kommunizieren die Resultate zurück an die Kund*innen, sodass sich ihre Arbeit insgesamt als Dreiklang von informatisierter Sachbearbeitung, sozialer sowie sachbezogener Kommunikation darstellt. Die Arbeitsleistung der Callcenter-Angestellten wird durch eine Vielzahl von quantitativen und qualitativen Parametern, die z. B. die Anzahl und die Dauer der Telefonate, vorgegeben, definiert und im Zuge einer informatisierten Kontrolle in tayloristischer Logik gemessen. Zugleich aber wird in der Kundenkommunikation ihre Subjektivität zentral, um die Kund*innen und ihre Anliegen situativ angemessen adressieren zu können. Ihre kommunikative Performanz wird durch Vorgesetzte in Form von Coachings ständig überwacht und durch direkte Beratung und spezialisierte Trainings im betrieblichen Sinne weiterentwickelt. Matuschek et al. (2007) fassen die Arbeitsorganisation in Callcentern als Konstellation einer „subjektivierten Taylorisierung". Trotz aller Standardisierung der

7.1 Subjektivierung von Arbeit

Sachbearbeitungsdimension ist die Arbeit in Callcentern durch eine ganzheitliche Nutzung der personalen Qualitäten der Beschäftigten gekennzeichnet. Die Untersuchung beschreibt auch, wie in Callcentern Arbeitende jenseits betrieblicher Leitlinien (wie etwa Vorgaben des Managements, möglichst „authentisch" mit den Kund*innen zu kommunizieren) partiell vorhandene Freiräume wahrnehmen und genügend Eigensinn ausbilden, um sich für ihre insgesamt sehr gleichförmige Arbeit zu motivieren. Widersprüche in den betrieblichen Vorgaben in Bezug auf die qualitativen und quantitativen Aspekte von Dienstleistungen werden von ihnen zum Teil aktiv genutzt, um eigene Schwerpunktsetzungen bei der Arbeitsausführung zu legitimieren. Mikropolitische Freiheitsgrade für die Beschäftigten bestehen aufgrund ihrer spezifischen Position an der Grenzstelle zwischen Organisation und Kund*innen und sie wachsen mit der Komplexität der zu erbringenden Dienstleistungen. Zugleich strebt das Management ergänzend zu kennziffernbasierter Kontrolle der Arbeitsleistung durch Coachings, Trainings und die Einführung begleitender unternehmenskultureller Leitlinien eine „Ideologisierung" der Subjektivität der Arbeitenden an (dazu ausführlich: Kleemann und Matuschek 2003).

7.1.2.4 Umgangsweisen der Subjekte mit subjektivierter Arbeit

Die von Matuschek et al. (2007) untersuchte Konstellation in Callcentern verweist bereits auf eine weitere zentrale Dimension des Subjektivierungsdiskurses: die Relevanz der subjektiven Deutungen und Verarbeitungsweisen subjektivierter Arbeit. Allgemeine Orientierungen, auf die Arbeitende im Umgang mit subjektivierten Arbeitsformen zurückgreifen bzw. die sich darin herausbilden, sowie subjektive Praktiken stehen im Zentrum mehrerer umfassender empirischer Studien.

Die Untersuchung von Pongratz und Voß (2003a, b) verfolgte das Ziel, die zuvor von den Autoren formulierte, den Forschungsstand zu post-tayloristischen Formen der Arbeitsorganisation theoretisch zuspitzende Arbeitskraftunternehmer-These (Voß und Pongratz 1998; siehe auch Abschn. 4.2.4) zu überprüfen. Sie wollten herausfinden, in welchem Ausmaß und in welchen Ausprägungen der vom fordistischen „verberuflichten Arbeitnehmer" kategorial unterschiedene neue Idealtypus von Arbeitskraft in der Arbeitswelt bereits vorhanden ist. Dazu beforschten sie vorwiegend männliche Industriearbeiter in Konstellationen teilautonomer Gruppenarbeit und Angestellte in projektförmigen Arbeitszusammenhängen – also Beschäftigte mittlerer Qualifikation in post-tayloristischen Arbeitskontexten, in denen entsprechende Ausprägungen des neuen Typs von Arbeitskraft zu erwarten sind, ohne dass es sich um „Extremgruppen" handelt. Die Analyse behandelt die Erwerbsorientierungen der Beschäftigten als Indikatoren für die Verbreitung von konstitutiven Arbeitskraftunternehmer-Merkmalen wie Selbstkontrolle,

Selbstökonomisierung und Selbstrationalisierung. Im Hinblick auf die Dimension Selbstkontrolle, d. h. die eigenständige Strukturierung des Arbeitsprozesses im betrieblichen Sinne, weist der empirische Typus des „Leistungsoptimierers" entsprechende Arbeitsorientierungen auf. Hier stehen Ansprüche auf Selbstverwirklichung in der Tätigkeit und möglichst gute Arbeitsergebnisse im Vordergrund. Daneben existiert aber auch der empirische Typus des „Leistungssicherers" mit einer Orientierung auf die zuverlässige, selbstständige Erbringung von Arbeitsleistungen in hinreichender Qualität, der weitgehend dem Idealtypus des „verberuflichten Arbeitnehmers" entspricht. Bei den anderen beiden Dimensionen, der Vermarktung des eigenen Arbeitsvermögens (Selbstökonomisierung) und der „Verbetrieblichung" der alltäglichen Lebensführung (Selbstrationalisierung), zeigten sich weniger ausgeprägte Tendenzen in Richtung der Arbeitskraftunternehmer-These. Bei der Selbstvermarktung korrespondiert dies insbesondere mit den Karriereorientierungen der Beschäftigten. Generell dominieren aber Orientierungen auf Statuserhalt bzw. auf laufbahntypisch zu erwartende Aufstiege. Umfassende Selbstvermarktungsstrategien, die auch Firmenwechsel und räumliche Mobilität beinhalten, sind demgegenüber selten. Was die alltägliche Lebensführung angeht, bewegen sich die „Elastizitätsmuster" im Übergang zwischen Erwerbsarbeit und Privatleben in einem Kontinuum von starrer Segmentation zwischen beiden Bereichen und einer weitreichenden Vermischung. Letztere sowie Zwischenformen sind danach zu unterscheiden, ob private Bedürfnisse der Erwerbsarbeit einseitig untergeordnet werden (Typus „Integration") oder ob sich wechselseitige Flexibilitäten ergeben (Typus „Entgrenzung"). Liest man die Studie von Pongratz und Voß (2003a, b) „quer" zu ihrem primären Erkenntnisinteresse, so wird deutlich, dass die dort untersuchten Beschäftigten aufgrund unterschiedlicher Ausprägungen des individuellen Arbeitsbewusstseins jeweils andere Umgangsweisen mit post-tayloristischen Formen der Arbeitsorganisation aufweisen. Ursächlich dafür ist, dass die Arbeitsorientierungen primär in (uneinheitlichen) Sozialisationsprozessen begründet sind und sich im Zuge einer veränderten Arbeitspraxis allenfalls über längere Zeiträume hinweg verändern. In der Auseinandersetzung mit gewandelten Arbeitsbedingungen können die Beschäftigten auch eine dauerhafte Ablehnung gegen die betrieblichen Vorgaben entwickeln (etwa Wittel 1998). Dass die Akzeptanz neuer subjektivierter Arbeitsformen voraussetzungsvoll ist und die Dispositionen und Bedürfnisse der Arbeitenden berücksichtigt werden müssen, zeigt auch die Studie von Drinkuth (2007).

Die Wechselwirkungen zwischen betrieblicher Reorganisation und deren subjektiver Bearbeitung nehmen Nickel et al. (2008) sowie Frey (2009) anhand einer umfassenden Fallstudie zur Deutschen Bahn AG mit der Leitfrage ins Visier, wie die dort Beschäftigten die betrieblichen Vorgaben und Ansprüche subjektivierter

7.1 Subjektivierung von Arbeit

Arbeit „eigensinnig" verarbeiten und welche Spielräume sich daraus für sie ergeben. Nickel et al. (2008) rekonstruierten in diachroner Perspektive Restrukturierungsprozesse bei der Deutschen Bahn AG, die bis 1999 von Dezentralisierung, massivem Personalabbau und danach von einer kapitalmarktorientierten Neuausrichtung gekennzeichnet waren. Den Entlassungen und Kostensenkungen in den 1990er-Jahren folgte eine auf die Mitarbeiterproduktivität ausgerichtete Personalpolitik: Steigerungen waren nur durch Leistungsverdichtung sowie die Erschließung und Entwicklung von Subjektivitätspotenzialen der Beschäftigten zu erreichen. Die Personalentwicklung erhielt daher einen hohen Stellenwert. Ein neues Verständnis von Qualifizierung betonte die Befähigung zu individueller Eigenverantwortung. Diese betriebliche Anforderung umfasste über die Dimension der Selbstorganisation in der Arbeit hinaus auch die Erwartung an den individuellen Selbstschutz: Die Arbeitenden sollten eigene Bedürfnisse selbstständig mit betrieblichen Anforderungen ausbalancieren. Vor dem Hintergrund des personalpolitischen Ziels einer geschlechterstrukturellen Ausgewogenheit der Belegschaft wurden insbesondere junge qualifizierte Frauen gefördert. Die betriebliche Personalpolitik benachteilige damit Personen mit Betreuungspflichten – also vor allem Frauen mittleren Alters –, denen mangelnde „Flexibilität" zugeschrieben wird. Dies führt zu der Ambivalenz, dass zwar qualifizierte Mitarbeiter*innen mit Betreuungspflichten gebunden werden sollen, sich zugleich aber Kinder in der betrieblichen Praxis als „Karrierekiller" erweisen.

Die Befunde von Nickel et al. (2008) zeigen ein hohes Maß an Verunsicherung bei den Beschäftigten. Die existenzielle Bedrohung durch fortgesetzten Personalabbau erhöht subjektiv die Zentralität der Erwerbsarbeit. Zugleich wirkt Unsicherheit nicht als „Herausforderung", sondern führt zu Handlungsblockaden. Kontinuierliche innerbetriebliche Restrukturierungen unterminieren so die betriebliche Sozialintegration. Arbeitsintensivierung und zunehmende Komplexität der Aufgaben gefährden subjektive Qualitätsansprüche der Arbeitenden und schränken Gestaltungsspielräume ein. Andererseits ergeben sich auf der Grundlage flexibler Arbeitszeitmodelle und einer Pluralisierung von Zeitstrukturen neue Optionen, Erwerbsarbeit und die außerberufliche Sphäre besser miteinander zu vereinbaren – was Arbeitende zu schätzen wissen. Zugleich besteht die Anforderung, mit diesen Spielräumen im betrieblichen Sinne produktiv umzugehen. Beschäftigte akzeptieren Einschränkungen ihrer Handlungsautonomie dann, wenn die Ursache dafür in äußeren Zwängen (des Marktes) verortet wird, nicht aber, wenn dem (kontingente) Managemententscheidungen zugrunde liegen.

Mit identischer Empirie verfolgt Frey (2009) die bei Nickel et al. (2008) bereits angelegte Perspektive auf die („eigensinnigen") Gestaltungs- und Entfaltungsmöglichkeiten der Beschäftigten im Kontext subjektivierter Arbeit weiter. Er fragt, inwieweit sich die Verwirklichungsoptionen für die Entfaltung von Subjektivität in der Arbeit in diesem Kontext verändern. Analyseleitend sind die Konzepte Autonomie und Aneignung. Autonomie in der Arbeit bezeichnet die „Kontrolle über die wesentlichen betrieblichen Rahmenbedingungen der Arbeit" (Frey 2009, S. 12), Aneignung die „subjektive Äußerung eines Anspruchs nach Kontrolle" (ebd., S. 13). Letzteres gilt als Voraussetzung für die Realisierung von Autonomie in der Arbeit. Diesbezüglich werden strukturelle und subjektive Autonomiechancen, Formen arbeitsbezogener Anerkennung sowie unterschiedliche individuelle Erwerbsorientierungen identifiziert. Es zeigt sich, dass – neben der ebenfalls zentralen materiellen Dimension – immateriellen Aspekten der Erwerbsarbeit große Bedeutung zukommt. Hohen Wert hat eine subjektiv sinnvolle Tätigkeit, positive soziale Beziehungen am Arbeitsplatz werden wertgeschätzt, um entsprechende Selbstverwirklichungsmöglichkeiten in der Erwerbsarbeit wird gerungen. Dies betrifft vor allem die Abwehr des zunehmenden Zeit- und Leistungsdrucks, der Entfaltungsmöglichkeiten beschneidet und eigene Qualitätsstandards der Arbeitenden für „gute Arbeit" gefährdet. Einschränkungen ergeben sich zudem durch die Zunahme standardisierter und repetitiver Tätigkeiten aufgrund der Konzentration und Informatisierung von Sachbearbeiteraufgaben, die wenig Handlungsautonomie eröffnen. Die Beschäftigten suchen zudem aktiv nach Möglichkeiten, wie sie Erwerbsarbeit und Privatleben besser miteinander vereinbaren können. Vor dem Hintergrund fehlender formaler Regeln und Anrechte für alle wird die individuelle betriebliche Verhandlungsmacht, etwa hinsichtlich günstiger Arbeitszeitarrangements, zunehmend relevanter. Frey (2009) identifiziert zwei prinzipiell mögliche, komplementäre Wege zur Verbesserung der Bedingungen für die Beschäftigten: erweiterte formale Rechte für alle Beschäftigten und die Stärkung der individuellen Selbstkompetenz der Beschäftigten zur Vertretung ihrer individuellen Ansprüche. Deren Herausbildung wird durch die steigenden arbeitsorganisatorischen Anforderungen zur Selbstorganisation in der Arbeit befördert, was eine „erweiterte Subjektivität" aufseiten der Beschäftigten erwarten lässt, die nicht mit den von den Unternehmen gewünschten Subjektdispositionen deckungsgleich ist, sondern eigensinnige Formen der Aneignung der Arbeit stärkt.

Fragen der Aneignung sind auch zentral für die sozialpsychologisch und anerkennungstheoretisch angelegte Untersuchung von Flick (2013) zu Selbstverhältnissen und Selbstsorge in subjektivierter Arbeit. Empirische Grundlage der Studie sind 20 Interviews mit im Finanzdienstleistungssektor Angestellten mittleren Alters, die auf der Grundlage von Zielvereinbarungen und in Vertrauensarbeitszeit, also ohne formale Zeiterfassung, arbeiten. Untersucht wird, wie Subjekte vermittelt über soziale Beziehungen und daraus resultierender Anerkennung als Person Selbstbilder und Selbstbestätigung generieren, und wie sie auf dieser Grundlage

7.1 Subjektivierung von Arbeit

Selbstsorge – im Sinne eines fürsorglichen Umgangs mit der eigenen Person, der die eigene Reproduktion dauerhaft sichert – betreiben. Eine wichtige Selbstsorgepraxis besteht etwa darin, selbstständig Grenzen gegenüber der (entgrenzten) Erwerbsarbeit zu setzen, sei es, indem man das Handy abends ausschaltet, um nicht mehr erreichbar zu sein, oder im privaten Bereich nur zu bestimmten Zeiten über arbeitsbezogene Dinge redet. Rekonstruiert werden die Beweggründe der Beschäftigten selbst und ihre Bedürfnisse nach Anerkennung und Wertschätzung. In einer anerkennungstheoretischen Perspektive, die Selbstsorge in soziale Bezüge eingebettet sieht, zeigt sich das Bedürfnis von Subjekten, in ihren persönlichen Beziehungen – und damit auch in der Arbeit – Gestaltungsmöglichkeiten zu haben, um ihr Leben nach eigenen Kriterien führen zu können. Subjektivierte Arbeit und ihre Deutungsmuster transportieren entsprechende Vorstellungen von Freiheit und Selbstwirksamkeit und stoßen daher bei den Subjekten auf hohe Resonanz.

Allerdings beschränken die hohen Arbeitsanforderungen die Gestaltungsoptionen und Freiheitsräume stark, was bei den Beschäftigten zu Frustration führt und primär als individuelles Defizit bzw. Scheitern wahrgenommen wird. Die starke Konzentration auf die Erwerbssphäre führt dazu, dass die Subjekte überwiegend für ein spezifisches Selbst Anerkennung erfahren: das autonome, erfolgreiche, leistungsstarke (und nicht das bedürftige oder fürsorgliche) Selbst. Ursächlich dafür ist, dass man auch im Kontext privater Sozialbeziehungen primär als „Arbeitsperson" wahrgenommen wird. Dies bringt langfristig kontraproduktive Dynamiken hervor: Wird der Wunsch, von anderen als „man selbst" anerkannt zu werden, zunehmend in der Form erfolgsbezogener Anerkennung verwirklicht, so ergibt sich eine steigende Abhängigkeit von beruflichem Erfolg. Zudem ergibt sich eine Verwechslung von Unabhängigkeit und Erfolg dahingehend, dass man sich insbesondere dann als „unabhängig" wahrnimmt, wenn man beruflich erfolgreich ist, sodass sich gerade zunehmende Abhängigkeiten ergeben.

Daher erweist es sich als wichtige Form der Selbstsorge, sich im Bereich persönlicher Beziehungen Räume zu schaffen, in denen man auch schwach, unsicher und bedürftig sein kann – also in einer nicht vereinseitigten Form „man selbst ist". Eine weitere markante Selbstsorgestrategie, die Flick identifiziert, ist die Dethematisierung überindividueller Strukturen als Form des Umgangs mit eigener Ohnmacht: Erzählungen über die Arbeit drehen sich nur um die eigene Person. Die Subjekte blenden aus, dass sie als abhängig Beschäftigte letztlich weisungsgebunden sind. Durch das Ignorieren externer Strukturen wird das Gefühl bzw. die Illusion eigener Handlungsfähigkeit erzeugt.

Zwar scheinen die Befunde von Flick (2013) vor allem auf ein bestimmtes hoch qualifiziertes Segment der Beschäftigten zuzutreffen und eine Verallgemeinerung der Forschungsergebnisse auf beliebige Kontexte bzw. Zielgruppen subjektivierter Arbeit ist kaum möglich. Trotzdem zeigt die Studie eine hilfreiche Analyseperspektive auf die Be- und Verarbeitungsweisen subjektivierter Arbeit auf. Die Strategien der Selbstsorge der von Wittel (1998) untersuchten Industriearbeiter in Gruppenarbeit scheinen jedenfalls auf Grundlage von Flicks Analyse leicht erschließbar, und es wird deutlich, dass der Anspruch, Autonomie und Gestaltungsmöglichkeiten in der eigenen Arbeit zu finden, nicht für alle Beschäftigtengruppen zentral ist.

7.1.3 Resümee und Ausblick

Der Überblick zu zentralen Themensträngen des Diskurses über die Subjektivierung von Arbeit anhand exemplarischer Studien offenbart ein breites Repertoire an Perspektiven und zugleich ein relativ hohes Maß an Heterogenität hinsichtlich der Bezugs- und Fluchtpunkte der Autor*innen. Die „Subjektivierung von Arbeit" ist insofern ein zwar allgemein anerkannter, aber im Detail auch uneinheitlich verstandener Topos, der sich durchgesetzt hat, um die die Rolle des Subjekts betreffende Entwicklungstendenzen der Qualität von Arbeit in verschiedenen Bereichen der Arbeitswelt zu thematisieren.

Zu konstatieren ist, dass Subjektivierung auf einen (in seiner systematischen Nutzung in unterschiedlichen Bereichen der Arbeitswelt historisch neuen) Typus betrieblicher Strategien der Organisation von Arbeit und des Arbeitskrafteinsatzes verweist. Zugleich ist damit keine „allumfassende" Entwicklungstendenz der Arbeitswelt als Ganzes verbunden. Im Gegenteil scheinen gerade Mischformen und neue Wechselverhältnisse von alten und neuen Prinzipien der Arbeitskraftnutzung von besonderer Relevanz zu sein. Tendenzen einer Subjektivierung von Arbeit bestehen weiterhin – unklar ist jedoch, in welchen Formen und mit welcher Reichweite. Die beobachtbaren Tendenzen sind als „relationale Entwicklung" (Matuschek 2010, S. 8) in Bezug auf jeweils spezifische Kontexte zu fassen: Je nach Branche oder Tätigkeitsbereich kommt es zu unterschiedlichen Veränderungen des Stellenwerts von Subjektivität. Ein programmatisches Ziel der Forschung besteht folglich darin, künftig verschiedene Typen bzw. Formen subjektivierter Arbeit zu identifizieren und zu systematisieren.

Deutlich wird zugleich, dass subjektivierte Arbeit nicht nur einen spezifischen Zugriff auf die Arbeitenden impliziert, sondern auch spezifische Arbeitssubjekte. Die hier involvierten Subjektivitätsformen gilt es näher zu bestimmen und weiter zu differenzieren, und es ist zu fragen, wie sich Subjektivierung konkret auf die Beschäftigten und ihre Arbeitssituation auswirkt. Dazu gilt es die Praxis subjektivierter Arbeit aus Sicht der Arbeit Leistenden systematisch zu erfassen. Und es gilt nicht nur die „Sicht" der Subjekte in den Blick zu nehmen, sondern auch deren gesamten Lebenszusammenhang, einschließlich der Reproduktionssphäre (siehe Jürgens 2006, S. 68 ff. für eine Kritik an der Konzentration des Subjektivierungsdiskurses auf die Erwerbssphäre; siehe auch Kap. 6).

Eine Art gesellschaftstheoretische Wendung unternimmt Dörre (2011), indem er – anschließend an auf andere Themenfelder bezogene Theorien – von einer kapitalistischen Landnahme spricht und damit den systemischen Zugriff der Unternehmen auf subjektivierte Arbeit kapitalismustheoretisch deutet. Im Zuge dessen gelingt eine Neuinterpretation des Verhältnisses von An- und Einforderungen. Letztere erscheinen mehr als durch die Kapitalseite instrumentalisierter Abruf denn als individuelle Motivation. Ob in dieser Pointierung die Gefahr liegt, Einforderungen als eine Art „falsches Bewusstsein" zu interpretieren, sei dahingestellt und wäre ggf. empirisch zu klären. Immerhin ist das Bezugsfeld alltagspraktischer Subjektivität ein anderes als das soziologische und beide haben ihre Berechtigung. Für die Debatte um Subjektivierung von Arbeit beinhaltet die gesellschaftstheoretische Verortung allerdings die Herausforderung, die oftmals mikroskopische Perspektive zu verlassen bzw. zu erweitern und den Gesellschaftsbezug subjektivierter Arbeit stärker zu berücksichtigen. Dass der Bezug auf spezifische Arbeitsverhältnisse und die betriebliche Ebene und der Bezug auf die (Arbeits-)Gesellschaft auseinanderfallen können, aber nicht unbedingt divergieren müssen (vgl. u. a. Dörre et al. 2013a; Kratzer et al. 2015), sollte dazu ermutigen, auf einen übergreifenden Analyserahmen hinzuarbeiten. Dies ist Aufgabe einer gesellschaftstheoretisch ausgerichteten Arbeitssoziologie.

Die spezifischen Ansprüche der Subjekte an ihre Erwerbsarbeit werden in der Debatte meist mehr implizit vorausgesetzt bzw. deren Wandel wird in der Regel als eine Folge subjektivierter Arbeit begriffen. Daher lohnt im Folgenden ein Blick auf die subjektiven Sinnansprüche der Beschäftigten in Bezug auf ihre Arbeit und deren Einbettung in ihr Leben.

7.2 Subjektive Ansprüche an Arbeit und ihren Sinngehalt

Spaß, Erfüllung, Sinnstiftung, Selbstverwirklichung und die Identifikation mit dem Produkt der eigenen Arbeit: Das sind einige der sehr umfassenden Ansprüche, die heute von vielen Menschen erhoben werden. Arbeit soll abwechslungsreich, interessant und ausgewogen sein, zur Persönlichkeits- und Identitätsbildung beitragen, den persönlichen Interessen und Fähigkeiten entsprechen, gesellschaftlich sinnvoll sein, nachhaltig und produktiv sein und ein nützliches und/oder ästhetisches

Produkt hervorbringen, darüber hinaus Anerkennung einbringen und ein gutes Leben ermöglichen. Auch wenn Marx (MEW 1962c, Bd. 40, S. 88) zufolge der Mensch in kapitalistischen Verhältnissen im Wesentlichen ein instrumentelles Verhältnis zu seiner entäußerten Arbeit hat und die Arbeit „daher nicht die Befriedigung eines Bedürfnisses, sondern [...] nur ein Mittel [ist], um Bedürfnisse außer ihr zu befriedigen", kann auch die Arbeit selbst als Identifikationsgegenstand eine über die heutigen Beschäftigungsverhältnisse hinausweisende Kraft sein:

> „Der Wunsch jedoch und der Anspruch, das Versprechen menschlicher Arbeit: zunehmende Freiheit von inneren und äußeren Zwängen bewirken zu können, und zwar konkret, in der Tätigkeit selbst, ist unverwirklicht; das aber heißt darum nicht: unwahr. Jedem Arbeiten läuft die Vorstellung eines besseren Daseins einher." (Binder 1979, S. 7 f.)

Erwerbsarbeit ist also auch in der Gegenwart für die individuelle wie gesellschaftliche Stabilität von enormer Bedeutung und entfaltet eine gewisse Normativität (Honneth 2008). Darum hat sich jüngst eine arbeitssoziologische und sozialanthropologische Debatte entsponnen, welche die dichotome Gegenüberstellung von Arbeit – als dem Reich der Notwendigkeit und dem Reich der Freiheit – überwinden will und nach auch nach subjektiven Sinnansprüchen fragt.[2] Sinn (in) der Arbeit und Sinn des (gesellschaftlichen) Lebens scheinen Hand in Hand zu gehen – aber geht es auch ohne Arbeit?

„Versuch einfach, nett zu den Leuten zu sein, vermeide fettes Essen, lies ab und zu ein gutes Buch, lass Dich mal besuchen und versuch, mit allen Rassen und Nationen in Frieden und Harmonie zu leben." Auffällig an dieser Definition des Sinns des Lebens im gleichnamigen Film von Monty Python ist die Abwesenheit von Arbeit – womit Paul Lafargue, Schwiegersohn von Karl Marx, in gewisser Weise gefolgt wird, der vehement gegen das Recht auf Arbeit unter in seiner Sicht unmenschlichen kapitalistischen Bedingungen und für ein Recht auf Faulheit stritt. Demgegenüber betonen Konzepte sinnvoller Arbeit häufig die identitätsstiftende Wirkung, die soziale Einbindung und nicht zuletzt die materielle Absicherung, die mit Erwerbsarbeit einhergehen (zu Funktionen von Erwerbsarbeit vgl. Kap. 5). Darin folgen sie mehr oder minder explizit den acht Bedürfnissen, die Maslow (1970) konkretisiert hat: erstens physiologische Bedürfnisse, die ein Basisbedürfnis darstellen; zweitens Sicherheit, die die persönliche Integrität von Menschen gewährleistet; drittens eine (orientierende) Ordnung; viertens soziale Bedürfnisse, die von

---

[2] Vgl. hierzu etwa die Tagung „Das Verhältnis von Arbeit und Muße", 12.-14. April 2018, organisiert vom DFG-Sonderforschungsbereich „Muße, Grenzen, Raumzeitlichkeit, Praktiken" an der Universität in Freiburg, unter www.sfb1015.uni-freiburg.de.

7.2 Subjektive Ansprüche an Arbeit und ihren Sinngehalt

dem Wunsch zeugen, Teil einer Gemeinschaft zu sein; fünftens individuelle, kognitive und ästhetische Bedürfnisse, die singuläre Ansprüche wie körperliche Befindlichkeit verdeutlichen; sechstens Erfolg oder Ansehen und Prestige; siebtens Selbstverwirklichung, womit die Ausschöpfung der eigenen Potenziale gemeint ist, und achtens Transzendenz, verstanden als überpersonale Einbettung des Ichs. Unbesehen der Kritik an vielen Facetten der Konzeption macht sie deutlich, dass – wenn bestimmte Bedürfnisse erfüllt sind – die Wahrscheinlichkeit wächst, dass sich Menschen mit dem Sinn des Lebens – und damit auch mit dem Sinn der Arbeit – auseinandersetzen. Biesecker (2014) weist in Anlehnung an den capabilities approach von Sen (1999) daraufhin, dass sinnvolle Arbeit stets eine auf die Zukunft ausgerichtete Arbeit ist, die die Trennung von Produktion und Reproduktion überwindet.

Sinn in der Arbeit zu finden bzw. eine Arbeit als sinnvoll zu deklarieren ist demzufolge eine höchst individuelle Angelegenheit – und zugleich von gesellschaftlichen Zuschreibungen abhängig und insgesamt eingebettet in das gesamte Leben. Großes Gewicht hat zunächst die Bedeutsamkeit des Handelns und die damit verbundenen positiven Folgen. Wichtig ist ebenso das Gefühl der Kohärenz zwischen beruflicher Aktivität und dem gesamten Lebenszusammenhang (Kämpf 2015). Auch wenn Beschäftigte den Eindruck haben, die Ziele des Unternehmens zu teilen, stärkt das die Wahrnehmung, Sinn in der eigenen Arbeit zu finden, ebenso wie das Gefühl der Zugehörigkeit. Dabei sind „reproduktive Fluchtpunkte" (Heiden und Jürgens 2013) zu erkennen, die jenseits bloßer Verwertbarkeit der eigenen Arbeitskraft liegen und stabilisierende Funktionen für den gesamten Lebenszusammenhang haben – also u. a. auf soziale Beziehungen, Selbstwirksamkeit, Entwicklung und Entfaltung in und neben der Arbeit gerichtet sind. Beschäftigte gehen mit fehlender Sinnstiftung durch Erwerbsarbeit kreativ um, indem sie selbst einen Sinngehalt definieren (Jürgens 2017). Welche Bedeutung Erwerbsarbeit und die konkrete Arbeitsgestaltung dafür haben, dass Menschen ihr Leben als sinnhaft wahrnehmen, wird seit Langem untersucht. Die Qualifikationserfordernisse, die Komplexität von Aufgaben oder der gesellschaftliche Nutzen werden als wichtige Dimensionen einer sinnerfüllten Arbeit genannt (Dik et al. 2013). Diese Aspekte haben nicht zuletzt in der Bewusstseinsforschung eine zentrale Rolle gespielt (siehe Abschn. 7.1), werden aber in der Debatte um den Sinn der Arbeit anders akzentuiert. In arbeitspolitischer Stoßrichtung orientiert die Debatte auf eine Transformationsperspektive der Arbeitsgesellschaft (Biesecker 2014) oder benennt wichtige Dimensionen der Arbeitsgestaltung (Sauer 2011; Fuchs 2012; grundlegend Ulich und Wiese 2011). Dazu gehören etwa Anforderungsvielfalt und Aufgabenkomplexität bei Vermeiden von Monotonie und überbordender Beanspruchung, Ganzheitlichkeit im Sinne der Überschaubarkeit des gesamten Arbeitsprozesses und seiner Nützlichkeit, Autonomie in den Entscheidungen sowie ein stabiles Selbstwertgefühl in der Arbeit und nicht zuletzt die Wichtigkeit der zu erledigenden Aufgaben (Ulich und Wiese 2011). Insbesondere Tätigkeiten mit nur geringem Handlungsspielraum und geringem Bezug zum Produkt erscheinen als sinnentleert (Leithäuser 1986). Vor allem bei den Dienstleistungsberufen zeigt sich seit einigen Jahren vermehrt, dass mit veränderten Arbeitsbedingungen (z. B. immer mehr Dokumentations- und Verwaltungsaufgaben jenseits des eigentlichen Tätigkeitskerns) häufig der einst hohe Sinngehalt verloren gegangen ist, was die Identifikation der dort Beschäftigten mit ihrer Tätigkeit inzwischen erschwert (vgl. Haubl et al. 2013; Kratzer und Dunkel 2013; Voß et al. 2013). Entfremdung (ausführlicher bei Rosa 2012) scheint damit nicht länger nur ein Problem Geringqualifizierter zu sein, sondern betrifft auch höher qualifizierte Berufsgruppen (Maio 2014). Auf die Bedeutung einer Stimmigkeit von Wollen und Tun in der Arbeit weist Kämpf (2008) im Anschluss an das Konzept der Salutogenese hin. Fällt dies auseinander, breitet sich Sinnlosigkeit aus. Hardering (2015) kritisiert die Forschungslage als bloßes Identifizieren negativer Erfahrungen in der Arbeit bei generalisierten Ansprüchen und benennt mit der Arbeitsgestaltung, der (gebrauchswertbezogenen) Nützlichkeit der Arbeit und der individuellen Bewertung drei grundlegende Dimensionen, die in konkreten Arbeitssituationen der Arbeit Sinn verleihen, aber zueinander in einem Spannungsverhältnis stehen können. Damit stellt sie im Anschluss an den Meaningful-Work-Ansatz (vgl. Rosso et al. 2010) das Sinnerleben der Beschäftigten in den Mittelpunkt, um so subjektive Definitionen sinnvoller Arbeit zu erfassen und zu synthetisieren. Widerspruchfreiheit und Kongruenz scheinen demnach die wesentlichen Komponenten einer als sinnvoll begriffenen Arbeit zu sein, in der Selbstwirksamkeits-, Entwicklungs- und Zufriedenheitsansprüche gewahrt sind. Anschließend an die Subjektivierungsdebatte und die Bewusstseinsforschung wäre allerdings zu fragen, inwieweit Erfahrungen sinnvoller Arbeit ausschließlich der aktuellen Arbeitssituation geschuldet sind und nicht etwa veränderte Bedingungen auch im Vergleich z. B. Krisen hinweg sinnstiftend sein können. Biesecker und Gottschlich (2012) schließlich weisen darauf hin, dass jenseits der Erwerbsarbeit liegende Formen der Arbeit (etwa in der Reproduktionssphäre) ebenso berücksichtigt werden müssen (vgl. hierzu auch Biesecker und Hofmeister 2006).

Trotz all dieser Ansprüche sind dem Streben nach Sinn in der Arbeit Grenzen gesetzt: Arbeit verbleibt auch jenseits kapitalistischer Arbeitsverhältnisse im Reich der Notwendigkeit, bleibt Anstrengung, bleibt Gegensatz zum Spiel, sonst müsste Arbeit als anthropologische Grundkonstante neu definiert werden (vgl. Voß 2010). Denn erst am Ende des durch äußere Zweckmäßigkeiten bestimmten Arbeitens beginnt das Reich der Freiheit. Wie auch immer die Arbeitssubjekte mit diesen Verhältnissen umgehen: Es kann nur eine Annäherung an Freiheit und Sinnhaftigkeit sein und geschieht auf Kosten anderer oder der eigenen Person bzw. Persönlichkeit.

Dass diese Fragen auch jenseits der Arbeitssoziologie virulent sind, zeigen die teilweise entgegengesetzten Diskussionen zur Arbeitszeitverkürzung und zum bedingungslosen Grundeinkommen. Während in den ersteren Arbeit als Belastung thematisiert und ein Zugewinn an Freizeit als Voraussetzung für mehr Selbstverwirklichung verstanden wird, fordern Vertreter*innen eines Grundeinkommens eine Trennung von Arbeit und Existenzsicherung. Damit soll die Wahlfreiheit der Menschen gestärkt werden, womit sich – so die Annahme – auch der Charakter der von Notwendigkeiten geprägten Erwerbsarbeit verändern würde. Mögliche unintendierte Konsequenzen solcher Maßnahmen – etwa Lohndumping durch kaufkraftinduzierte Inflationsimpulse und den Status des Zuverdiensts oder verringerte Verhandlungsmacht der Beschäftigten durch den Wegfall der existenziellen Notwendigkeit des Lohns – werden allerdings selten in den Blick genommen. Die Debatte selbst weist aber immerhin über offensichtlich überkommene Abgrenzungen zwischen Arbeit und Leben hinaus.

7.3 Neuere Perspektiven auf das Kollektivbewusstsein der Arbeitenden

Seit einigen Jahren werden, anschließend an zentrale Topoi und Perspektiven der Arbeiterbewusstseinsforschung, das Thema Arbeits- und Gesellschaftsbewusstsein und Fragen nach kollektiver Identität und Herrschaft in Betrieb und Gesellschaft wieder aufgegriffen. Zwar weist die neuere Behandlung dieses vielschichtigen Gegenstands mehrere Brüche zu der klassischen Arbeiterbewusstseinsforschung der 1950er-, 1960er- und 1970er-Jahre auf, aber auch in den aktuellen Debatten um kollektive Orientierungen und Identitäten der Lohnabhängigen werden konkrete Bewusstseinsinhalte wie Gesellschaftsbilder, Arbeitsbezüge, Gerechtigkeitsvorstellungen und politische Orientierungen thematisiert, die auch schon zum Kernbestandteil der damaligen Forschungslinien zählten.

Grundlage für die Wiederbelebung dieser Perspektiven ist, dass die materiellen Bedingungen nicht nur der Arbeitssituation, sondern auch der allgemeinen gesellschaftlichen Situierung das Denken der Arbeitenden prägen. Es ist wohl nicht zufällig, dass diese im Nachgang der Krise von 2008/09 stattfand, die u. a. zu einer sich offensichtlich polarisierenden politischen Landschaft in Deutschland geführt hat. Angesichts immer wiederkehrender wirtschaftlicher Krisen, der sich immer weiter öffnenden Schere zwischen den sozialen Schichten sowie der anwachsenden Armutsgefährdung in einem so reichen Land wie Deutschland auf der einen Seite (vgl. Kap. 5) und eines erstarkenden Rechtspopulismus und weitestgehend ausbleibender Erfolge gewerkschaftlicher Mobilisierung auf der anderen Seite stellt sich die Frage, wie Erwerbstätige über gesellschaftliche Prozesse, die Veränderungen in der Arbeitswelt und ihre politischen Teilhabechancen denken, wie sie auf dieser Grundlage ihre Arbeitssituation reflektieren und welche eigenen Wege des Handelns und ggf. der Mobilisierung sie in diesem Zusammenhang einschlagen.

Nicht alle im Folgenden erwähnten neueren Studien weisen direkte Bezüge zur klassischen Arbeiterbewusstseinsforschung auf, sie greifen indes die alten Debattenstränge um politische Orientierungen, Gerechtigkeitsvorstellungen, Krisenbewusstsein und expliziter auch das Gesellschaftsbild der Lohnabhängigen wieder auf. Eine Revitalisierung dieser Perspektiven ist in zwei abgrenzbaren arbeitssoziologischen Diskurssträngen zu registrieren: der Debatte um Leistung und Leistungsgerechtigkeit (Abschn. 7.3.1) und der Debatte zur (interessen-)politischen Positionierung und Mobilisierung der Arbeitenden (Abschn. 7.3.2).

7.3.1 Leistung und Leistungsgerechtigkeit

Gerechtigkeits- und Legitimitätsvorstellungen sind heute eng mit normativen Leistungsorientierungen verbunden und beziehen sich weniger auf Bedarfs- oder Verteilungsgerechtigkeit (Aulenbacher et al. 2017; Faßauer 2008). Auch wenn meritokratische Vorstellungen bis in die Antike zurückweisen, erlebt das Leistungsprinzip seit den 2000er-Jahren eine neue Blüte. Neckel (1999) diagnostiziert neue, am Markterfolg bemessene und an der Arbeitsleistung ansetzende Gerechtigkeitsvorstellungen der Subjekte – mithin eine veritable Verschiebung der bis dato geltenden Normen von einem gerechten Verhältnis von Leistung und Lohn.

Erbrachte eigene Leistungen und an den Tag gelegte Leistungsbereitschaft konstituieren Ansprüche gegenüber den Empfängern dieser Leistung der Arbeitskräfte, in der Erwerbsarbeitsgesellschaft also vor allem Unternehmen. In diesem Sinne rechtfertigt Leistung Anspruchshaltungen (vgl. Neckel und Dröge 2002, S. 95). Umgekehrt gilt, dass soziale Ungleichheit und ungleiche Behandlungen nur mit dem Hinweis auf unterschiedliche Leistung legitimiert werden können (vgl. Honneth 2003, S. 165 f.). Insofern ist zu erwarten, dass die Leistungsorientierung von Beschäftigten wichtig ist, um ihre (Un-)Gerechtigkeits- und Legitimitätsvorstellungen zu nachzuvollziehen. Grundsätzlich setzt der Leistungsbegriff die Arbeitsproduktivität mit der Qualität des Ergebnisses der Arbeit ins Verhältnis. Operationalisierbar ist das Konzept Leistung in die Dimensionen Aufwand – unterteilt

7.3 Neuere Perspektiven auf das Kollektivbewusstsein der Arbeitenden 199

in Ressourcen und Einsatz – und Ergebnis, unterschieden in eine sachliche, soziale und ökonomische Dimension (Voswinkel und Kocyba 2008, S. 22 ff.; Westerheide und Kleemann 2017, S. 287). Betriebsseitig ist eine Spezifikation der Leistungskriterien erforderlich, in der Praxis bleibt die Definition von Leistung eine asymmetrische Angelegenheit (Becker und Hadjar 2009) Unabhängig von der Branche gewinnt objektivierbares und standardisierbares Wissen an Bedeutung, häufig mit dem Hinweis auf Effizienz, Marktzwang oder Krisensituationen (Matuschek 2010). Gleichwohl sind die Beschäftigten am Aufbau und Bestand leistungspolitischer Ordnungen konstitutiv beteiligt (Boltanski und Chiapello 2006; Boltanski und Thévenot 2007; Menz 2005, 2009). Deren Legitimität drückt sich nicht zuletzt in der Praxis der Arbeitenden aus. Die Legitimität der Leistungspolitik ist abhängig von Gerechtigkeitsprinzipien (Sachweh 2010, S. 41; kritisch Dahme und Wohlfahrt 2012). Werden grundlegende Werte und moralische Prinzipien wie z. B. Gerechtigkeitsvorstellungen eingehalten, erhöht das die Legitimität von leistungspolitischen Forderungen (Menz 2009).

Gerechtigkeitsvorstellungen und darauf basierende Legitimität sind damit unmittelbar handlungsrelevant (Schumann et al. 2012) und enthalten implizit oder explizit auch Annahmen über die Arbeit und den Betrieb. Wie Leistungsgerechtigkeit definiert wird, ist von institutionellen Ordnungen anhängig. Angesichts allgemein zunehmender Ökonomisierung ist von einem Bedeutungszuwachs der Marktlogik auszugehen (Greenwood et al. 2011; Reay und Hinings 2009; Schimank und Volkmann 2008; Slotala 2011), die sich auch in die konkreten Leistungsverständnisse einschreibt. Das kann in Richtung einer Internalisierung des Marktes (Moldaschl 2001) gehen, kann aber auch zum Abgleich mit anderen Logiken führen und gleichsam hybride Formen annehmen (Greenwood et al. 2011) oder eine Veränderung der relevanten Logiken hervorbringen (Kim und Haugh 2012). In diese Richtung argumentiert auch Neckel (2008) mit seinen Ausführungen zu einem outputorientierten Erfolgsprinzip, mittels dessen das Ergebnis der Arbeit zum alleinigen Maßstab wird (Neckel 2008; Neckel und Dröge 2002; Voswinkel 2003).

In Debatten zur Vermarktlichung (siehe Abschn. 4.2.1) werden Marktlogik und Leistungsprinzip als omnipräsente Prinzipien behandelt, die letztlich andere Logiken dominierten. Diese führten zu veränderten Legitimationsregimen, die Instabilitäten in sich tragen (Liebig und May 2009; Menz 2012). Welche anderen Prinzipien (Verteilungsgerechtigkeit, Bedarfsgerechtigkeit etc.) weiterhin Berücksichtigung finden, sich als Gegenentwurf eignen oder nur noch als Anrufung Bestand haben, ohne handlungsrelevant zu werden, ist allerdings unbestimmt bzw. umstritten. Ungewiss ist auch, welche betrieblichen Akteure von den Beschäftigten als ausschlaggebend angesehen werden, ob mit der vorherrschenden Logik auch arbeitspolitische Perspektiven auf den Betrieb, die Organe der kollektiven Interessenvertretung oder auch nur die individuelle Handlungsmacht einhergehen. Daran können sich Fragen sowohl nach der Qualität von Arbeit als auch nach deren Sinn entzünden – gewissermaßen mehr oder weniger unterhalb eines unmittelbaren Gesellschaftsbezugs, aber partiell in einer wie weit auch immer gefassten Transformationsperspektive durchaus als Gesellschaftsentwurf dienlich.

Nicht zuletzt die Zäsur der Krise 2008 ff. hat zunehmend Aufmerksamkeit auf solche Stabilitätsgrade subjektiver Legitimationsressourcen des Kapitalismus gelenkt und damit zum Teil die Orientierung an vorgeblich abgeschotteten Wirtschafts- bzw. Gesellschaftssystemen (so aus systemtheoretischer Perspektive: Kühl 2004) zugunsten einer (wieder) inklusiven Perspektive aufgebrochen. Zu fragen ist, warum entsprechende Konflikte in den Betrieben ausbleiben bzw. warum diese eher periphere gesellschaftliche Bedeutung haben. Krisen sind alltägliche Erfahrung für ganz unterschiedliche Beschäftigtengruppen. Sie verstärken die Systemzwänge und erzeugen Ohnmacht wie Wut, aber auch die Hoffnung auf ein „Anderes". In grundsätzlicher Weise wird dabei auch die Legitimation des Kapitalismus infrage gestellt (Detje et al. 2011, 2013). Gerechtigkeits- und Leistungsorientierungen bestehen auch unter den leistungspolitischen Zwängen der stärkeren Marktorientierung von Arbeit fort – allerdings vor allem auf den unmittelbaren eigenen Wirkungsbereich bezogen und weniger als gesellschaftliche Perspektive oder als Anspruch gegenüber dem Betrieb (Menz 2009, 2012). Darin drückt sich immer auch die Anerkennung der gesellschaftlichen Herrschaftsverhältnisse aus (vgl. Aulenbacher et al. 2017).

Dabei bleiben Leistung und Gerechtigkeit trotz eines gewandelten Verhältnisses zueinander in vielerlei Hinsicht normative Grundlage jeglicher Legitimation der Arbeitsgesellschaft: als potenziell gleichberechtigter Modus sozialer Integration, als legitimatorische Grundlage für den Wohlfahrtsstaat, als individuelle Orientierung, als Zuschreibung und eigene Verantwortung (ebd.). Dass in dieser Hinsicht Legitimationsprobleme entstehen können, die sich entlang eines tradierten Verständnisses von Erwerbsarbeit (positive Vergesellschaftung, Berufsethos, Normalitätsvorstellung, Partizipation etc.) entzünden, zeigt deren Beständigkeit als moralische Instanz auch in Zeiten eines dynamisierten Wandels, auch wenn allerorten auf Ansprüche verzichtet wird. Auseinandersetzungen um Gerechtigkeitsansprüche an Arbeit und Betrieb sind damit anschlussfähig für weiterreichende Diskussionen über die Fortentwicklung der Gesellschaft (Kratzer et al. 2015). Infrage steht letztlich die gesellschaftsweite Gültigkeit jener Normen, die für eine gesicherte, von Prekarisierungsbedrohung weitgehend befreite Arbeitsgesellschaft stehen: u. a. Arbeitsplatzsicherheit, sicheres und ausreichendes Einkommen, (gesellschaftliche) Anerkennung, hinreichendes Austarieren der Ansprüche aus verschiedenen Lebenssphären, Recht auf ein selbstbestimmtes und erfülltes Leben. Die sogenannte Arbeitnehmermitte der regulär Beschäftigten zeigt sich diesbezüglich zufrieden bis kritisch. Allerdings beschleicht sie das Gefühl, dass dies keine universelle Gültigkeit mehr besitzt, man selbst privilegiert sei und es individueller Strategien zum Erhalt dieses Zustandes bedarf. Das bedeutet eine weitgehende Aufgabe des Anspruchs an eine reinen Kapitalinteressen entzogene Gestaltung der Arbeitsgesellschaft und -welt an sich (Hürtgen und Voswinkel 2014). Das spricht für eine gelungene „Landnahme" (Dörre 2009), die Arbeitende mit einer wettbewerbszentrierten Rationalität konfrontiert, auf die sie mit veränderten Ansprüchen reagieren. Die aktuellen Studien zu Arbeitsorientierungen und Bewusstseinsformen von Beschäftigten wie Erwerbslosen zeigen, dass dies ein vermutlich langjähriger Prozess sein wird und sich an vielen Orten Widerständigkeit, Eigensinn und auch kollektives Agieren zeigen (Nickel und Heilmann 2013).

7.3.2 (Interessen-)politische Aktivierung und Gesellschaftsbild

Dass es unterschiedliche Reaktionsmöglichkeiten auf individuelle Unzufriedenheit mit gegebenen Verhältnissen gibt – von stummer Duldung über verbalisierte Kritik bei faktischer Ergebenheit bis hin zum praktischen Widerstand – legen praktisch alle Studien zum politischen Engagement, zu sozialen Bewegungen oder zu politischen oder sozialen Revolten nahe. Menschen agieren in unterschiedlichen sozialen Situationen sehr verschieden. Um arbeits- wie gesellschaftspolitisch wirksam zu werden, müssen Solidarität und kollektive Identität erst hergestellt werden. Diese können sich auch schnell wieder auflösen. Die neuere Debatte um die Legitimation der kapitalistischen Konkurrenzökonomie (Kratzer et al. 2015), zum Gesellschaftsbild Lohnabhängiger (Dörre et al. 2013a) bzw. zu deren Normalitätsvorstellungen (Voswinkel und Hürtgen 2014) greift diese Dynamik noch dezidierter auf als die Debatte um die Leistungs-und Gerechtigkeitsorientierung der Beschäftigten.

Entsprechend dem berühmten Marx'schen Diktum „Das Sein bestimmt das Bewusstsein" ist davon auszugehen, dass materielle Bedingungen der Individuen und eine als sicher vorgestellte Zukunft ihr Denken über Arbeitsbedingungen und gesellschaftliche Inklusion stark beeinflussen. Das „Unbehagen am Kapitalismus" (Dörre et al. 2013a) teilt nicht jede(r) und es kann sich ggf. in durchaus konträren politischen Stoßrichtungen (z. B. Nationalismus vs. Globalisierung) entladen. In jedem Fall geht das mit zum Teil weitreichenden gesellschaftspolitischen Folgen einher. Sozial- wie arbeitspolitische Errungenschaften sind umkämpftes Terrain der gesellschaftlichen Entwicklung und ihr Ausbau weder selbstverständlich noch von allen gewünscht.

Die relative Ruhe, mit der in Deutschland der Krise von 2008/09 begegnet wurde, steht ganz im Gegensatz zu den Fluchtbewegungen des Jahres 2015/16. Wurde in ersterem Fall in nur relativ geringem Ausmaß Kritik am Finanzmarktkapitalismus in manifesten Protesten geäußert (der Hinweis auf „über ihre Verhältnisse lebende Staaten" griff da schon eher) und konnten die Folgen arbeitsmarkt- und sozialpolitisch abgefedert werden, so wurden wenige Jahre später negative Folgen der Globalisierung in eine nationalistisch gefärbte Kritik an der Wirtschaftsordnung umgemünzt – ansetzend an Befürchtungen über steigende Sozialkosten und einen überfluteten Arbeitsmarkt. In beiden Fällen waren es Minderheiten, die öffentlichkeitswirksam ihren Protest äußerten. Ob nun für Menschen Ruhe erste Bürgerpflicht ist, man Stellvertreter für die eigene Meinung aktiv werden lässt, an politischen Äußerungen und Entwicklungen prinzipiell desinteressiert ist oder aber durch öffentliche Kritik Teilhabe am politischen Leben demonstriert: Arbeit, Arbeitsmarkt bzw. die Wirtschafts- und Sozialordnung sind außer im Kontext von Tarifverhandlungen selten grundsätzlicher Gegenstand politischer Auseinandersetzungen „auf der Straße". Die Mehrheit der Gesellschaftsmitglieder nimmt zwar an Wahlen teil, äußert sich sonst aber kaum öffentlich. Es scheint so, als ob ökonomische Krisen befriedet seien bzw. Lösungen in anderen Politikfeldern gesucht werden. Zu fragen wäre u. a., ob sich in den Protesten gegen die Aufnahme von Flüchtlingen ein mit politischen Handlungsperspektiven assoziiertes, mehr oder weniger eindeutig Bewusstsein artikuliert, das Verteilungsfragen im Kapitalismus nicht an Gerechtigkeitsvorstellungen und Leistung, sondern an der ethnozentrischen Perspektive vermeintlicher Überfremdung und Konkurrenz am Arbeitsmarkt bemisst.

Wäre dem so, spräche das für unintendierte Folgen einer Ökonomisierung des Selbst, wie sie seit einigen Jahren diskutiert wird (Bröckling 2007: Unternehmerisches Selbst; Voß und Pongratz 1998: Arbeitskraftunternehmer; Moldaschl und Voß 2002: Subjektivierung der Arbeit; kritisch in Adaption des Theorems der „Landnahme": Dörre 2009) und die in der Absicherung der eigenen Position im gesellschaftlichen Gefüge das vermeintlich Bedrohliche, Gefährdende immer abwehren muss, um eigene Sicherheit und Identität zu gewährleisten. In dieser Orientierung auf das eigene Selbst lässt sich die affirmative Ruhe der Krisenjahre 2008/09 als individuelle Anpassung lesen, mit der durch Kurzarbeit, Leistungsverdichtung etc. wenigstens der eigene Arbeitsplatz gerettet wurde (bereits Befristete und Leiharbeiter gingen allerdings leer aus) und nebenbei die Folgen der Krise ohne allzu großes Murren auf verschiedenen Wegen auf die Allgemeinheit abgewälzt wurden. Grundsätzliche Fragen nach der Beteiligung der Verursacher werden

7.3 Neuere Perspektiven auf das Kollektivbewusstsein der Arbeitenden

selten gestellt. Vielmehr stehen die kleine Welt des Betriebes und ihr Erhalt im Zentrum der Bemühungen – dies vermutlich eine Folge der den Krisenjahren vorausgehenden langjährigen Erfahrung mit Massenarbeitslosigkeit, die sich in das kollektive Gedächtnis eingeschrieben hat.

Die zentralen Befunde zu diesem Thema weisen in dieselbe Richtung und bezeichnen die „hohe Identifikation der Stammbelegschaft mit dem Betrieb" (Dörre 2014, S. 545) wahlweise als betriebsbezogenen Kollektivismus (vgl. Dörre et al. 2013b) oder als Firmenbewusstsein. Befragte bezeichnen sich beispielsweise als „Kruppianer" und auch bei anderen bekannten Konzernen wie Google oder Opel identifizieren sich die Beschäftigten sehr stark mit ihrem Unternehmen. Im dominanten Gesellschaftsbild von Arbeitnehmer*innen ist der Betrieb, der sie beschäftigt, demnach eigentlich ein fairer Arbeitgeber, der nur auf die negativen Einflüsse des Kapitalismus reagiert (vgl. Dörre 2014, S. 544 ff.). Zwar zeigt sich eine weit verbreitete Perspektive auf eine dichotomisierte Gesellschaft, während die Einschätzung vorherrscht, dass die eigene Wirkmächtigkeit, daran etwas zu ändern, eher gering ist. Zugleich positionieren sich die Beschäftigten als grundlegende Systemkritiker, als regulierungsaffine Systemreformer oder als die kapitalistische Wirtschafts- und Gesellschaftsform Bejahende, die zum Teil den Wettbewerb zum Vorteil individueller Entwicklung offensiv annehmen. Die provozierende Formel „guter Betrieb, schlechte Gesellschaft" kennzeichnet die Gemengelage zwischen Arbeits-, Betriebs-, und Gesellschaftsbewusstsein, die zugleich fragmentierte Belegschaften befördert und dadurch kollektive Handlungsmächtigkeit schwächt (Dörre et al. 2011, 2013a).

Die vielen rechtsgerichteten Demonstrationen in den Jahren 2015/16 hingegen zielten auf Schwächere – und fanden darin in gewissem Umfang einen kollektiven Kern des Umgangs mit (vermeintlicher) Konkurrenz. Die jeweiligen Reaktionen markieren zwei Pole eigensinniger, habitualisierter Praxis in der Bandbreite individueller bzw. kollektiver Auseinandersetzung mit Marktvergesellschaftung und Konkurrenz. Ob angesichts erfahrener Ungerechtigkeiten (Dubet 2008) und Missachtung der Bedürfnisse politische Bewegungen entstehen und relevant werden oder man aber diese Ungerechtigkeiten „schluckt und schweigt", ist zunächst ungewiss und bedarf mindestens spezifischer Impulse. Die Welt des globalisierten Kapitalismus als übermächtigen Gegner anzugreifen scheint vermessener, als „nach oben zu buckeln und nach unten zu treten".

Wichtige Anregungen für die Analyse von Arbeits- und Gesellschaftsbewusstsein liefert die neuere französische Soziologie, häufig im Anschluss an die oder in Abgrenzung zur habitustheoretischen Perspektive prekarisierter Arbeits- und Lebensverhältnisse (Bourdieu et al. 1998; vgl. auch Schultheis und Schulz 2005). Die Anschlüsse reichen von der engeren Prekarisierungsforschung (Castel und Dörre

2009) über die kritische Adaption eines neuen „Geistes des Kapitalismus" (Boltanski und Chiapello 2003) bis hin zu einer erneut aufflammenden Bewusstseinsforschung. Beaud und Pialoux (2004) analysieren den Zerfall einer militanten Arbeiterkultur in einem französischen Automobilwerk, in dem junge Arbeitende auf eine demoralisierte Generation angelernter, ehemals politisch radikal-linker Bandarbeiter treffen und man sich als Privilegierte und Prekarisierte gegenübersteht, deren historischen Bedingungen sich vollständig gewandelt haben. Gegenkultur, inklusive Konfliktbereitschaft der einen, sind verflogen, die anderen fügen sich den Bedingungen, um zu überleben und dazuzugehören. Francois Dubet (2008) analysiert Alltagskritiken von Beschäftigten an ihrer Arbeit, ihrem Betrieb, an den Vorgesetzten und Kolleg∗innen vor dem Hintergrund von Werturteilen. Ungerechtigkeiten werden vor dem Hintergrund gesellschaftlicher Verhältnisse und individuellem Handlungsvermögen entlang der Themenfelder von Autonomie, Leistung und Gleichheit identifiziert. Wichtige Impulse für solche neueren Ansätze zur Forschung über Arbeits- und Gesellschaftsbewusstsein entstammen der pragmatistischen „Soziologie der Konventionen" (Boltanski 2010; vgl. einführend Diaz-Bone 2011). Sie geht der Frage nach den Maßstäben normativer Bewertung ökonomischer Güter nach und identifiziert konkurrierende Rechtfertigungsordnungen (Boltanski und Thévenot 2007; Boltanski und Chiapello 2003). Diesen Konzepten geht es immer auch um Maßstäbe einer wissenschaftlich fundierten Gesellschaftskritik (Boltanski 2010; Bogusz 2010; Pongratz 2011), die eigensinnige Akteure als Subjekt der Kritik ernstnimmt und Objektivierung dadurch unterläuft.

7.4 Gestaltung von Arbeit: nachhaltig, sinnhaft und „gut"?

Die in den vorstehenden Kapiteln behandelten Wandlungsprozesse der Arbeitswelt – sowohl struktureller Art wie auf der Ebene der Subjekte – können als Ausgangspunkt für Neubestimmungen, Kritik und Forderungen verschiedenster Akteure angesehen werden, die sich um die Fragen drehen: Was ist gute Arbeit? Wie soll Arbeit gestaltet sein? Welche Normen sind angesichts der verschärften Konkurrenzbedingungen, subjektiver Ansprüche, hoher Frauenerwerbsbeteiligung und der Tertiarisierung (vgl. Kap. 2) überholt; für welche lohnt es sich angesichts eines Abbaus arbeitsrechtlicher Standards und der Ausweitung prekärer Beschäftigungsbedingungen (vgl. Kap. 5) zu streiten?

Bereits in den Debatten um Arbeits- und Gesellschaftsbewusstsein spielt der Bezug zur konkreten Tätigkeit eine wesentliche Rolle dafür, ob Arbeitssituationen mitsamt ihren Rahmenbedingungen als positiv eingeschätzt werden. In den darin

7.4 Gestaltung von Arbeit: nachhaltig, sinnhaft und „gut"?

thematisierten Legitimitäts- und Gerechtigkeitsvorstellungen scheint Leistungsgerechtigkeit als ein zentraler Bewertungsmaßstab der Subjekte auf. Auf Basis der Debatte zur Subjektivierung (Abschn. 7.1) sind neben den Zumutungen auch die Einforderungen und Ansprüche der Subjekte an eine sie zufriedenstellende Arbeit in der Ausgestaltung konkreter Arbeitsbedingungen und -inhalte angesprochen worden (Abschn. 7.2).

Solche Maßstäbe kommen nicht nur individuell „aus den Subjekten" heraus, vielmehr gibt es unzählige Beispiele dafür, dass Kollektivakteure und Initiativen Gestaltungsansprüche formulieren: So zeichnen sich etwa die Berufsgenossenschaften dafür verantwortlich, dass gesundheitliche Aspekte in gebotener Art und Weise Berücksichtigung finden. Im Weiteren verankern die verschiedenen Initiativen des Instituts „Neue Qualität der Arbeit" (INQA) oder der Bundesanstalt für Arbeitsschutz und Arbeitsmedizin (BAuA) in beratungsorientierten Projekten neue wissenschaftliche Erkenntnisse zur Arbeitsgestaltung in konkreten Arbeitsprozessen. INQA startete als eine Gemeinschaftsinitiative von Bund, Ländern, Gewerkschaften, Sozialversicherungsträgern, Stiftungen und Unternehmen mit der Fragestellung: „Wie wollen wir arbeiten?". Im Gegensatz zu der Erfassung objektiver Strukturdaten wird in dieser Initiative also ein normativer Zugang gewählt, obwohl ungeklärt bleibt, auf welches wir Bezug genommen wird. Einen Hinweis auf eine doppelte Perspektive liefert die formulierte Zielstellung: Qualitativ gute Arbeitsbedingungen sollen zum Wohle der Beschäftigten und der Betriebe realisiert werden. Unter dem Motto „Wertschöpfung und Wertschätzung" wird also der Versuch unternommen, die schwer zu vereinbarenden Interessen der Arbeitgeberseite an Wettbewerbsfähigkeit und der Arbeitnehmerseite an „menschengerechter" bzw. guter Arbeit, wie auch die Internationale Arbeitsorganisation (ILO) sie einfordert, in Einklang zu bringen (vgl. Lepperhoff 2011, S. 35). Diese Unternehmung baut darauf, dass Kosten für eine erhöhte Qualität von Arbeit nicht mit fallenden Profiten und Renditen gleichgesetzt werden können. Vielmehr führen diesbezügliche Investitionen häufig zu verbesserten Arbeitsleistungen und zu erhöhter Profitabilität, die den Aufwand überkompensieren. Eine hohe Qualität der Arbeit zahle sich demnach aus – für Unternehmen wie für Beschäftigte.

Der 2015 von den Vereinten Nationen verabschiedete Aktionsplan „Transforming our world: the 2030 Agenda for Sustainable Development" formuliert als ein zentrales Ziel, „nachhaltiges Wirtschaftswachstum, produktive Vollbeschäftigung und menschenwürdige Arbeit für alle (zu) fördern" (UNO 2015, S. 14). Die konkretisierte Zielstellung einer „nachhaltigen Arbeit" („Arbeit und menschliche Entwicklung"; UNDP 2015) wird definiert als eine der menschlichen Entwicklung förderliche Arbeit, die geografische wie zeitliche negative Außenwirkungen von Arbeit mildert und dem Erhalt des Planeten wie der Arbeit zukünftiger Generationen zugutekommt. Aktuell wird im Rahmen des Deutschen Komitees für Nachhaltigkeitsforschung das Thema nachhaltige Arbeit konzeptuell debattiert (vgl. WSIM 2019). Es scheint sich für die nahe Zukunft als neuer Debattenstrang zu etablieren. Dieser bezieht sich nicht nur auf die klassische Erwerbsarbeit, sondern schließt explizit die Nachhaltigkeit aller (re-)produktiven Tätigkeiten ein. In Bezug auf ökologische Nachhaltigkeit wird konstatiert, dass menschliche Arbeit und Produktivität nur dann dauerhaft möglich scheinen, wenn die (Re-)Produktivität der Natur gewahrt und in ihrer Resilienz unbeschadet bleibt. Überlastungen sind nahezu tagtäglich zu beobachten, weshalb der Minimierung ökologisch abträglicher Nebenfolgen von allen Formen der Arbeit Aufmerksamkeit zu schenken ist, um im intergenerationellen Sinn die (re-)produktiven Fähigkeiten der Natur als Grundlage künftigen menschlichen Leben und Arbeiten zu erhalten. Die Einhaltung internationaler Sozial-, Umwelt- und Menschenrechtsstandards wird als Garant sozialer Nachhaltigkeit eingeschätzt, u. a. mittels nachhaltiger Liefer- und Arbeitsketten in der globalen Arbeitswelt. Entsprechende Transformationsprozesse sind damit sozial verträglich zu gestalten – insbesondere wenn wenig nachhaltige Arbeitsplätze verschwinden (UNDP 2015, S. 15). Die Mehrdimensionalität des „Leitbildes Nachhaltigkeit" ist primär als integrativer Orientierungsrahmen zu verstehen (Brand 1997; Hellmann 2004; Bornemann 2014). Das globale Konzept nachhaltige Arbeit vereint Ziele auf unterschiedlichen inhaltlichen, räumlichen und zeitlichen Ebenen und führt damit unweigerlich zu Interessengegensätzen und Zielkonflikten (UNDP 2015, S. 209; Dusseldorp 2017).

Solche Impulse werden in der Regel von interessenpolitischen Akteuren beider Seiten (auf politischer Ebene vor allem Arbeitgeberverbände und Gewerkschaften) jeweils in Stellungnahmen zum vorgeblichen Gegensatz von Nachhaltigkeitszielen und ökonomischen respektive beschäftigungspolitischen Zielen auf konkrete Forderungen in den jeweiligen Branchen bzw. auf örtliche Bedingungen heruntergebrochen und in die Betriebe getragen. Nachhaltigkeit ist dabei häufig nur visionäres Ziel, kann sich aber auch an konkreten sustainable goals orientieren. Die durch INQA erarbeiteten Kriterien der Arbeitsqualität dienen zum Beispiel als Ausgangslage des DGB-Index Gute Arbeit (siehe unten). Mit einiger Berechtigung können solche Initiativen als einflussreiche Impulsgeber für Bewertungsmaßstäbe und Forderungen angesehen werden. Viele Arbeitnehmer*innen und ihre Organisationen verfolgen aber auch davon abweichende Agenden und haben ihre eigenen Normvorstellungen, die sich nicht nur aus den dominanten politischen Diskursen, sondern auch aus der Arbeitspraxis und darin erfahrener Problemlagen ableiten. Über jene normativen Kriterien geben empirische Studien verschiedener Initiativen und arbeitspolitischer Akteure Aufschluss, die sich meist auf die Kernfrage der Arbeitszufriedenheit konzentrieren.

7.4 Gestaltung von Arbeit: nachhaltig, sinnhaft und „gut"?

Einige dieser normativen Ansprüche an (Erwerbs-)arbeit münden letztlich in arbeitspolitische öffentliche Debatten, von denen im Folgenden diejenige um die Qualität von Arbeit (Abschn. 7.4.1) hervorgehoben und kritisch reflektiert wird. In ihr verbinden sich seit den 1970er-Jahren die fortlaufende Thematik arbeitsinhaltlicher Anforderungen mit der Gestaltung von Arbeitsbedingungen und gewandelten gesellschaftlichen Normen, die Eingang in gewerkschaftliche Strategien gehalten haben. Nachstehend wird ein kurzer Abriss über die Möglichkeiten vorangestellt, die Qualität von Arbeit und die Arbeitszufriedenheit überhaupt zu erfassen. Dies dient dem Aufbau einer kritischen Kompetenz für den Umgang mit verschiedenen Messinstrumenten und Initiativen (Abschn. 7.4.2). Explizit soll die von Gewerkschaftsseite geführte Debatte um den Index „Gute Arbeit" (Abschn. 7.4.3) kritisch betrachtet werden, weil dort zumindest der Anspruch besteht, die Perspektive der Arbeitnehmer*innen und ihre Interessen zur Ausgangslage der Bewertung der Qualität von Arbeit zu machen.

Damit ist beabsichtigt, den Leser*innen vor dem Hintergrund der in der Publikation versammelten Aspekte zum Thema „Arbeit und Subjekt" Anregungen zu geben, wie diese Diskurse im Sinne der Reflexion zugrunde liegender dominanter normativer Kriterien einzuschätzen sind. Gewerkschaftliche Vorschläge zur Optimierung und Gestaltung von Arbeit (siehe dazu etwa Hoffmann und Bogedan 2015) sind dazu allenfalls Vehikel, nicht aber Patentrezepte, die als „Checkliste" geeignet wären. In diesen spiegeln sich nicht unbedingt eins zu eins die Erwerbsorientierungen, Bedürfnisse und Ansprüche der Subjekte wider, sondern es handelt sich um Übersetzungsleistungen von arbeitspolitischen Akteuren, die interessenpolitische Strategien verfolgen.

7.4.1 Qualität der Arbeit: von Humanisierung zu „Guter Arbeit"

Das Thema „Qualität der Arbeit" ist vor über 40 Jahren durch das Bundesprogramm zur „Humanisierung des Arbeitslebens" (vgl. Matthöfer 1977) das erste Mal breiter diskutiert worden (Oehlke 2004). Die ausgehenden 1960er-Jahre in der Bundesrepublik waren eine Zeit der verschärften Spannung zwischen einer verstärkt mit Rationalisierungsanstrengungen und Arbeitsverdichtung auf die sinkende Inlandsnachfrage reagierenden Industrie auf der einen und der mit Streiks auf selbige Entwicklung reagierenden Arbeiterschaft auf der anderen Seite. In seiner Grundausrichtung einer gesellschaftspolitisch gerahmten Arbeitspolitik setzte das Programm „Humanisierung der Arbeit" auf eine Vermittlung zwischen den Interessengruppen und auf eine Neuausrichtung der Rationalisierungspfade.

Humanisierung wurde ökonomisch mit der Absenkung sozialer Kosten flankiert: Fehlzeiten, Fluktuation und Erwerbsunfähigkeit sollten minimiert, Motivationshemmnissen, aber auch faktischen Minderungen körperlich belastender Arbeit begegnet und erweiterte Gestaltungsspielräumen in der Arbeit geschaffen werden. Es kann daher als Reaktion auf die angespannte Lage verstanden werden (Müller 2016; Seibring 2011).

Gelegentlich wird unter Bezugnahme auf öffentlich diskutierte Stichworte wie „Zukunft der Arbeit" oder „Arbeit 4.0" eine neue Humanisierungsinitiative (Schweres 2009) angemahnt, nachdem „humanisierungspolitische Erosionen" (Schweres 2008; vgl. auch Fricke und Wagner 2012) konstatiert wurden. Die ursprüngliche IG-Metall-Initiative „Gute Arbeit" wollte dezidiert an diese Vorläuferprojekte anknüpfen (IGM 2007; Pickshaus 2007). Allerdings sind nicht nur die heutigen Bedingungen des Arbeitens im Vergleich zur damaligen Zeit deutlich verändert (u. a. Technisierung, entgrenzte Organisationsformen, Leistungsanforderungen; vgl. hierzu Kap. 1, 2, 3, 4, 5 und 6), auch die Erwartungen an die Arbeit haben sich weiterentwickelt. Das bedeutet auch: Universelle und gleichsam zeitlose Kriterien für die Bemessung der Qualität von Arbeit existieren streng genommen nicht, die Einschätzungen darüber variieren. Qualität der Arbeit ist demnach für die Einzelnen kein absoluter Wert, sondern stellt sich im Vergleich von Ansprüchen und Erwartungen mit der wahrgenommenen faktischen Situation dar (vgl. Kratzer et al. 2015).

7.4.2 Die Qualität von Arbeit und Arbeitszufriedenheit messen?

In der Wissenschaft sowie in der Arbeitspolitik kreist die Debatte um die Qualität von Arbeit weniger um die anwendungsnahen INQA-Studien als vor allem um das vonseiten der Gewerkschaften initiierte und unterstützte Modell „Gute Arbeit" sowie den häufig von Arbeitgeberseite vorgetragenen Daten zur Arbeitszufriedenheit von Beschäftigten (siehe Brenke 2015). Die Debatte um den Index Gute Arbeit wie um die Konzeptionen der subjektiven Arbeitszufriedenheit hat deutliche politische Implikationen (Schmucker 2013) und bietet Zündstoff für eine u. a. medial ausgetragene Kontroverse um die Seriosität der ihnen zugrunde liegenden Erhebungen. Im Zentrum stehen einerseits die deutlich kritischere Perspektive auf die Qualität der Arbeit, die im DGB-Index Gute Arbeit zum Ausdruck kommt, und die von Arbeitgeberseite betonten regelmäßig hohen Werte, die in Befragungen zur Arbeitszufriedenheit erreicht werden (zum arbeitspolitischen Methodenstreit vgl. BDA 2015; IGM 2015).

7.4 Gestaltung von Arbeit: nachhaltig, sinnhaft und „gut"?

Das Konzept Arbeitszufriedenheit fußt ursprünglich auf einem komplexen arbeitspsychologischen Modell: Zufriedenheit mit der Arbeit stellt sich ein, wenn der Ist-Zustand aktueller Anforderungen an die eigene Person und sozialisierte persönliche Ansprüche übereinstimmen. Beides verschachtelt sich in einem mehrdimensionalen Gefühl der Zufriedenheit bzw. der Abwesenheit dieses Gefühls (vgl. grundlegend Bruggemann 1974). Der dortige prozessorientierte und zugleich qualitativ differenzierte Blick auf das Phänomen Arbeitszufriedenheit identifiziert sechs Ausprägungen: Progressive Arbeitszufriedenheit stellt sich dann ein, wenn der Soll-Ist-Vergleich positiv ausfällt, aber das angestrebte Anspruchsniveau dadurch auch ansteigt. Stabilisierte Arbeitszufriedenheit beschreibt den Zustand eines positiven Soll-Ist-Abgleichs bei unverändertem Anspruchsniveau. Um resignative Arbeitszufriedenheit handelt es sich, wenn der Soll-Ist-Vergleich negativ bilanziert wird und das Anspruchsniveau zur Kompensation dessen abgesenkt wird. Der Begriff Pseudo-Arbeitszufriedenheit umreißt die Situation eines negativen Soll-Ist-Abgleichs bei unverändertem Anspruchsniveau, was eine verfälschte Wahrnehmung im Sinne der Schönfärberei hervorruft. Eine fixierte Arbeitsunzufriedenheit ist dann zu beobachten, wenn der Soll-Ist-Vergleich bei unverändertem Anspruchsniveau negativ ausfällt, Lösungsversuche allerdings ausbleiben. Konstruktive Arbeitsunzufriedenheit stellt sich bei einem negativen Soll-Ist-Vergleich und gleichbleibendem Anspruchsniveau ein, wenn Lösungsversuche aktiv angegangen werden. Menschen bewerten ihre Arbeit nach verschiedenen, ihnen wichtigen Aspekten. Ein variables Anspruchsniveau, verzerrte Situationswahrnehmungen und das dem Soll-Ist-Vergleich nachgängige Problemlösungsverhalten sind drei der Kernmomente von Arbeitszufriedenheit (ebd.). Büssing (1991) erweitert diese um die sozialpsychologische Dimension der „wahrgenommenen Kontrolle" (vgl. zum erweiterten Modell Büssing et al. 2005), d. h. der subjektiven Überzeugung, Einfluss nehmen zu können. Zudem wird darauf verwiesen, dass auch der Fall positiver Bilanzierung des Soll-Ist-Vergleichs empirisch nachweisbar sei (Ferreira 2009), folglich weitere Zufriedenheitstypen existierten. Jüngste empirische Untersuchungen stützen diese Perspektive auch bezüglich digitalisierter Arbeitswelten (in Bezug auf IT-Freelancer: Süß und Haarhaus 2013).

Auf der Shopfloor-Ebene ist u. a. die Unterscheidung zwischen Verhaltens- und Verhältnisprävention von Bedeutung. Erstere zielt darauf, individuelle Aktivitäten durch Zuwendungen oder Freistellungen zu fördern, seien es sportliche Aktivitäten, Ernährungsumstellung oder Lernprogramme. Die Verhältnisprävention dagegen setzt auf (strukturelle) Veränderungen der betrieblichen Arbeitsprozesse und auf unterstützende Maßnahmen bei Arbeitsbelastungen, lebensphasengerechte Arbeitszeiten oder Qualifizierung. Das ist voraussetzungsreich: Nur auf Basis fairer und verlässlicher Arbeitsbedingungen – mithin auch auf Entgelt und

Beschäftigungssicherheit abzielend – sieht die Initiative Neue Qualität der Arbeit (2016) eben diese gewährleistet. So unterschiedliche Themen wie Personalführung, Chancengleichheit und Diversität, Gesundheit sowie Wissen und Kompetenz verdeutlichen, wie komplex der Gegenstand ist, zumal Querbezüge untereinander existieren. Das Statistische Bundesamt (Destatis 2017a) listet sieben Dimensionen auf: Arbeitssicherheit und Gleichstellung, Einkommen und indirekte Arbeitgeberleistungen, Arbeitszeit, Ausgleich von Beruf und Privatleben, Beschäftigungssicherheit und Sozialleistungen, Arbeitsbeziehungen, Qualifikation und Weiterbildung, Zusammenarbeit und Motivation. Wie auch bei anderen Ansätzen sind die immanenten Abgrenzungen ebenso unklar (so dürfte z. B. Beschäftigungssicherheit ein auch motivationaler Faktor sein) wie das Zusammenspiel all dieser Faktoren. Solche Defizite führen in der Regel zu eher additiven Konstrukten, die wiederum häufig eher deskriptiv denn erklärend sind.

Offensichtlich ist: Das Thema Qualität der Arbeit ist kaum mit geringem Aufwand zu durchdringen, es ist vielmehr vielschichtig und stark interessenbedingt und bedarf entsprechend komplexer Instrumente, um ein realistisches Bild liefern zu können. Ableitungen aus dem sozioökonomischen Panel (SOEP), die lediglich eine Variable zur Bestimmung der Arbeitszufriedenheit heranziehen (Brenke 2015), gelten demzufolge mindestens als unbefriedigend (vgl. DGB 2016), wie sich auch die schon von Bruggemann (1974) und dessen Nachfolgern (siehe oben) identifizierten vielfältigen Positionierungen dem vereinfachenden Schema „der Arbeitszufriedenheit" entziehen.[3]

Damit ist das Thema „Qualität der Arbeit" beileibe nicht erschöpft. Mit dem in den letzten Jahren prominent gewordenem „Haus der Arbeitsfähigkeit" (Ilmarinen 1999; Ilmarinen et al. 2002) werden unmittelbar auf die Arbeitsanforderungen bezogene Aspekte der Gesundheit, der Kompetenzentwicklung, des für die Arbeit relevanten Wertekanons sowie (im engeren Sinne betriebliche) Aspekte der Arbeit mit individuellen und gesellschaftlichen Faktoren verknüpft. Unter der Prämisse, dass sich Arbeit an den Menschen anpassen müsse, betont das Konzept die Wechselseitigkeit von Anforderungen an die Arbeit und die Ressourcen der Beschäftigten. Erst vor dem Hintergrund einer entsprechenden Passung stelle sich Qualität der Arbeit ein und könne eine qualitativ hochwertige Arbeit gelingen. Gute Arbeitsfähigkeit sei dann gegeben, wenn Menschen mit ihren vielfältigen Ressourcen die gewünschte Arbeit gut erfüllen können. Dazu gehört physische wie psychische

---

[3] Brenke bezieht u. a. Selbständige ein, was in starken Kontrast zum DGB-Index Gute Arbeit steht, der auf abhängig Beschäftigte rekurriert. Dargestellt werden unterschiedliche Ansätze der empirischen Forschung zur Arbeitszufriedenheit.

7.4 Gestaltung von Arbeit: nachhaltig, sinnhaft und „gut"? 211

Gesundheit.[4] Veränderungen in diesem Feld ziehen Folgen für die Arbeitsfähigkeit nach sich – sie sind aber prinzipiell durch die Akteure zu gestalten, sowohl am Arbeitsplatz wie im privaten Umfeld. Im Hinblick auf die Qualifizierung geht es um angemessene Fachqualifikationen und um (extrafunktionale) Kompetenzen, die als Fertigkeiten entweder schon ausgebildet sind oder aber als Fähigkeiten potenziell zur Verfügung stehen, wenn sie z. B. im Zuge lebenslangen Lernens gefördert werden. Einstellung und Motivation zur Arbeit sind nicht nur eine individuelle grundlegende Haltung, sondern verhalten und entwickeln sich im Hinblick auf die faktische Arbeit: Damit im Einklang zu stehen, erleichtert den Umgang mit Aufgaben und Anforderungen und vermag mehr als monetäre Anreize oder Zwänge eine hohe Arbeitsfähigkeit aufrechtzuerhalten. Als oberstes Stockwerk ist die Arbeit selbst konzipiert. Sie nimmt einen großen (Bedeutungs-)Raum ein – und mit ihr alle die bisher genannten Themen beeinflussende Faktoren: die konkreten Arbeitsaufgaben mit ihren Anforderungen und Arbeitsbedingungen im materiellen Sinn, die sozialen Beziehungen zu Kolleg*innen und Vorgesetzten sowie Organisationsstruktur und Führungsverhalten. Hinzu kommen gesetzliche Regelungen zum Arbeitsschutz. Getreu der Prämisse der Anpassung der Arbeit an die Menschen sind Gesundheitsförderung und Prävention, ergonomische Verbesserungen am Arbeitsplatz sowie ein auf den Erhalt der Arbeitsfähigkeit ausgerichtetes Führungsverhalten eine bilaterale Angelegenheit zwischen Beschäftigten und Unternehmen.

Im Sinne eines mehrdimensionalen Konzepts von Arbeitsqualität schlagen Hauff und Kirchner (2013) vor, Arbeitszeit, die Vereinbarkeit von Familie und Beruf, Arbeitsplatzsicherheit, Einkommen sowie Autonomie und Vielfalt am Arbeitsplatz als Kriterien zu verwenden. Als evaluativ-relationales Konzept soll der Blick auf individuelle Präferenzen und die Wahrnehmung der faktischen Bedingungen gerichtet werden. Im Sinne einer Diskrepanzanalyse können so individuelle Mismatches (Kalleberg 2007) festgestellt werden, ohne absolute Vorannahmen über die Qualität von Arbeit treffen zu müssen (vgl. Fritz 2015). Inwiefern allerdings objektive Belastungen, die als solche nicht wahrgenommen werden, diesem Zugang über Präferenz und Wahrnehmung verschlossen bleiben und z. B. körperliche/psychosoziale Belastungen damit nicht erfasst werden können, bleibt zu diskutieren.

Schließlich ist die Arbeitssituationsanalyse (Meyn und Peter 2010) zu erwähnen, die dezidiert an Konzepte der „Humanisierung von Arbeit" anknüpft und ihren Ausgangspunkt in einem arbeitsteiligen Prozess gesellschaftlicher Reproduktion

---

[4] Die vertikale Struktur erinnert an die Maslow'sche Pyramide, ohne dass dies intendiert wäre. Zumindest weist die Hervorhebung von Wechselseitigkeit über diese Simplifizierung von Bedürfnissen hinaus.

nimmt. Die Feststellung erodierender Standards arbeitswissenschaftlicher Provenienz (vgl. Hacker 2010) und kollektiver Möglichkeiten zur Qualifikation und Gestaltung von Arbeit (im Anschluss etwa an Ulich 2005) im Zuge des Subjektivierungsprozesses verbindet sich mit der Wahrnehmung einer in den Hintergrund gerückten Kritik an betrieblichen Strukturen. Demgegenüber wird eine Fokussierung „typischer Arbeitssituationen" gefordert, die objektive wie subjektive Gegebenheiten gleichermaßen berücksichtigt (Meyn und Peter 2010).

Seit 1990 fragt der European Working Condition Survey (EWCS) per Zufallsstichprobe nach Arbeitsbedingungen der Beschäftigten und Selbstständigen in Europa. Im Hinblick auf den Arbeitsalltag werden Daten zum Beschäftigungsstatus, zur Länge und Organisation der Arbeitszeit, zur allgemeinen Arbeitsorganisation, zu Aus- und Weiterbildung, physischen und psychosozialen Risiken, Gesundheit und Sicherheit, Work-Life-Balance, Partizipation, Entgelt und finanziellen Absicherung gestellt. Arbeitsplatzqualität wird in der Perspektive des EWCS durch betriebliche Verfahren beeinflusst, die zusammengenommen Arbeitsplatzqualität herstellen. Zur Einschätzung werden eigens entwickelte Indizes zu den Themenfeldern Arbeitseinkommen, Karrierechancen, intrinsische Arbeitsplatzqualität (Kompetenznutzung und Selbstbestimmung, soziales und physisches Umfeld sowie Arbeitsintensität) und Arbeitszeitqualität berechnet (Eurofound 2015).

Arbeitszufriedenheit, „Gute Arbeit" oder das „Haus der Arbeitsfähigkeit" und Arbeitssituationsanalyse – alle diese Konzepte und Ansätze zielen im Kern implizit auf Interventionen zugunsten von Erwerbstätigen in konventionellen Normalarbeitsverhältnissen und im betrieblichen Umfeld ab. Prekarisierte Beschäftigte, Solo-Selbstständige wie auch die Dienstleistungsarbeit in Reproduktionsfeldern werden dadurch kaum bzw. nicht erfasst (darin unterscheidet sich Brenke [2015] von anderen Ansätzen). Das Thema Qualität der Arbeit weist diesbezüglich eine Blindstelle auf, wobei zu konstatieren ist, dass Studien zur Belastung, zum psychischen Stress oder zu Erschöpfung und Burn-out mittlerweile ausreichend vorliegen. Evident erscheint damit, dass der Themenkomplex Qualität der Arbeit auch den Aspekt sicherer Beschäftigung umfasst und damit für Leiharbeit, Prekarisierte etc. erweitert werden muss.

Aus Sicht der Internationalen Arbeitsorganisation (ILO 2015) sind für die unterschiedlichen Dimensionen der Arbeitsbedingungen der jeweilige Geltungsbereich der Schutzmaßnahmen für Arbeitnehmer*innen sowie das Schutzniveau und der Grad der Einhaltung der Vorschriften relevant. Mit anderen Worten: Reichweite (gesetzlich, aber auch tariflich abgesichert) und Qualität (Ausmaß und wirtschaftlich realisierbares wie arbeitnehmerbezogenes Niveau) sowie Verlässlichkeit (Sensibilisierung, Gesetzeskenntnis, Überzeugungsarbeit, Vorbeugung und Anreize wie auch wirksame Verfahren zur Verhängung angemessener Sanktionen) sind zusammengenommen Voraussetzung für eine hohe Qualität von Arbeit insgesamt und für die vorstehend aufgeführten Dimensionen im Einzelnen. Menschenwürdige Arbeit, auf die sich auch die Leitlinien zu „Guter Arbeit" des DGB beziehen, ist auf vier strategische Ziele ausgerichtet: Es geht um die Umsetzung der Kernarbeitsnormen, um Beschäftigungsmöglichkeiten mit ausreichendem Einkommen, um die Stärkung der sozialen Sicherheit sowie die Stärkung des Dialogs zwischen den „Sozialpartnern".

7.4.3 Der Index „Gute Arbeit"

Trotz der bestehenden Kontroverse darum, wie die „Qualität von Arbeit" am besten gemessen und bewerten werden kann, sind im Folgenden im Sinne einer arbeitnehmerorientierten Soziologie die zwei relevanten Initiativen von gewerkschaftlicher Seite unter dem Label „Gute Arbeit" auszuführen. Der ver.di-Kodex „Gute Arbeit" (ver.di 2013) formuliert einen normativen Orientierungsrahmen, um „auf der Grundlage von Gesetzen, Tarifverträgen und Betriebsvereinbarungen Arbeit so zu gestalten, dass die Unternehmensziele und die Ansprüche der Beschäftigten an guter Arbeit gleichermaßen erreicht werden können" (ver.di 2015). Auch wenn somit prinzipiell die Grenzen der Verbesserung der Qualität von Arbeit durch die Unternehmensziele, also die Profitabilität, eng gesetzt sind, geht es darum, „schlechte Arbeit" und einen weiteren Abbau von Arbeitnehmerrechten zu verhindern. Die Leitlinien knüpfen dabei „explizit an die ‚Traditionslinie der Humanisierung der Arbeit' der 1970er-Jahre" an (Sauer 2011, S. 18).

Im Unterschied dazu erfasst der im Jahr 2007 initiierte DGB-Index „Gute Arbeit" (DGB 2013, 2014) die Arbeitsbedingungen in Deutschland empirisch. Jährliche stattfindende telefonische oder schriftliche Befragungen dokumentieren die Sicht von abhängig Beschäftigten aus verschiedenen Branchen und Regionen. Die Befragten bewerten in 42 Einzelfragen (die branchen- bzw. themenspezifisch erweitert werden können) ihre Arbeitssituation. Daraus lassen sich drei Teilindizes (Ressourcenausstattung, Beanspruchungsniveaus und Sicherheit des Arbeitsplatzes) bei angemessenem Entgelt bilden sowie ein „Gesamtindex Gute Arbeit" mit elf Kriterien. Im Einzelnen sind dies Einfluss- und Gestaltungsmöglichkeiten, Weiterbildungs- und Entwicklungsmöglichkeiten, Führungsqualität und Betriebskultur, Sinn der Arbeit (diese vier Kriterien bilden den Teilindex Ressourcen), Arbeitszeitlage, soziale und emotionale Anforderungen, körperliche Anforderungen sowie Widersprüchlichkeit von Anforderungen und Arbeitsintensität (die letztgenannten vier Kriterien bilden den Teilindex Belastungen) sowie Einkommen und Rente, betriebliche Sozialleistungen und Beschäftigungssicherheit/berufliche

Zukunftssicherheit (die letztgenannten Kriterien bilden den Teilindex Einkommen und Sicherheit). Zu prüfen ist, ob und inwiefern diese Dimensionen bei der Messung von Qualität seitens der Gewerkschaften in einer hierarchischen Rangfolge stehen (vgl. Lepperhoff 2011).

Als Resultat werden (Gesamt- wie Teil-)Indizes zwischen 0 (schlechteste Arbeitsqualität) und 100 (optimale Arbeitsbedingungen) ermittelt, die sich an der Zustimmung aller Befragten in Prozent orientieren. Damit sagt der Index aus, wie es um die Qualität der Arbeit insgesamt (Gesamtindex) und hinsichtlich der elf Einzelkriterien der Arbeitsqualität pro Befragungsjahr bestellt ist und gibt Hinweise auf die Gewichtung einzelner Kriterien zur Bestimmung von Arbeitsqualität. Mit dieser umfassenden Thematisierung wird der faktische Status sowie die Einschätzung der daraus hervorgehenden persönlichen Belastung erfasst (zur Methode ab 2012 vgl. Holler 2013; zum Politischen Methodenstreit BDA 2015 und IGM 2015; zur Debatte um frühere Versionen: Prümper und Richtenhagen 2009 sowie Georg et al. 2010; Kasch 2010). Einschränkend muss hinzugefügt werden, dass in allen Initiativen ausschließlich Erwerbsarbeit als Messgröße herangezogen wird, sodass es genau genommen um die Qualität bezahlter, formal geregelter Arbeit geht. Der DGB-Vorsitzende Reiner Hoffmann (2015) spitzt das gewerkschaftliche Verständnis von Guter Arbeit wie folgt thesenartig zu:

1. Gute Arbeit ist menschengerecht gestaltete Arbeit (gesundheits- und persönlichkeits-fördernd und nicht auf den Schultern der Arbeit in Entwicklungsländern lastend).
2. Gute Arbeit braucht Entwicklungs- und Qualifizierungschancen (gute Bildung als Grundlage für aktive Demokratisierung in der Wirtschaft).
3. Gute Arbeit ist mitbestimmende Arbeit (als zivilisatorische Errungenschaft).
4. Gute Arbeit muss tariflich geschützt und gestaltet werden.
5. Gute Arbeit ist geschlechtergerecht.
6. Gute Arbeit ist ökologisch nachhaltig und modern.
7. Gute Arbeit schließt Zeitsouveränität mit ein.

Insgesamt wird deutlich, dass es bei der Diskussion und Messung der Qualität von Arbeit auch um Faktoren geht, die nicht ausschließlich mit der unmittelbaren Qualität am Arbeitsplatz und damit dem Arbeitsinhalt zusammenhängen. Vielmehr spielt die Frage der sozial ungleichen Verteilung von Arbeit als Bewertungsmaßstab eine Rolle („Arbeit ist gut, wenn wir alle gleichberechtigt Zugang zu ihr haben"; „Arbeit ist gut, wenn sie nicht zur schlechten Arbeit anderswo führt"). Darüber hinaus fließt die Perspektive auf Arbeit als Medium der Existenzsicherung und der gesellschaftlichen Integration ein (Einkommen, Tarifschutz, soziale Sicherung,

7.4 Gestaltung von Arbeit: nachhaltig, sinnhaft und „gut"?

Rechte; vgl. hierzu Kap. 6). Arbeit erscheint hier also als Mittel zu einem anderen Zweck („Arbeit ist gut, wenn sie zur Demokratisierung der Wirtschaft beiträgt"; „Arbeit ist gut, wenn sie mir die Koordination mit meinem Privatleben ermöglicht und Planungssicherheit bietet" etc.). Somit ist begründbar, warum die Arbeitsform, also das Beschäftigungsverhältnis und seine vertraglichen Garantien, von Gewicht bei der Bestimmung der Qualität von Arbeit sein muss. Andere Dimensionen greifen die genuin qualitativen Aspekte von Arbeit auf – wie das Betriebsklima als Ausdruck der sozialen Beziehungen in der Arbeit, die stete Weiterentwicklungsmöglichkeit der Fähigkeiten und die Mitbestimmungs- und Einflussmöglichkeiten in Bezug auf die Ausgestaltung von Arbeit. Die Ansprüche, Überforderung und nicht nachhaltige physische und psychische Verausgabung zu vermeiden, sowie die Einforderung, dass gute Arbeit nicht zu lange und zu ausufernd und nicht mit stetig überhöhtem Zeit- und Leistungsdruck zu erledigen sein soll, sind hingegen zwar qualitativ auf die Arbeit bezogen, gehen allerdings nicht über Negativbestimmungen der Qualität von Arbeit hinaus.

Insoweit der immanente gewerkschaftliche Orientierungspunkt allerdings das fordistische Normalarbeitsverhältnis und dessen Verteidigung bleibt und so hauptsächlich Abweichungen von dessen Regulierungsweisen in den Blick genommen werden, liegt angesichts ausdifferenzierter Arbeitswelten eine analytische Unterbestimmung vor, die allenfalls arbeitspolitische Forderungen nach einer Wiederherstellung fordistischer Arbeitsverhältnisse nahelegt. Darüber hinausweisende Ansprüche bleiben unterbelichtet, womit unter Umständen sich wandelnde Bedürfnisse der Beschäftigten vernachlässigt werden. Diese Ansprüche reichen vom instrumentellen Arbeitsbezug wie „Ich arbeite, um zu leben" (Arbeit als Mittel der Existenzsicherung oder Ermöglichung eines bestimmten Lebens- und Konsumstandards) oder der Einforderung von flexiblen Arbeitszeitregelungen und individualisierten Beschäftigungsverhältnissen, um verschiedene Lebensbereiche in Einklang zu bringen (beides als veräußerte Ansprüche an die Arbeitsform), über die Erwartung, dass Arbeit Sinn und Identität stiftet, bis hin zu dem Wunsch nach Selbstverwirklichung und Autonomie (als inhaltliche Ansprüche an die Arbeit; vgl. Abschn. 7.2). Neben der angesichts von Massenarbeitslosigkeit und Prekarität naheliegenden handlungsleitenden Losung „Hauptsache Arbeit" bleiben andere Wunschvorstellungen dennoch virulent. Gewerkschaftliche Initiativen zur Bewertung der Arbeitsqualität scheitern bislang daran, diese in ihrer Gesamtheit zu erfassen.

Wie auch schon beim Programm der „Humanisierung der Arbeit" ist anzunehmen, dass Erfolge bei der Realisierung von subjektiven Ansprüchen und eine Durchsetzung der Kriterien für gute Arbeit bestenfalls innerhalb der Machtasymmetrie von Kapital und Arbeit zu erreichen sein werden. Dass die Aneinanderreihung von Kriterien wiederum eine Fortsetzung von Rationalisierung mit anderen Mitteln bedeuten kann (vgl. Sauer 2011, S. 9 ff.), zeigen Forderungen nach und der betriebliche Umgang mit Arbeitszeitverkürzung. Für sich allein genommen sollen und können die umgesetzten Forderungen zwar Arbeitsextensivierung einschränken, aber im gleichen Zuge können sie Lohnkürzungen und Arbeitsverdichtungen nach sich ziehen.

Kritisch einzuwenden gegen den DGB-Index ist also zum einen, dass mit der Festlegung der (begrenzten) Kriterien der Arbeitsqualität darüber hinausgehende Ansprüche der Beschäftigten an Arbeit gar nicht und die subjektive Gewichtung der Einzelkriterien durch die Beschäftigten kaum erfasst werden. Immerhin gilt: „Als Gute Arbeit kann nur dann eine Tätigkeit abhängig Beschäftigter qualifiziert werden, wenn diese selbst sie als gut einschätzen." (Roth 2014) Arbeitszufriedenheit und Identifikation sind zudem äußerst funktional für die betriebliche Vernutzung von Arbeitskraft. Ein subjektiv positiver Bezug zur Arbeit, die Beschränkung der Gestaltungsansprüche auf die unmittelbar eigenen alltagsweltlichen Interessen sowie die Tendenz, die Interessen des Arbeitgebers als kongruent mit den eigenen anzusehen (vgl. Engels 1977 [1847], S. 49), sind unter den gegebenen Verhältnissen bis zu einem gewissen Grad subjektiv rational und können sich als komplementär zu den betrieblichen Zielen erweisen. Die Inkongruenz der Interessen bleibt dem kapitalistischen Arbeitsverhältnis allerdings immanent, wie Schröder (2015, S. 3) konstatiert, wenn Flexibilität und Selbstoptimierung nicht nur als betriebliche Anforderung erscheinen, sondern als Tugenden vermittelt und verinnerlicht sowie als Konkurrenzmittel der Beschäftigten sogar eigenes Bedürfnis werden. Zu klären wäre also, aus wessen Perspektive die Erwerbstätigkeit etwaigen Qualitätskriterien entsprechen soll (vgl. Körner et al. 2010). In der Gleichsetzung der Zielstellungen „Steigerung der Arbeitsqualität" und „Steigerung der Arbeitsproduktivität" der Konzeptionen von „Guter Arbeit" werden antagonistische Interessen von Kapital und Arbeit unreflektiert miteinander vermengt (etwa bei Lepperhoff 2011, S. 33). Damit geraten solche Ansprüche aus dem gewerkschaftlichen Blick, die sich dem betrieblichen Interesse entziehen bzw. widersetzen. Es gilt aber auch: Nicht alle Arbeitskämpfe werden im Geiste des Widerspruchs zwischen Kapital und Arbeit geführt. Allerdings sind subjektive Ansprüche keinesfalls direkter Ausdruck der Möglichkeiten, die eigene Arbeit zu gestalten, sondern weisen in ihrem Wollen auch über die unmittelbare Realisierbarkeit hinaus.

Weiterführende Literatur

Abel, J., Ittermann, P., & Pries, L. (2005). Erwerbsregulierung in hoch qualifizierter Wissensarbeit – individuell und kollektiv, diskursiv und partizipativ. *Industrielle Beziehungen, 12 (1)*, S. 28–50.

Absenger, N., Ahlers, E., Bispinck, R., Kleinknecht, A., Klenner, C., Lott, Y., Pusch, T., & Seifert, H. (2014). *Arbeitszeiten in Deutschland. Entwicklungstendenzen und Herausforderungen für eine moderne Arbeitszeitpolitik.* WSI Report, Nr. 19. https://www.boeckler.de/pdf/p_wsi_report_19_2014.pdf (zugegriffen: 14. Februar 2019).

Achatz, J. (2008). Die Integration von Frauen in Arbeitsmärkten und Organisationen. In S. Wilz (Hrsg.), Geschlechterdifferenzen – Geschlechterdifferenzierungen. Ein Überblick über gesellschaftliche Entwicklungen und theoretische Positionen (S. 105–138). Wiesbaden: VS Verlag für Sozialwissenschaften.

Adam, G., & Pernicka, S. (2007). Solo-Selbstständige und kollektive Interessenvertretung am Beispiel der Erwachsenenbildung in Österreich. In P. Gazareth, A. Juhasz & C. Magnin (Hrsg.), *Neue soziale Ungleichheit in der Arbeitswelt* (S. 167–192). Konstanz: Universitätsverlag.

Adolphs, S., & Hamm, M. (2008). Prekäre Superhelden: zur Entwicklung politischer Handlungsmöglichkeiten in postfordistischen Verhältnissen. In C. Altenhain, A. Danilina, E. Hildebrandt, S. Kausch, A. Müller & T. Roscher (Hrsg.), *Von „Neuer Unterschicht" und Prekariat* (S. 165–182). Bielefeld: transcript.

Aglietta, M. (1976). *Régulation et crises du capitalisme. L'expérience des Etats-Unis.* Paris: Calmann-Lévy.

Ahlers, E. (2010). Arbeitsbedingungen von Beschäftigten in Betrieben mit ergebnisorientiert gesteuerten Arbeitsformen. *WSI-Mitteilungen, 63 (7)*, S. 350–356.

Ahrens, D. (2008). Jenseits des Mythos vom „gläsernen Fahrer": Die Rolle der Telematik im Transportprozess. In C. Funken & I. Schulz-Schaeffer (Hrsg.), *Digitalisierung der Arbeitswelt: Zur Neuordnung formeller und informeller Prozesse in Unternehmen* (S. 69–91). Wiesbaden: VS Verlag für Sozialwissenschaften.

Altmann, N., Deiß, M., Döhl, V., & Sauer, D. (1986). Ein „Neuer Rationalisierungstyp". Neue Anforderungen an die Industriesoziologie. *Soziale Welt, 37 (2–3)*, S. 191–207.

Altvater, E. (2005). *Das Ende des Kapitalismus, wie wir ihn kennen. Eine radikale Kapitalismuskritik.* Münster: Westfälisches Dampfboot.

Amacker, M. (2011). „Da haben wir wenig Spielraum" – Familienernährerinnen in prekären Lebenslagen. *WSI-Mitteilungen 64 (8)*, S. 409–415.

Anderl, R. (2006). Virtuelle Produktentwicklung in der Automobilindustrie. In A. Baukrowitz, T. Berker, A. Boes, S. Pfeiffer, R. Schmiede & M. Will (Hrsg.), *Informatisierung der Arbeit – Gesellschaft im Umbruch* (S. 37–52). Berlin: edition sigma.

Andresen, S., & Völker, S. (2005). Hat das Arbeitssubjekt der Zukunft (k)ein Geschlecht? Überlegungen zur Analyse der aktuellen Umbrüche in der Arbeit aus genderkritischer Perspektive. In H. Nickel & K. Lohr (Hrsg.), *Subjektivierung von Arbeit – Riskante Chancen* (S. 92–114). Münster: Westfälisches Dampfboot.

AOK Bundesverband (2017). *Fehlzeiten-Report 2017: Krise und Gesundheit – Ursachen, Prävention, Bewältigung.* Berlin: Springer.

Apitzsch, U., & Schmidbaur, M. (2011). Care, Migration und Geschlechtergerechtigkeit. *Aus Politik und Zeitgeschichte, 37–38/2011*, S. 43–49.

Apitsch, B., Shire, K. A., Heinrich, S., Mottweiler, H., & Tünte, M. (2015). *Flexibilität und Beschäftigungswandel.* Weinheim/Basel: Beltz Juventa.

Arbeitsgruppe SubArO (Hrsg.). (2005). *Ökonomie der Subjektivität – Subjektivität der Ökonomie.* Berlin: edition sigma.

Arnold, M., Mattes, A., & Wagner, G. G. (2016). Normale Arbeitsverhältnisse sind weiterhin die Regel. *DIW Wochenbericht, 19*, S. 419–428.

Artus, I. (2004). Testfeld Ost? Betriebliche Interessenvertretung in Ostdeutschland. Konsequenzen für den Westen. *WSI-Mitteilungen, 57 (5)*, S. 271–276.

Asendorf-Krings, I., Drexel, I., & Nuber, C. (1976). Reproduktionsvermögen und die Interessen von Kapital und Arbeit. In Institut für Sozialwissenschaftliche Forschung e.V. (Hrsg.), *Betrieb – Arbeitsmarkt – Qualifikation I* (S. 207–236). Frankfurt a.M./New York: Campus.

Aulenbacher, B. (1991). *Arbeit – Technik – Geschlecht. Industriesoziologische Frauenforschung am Beispiel der Bekleidungsindustrie.* Frankfurt a.M./New York: Campus.

Aulenbacher, B. (2005a). *Rationalisierung und Geschlecht in soziologischen Gegenwartsanalysen.* Wiesbaden: VS Verlag für Sozialwissenschaften.

Aulenbacher, B. (2005b). Zeitdiagnostik im Nachvollzug der Rationalisierung. Die besondere Berücksichtigung von Geschlecht und die Perspektiven der Debatte zur Subjektivierung von Arbeit. In Arbeitsgruppe SubArO (Hrsg.), *Ökonomie der Subjektivität – Subjektivität der Ökonomie* (S. 253–276). Berlin: edition sigma.

Aulenbacher, B. (2009). Die soziale Frage neu gestellt – Gesellschaftsanalysen der Prekarisierungs- und Geschlechterforschung. In R. Castel & K. Dörre (Hrsg.), *Prekarität, Abstieg, Ausgrenzung. Die soziale Frage am Beginn des 21. Jahrhunderts* (S. 65–77). Frankfurt a.M./New York: Campus.

Aulenbacher, B. (2013). Ökonomie und Sorgearbeit. Herrschaftslogiken, Arbeitsteilungen und Grenzziehungen im Gegenwartskapitalismus. In E. Appelt, B. Aulenbacher & A. Wetterer (Hrsg.), *Gesellschaft Feministische Krisendiagnosen* (S. 105–126). Münster: Westfälisches Dampfboot.

Aulenbacher, B. (2018). Rationalisierung und der Wandel von Erwerbsarbeit aus der Genderperspektive. In F. Böhle, G. G. Voß & G. Wachtler (Hrsg.), *Handbuch Arbeitssoziologie* (S. 435–469). Wiesbaden: VS Verlag für Sozialwissenschaften.

Aulenbacher, B., & Dammayr, M. (Hrsg.). (2014). *Für sich und andere sorgen. Krise und Zukunft von Care in der modernen Gesellschaft*. Weinheim/Berlin: Beltz Juventa.
Aulenbacher, B., & Wetterer, A. (Hrsg.). (2009). *Arbeit: Perspektiven und Diagnosen der Geschlechterforschung*. Münster: Westfälisches Dampfboot.
Aulenbacher, B., Funder, M., Jacobsen, H., & Völker, S. (2007). *Arbeit und Geschlecht im Umbruch der modernen Gesellschaft. Forschung im Dialog*. Wiesbaden: VS Verlag für Sozialwissenschaften.
Aulenbacher, B., Dammayr, M., Dörre, K., Menz, W., & Riegraf, B. (Hrsg.). (2017). *Leistung und Gerechtigkeit. Das umstrittene Versprechen des Kapitalismus*. Weinheim: Beltz Juventa.
Auth, D. (2013). Ökonomisierung der Pflege – Formalisierung und Prekarisierung von Pflegearbeit. *WSI-Mitteilungen, 66 (6)*, S. 412–422.
BA – Bundesagentur für Arbeit (2013). *Der Arbeitsmarkt in Deutschland. Jüngere Menschen ohne Berufsabschluss*. Arbeitsmarktberichterstattung – Mai 2013.
BA – Bundesagentur für Arbeit (2018a). *Blickpunkt Arbeitsmarkt (Juli 2018) – Die Arbeitsmarktsituation von Männern und Frauen 2017*. Nürnberg: Bundesagentur für Arbeit. https://statistik.arbeitsagentur.de/Statischer-Content/Arbeitsmarktberichte/Personengruppen/generische-Publikationen/Frauen-Maenner-Arbeitsmarkt.pdf (zugegriffen: 14. Februar 2019).
BA – Bundesagentur für Arbeit (2018b). *Statistik der BA: Zeitreihen*. Nürnberg: Bundesagentur für Arbeit. https://statistik.arbeitsagentur.de/Navigation/Statistik/Statistik-nach-Themen/Zeitreihen/Zeitreihen-Nav.html (zugegriffen: 14. Februar 2019).
BA – Bundesagentur für Arbeit (2018c). *Leiharbeitnehmer und Verleihbetriebe – Deutschland und Länder – Dezember 2017*. Nürnberg: Bundesagentur für Arbeit. https://statistik.arbeitsagentur.de/Statistikdaten/Detail/201712/iiia6/beschaeftigung-anue-anue/anue-d-0-201712-xlsx.xlsm (zugegriffen: 14. Februar 2019).
BA – Bundesagentur für Arbeit (2018d). *Blickpunkt Arbeitsmarkt, Ausgabe Februar 2018, Monatsbericht zum Arbeits- und Ausbildungsmarkt der Bundesagentur für Arbeit*. Nürnberg: Bundesagentur für Arbeit. https://con.arbeitsagentur.de/prod/apok/ct/dam/download/documents/Arbeitsmarktbericht022018_ba016436.pdf (zugegriffen: 14. Februar 2019).
BA – Bundesagentur für Arbeit (2018e). *Arbeitsmarktmonitor Dezember 2017*.
Baethge, M. (1991). Arbeit, Vergesellschaftung, Identität. Zur zunehmenden normativen Subjektivierung der Arbeit. *Soziale Welt, 42 (1)*, S. 6–19.
Baethge, M. (1994). Arbeit 2000. Wie Erwerbsarbeit Spaß macht – Arbeitsansprüche der Beschäftigten als Herausforderungen für die Gewerkschaften. *Gewerkschaftliche Monatshefte, 45 (12)*, S. 711–733.
Baethge, M. (2000). Zwischen Individualisierung und Standardisierung.: zur Qualifikationsentwicklung in den Dienstleistungsberufen. In W. Dostal & P. Kupka (Hrsg.), *Globalisierung, veränderte Arbeitsorganisation und Berufswandel* (S. 27–44). Nürnberg: BeitrAB 240.
Baethge, M., & Oberbeck, H. (1986). *Zukunft der Angestellten*. Frankfurt a.M./New York: Campus.
Baethge, M., & Wilkens, I. (2001). *Die große Hoffnung für das 21. Jahrhundert. Perspektiven und Strategien für die Entwicklung der Dienstleistungsbeschäftigung*. Opladen: Leske + Budrich.

Baethge-Kinsky, V. (2000). Prozessorientierte Arbeitsorganisation und Facharbeiterzukunft. In W. Dostal & P. Kupka 2000 (Hrsg.), *Globalisierung, veränderte Arbeitsorganisation und Berufswandel* (BeitrAB 240) (S. 81–98). Nürnberg: Bundesanstalt für Arbeit.

Bahnmüller, R. (2001). *Stabilität und Wandel der Entlohnungsformen. Entgeltsysteme und Entgeltpolitik in der Metallindustrie, in der Textil- und Bekleidungsindustrie und im Bankgewerbe.* München/Mering: Hampp.

Bainbridge, L. (1983). Ironies of automation. *Automatica, 19 (6),* S. 775–779.

Balz, H.-J. (2012). Prekäre Lebenslagen und Krisen. Strategien zur individuellen Bewältigung. In E.-U. Huster, J. Boeckh & H. Mogge-Grotjahn (Hrsg.), *Handbuch Armut und Soziale Ausgrenzung, 2. Aufl.* (S. 419–437). Wiesbaden: VS Verlag für Sozialwissenschaften.

Bartelheimer, P. (2011). Unsichere Erwerbsbeteiligung und Prekarität. *WSI-Mitteilungen, 64 (8),* S. 386–393.

Bauer, H., Böhle, F., Munz, C., Pfeiffer, S., & Woicke, P. (2002). *Hightech-Gespür. Erfahrungsgeleitetes Arbeiten und Lernen in hoch technisierten Arbeitsbereichen.* Schriftenreihe des Bundesinstituts für berufliche Bildung. Bielefeld: Bertelsmann.

Baukrowitz, A., & Boes, A. (1996). Arbeit in der „Informationsgesellschaft". Einige Überlegungen aus einer (fast schon) ungewohnten Perspektive. In R. Schmiede (Hrsg.), *Virtuelle Arbeitswelten. Arbeit, Produktion und Subjekt in der „Informationsgesellschaft"* (S. 129–157). Berlin: edition sigma.

Baukrowitz, A., Boes, A., & Eckhardt, B. (1994). *Software als Arbeit gestalten. Konzeptionelle Neuorientierung der Aus- und Weiterbildung von Computerspezialisten.* Opladen: Westdeutscher Verlag.

Baukrowitz, A., Boes, A., & Schwemmle, M. (1998). Veränderungstendenzen der Arbeit im Übergang zur Informationsgesellschaft. Befunde und Defizite der Forschung. In Enquete-Kommission Zukunft der Medien in Wirtschaft und Gesellschaft (Hrsg), *Deutschlands Weg in die Informationsgesellschaft* (S. 13–170). Berlin: Deutscher Bundestag.

BDA – Bundesvereinigung der Deutschen Arbeitgeberverbände e.V. (2015). *Fakten statt Zerrbilder.* http://www.arbeitgeber.de/www/arbeitgeber.nsf/res/7247C24279772582C12 57EB90034B3E9/$file/Fakten_statt_Zerrbilder.pd (zugegriffen: 14. Februar 2019).

Beaud, S., & Pialoux, M. (2004). *Die verlorene Zukunft der Arbeiter. Die Peugeot-Werke von Sochaux-Montbéliard.* Konstanz: UVK.

Bechtle, G. (1994). Systemische Rationalisierung als neues Paradigma industriesoziologischer Forschung? In N. Beckenbach & W. van Treeck (Hrsg.), *Umbrüche gesellschaftlicher Arbeit. Soziale Welt, Sonderbd. 9* (S. 45–64). Göttingen: Schwartz.

Beckenbach, N., & Herkommer, S. (1973). *Klassenlage und Bewusstseinsformen technischwissenschaftlicher Lohnarbeiter: zur Diskussion über die „technische Intelligenz".* Frankfurt a.M.: Europäische Verlagsanstalt.

Becker, M. (2006). Informatisierung des Kraftfahrzeugs und die Auswirkungen auf die Facharbeit am Beispiel von Diagnosesystemen. In A. Baukrowitz, T. Berker, A. Boes, S. Pfeiffer, R. Schmiede & M. Will (Hrsg.), *Informatisierung der Arbeit – Gesellschaft im Umbruch* (S. 240–251). Berlin: edition sigma.

Becker, R., & Hadjar A. (2009). Meritokratie – Zur gesellschaftlichen Legitimation ungleicher Bildungs-, Erwerbs- und Einkommenschancen in modernen Gesellschaften. In R. Becker (Hrsg.), *Lehrbuch der Bildungssoziologie* (S. 35–60). Wiesbaden: VS Verlag für Sozialwissenschaften.

Becker, R., & Kortendiek, B. (Hrsg.). (2010). Handbuch Frauen- und Geschlechterforschung: Theorie, Methoden, Empirie. 3. erw. und durchges. Aufl. Wiesbaden: VS Verlag für Sozialwissenschaften.
Becker-Schmidt, R. (1980). Widersprüchliche Realität und Ambivalenz – Arbeitserfahrungen von Frauen in Fabrik und Familie. *Kölner Zeitschrift für Soziologie und Sozialpsychologie, 32 (4,)* S. 705–725.
Becker-Schmidt, R. (1983). Einleitende Überlegungen. In R. Kreckel (Hrsg.), *Soziale Ungleichheit. Soziale Welt, Sonderbd. 2* (S. 249–254). Göttingen: Schwartz.
Becker-Schmidt, R. (1987). Die doppelte Vergesellschaftung – die doppelte Unterdrückung: Besonderheiten der Frauenforschung in den Sozialwissenschaften. In L. Unterkirchen & I. Wagner (Hrsg.), *Die andere Hälfte der Gesellschaft. Österreichischer Soziologentag 1985* (S. 10–25). Wien.
Becker-Schmidt, R. (2003). *Die doppelte Vergesellschaftung von Frauen.* https://www.fu-berlin.de/sites/gpo/soz_eth/Geschlecht_als_Kategorie/Die_doppelte_Vergesellschaftung_von_Frauen/becker_schmidt_ohne.pdf (zugegriffen: 14. Februar 2019).
Becker-Schmidt, R. (2010). Doppelte Vergesellschaftung von Frauen: Divergenzen und Brückenschläge zwischen Privat- und Erwerbsleben. In R. Becker & B. Kortendiek (Hrsg.), *Handbuch Frauen- und Geschlechterforschung: Theorie, Methoden, Empirie.* 3. erw. u. durchges. Aufl. (S. 65–74). Wiesbaden: VS Verlag für Sozialwissenschaften.
Becker-Schmidt, R. (2011). „Verwahrloste Fürsorge" – ein Krisenherd gesellschaftlicher Reproduktion. Zivilisationskritische Anmerkungen zur ökonomischen, sozialstaatlichen und sozialkulturellen Vernachlässigung von Praxen im Feld „care work". *Gender, 3 (3),* S. 9–23.
Becker-Schmidt, R., & Knapp, G.-A. (1987). *Geschlechtertrennung – Geschlechterdifferenz. Suchbewegungen sozialen Lernens.* Bonn: Verlag Neue Gesellschaft.
Becker-Schmidt, R., Brandes-Erlhoff, U., Karrer, M., Knapp, G.-A., Rumpf, M. & Schmidt, B. (1982). *Nicht wir haben die Minuten, die Minuten haben uns. Zeitprobleme und Zeiterfahrungen von Arbeitermüttern in Fabrik und Familie. Studie zum Projekt „Probleme lohnabhängig arbeitender Mütter".* Bonn: Neue Gesellschaft.
Becker-Schmidt, R., Knapp, G.-A., & Schmidt, B. (1984). *Eines ist zuwenig – beides ist zuviel. Erfahrungen von Arbeiterfrauen zwischen Familie und Fabrik.* Bonn: Verlag Neue Gesellschaft.
Beck-Gernsheim, E. (1980). *Das halbierte Leben. Männerwelt Beruf, Frauenwelt Familie.* Frankfurt a.M.: Fischer
Beck-Gernsheim, E. (1981). *Der geschlechtsspezifische Arbeitsmarkt. Zur Ideologie und Realität von Frauenberufen.* Frankfurt a.M.: Suhrkamp.
Beck-Gernsheim, E., & Ostner, I. (1977). Der Gegensatz von Beruf und Hausarbeit als Konstitutionsbedingung weiblichen Arbeitsvermögens. In U. Beck & M. Brater (Hrsg.), *Die soziale Konstitution der Berufe* (S. 25–54). Frankfurt a.M./New York: Campus.
Beckmann, S. (2008). *Geteilte Arbeit? Männer und Care Regimes in Schweden, Frankreich und Deutschland.* Münster: Westfälisches Dampfboot.
Beer, U. (1984). *Theorien geschlechtlicher Arbeitsteilung.* Frankfurt a.M./New York: Campus.
Beer, U. (1989). Das Geschlechterverhältnis ein „Nebenwiderspruch"? In Institut für marxistische Studien und Forschungen (IMSF) (Hrsg.), *Klasse und Geschlecht* (S. 67–72). Frankfurt a.M.: IMSF.

Beer, U. (1990). *Geschlecht, Struktur, Geschichte. Soziale Konstituierung des Geschlechterverhältnisses.* Frankfurt a.m./New York: Campus.
Behnke, C., & Liebold, R. (2001). Beruflich erfolgreiche Männer: Belastet von der Arbeit – belästigt von der Familie. In P. Döge & M. Meuser (Hrsg.), *Männlichkeit und soziale Ordnung. Neue Beiträge zur Geschlechterforschung* (S. 141–157). Opladen: Leske + Budrich.
Behnke, C., & Meuser, M. (2003). Modernisierte Geschlechterverhältnisse? – Entgrenzung von Beruf und Familie bei Doppelkarrierepaaren. In K. Gottschall & G. G. Voß (Hrsg.), *Entgrenzung von Arbeit und Leben. Zum Wandel der Beziehung von Erwerbstätigkeit und Privatsphäre im Alltag* (S. 285–306). München/Mering: Hampp.
Behnke, C., & Meuser, M. (2005). Vereinbarkeitsmanagement. Zuständigkeiten und Karrierechancen bei Doppelkarrierepaaren. In H. Solga & C. Wimbauer (Hrsg.), *„Wenn zwei das Gleiche tun… " – Ideal und Realität sozialer (Un-)Gleichheit in Dual Career Couples* (S. 123–139). Opladen: Leske + Budrich.
Bell, D. (1976). *Die nachindustrielle Gesellschaft.* Frankfurt a.M./New York: Campus.
Bellmann, L., Brandl, S., Dummert, S., Guggemos, P., Leber, U., & Matuschek, I. (2018). *Altern in Betrieb. Alterung und Alter(n)smanagement in kleineren und mittleren Unternehmen – vom Einzelfall zur professionalisierten Systematik.* (= HBS Study Nr. 393). Düsseldorf: Hans-Böckler-Stiftung.
Bender, G. (1997). *Lohnarbeit zwischen Autonomie und Zwang. Neue Entlohnungsformen als Element veränderter Leistungspolitik.* Frankfurt a.M./New York: Campus.
Benner, C. (Hrsg.). (2014). *Crowdwork – zurück in die Zukunft. Perspektiven digitaler Arbeit.* Frankfurt a.M.: Bund-Verlag.
Benz-Overhage, K., Brumlop, E., v. Freyberg, T., & Papadimitriou, Z. (1982). *Neue Technologien und alternative Arbeitsgestaltung. Auswirkungen des Computereinsatzes in der industriellen Produktion.* Frankfurt a.M./New York: Campus.
Benz-Overhage, K., Brumlop, E., v. Freyberg, T., & Papadimitriou, Z. (1983). *Computergestützte Produktion. – Fallstudien in ausgewählten Industriebetrieben.* Frankfurt a.M./New York: Campus.
Berger, J., & Offe, C. (1984). Die Entwicklungsdynamik des Dienstleistungssektors. In C. Offe (Hrsg.), *„Arbeitsgesellschaft": Strukturprobleme und Zukunftsperspektiven* (S. 229–270). Frankfurt a.M./New York: Campus.
Bergmann, J., Hirsch-Kreinsen, H., Springer, R., & Wolf, H. (1986). *Rationalisierung, Technisierung und Kontrolle des Arbeitsprozesses. Die Einführung der CNC-Technologie in Betrieben des Maschinenbaus.* Frankfurt a.M./New York: Campus.
Berninger, I., & Dingeldey, I. (2013). Familieneinkommen als neue Normalität? *WSI-Mitteilungen, 3,* S. 182–191.
Bertram, H. (2002). Die multilokale Mehrgenerationenfamilie. Von der neolokalen Gattenfamilie zur multilokalen Mehrgenerationenfamilie. *Berliner Journal für Soziologie, 12 (4),* S. 517–529.
Bescherer, P. (2013). *Vom Lumpenproletariat zur Unterschicht. Produktivistische Theorie und politische Praxis.* Frankfurt a.M./New York: Campus.
Betzelt, S. (2006). Flexible Wissensarbeit: AlleindienstleisterInnen zwischen Privileg und Prekarität. *ZeS-Arbeitspapier, 3, 2006.* Bremen: Zentrum für Sozialpolitik.
Beyer, J. (2003). *Vom Zukunfts- zum Auslaufmodell? Die deutsche Wirtschaftsordnung im Wandel – Der Sozialstaat vor dem Aus?* Opladen: Westdeutscher Verlag.

Weiterführende Literatur

Bieling, H.-J. (2012). Regulationstheorie und Arbeitspolitik. In K. Dörre, D. Sauer & V. Wittke (Hrsg.), *Kapitalismustheorie und Arbeit* (S. 127–142). Frankfurt a.M./New York: Campus.

Biesecker, A. (2014). Sinnvolle Arbeit aus sozialökologischer Perspektive. In K. Dörre, K. Jürgens & I. Matuschek (Hrsg.), *Arbeit in Europa. Marktfundamentalismus als Zerreißprobe* (S. 353–366). Frankfurt a.M./New York: Campus.

Biesecker, A., & Gottschlich, D. (2012). Wirtschaften und Arbeiten in feministischer Perspektive – geschlechtergerecht und nachhaltig? In S. Hofmeister, C. Katz & T. Mölders (Hrsg.), *Geschlechterverhältnisse und Nachhaltigkeit. Die Kategorie „Geschlecht" in den Nachhaltigkeitswissenschaften* (S. 240–252). Opladen: Barbara Budrich.

Biesecker, A., & Hofmeister, S. (2006). *Die Neuerfindung des Ökonomischen. Ein (re)produktionstheoretischer Beitrag zur sozial-ökologischen Forschung*. München: oekom.

Binder, K. (1979). *Arbeit, die Gestalt der subjektiven Produktivität im Werk von Karl Marx.* Frankfurt a.M.: Hochschulschrift der Goethe-Universtität.

Bispinck, R. (2004). Kontrollierte Dezentralisierung der Tarifpolitik. Eine schwierige Balance. *WSI-Mitteilungen, 57 (5),* S. 237–245.

Bispinck, R., Dribbusch, H., Öz, F., & Stoll, E. (2012). Einkommens- und Arbeitsbedingungen in Pflegeberufen. Eine Analyse auf Basis der WSI-Lohnspiegel-Datenbank. *Arbeitspapier 7.* Düsseldorf: Hans-Böckler-Stiftung. https://www.boeckler.de/pdf/ta_lohnspiegel_pflegeberufe_2012.pdf. Zugegriffen 14. Februar 2019.

Blauner, R. (1964). *Alienation and freedom. The factory worker and his industry.* Chicago: University of Chicago Press.

Blimlinger, E. (2008). The Gender of Precarity, or the Feminization of employment. In M. Grzinic & R. Reitsamer (Hrsg.), *New Feminism Worlds of Feminism, Queer and Networking Conditions* (S. 160–171). Wien: Löcker.

BMWi – Bundesministerium für Wirtschaft und Technologie (2013) *Mensch-Technik-Interaktion, Bd. 3.* Berlin: Bundesministerium für Wirtschaft und Technologie.

Bock, G., & Duden, B. (1977). Arbeit aus Liebe – Liebe als Arbeit: Zur Entstehung der Hausarbeit im Kapitalismus. In Gruppe Berlinerdozentinnen Frauen und Wissenschaft (Hrsg.), *Beiträge zur Berliner Sommeruniversität für Frauen 1976* (S. 118–199). Berlin: Courage-Verlag.

Böhle, F. (1992). Grenzen und Widersprüche der Verwissenschaftlichung von Produktionsprozessen. In T. Malsch & U. Mill (Hrsg.), *ArBYTE: Modernisierung der Industriesoziologie?* (S. 87–132). Berlin: edition sigma.

Böhle, F. (1994). Negation und Nutzung subjektivierenden Arbeitshandelns bei neuen Formen qualifizierter Produktionsarbeit. In N. Beckenbach, & W. van Treeck (Hrsg.), *Umbrüche gesellschaftlicher Arbeit. Soziale Welt, Sonderbd. 9* (S. 183–206). Göttingen: Schwartz.

Böhle, F. (1998). Technik und Arbeit. Neue Antworten auf „alte" Fragen. *Soziale Welt, 49 (3),* S. 233–252.

Böhle, F. (1999). Arbeit – Subjektivität und Sinnlichkeit. Paradoxien des modernen Arbeitsbegriffs. In G. Schmidt (Hrsg.), *Kein Ende der Arbeitsgesellschaft: Arbeit, Gesellschaft und Subjekt im Globalisierungsprozeß* (S. 89–110). Berlin: edition sigma.

Böhle, F. (2001). Alternativen in der Technikentwicklung. Nicht nur Organisation, sondern auch die Technik entscheidet über die „Zukunft der Arbeit" oder: Zur Kritik der Verwissenschaftlichung von Arbeit. In W. Weber & T. Wehner (Hrsg.), *Erfahrungsorientierte*

Handlungsorganisation. *Arbeitswissenschaftliche Ergebnisse zur computergestützten Facharbeit im Diskurs* (S. 187–214). Zürich: vdf.

Böhle, F. (2002). Vom Objekt zum gespaltenen Subjekt. In M. Moldaschl & G. G.Voß (Hrsg.), *Subjektivierung von Arbeit* (S. 101–133). München/Mering: Hampp.

Böhle, F. (2003). Subjektivierung von Arbeit – Vom Objekt zum gespaltenen Subjekt. In M. Moldaschl & G. G. Voß (Hrsg.), *Subjektivierung von Arbeit* (S. 115–147). München/Mering: Hampp.

Böhle, F. (2017). Subjektivierendes Arbeitshandeln. In H. Hirsch-Kreinsen & H. Minssen (Hrsg.), *Lexikon der Arbeits- und Industriesoziologie*, 2. Aufl. (S. 278–281). Baden-Baden: Nomos.

Böhle, F. (2018). Arbeit als Handeln. In F. Böhle, G. G. Voß & G. Wachtler (Hrsg.), *Handbuch Arbeitssoziologie. Bd. 1: Arbeit, Strukturen und Prozesse* (S. 171–200). Wiesbaden: Springer VS.

Böhle, F., & Altmann, N. (1972). *Industrielle Arbeit und soziale Sicherheit. Eine Studie über Risiken im Arbeitsprozeß und auf dem Arbeitsmarkt.* Frankfurt a.M.: Athenäum.

Böhle, F., & Bolte, A. (2002). *Die Entdeckung des Informellen. Der schwierige Umgang mit Kooperation im Arbeitsalltag.* Frankfurt a.M, New York: Campus.

Böhle, F., & Milkau, B. (1988). *Vom Handrad zum Bildschirm. Eine Untersuchung zur sinnlichen Erfahrung im Arbeitsprozeß.* Frankfurt a.M./New York: Campus.

Böhle, F., & Rose, H. (1992). *Technik und Erfahrung. Arbeit in hochautomatisierten Systemen.* Frankfurt a.M./New York: Campus.

Böhle, F., & Sauer, D. (1975). Intensivierung der Arbeit und staatliche Sozialpolitik. *Leviathan, 3 (1)*, S. 79–83.

Böhle, F., & Schulze, H. (1997). Subjektivierendes Arbeitshandeln – Zur Überwindung einer gespaltenen Subjektivität. In C. Schachtner (Hrsg.), *Technik und Subjektivität Das Wechselverhältnis zwischen Mensch und Computer aus interdisziplinärer Sicht* (S. 26–46). Frankfurt a.M.: Suhrkamp.

Böhle, F., Bolte, A., Drexel, I., Dunkel, W., Pfeiffer, S., & Porschen-Hueck, S. (2002). *Umbrüche im gesellschaftlichen Umgang mit Erfahrungswissen – Theoretische Konzepte, empirische Befunde, Perspektiven der Forschung.* München: Reihe: ISF Forschungsberichte.

Böhle, F., Voß, G. G., & Wachtler, G. (Hrsg.). (2018a). *Handbuch Arbeitssoziologie. Bd. 1: Arbeit, Strukturen und Prozesse.* Wiesbaden: Springer VS.

Böhle, F., Voß, G. G., & Wachtler, G. (Hrsg.). (2018b). *Handbuch Arbeitssoziologie. Bd. 2: Akteure und Institutionen.* Wiesbaden: Springer VS.

Böhm, S., Herrmann, C., & Trinczek, R. (2002). Löst Vertrauensarbeitszeit das Problem der Vereinbarkeit von Familie und Beruf? *WSI-Mitteilungen, 55 (8)*, S. 435–441.

Böhm, S., Herrmann, C., & Trinczek, R. (2004). *Herausforderung Vertrauensarbeitszeit. Zur Kultur und Praxis eines neuen Arbeitszeitmodells.* Berlin: edition sigma.

Boes, A. (2005). Informatisierung. In SOFI, IAB, ISF München, & INIFES (Hrsg.), *Berichterstattung zur sozioökonomischen Entwicklung in Deutschland – Arbeits- und Lebensweisen. Erster Bericht* (S. 211–244). Wiesbaden: VS Verlag für Sozialwissenschaften.

Boes, A., & Baukrowitz, A. (2002). *Arbeitsbeziehungen in der IT-Industrie. Erosion oder Innovation der Mitbestimmung?* Berlin: edition sigma.

Boes, A., & Bultemeier, A. (2008). Informatisierung – Unsicherheit – Kontrolle. Analysen zum neuen Kontrollmodus in historischer Perspektive. In K. Dröge, K. Marrs & W. Menz

(Hrsg.). (2008), *Rückkehr der Leistungsfrage: Leistung in Arbeit, Unternehmen und Gesellschaft* (S. 59–90). Berlin: edition sigma.
Boes, A., & Kämpf, T. (2011). *Global verteilte Kopfarbeit. Offshoring und der Wandel der Arbeitsbeziehungen.* Berlin: edition sigma.
Boes, A., & Kämpf, T. (2017). Informations- und Wissensarbeit. In H. Hirsch-Kreinsen & H. Minssen (Hrsg.), *Lexikon der Arbeits- und Industriesoziologie, 2. Aufl.* (S. 184–187). Baden-Baden: Nomos.
Boes, A., & Trinks, K. (2006). *„Theoretisch bin ich frei!" Interessenhandeln und Mitbestimmung in der Industrie.* Berlin: edition sigma.
Boes, A., Baukrowitz, A., & Eckhardt, B. (1995). Herausforderung „Informationsgesellschaft". Die Aus- und Weiterbildung von IT-Fachkräften vor einer konzeptionellen Neuorientierung. *MittAB,* 28 (2), S. 239–251.
Boes, A., Kämpf, T., Langes, B., & Lühr, T. (2014). Informatisierung und neue Entwicklungstendenzen von Arbeit. *Arbeits- und Industriesoziologische Studien,* 7 (1), S. 5–23. http://www.ais-studien.de/uploads/tx_nfextarbsoznetzeitung/AIS-14-01-2Boes-u-afinal. pdf (zugegriffen: 14. Februar 2019).
Bofinger, P. (2017). Hartz IV: die Lösung für die Probleme in der Währungsunion? *Wirtschaftsdienst,* Heft 6, S. 404–408.
Bogusz, T. (2010). *Zur Aktualität von Luc Boltanski. Einleitung in sein Werk.* Wiesbaden: VS Verlag für Sozialwissenschaften.
Bologna, S. (2006). *Die Zerstörung der Mittelschichten. Zehn Thesen zur neuen Selbstständigkeit.* Graz: Nausner & Nausner Verlag.
Boltanski, L. (2010). *Soziologie und Sozialkritik.* Frankfurt a.M.: Suhrkamp.
Boltanski, L., & Chiapello, E. (2003). *Der neue Geist des Kapitalismus.* Konstanz: UVK.
Boltanski, L., & Thévenot, L. (2007). *Über die Rechtfertigung. Eine Soziologie der kritischen Urteilskraft.* Hamburg: Hamburger Edition.
Bolte, K. M. (1983). Subjektorientierte Soziologie – Plädoyer für eine Forschungsperspektive. In K. M. Bolte & E. Treutner (Hrsg.), *Subjektorientierte Arbeits- und Berufssoziologie* (S. 12–36). Frankfurt a.M./New York: Campus.
Bolte, A., & Porschen, S. (2006). *Die Organisation des Informellen – Modelle zur Organisation von Kooperation im Arbeitsalltag.* Wiesbaden: VS Verlag für Sozialwissenschaften.
Bolte, A., Neumer, J., & Porschen, S. (2008). *Die alltägliche Last der Kooperation. Abstimmung als Arbeit und das Ende der Meeting-Euphorie.* Berlin: edition sigma.
Bornemann, B. (2014). *Nachhaltigkeit und Integration: Nachhaltigkeit als Integrationsidee.* Wiesbaden: VS Verlag für Sozialwissenschaften.
Bosančić, S. (2014). Arbeiter ohne Eigenschaften. Über die Subjektivierungsweisen angelernter Arbeiter. Wiesbaden: VS Verlag für Sozialwissenschaften.
Bosch, G. (2017). Normalarbeitsverhältnis. In H. Hirsch-Kreinsen & H. Minssen (Hrsg.), *Lexikon der Arbeits- und Industriesoziologie* (S. 246–251). Baden-Baden: Nomos.
Bosch, G. (2018). Strukturen und Dynamik von Arbeitsmärkten. In F. Böhle, G. G. Voß & G. Wachtler (Hrsg.), *Handbuch Arbeitssoziologie. Bd. 2: Akteure und Institutionen* (S. 325–359). Wiesbaden: Springer VS.
Bosch, G., & Kalina, T. (2005). Entwicklung und Struktur der Niedriglohnbeschäftigung in Deutschland. In Institut Arbeit und Technik (Hrsg.), *IAT-Jahrbuch 2005* (S. 29–46). Gelsenkirchen: IAT.

Bosch G., & Schief, S. (2005). Politik für ältere Beschäftigte oder Politik für alle? Zur Teilnahme älterer Personen am Erwerbsleben in Europa. *IAT-Report 04/2005*. Universität Duisburg.

Bourdieu, P. (1998). Prekarität ist überall. In P. Bourdieu (Hrsg.), *Gegenfeuer. Wortmeldungen im Dienste des Widerstands gegen die neoliberale Invasion* (S. 96–102). Konstanz: UVK.

Bourdieu, P., Accardo, A., Balazs, G., Beaud, S., Bourdieu, E., Broccolichi, S., (…) & Wacquant, L. J. D. (1998). *Das Elend der Welt: Zeugnisse und Diagnosen alltäglichen Leidens an der Gesellschaft*. Konstanz: UVK.

Braczyk, H.-J. (1997). Organisation in industriesoziologischer Perspektive. In G. Ortmann, J. Sydow & K. Türk (Hrsg.), *Theorien der Gesellschaft. Die Rückkehr der Gesellschaft* (S. 530–575). Opladen: Leske + Budrich.

Brand, K.-W. (Hrsg.). (1997). *Nachhaltige Entwicklung. Eine Herausforderung an die Soziologie*. Opladen: Leske + Budrich.

Brandt, G., Mayer, E., & Schumm, W. (1971). *Normative Bestimmungen des Arbeiterbewusstseins*. Frankfurt a.M.: Suhrkamp.

Brandt, G., Kündig, B., Pappadimitriou, Z., & Thomae, J. (1978). *Computer und Arbeitsprozess. Eine arbeitssoziologische Untersuchung der Auswirkungen des Computereinsatzes in ausgewählten Betriebsabteilungen der Stahlindustrie und des Bankgewerbes*. Frankfurt a.M./New York: Campus.

Bravermann, H. (1977). *Die Arbeit im modernen Produktionsprozeß*. Frankfurt a.M./New York: Campus.

Brehmer, W., & Seifert, H. (2008). Sind atypische Beschäftigungsverhältnisse prekär? Eine empirische Analyse sozialer Risiken. *Zeitschrift für ArbeitsmarktForschung, 41 (4)*, S. 501–531. http://doku.iab.de/zaf/2008/2008_4_zaf_Brehmer_Seifert.pdf (zugegriffen: 14. Februar 2019).

Brehmer, W., Klenner, C., & Klammer, U. (2010). *Wenn Frauen das Geld verdienen – eine empirische Annäherung an das Phänomen der „Familienernährerin"*. WSI-Diskussionspapier Nr. 170. Düsseldorf: WSI-Verlag.

Brenke, K. (2015). Die große Mehrzahl der Beschäftigten in Deutschland ist mit ihrer Arbeit zufrieden. *DIW-Wochenbericht, 3-2015*, S. 715–722.

Bright, J. (1958). *Automation and Management*. Boston: Harvard University Press.

Brinkmann U., & Nachtwey, O. (2014). Prekäre Demokratie? Zu den Auswirkungen atypischer Beschäftigung auf die betriebliche Mitbestimmung. *Industrielle Beziehungen, 21 (1)*, S. 78–98.

Brinkmann, T. M. (2014). Seiltanz zwischen Privat- und Erwerbsleben. *Anspruchsdiskrepanzen und Selbstsorgedilemmata Kinderloser im Gesundheitsdienstleistungsbereich*. Baden-Baden: Nomos.

Brinkmann, U., Dörre, K., Röbenack, S., Kraemer, K., & Speidel, F. (2006). *Prekäre Arbeit. Ursachen, Ausmaß, soziale Folgen und subjektive Verarbeitungsformen unsicherer Beschäftigungsverhältnisse*. Bonn: Friedrich-Ebert-Stiftung.

Brock, D. (1988). Der reproduktionssoziologische Ansatz als Analysestrategie subjektorientierter Industriesoziologie. In R. Schmiede (Hrsg.), *Arbeit und Subjektivität* (S. 156–175). Bonn: Informationszentrum Sozialwissenschaften.

Brock, D. (1991). *Der schwierige Weg in die Moderne. Umwälzungen in der Lebensführung der deutschen Arbeiter zwischen 1850 und 1980*. Frankfurt a.M./New York: Campus.

Bröckling, U. (2007). *Das unternehmerische Selbst. Soziologie einer Subjektivierungsform*. Frankfurt a.M.: Suhrkamp.

Weiterführende Literatur

Brödner, P. (1985). Fabrik 2000. *Alternative Entwicklungspfade in die Zukunft der Fabrik.* Berlin: edition sigma.

Brödner, P. (1997). *Der überlistete Odysseus. Über das zerrüttete Verhältnis von Menschen und Maschinen.* Berlin: edition sigma.

Bromberg, T., & C. Slomka (2016). Industrieangestellte: Von der Beitrags- zur Arbeitnehmerorientierung? *WSI-Mitteilungen, 06/2016,* S. 417–425.

Broy, M. 2010 (Hrsg.). *Cyber-physical Systems – Innovation durch Software-intensive eingebettete Systeme.* Berlin: Springer.

Bruggemann, A. (1974). Zur Unterscheidung verschiedener Formen von „Arbeitszufriedenheit". *Arbeit und Leistung, 28,* S. 281–284.

Brussig, M. (2010). Anhaltende Ungleichheiten in der Erwerbsbeteiligung Älterer; Zunahme an Teilzeitbeschäftigung. *Altersübergangs-Report, 2010-03.* http://www.iaq.uni-due.de/auem-report/2010/2010-03/auem2010-03.pdf (zugegriffen: 14. Februar 2019).

Bude, H., & Willich, A. (Hrsg.). (2006). *Das Problem der Exklusion. Ausgegrenzte, Entbehrliche, Überflüssige.* Hamburg: Hamburger Institut für Sozialforschung.

Bührmann, A., & Pongratz, H. (Hrsg.). (2010). *Prekäres Unternehmertum. Unsicherheiten von selbstständiger Erwerbstätigkeit und Unternehmensgründung.* Wiesbaden: VS Verlag für Sozialwissenschaften.

Büssing, A. (1991). Struktur und Dynamik von Arbeitszufriedenheit: Konzeptuelle und methodische Überlegungen zu einer Untersuchung verschiedener Formen von Arbeitszufriedenheit. In L. Fischer (Hrsg.), *Arbeitszufriedenheit. Beiträge zur Organisationspsychologie 5* (S. 85–114). Göttingen: Hogrefe.

Büssing, A., Herbig, B., Bissels, T., & Krüsken, J. (2005). Formen der Arbeitszufriedenheit und Handlungsqualität in Arbeits- und Nicht-Arbeitskontexten. In L. Fischer (Hrsg.), *Arbeitszufriedenheit. Konzepte und empirische Befunde. 2. Aufl.* (S. 135–159). Göttingen: Hogrefe.

Bullinger, H.-J., & ten Hompel, M. (Hrsg.). (2007). *Internet der Dinge.* Berlin: Springer VS.

Busch, A. (2013). *Die berufliche Geschlechtersegregation in Deutschland: Ursachen, Reproduktion, Folgen.* Wiesbaden: Springer VS.

Candeias, M. (2006). Handlungsfähigkeit durch Widerspruchsorientierung. Kritik der Analysen von und Politiken gegen Prekarisierung. *Zeitschrift für marxistische Erneuerung, 68.* www.linksnet.de/de/artikel/20290 (zugegriffen: 14. Februar 2019).

Candeias, M. (2008). Genealogie des Prekariats. In C. Altenhain, A. Danilina, E. Hildebrandt, S. Kausch, A. Müller & T. Roscher (Hrsg.), *Von „Neuer Unterschicht" und Prekariat* (S. 121–138). Bielefeld: transcript.

Canzler, W., & Kesselring, S. (2006). „Da geh ich hin, check ein und bin weg!" Argumente für eine Stärkung der sozialwissenschaftlichen Mobilitätsforschung. In K.-S. Rehberg (Hrsg.), *Soziale Ungleichheit, kulturelle Unterschiede. Verhandlungen des 32. Kongresses der Deutschen Gesellschaft für Soziologie in München 2004* (S. 4161–4176). Frankfurt a.M./New York: Campus.

Castel, R. (2000). *Die Metamorphosen der sozialen Frage. Eine Chronik der Lohnarbeit.* Konstanz: UVK.

Castel, R. (2005). *Die Stärkung des Sozialen. Leben im Wohlfahrtsstaat.* Hamburg: Hamburger Edition.

Castel, R. (2009). Die Wiederkehr der sozialen Unsicherheit. In R. Castel & K. Dörre (Hrsg.), *Prekarität, Abstieg, Ausgrenzung. Die soziale Frage am Beginn des 21. Jahrhunderts* (S. 21–34). Frankfurt a.M./New York: Campus.

Castel, R., & Dörre, K. (Hrsg.). (2009a). *Prekarität, Abstieg, Ausgrenzung. Die soziale Frage am Beginn des 21. Jahrhunderts*. Frankfurt a.M./New York: Campus.

Castel, R., & Dörre, K. (2009b). Einleitung. In R. Castel & K. Dörre (Hrsg.), *Prekarität, Abstieg, Ausgrenzung. Die soziale Frage am Beginn des 21. Jahrhunderts* (S. 11–18). Frankfurt a.M./New York: Campus.

Castells, M. (2001). *Das Informationszeitalter. Wirtschaft Gesellschaft und Kultur*. Opladen: Leske + Budrich.

Castells, M. (2003). *Der Aufstieg der Netzwerkgesellschaft*. Opladen: Leske + Budrich.

Castro Varela, M., & Dhawan, N. (2010). Mission Impossible: Postkoloniale Theorie im deutschsprachigen Raum? In J. Reuter & P.-I. Villa (Hrsg.), *Postkoloniale Soziologie* (S. 303–329). Bielefeld: transcript.

Conradi, E. (2001). *Take Care. Grundlagen einer Ethik der Achtsamkeit*. Frankfurt a.M./ New York: Campus.

Crompton, R. (2002). Erwerbsarbeit und Sorgearbeit – Rekonfiguration von Geschlechterverhältnissen in England, Frankreich und Norwegen. In K. Gottschall & B. Pfau-Effinger (Hrsg.), *Zukunft der Arbeit und Geschlecht* (S. 137–160). Wiesbaden: Springer.

Dahme, H.-J., & Wohlfahrt, N. (2012). *Ungleich gerecht?* Hamburg: VSA.

Dalla Costa, M., & Selma J. (1972). *The Power of Women and the Subversion of the Community*. Ann Arbor: University of Michigan Press.

Deiß, M., & Schmierl, K. (2005). Die Entgrenzung industrieller Beziehungen: Vielfalt und Öffnung als neues Potenzial für Interessenvertretung? *Soziale Welt, 56 (2–3)*, S. 295–316.

Deppe, F. (1971). *Das Bewußtsein der Arbeiter. Studien zur politischen Soziologie des Arbeiterbewußtseins*. Mit einem Anhang von Helga Deppe-Wolfinger: Gewerkschaftliche Jugendbildung und politisches Bewußtsein. Köln: Pahl-Rugenstein.

Detje, R., Menz, W., Nies, S., & Sauer, D. (2011). *Krise ohne Konflikt? Interessen- und Handlungsorientierungen im Betrieb – die Sicht von Betroffenen*. Hamburg: VSA.

Detje, R., Menz, W., Nies, S., & Sauer, D. (2013). *Krisenerfahrungen und politische Orientierungen: Der Blick von unten auf Betrieb, Gewerkschaft und Staat*. Hamburg: VSA.

Destatis – Statistisches Bundesamt (2017a). *Qualität der Arbeit – Geld und was sonst noch zählt*. https://www.destatis.de/DE/Publikationen/Thematisch/Arbeitsmarkt/Erwerbstaetige/BroschuereQualitaetArbeit0010015179004.pdf?__blob=publicationFile (zugegriffen: 14. Februar 2019).

Destatis – Statistisches Bundesamt (2017b). *Bevölkerung und Erwerbstätigkeit. Erwerbsbeteiligung der Bevölkerung. Ergebnisse des Mikrozensus zum Arbeitsmarkt 2016*, Statistisches Bundesamt, Fachserie 1 Reihe 4.1, S. 7. https://www.destatis.de/DE/Publikationen/Thematisch/Arbeitsmarkt/Erwerbstaetige/ErwerbsbeteiligungBevoelkung2010410167004.pdf?__blob=publicationFile (zugegriffen: 14. Februar 2019).

Destatis – Statistisches Bundesamt (2017c). *Verdienste auf einen Blick. Broschüre.* https://www.destatis.de/DE/Publikationen/Thematisch/VerdiensteArbeitskosten/Arbeitnehmerverdienste/BroschuereVerdiensteBlick0160013179004.pdf?__blob=publicationFile (zugegriffen: 14. Februar 2019).

Destatis – Statistisches Bundesamt (2018a). *Atypische Beschäftigung – Kernerwerbstätige nach einzelnen Erwerbsformen*. https://www.destatis.de/DE/ZahlenFakten/GesamtwirtschaftUmwelt/Arbeitsmarkt/Erwerbstaetigkeit/TabellenArbeitskraefteerhebung/AtypKernerwerbErwerbsformZR.html (zugegriffen: 14. Februar 2019).

Destatis – Statistisches Bundesamt (2018b). *Statistisches Jahrbuch 2018 – Arbeitsmarkt: Erwerbstätige im Inland nach Wirtschaftsabschnitten*. https://www.destatis.de/DE/

Publikationen/StatistischesJahrbuch/Arbeitsmarkt.pdf?__blob=publicationFile (zugegriffen: 14. Februar 2019).

Dettmer, S., & Hoff, E.-H. (2005). Berufs- und Karrierekonstellationen in Paarbeziehungen: Segmentation, Integration, Entgrenzung. In H. Solga & C. Wimbauer (Hrsg), *„Wenn zwei das Gleiche tun...": Ideal und Realität sozialer (Un-)Gleichheit in Dual Career Couples* (S. 53–75). Opladen: Budrich.

Dettmer, S., Hoff, E.-H., Grote, S., & Hohner, H.-U. (2003). Berufsverläufe und Formen der Lebensgestaltung von Frauen und Männern. In K. Gottschall & G. G. Voß (Hrsg.), *Entgrenzung von Arbeit und Leben. Zum Wandel der Beziehung von Erwerbstätigkeit und Privatsphäre im Alltag* (S. 307–331). München/Mering: Hampp.

Deutscher Bundestag (2003): *Plenarprotokoll des Bundestages 15/32. Stenografischer Bericht. 32. Sitzung.* Berlin, 14. März 2003, S. 2479. http://dip21.bundestag.de/dip21/btp/15/15032.pdf (zugegriffen: 14. Februar 2019).

Deutscher Bundestag (2018). *Drucksache 19/487 – Atypische Arbeitszeiten in Deutschland.* http://dip21.bundestag.de/dip21/btd/19/004/1900487.pdf (zugegriffen: 14. Februar 2019).

Deutschmann, C. (2001). Die Gesellschaftskritik der Industriesoziologie – ein Anachronismus? *Leviathan, 29 (1),* S. 58–69.

Deutschmann, C. (2002). *Postindustrielle Industriesoziologie. Theoretische Grundlagen, Arbeitsverhältnisse und soziale Identitäten.* Weinheim: Juventa.

DGB – Deutscher Gewerkschaftsbund (2013). *DGB-Index Gute Arbeit – Der Report 2013.* https://index-gute-arbeit.dgb.de/veroeffentlichungen/jahresreports/++co++c4a75fded761-11e3-a255-52540023ef1a.

DGB – Deutscher Gewerkschaftsbund (2014). *DGB-Index Gute Arbeit – Der Report 2014.* https://index-gute-arbeit.dgb.de/veroeffentlichungen/jahresreports/++co++e9e9ca56-7a41-11e4-93ae-52540023ef1a (zugegriffen: 14. Februar 2019).

DGB – Deutscher Gewerkschaftsbund (2016). *DGB-Index Gute Arbeit – Der Report 2016.* https://index-gute-arbeit.dgb.de/veroeffentlichungen/jahresreports/++co++8915554ea0fd-11e6-8e36-525400e5a74a (zugegriffen: 14. Februar 2019).

Diaz-Bone, R. (Hrsg.). (2011). *Soziologie der Konventionen. Grundlagen einer pragmatischen Anthropologie.* Frankfurt a.M./New York: Campus.

Dierkes, M., Hoffmann, U., & Marz, L. (1992). *Leitbild und Technik. Zur Entstehung und Steuerung technischer Innovationen.* Berlin: edition sigma.

Dik, B. J., Byrne, Z. S., & Steger, M. F. (2013). *Purpose and meaning in the workplace.* Washington D.C.: American Psychological Association.

Dingeldey, N. (2006). *Aktivierender Wohlfahrtsstaat und sozialpolitische Steuerung.* Berlin: Bundeszentrale für politische Bildung.

Dörre, Klaus (2001). Das deutsche Produktionsmodell unter dem Druck des Shareholder Value. *Kölner Zeitschrift für Soziologie und Sozialpsychologie, 4,* S. 675–704.

Dörre, K. (2005). Prekäre Beschäftigung – ein unterschätztes Phänomen in der Debatte um die Marktsteuerung und Subjektivierung von Arbeit. K. Lohr & H. Nickel (Hrsg.), *Subjektivierung von Arbeit. Riskante Chancen* (S. 180–206). Münster: Westfälisches Dampfboot.

Dörre, K. (2007). Prekarisierung und Geschlecht. Ein Versuch über unsichere Beschäftigung und männliche Herrschaft in nachfordistischen Arbeitsgesellschaften. In B. Aulenbacher, M. Funder, H. Jacobsen & S. Völker (Hrsg.), *Arbeit und Geschlecht im Umbruch der modernen Gesellschaft – Forschung im Dialog* (S. 285–301). Wiesbaden: VS.

Dörre, K. (2009). Prekarität im Finanzmarkt-Kapitalismus. In R. Castel & K. Dörre (Hrsg.), *Prekarität, Abstieg, Ausgrenzung. Die soziale Frage am Beginn des 21. Jahrhunderts* (S. 35–64). Frankfurt a.M./New York: Campus.

Dörre, K. (2010). Überbetriebliche Regulierung von Arbeitsbeziehungen. In F. Böhle, G. G. Voß & G. Wachtler (Hrsg.), *Handbuch Arbeitssoziologie* (S. 873–912). Berlin: VS Verlag für Sozialwissenschaften.

Dörre, K. (2011). Landnahme und die Grenzen kapitalistischer Dynamik. Eine Ideenskizze. *Berliner Debatte Initial, 22 (4)*, S. 56–72.

Dörre, K. (2012). Prekäre Arbeit und gesellschaftliche Integration – empirische Befunde und integrationstheoretische Schlussfolgerungen. In W. Heitmeyer & P. Imbusch (Hrsg.), *Desintegrationsdynamiken. Integrationsmechanismen auf dem Prüfstand* (S. 29–56). Wiesbaden: VS Verlag für Sozialwissenschaften.

Dörre, K. (2014). Intelligent wachsen? Hoffnungen wider die Tretmühle der Akkumulation. *WSI-Mitteilungen, 67 (7)*, S. 562–563.

Dörre, K. (2017). Prekarität. In H. Hirsch-Kreinsen & H. Minssen (Hrsg.), *Lexikon der Arbeits- und Industriesoziologie* (S. 258–262). Baden-Baden: Nomos.

Dörre, K., & Neis, M. (2008). Forschendes Prekariat? Mögliche Beiträge der Prekarisierungsforschung zur Analyse atypischer Beschäftigungsverhältnisse in der Wissenschaft. In S. Klecha & W. Krumbein (Hrsg.), *Die Beschäftigungssituation von wissenschaftlichem Nachwuchs* (S. 127–142). Wiesbaden: VS Verlag für Sozialwissenschaften.

Dörre, K., Krämer, K., & Speidel, F. (2004). Prekäre Arbeit. Ursachen, soziale Auswirkungen und subjektive Verarbeitungsformen unsicherer Beschäftigungsverhältnisse. *Das Argument, 256*, S. 378–397.

Dörre, K., Hänel, A., Holst, H., & Matuschek, I. (2011). Guter Betrieb, schlechte Gesellschaft? Arbeits- und Gesellschaftsbewusstsein im Prozess kapitalistischer Landnahme. In C. Koppetsch (Hrsg.), *Nachrichten aus den Innenwelten des Kapitalismus: Zur Transformation moderner Subjektivität* (S. 21–49). Wiesbaden: VS Verlag für Sozialwissenschaften.

Dörre, K., Sauer, D., & Wittke, V. (Hrsg.). (2012). *Kapitalismustheorie und Arbeit*. Frankfurt a.M./New York: Campus.

Dörre, K., Happ, A., & Matuschek, I. (2013a) (Hrsg.). *Das Gesellschaftsbild der LohnarbeiterInnen. Soziologische Untersuchungen in ost- und westdeutschen Industriebetrieben*. Hamburg: VSA.

Dörre, K., Happ, A., & Matuschek, I. (2013b). Das Unbehagen am Kapitalismus und die LohnarbeiterInnen. In K. Dörre, A. Happ & I. Matuschek (Hrsg.), *Das Gesellschaftsbild der LohnarbeiterInnen. Soziologische Untersuchungen in ost- und westdeutschen Industriebetrieben* (S. 9–28). Hamburg: VSA.

Dombrowski, J. (2002). *Erziehung zur Selbstorganisation*. Mering/München: Hampp.

Drinkuth, A. (2007). *Die Subjekte der Subjektivierung. Handlungslogiken bei entgrenzter Arbeit und ihre lokale Ordnung*. Berlin: edition sigma.

Dröge, K., Marrs, K., & Menz, W. (Hrsg.). (2008). *Rückkehr der Leistungsfrage: Leistung in Arbeit, Unternehmen und Gesellschaft*. Berlin: edition sigma.

Dubet, F. (2008). Ungerechtigkeiten. *Zum subjektiven Ungerechtigkeitsempfinden am Arbeitsplatz*. Hamburg: Hamburger Edition.

Düll, K. (1985). Einige kritische Überlegungen zum „Ende der Arbeitsteilung". In B. Lutz (Hrsg.), *Soziologie und gesellschaftliche Entwicklung* (S. 398–403). Frankfurt a.M./New York: Campus.

Düll, K., & Böhle, F. (1980). *Der Zusammenhang von Arbeitsorganisation und Entlohnung.* München: ISF Institut für sozialwissenschaftliche Forschung.

Dunkel, W., & Sauer, D. (Hrsg.). (2006). *Von der Allgegenwart der entschwindenden Arbeit. Neue Herausforderungen für die Arbeitsforschung.* Berlin: edition sigma.

Durkheim, E. (1977 [1893]). *Über die Teilung der sozialen Arbeit.* Frankfurt a.M.: Suhrkamp.

Durward, D., Blohm I., & Leimeister J. (2016). Crowd work. *Business Information System Engineering, 58 (4),* S. 281–286.

Dusseldorp, M. (2017). *Zielkonflikte der Nachhaltigkeit. Zur Methodologie wissenschaftlicher Nachhaltigkeitsbewertungen.* Stuttgart: J.B. Metzler.

Eberling, M., Hielscher, V., Hildebrandt, E., & Jürgens, K. (2004). *Prekäre Balancen. Flexible Arbeitszeiten zwischen betrieblicher Regulierung und individuellen Ansprüchen.* Berlin: edition sigma.

Eckart, C. (1998). Keine Angst vor der „Feminisierung" der Arbeit. *Gewerkschaftliche Monatshefte, 6–7,* S. 341–345.

Eckart, C. (2004). Zeit für Privatheit. Bedingungen einer demokratischen Zeitpolitik. *Aus Politik und Zeitgeschichte, 31–32/2004,* S. 13–18.

Eckart, C., Herding, R., Järisch, U., Japp, K., & Kirchlechner, B. (1974). *Soziale Ungleichheit und materielle Ansprüche: Veränderungen der Interessenorientierung von Arbeitern und Angestellten.* Frankfurt a.M.: Institut für Soziologie, Goethe-Universität.

Egbringhoff, J. (2007). *Ständig selbst – eine Untersuchung on Solo-Selbstständigen.* München/Mering: Hampp.

Ehlscheid, C., & Nobel, U. (2008). Von der Diagnose zur Therapie? Neue Leistungspolitik (auch) in indirekten Bereichen. In H. Wagner (Hrsg.), *Arbeit und Leistung – gestern und heute: ein gewerkschaftliches Politikfeld* (S. 143–162). Hamburg: VSA-Verlag.

Ehlscheid C., Meine, H., & Ohl, K. (Hrsg.). (2006). *Handbuch Arbeit – Entgelt – Leistung. Tarifanwendung im Betrieb.* Frankfurt a.M.: Bund-Verlag.

Elias, N. (1997a). Über den Prozeß der Zivilisation: soziogenetische und psychogenetische Untersuchungen. 1. Wandlungen des Verhaltens in den weltlichen Oberschichten des Abendlandes. Bearb. von Heike Hammer, Amsterdam. In N. Elias (Hrsg.) *Gesammelte Schriften (19 Bände) im Auftrag der Norbert-Elias-Stichting Amsterdam von R. Blomert, H. Hammer, J. Heilbron, A. Treibel & N. Wilterdink.* Frankfurt a.M.: Suhrkamp.

Elias, N. (1997b). Über den Prozeß der Zivilisation: soziogenetische und psychogenetische Untersuchungen. 2. Wandlungen der Gesellschaft, Entwurf zu einer Theorie der Zivilisation. Bearb. von Heike Hammer, Amsterdam. In N. Elias (Hrsg.) *Gesammelte Schriften (19 Bände), im Auftrag der Norbert-Elias-Stichting Amsterdam von R. Blomert, H. Hammer, J. Heilbron, A. Treibel & N. Wilterdink.* Frankfurt a.M.: Suhrkamp.

Ellguth, P. (2004). Erosion auf allen Ebenen? Zur Entwicklung der quantitativen Basis des dualen Systems der Interessenvertretung. In I. Artus & R. Trinczek (Hrsg.), *Über Arbeit, Interessen und andere Dinge* (S. 159–179). München/Mering: Hampp.

Ellguth, P., & Kohaut, S. (2008). Tarifbindung und betriebliche Interessenvertretung. Aktuelle Ergebnisse des IAB-Betriebspanels 2007. *WSI-Mitteilungen, 61 (9),* S. 515–519.

Elster, F. (2007). *Der Arbeitskraftunternehmer und seine Bildung. Zur (berufs-) pädagogischen Sicht auf die Paradoxien subjektivierter Arbeit.* Bielefeld: transcript.

Engels, F. (1972 [1884]). *The Origin of the Family, Private Property and the State.* London: Lawrence & Wishart.

Engels, F. (1977 [1847]). *Der Status quo in Deutschland, MEW, Bd. 4.* Berlin: Dietz Verlag.
England, P. (2005). Emerging Theories of Care Work. *Annual Review of Sociology, 31*, S. 381–399.
Eribon, D. (2016). *Rückkehr nach Reims.* Frankfurt a.M.: Suhrkamp.
Esping-Andersen, G. (1990). *The Three Worlds of Welfare Capitalism.* Cambridge: Polity Press.
Eurofound (2015). *Europäische Erhebung über die Arbeitsbedingungen* (EWCS). https://www.eurofound.europa.eu/de/surveys/european-working-conditions-surveys (zugegriffen: 14. Februar 2019).
Faust, M. (2002). Der „Arbeitskraftunternehmer" – eine Leitidee auf dem ungewissen Weg der Verwirklichung. In E. Kuda & J. Strauß (Hrsg.), *Arbeitnehmer als Unternehmer?* (S. 56–80). Hamburg: VSA.
Faust, M., Jauch, P., Brünnecke, K., & Deutschmann, C. (1994). *Dezentralisierung von Unternehmen. Bürokratie- und Hierarchieabbau und die Rolle betrieblicher Arbeitspolitik.* 2. Aufl. München/Mering: Hampp.
Faust, M., Jauch, P., & Notz, P. (2000). *Befreit und entwurzelt: Führungskräfte auf dem Weg zum „internen Unternehmer".* München/Mering: Hampp.
Faßauer, G. (2008). *Arbeitsleistung, Identität und Markt. Eine Analyse marktförmiger Leistungssteuerung in Arbeitsorganisationen.* Wiesbaden: VS.
Felstiner, A. (2011). "Working the Crowd": Employment and Labor Law in the Crowdsourcing Industry. *Berkeley Journal of Employment and Labor Law, 32 (1/2011),* S. 143–203.
Ferreira, Y. (2009). FEAT – Fragebogen zur Erhebung von Arbeitszufriedenheitstypen. *Zeitschrift für Arbeits- und Organisationspsychologie, 53 (4),* S. 177–193.
Flick, S. (2013). *Leben durcharbeiten. Selbstsorge in entgrenzten Arbeitsverhältnissen.* Frankfurt a.M./New York: Campus.
Foucault, M. (1986). *Die Sorge um sich. Sexualität und Wahrheit,* Bd. 3. Frankfurt a.M.: Suhrkamp.
Fourastié, J. (1954). *Die große Hoffnung des zwanzigsten Jahrhunderts.* Köln: Bund Verlag.
Freudenschuss, M. (2013). *Prekär ist wer? Prekarisierungsdiskurs als Arena sozialer Kämpfe.* Münster: Westfälisches Dampfboot.
Frey, C. B., & Osborne, M. A. (2013). *The Future of Employment: How Susceptible are Jobs to Computerization?* Working Paper 18. Oxford: Oxford Martin School.
Frey, M. (2009). *Autonomie und Aneignung in der Arbeit. Eine soziologische Untersuchung zur Vermarktlichung und Subjektivierung von Arbeit.* München/Mering: Hampp.
Fricke, W. (1975). *Arbeitsorganisation und Qualifikation. Ein industriesoziologischer Beitrag zur Humanisierung der Arbeit.* Bonn: Friedrich Ebert Stiftung.
Fricke, W., & Wagner, H. (2012). *Demokratisierung der Arbeit. Neuansätze für Humanisierung und Wirtschaftsdemokratie.* Hamburg: VSA.
Friedman, A. (1977). *Industry and Labour.* London: MacMillan Press.
Fritz, M. (2015). *Arbeitsqualität von Teilzeit- und Vollbeschäftigten. Beschäftigungsregime im Vergleich.* GESIS-Papers 2015/11. Köln: Leibniz-Institut für Sozialwissenschaften.
Fuchs, T. (2012). Qualität der Arbeit. In Forschungsverbund Sozioökonomische Berichterstattung (Hrsg.), *Berichterstattung zur sozioökonomischen Entwicklung in Deutschland. Teilhabe im Umbruch, Zweiter Bericht* (S. 417–447). Wiesbaden: VS Verlag.
Fuchs, T., & Conrads, R. (2003). *Flexible Arbeitsformen. Arbeitsbedingungen, -belastungen und Beschwerden – eine Analyse empirischer Daten.* Dortmund: Bundesanstalt für Arbeitsschutz und Arbeitsmedizin.

Fuchs, M., Hummel, M., Hutter, C., Klinger, S., Wagner, S., Weber, C, & Zika, F. (2017). *IAB Kurzbericht 21/2017: Arbeitsvolumen so hoch wie nie.* Nürnberg: Institut für Arbeitsmarkt- und Berufsforschung.

Gagné, J., Hilmer, R., & Müller-Hilmer, R. (2017). *Ergebnisbericht zum Forschungsvorhaben Soziale Lebenslagen, Desintegration und politische Entfremdung. Eine Studie von policy matters im Auftrag der Hans-Böckler-Stiftung.* Berlin: policy matters. https://www.boeckler.de/pdf_fof/99470.pdf (zugegriffen: 14. Februar 2019).

Gaupp, N., Lex, T. & Reißig, B. (2008). (Um-)Wege von Jugendlichen von der Hauptschule in die Berufsausbildung. *Berufsbildung in Wissenschaft und Praxis, Heft 3/2008,* S. 24–28.

Gefken, A., F. Stockem, & P. Böhnke (2015). *Subjektive Umgangsformen mit prekärer Erwerbsarbeit – Zwischen Orientierung an und Ablösung von der Normalarbeitsgesellschaft.* Wiesbaden: Springer Fachmedien.

Geisberger, E., & Broy, M. (2012). *agendaCPS. Integrierte Forschungsagenda Cyber-Physical Systems.* Berlin/Heidelberg: Springer.

Georg, A., Dechmann, U., & Peter, G. (2010). Der DGB-Index Gute Arbeit und seine Kritiker. Eine Stellungnahme zu Prümper/Richenhagen. *Zeitschrift für Arbeitswissenschaften, 1,* S. 17–21.

George, R. (2011). Niedriglohn und Geschlecht im europäischen Vergleich. *WSI-Mitteilungen, 10/2011,* S. 448–555.

Glißmann, W., & Peters, K. (2001). *Mehr Druck durch mehr Freiheit. Die neue Autonomie in der Arbeit und ihre paradoxen Folgen.* Hamburg: VSA.

Goes, T. E. (2015). *Zwischen Disziplinierung und Gegenwehr: wie Prekarisierung sich auf Beschäftigte im Großhandel auswirkt.* Frankfurt a.M./New York: Campus.

Goldthorpe, J. H., Lockwood, D., Bechhofer, F., & Platt, J. (1970a). *Der „wohlhabende" Arbeiter in England, Bd. I: Industrielles Verhalten und Gesellschaft.* München: Goldmann.

Goldthorpe, J. H., Lockwood, D., Bechhofer, F., & Platt, J. (1970b). *Der „wohlhabende" Arbeiter in England. Bd. II: Politisches Verhalten und Gesellschaft.* München: Goldmann.

Gottschall, K. (1988). Rationalisierung und weibliche Arbeitskraft. Anmerkungen zu androzentristischen Verzerrungen in der Industrie- und Angestelltensoziologie am Beispiel der Entwicklung der Frauenarbeit im Büro. *Zeitschrift für Frauenforschung, 6 (4),* S. 39–46.

Gottschall, K. (1999). Freie Mitarbeit im Journalismus. Zur Entwicklung von Erwerbsformen zwischen selbstständiger und abhängiger Beschäftigung. *Kölner Zeitschrift für Soziologie und Sozialpsychologie, 51,* S. 635–654.

Gottschall, K. (2005). *Entgrenzung von Arbeit und Leben. Zum Wandel der Beziehung von Erwerbstätigkeit und Privatsphäre im Alltag.* München/Mering: Hampp.

Gottschall, K. (2018). Arbeit, Beschäftigung und Arbeitsmarkt aus der Genderperspektive. In F. Böhle, G. G. Voß & G. Wachtler (Hrsg.), *Handbuch Arbeitssoziologie. Bd. 2: Akteure und Institutionen* (S. 361–395). Wiesbaden: Springer VS.

Gottschall, K., & Pfau-Effinger, B. (2002) (Hrsg.). *Zukunft der Arbeit und Geschlecht. Diskurse, Entwicklungspfade und Reformoptionen im internationalen Vergleich.* Opladen: Leske + Budrich.

Gottschall, K., & Schröder T. (2013). „Familienlohn" – Zur Entwicklung einer wirkmächtigen Normierung geschlechtsspezifischer Arbeitsteilung. *WSI-Mitteilungen, 3,* S. 161–170.

Gottschall, K., & Voß, G. G. (2003) (Hrsg.). *Entgrenzung von Arbeit und Leben. Zum Wandel der Beziehung von Erwerbstätigkeit und Privatsphäre im Alltag.* München/Mering: Hampp.

Greenwood, R., Raynard, M., Kodeih, F., Micelotta, E., & Lounsbury, M. (2011). Institutional Complexity and Organizational Responses. *The Academy of Management Annals, 5 (1)*, S. 317-371.

Gregory, A., & Milner, S. (2009). Editorial: Work-Life Balance: A Matter of Choice? *Gender, Work and Organization, 16 (1)*, S. 1–13.

Grimm, N. (2013). Statusinkonsistenz revisited! Prekarisierungsprozesse und soziale Positionierung. *WSI-Mitteilungen, 66 (2)*, S. 89–97.

Grimm, N., & Vogel, B. (2006). *Prekarisierte Erwerbsbiografien. Verläufe, Erfahrungen, Typisierungen.* Bericht an das BMAS. Hamburg.

Grollmann, P., & Haasler, B. (2009). Berufliche Kompetenzentwicklung als Maßgabe für die Qualität beruflicher Bildung: Vorstellung eines Instruments. In H.-D. Münk & R. Weiß Reinhold (Hrsg.), *Qualität in der beruflichen Bildung: Forschungsergebnisse und Desiderata* (S. 69–89). Bielefeld: Bertelsmann.

Groß, H., & Seifert, H. (2010). *Zeitkonflikte. Renaissance der Arbeitszeitpolitik.* Berlin: edition sigma.

Grote, G. (2009). Die Grenzen der Kontrollierbarkeit komplexer Systeme. In J. Weyer & I. Schulz-Schaeffer (Hrsg.), *Management komplexer Systeme: Konzepte für die Bewältigung von Intransparenz, Unsicherheit und Chaos* (S. 149–168). München: Oldenbourg.

Grupp, H., Schmoch, U., Bertram, B., & Haller, H. (2008). *Mathematical modeling of innovation dynamics.* Final Report. Funding Initiative „Innovation Processes in Economy and Society." Karlsruhe: Fraunhofer.

Guest, D. (2002). Perspectives on the Study of Work-Life Balance. *Social Science Information, 41 (2)*, S. 255–279.

Hack, L., Krause, W., Schmidt, U., & Wachutka, W. (1972). Klassenlage und Interessenorientierung. Zum Konstitutionsprozeß der Bewußtseinsstrukturen und Verhaltensmuster junger Industriearbeiter. *Zeitschrift für Soziologie, 1 (1)*, S. 15–30.

Hack, L., Brose, H.-G., Czasny, K., Hack, I., Hager, F., Moser, R., & Viesel, K. (1979). *Leistung und Herrschaft. Soziale Strukturzusammenhänge subjektiver Relevanz bei jüngeren Industriearbeitern.* Frankfurt a.M./New York: Campus.

Hacker, W. (1987). Software-Ergonomie: Gestaltung rechnergestützter geistiger Arbeit. In W. Schönpflug & M. Wittstock (Hrsg.), *Software Ergonomie 1987. Berichte des German Chapter of the AMC. Bd. 29* (S. 31–45). Stuttgart.

Hacker, W. (2010). *Allgemeine Arbeitspsychologie: Psychische Regulation von Arbeitstätigkeiten.* Bern: Hogrefe Verlag.

Hacker, W., Looks, P., Winkelmann, C., Krahl, G., & Krahl, C. (2008). Möglichkeiten zur gesundheits- und leistungsfördernden Gestaltung der Lehrarbeit: Primärprävention. In A. Krause, H. Schüpbach, E. Ulich & M. Wülser (Hrsg.), *Arbeitsort Schule. Organisations- und arbeitspsychologische Perspektiven* (S. 261–288). Wiesbaden: Gabler.

Häußermann, H, & Siebel, W. (1995). *Dienstleistungsgesellschaften.* Frankfurt a.M.: Suhrkamp.

Hagen, J., & von Flatow, S. (2007). Was hilft gegen Armut? Die Umerziehung der Armen! *Sozialmagazin, 32 (4)*, S. 14–28.

Haipeter, T. (2004). Normbindung unter Marktdruck? Problembereiche neuer Formen der Arbeitszeitregulierung in der betrieblichen Praxis. *Industrielle Beziehungen: Zeitschrift für Arbeit, Organisation und Management, 11 (3)*, S. 221–245.

Haipeter, T. (2008). Konflikte stärken die Partnerschaft. *Die Mitbestimmung, 54 (10)*, S. 26–29.

Haipeter, T. (2014). *Das ungewisse Extra. Die Widersprüche erfolgsabhängiger Entgelte – am Beispiel der Metall- und Elektroindustrie.* Berlin: edition sigma.

Haipeter, T., & Lehndorff, S. (2002). Regulierte Flexibilität? Arbeitszeitregulierung in der deutschen Automobilindustrie. *WSI-Mitteilungen, 55 (5),* S. 649–655.

Haipeter, T., & Lehndorff, S. (2004). *Atmende Betriebe, atemlose Beschäftigte? Erfahrungen mit neuartigen Formen betrieblicher Arbeitszeitregulierung.* Berlin: edition sigma.

Hanekop, H., & Wittke, V. (2012). Nutzergenerierte Beratungsplattformen. Neue Formen der Ko-Produktion im Web 2.0. In T. Beyreuther, K. Duske, C. Eismann, S. Hornung & F. Kleemann (Hrsg.), *consumers@work – Zum neuen Verhältnis von Unternehmen und Usern im Web 2.0* (S. 212–245). Frankfurt a.M./New York: Campus.

Hardering, F. (2011). *Unsicherheiten in Arbeit und Biografie. Zur Ökonomisierung der Lebensführung.* Wiesbaden: VS Verlag für Sozialwissenschaften.

Hardering, F. (2015). Meaningful work: Sinnvolle Arbeit zwischen Subjektivität, Arbeitsgestaltung und gesellschaftlichem Nutzen. *Österreichische Zeitschrift für Soziologie, 40 (4),* S. 391–410.

Hardt, M., & Negri, A. (2003). *Empire – die neue Weltordnung.* Frankfurt a.M./New York: Campus.

Hartz, P. (1996). *Das atmende Unternehmen. Jeder Arbeitsplatz hat einen Kunden.* Frankfurt a.M./New York: Campus.

Harvard Business Manager (2010). Work-Life-Balance. Wie Sie produktiver und kreativer werden. *Harvard Business Manager, 32 (1),* Themenheft Work-Life-Balance.

Harvard Business School (Hrsg.). (2000). *Harvard Business Review on Work and Life Balance.* Boston: Harvard Business School Press.

Haubl, R., Voß, G. G., Alsdorf, N., & Handrich, C. (Hrsg.). (2013). *Belastungsstörung mit System. Die zweite Studie zur psychosozialen Situation in deutschen Organisationen.* Göttingen: Vandhoek & Ruprecht.

Haubner, T. (2011). *Handlungsfähigkeit unter prekären Existenzbedingungen.* Jena: Institut für Soziologie.

Hauff, S., & Kirchner, S. (2013). Wandel der Arbeitsqualität. Arbeits- und Beschäftigungsbedingungen zwischen 1989 und 2006 in einer evaluativ-relationalen Perspektive. *Zeitschrift für Soziologie, 42 (4),* S. 337–355.

Hausen, K. (2012). *Geschlechtergeschichte als Gesellschaftsgeschichte.* Göttingen: Vandenhoek & Ruprecht.

Hausmann, A.-C., & Kleinert, C. (2014). *Berufliche Segregation auf dem Arbeitsmarkt: Männer- und Frauendomänen kaum verändert.* IAB-Kurzbericht 09/2014. Nürnberg: Institut für Arbeitsmarkt- und Berufsforschung.

Heiden, M., & Jürgens, K. (2013). *Kräftemessen. Betriebe und Beschäftigte im Reproduktionskonflikt.* Berlin: edition sigma.

Heidenreich, M. (1996). Die subjektive Modernisierung fortgeschrittener Arbeitsgesellschaften. *Soziale Welt, 47 (1),* S. 24–43.

Heil, B., & Wolf, H. (2017). Arbeiterbewusstsein. In H. Hirsch-Kreinsen & H. Minssen (Hrsg.), *Lexikon der Arbeits- und Industriesoziologie* (S. 39–42). Baden-Baden: Nomos.

Heitmeyer, W., & Imbusch, P. (Hrsg.). (2012). *Desintegrationsdynamiken. Integrationsmechanismen auf dem Prüfstand.* Wiesbaden: VS Verlag für Sozialwissenschaften.

Hellmann, K.-U. (2004). Mediation und Nachhaltigkeit. Zur politischen Integration ökologischer Kommunikation. In S. Lange & U. Schimank (Hrsg.), *Governance und gesellschaftliche Integration* (S. 189–204). Wiesbaden: Springer.

Henninger, A., & Papouschek, U. (2005). *Entgrenzung als allgemeinerer Trend? Mobile Pflege und Arbeit in der Medien-und Kulturindustrie im Vergleich.* Arbeitspapier 5/2005. Bremen: Zentrum für Sozialpolitik.

Hepp, R.-D. (Hrsg.). (2012). *Prekarisierung und Flexibilisierung.* Münster: Westfälisches Dampfboot.

Hepp, R.-D., Riesiniger, R., & Kergel, D. (2016). *Verunsicherte Gesellschaft: Prekarisierung auf dem Weg in das Zentrum.* Wiesbaden: Springer.

Herkommer, S. & Bischoff, J. (1979). *Gesellschaftsbewußtsein und Gewerkschaften. Arbeitsbedingungen, Lebensverhältnisse, Bewußtseinsänderungen und gewerkschaftliche Strategie 1945–1979.* Hamburg: VSA.

Herrigel, G. (2004). Emerging strategies and forms of governance in high-wage component manufacturing regions. *Industry and Innovation, 11 (1–2),* S. 45–79.

Hielscher, V. (2006). *Verflüssigte Rhythmen. Flexible Arbeitszeitstrukturen und soziale Integration.* Berlin: edition sigma.

Hielscher, V., & Hildebrandt, E. (1999). *Zeit für Lebensqualität. Auswirkungen verkürzter und flexibilisierter Arbeitszeiten auf die Lebensführung.* Forschung aus der Hans-Böckler-Stiftung, Bd. 21. Berlin: edition sigma.

Hildebrandt, E., & Seltz, R. (1989). *Wandel betrieblicher Sozialverfassung durch systemische Kontrolle?* Berlin: edition sigma.

Hildebrandt, E., Jürgens, U., Oppen, M., & Teipen, C. (2007). *Arbeitspolitik im Wandel. Entwicklung und Perspektiven der Arbeitspolitik.* Berlin: edition sigma.

Hildebrandt, E., Wotschack, P., Kirschbaum, A., & Pfahl, S. (2009). *Zeit auf der hohen Kante. Langzeitkonten in der betrieblichen Praxis und Lebensgestaltung von Beschäftigten.* Berlin: edition sigma.

Hillmann, K.-H. (1994). *Lexikon der Soziologie.* Stuttgart: Kröner.

Hirsch, J. (1990). *Kapitalismus ohne Alternative? Materialistische Gesellschaftstheorie und Möglichkeiten einer sozialistischen Politik heute.* Hamburg: VSA.

Hirsch, J., & Roth, R. (1986). *Das neue Gesicht des Kapitalismus. Vom Fordismus zum Post-Fordismus.* Hamburg: VSA.

Hirsch-Kreinsen, H. (1995). Dezentralisierung: Unternehmen zwischen Stabilität und Desintegration. *Zeitschrift für Soziologie, 24 (6),* S. 422–435.

Hirsch-Kreinsen, H. (2014). *Wandel von Produktionsarbeit 4.0.* Soziologisches Arbeitspapier 38/2014 der TU Dortmund.

Hirsch-Kreinsen, H. (2018). Einleitung: Digitalisierung industrieller Arbeit. In H. Hirsch-Kreinsen, P. Ittermann & J. Niehaus (Hrsg.) *Digitalisierung industrieller Arbeit Die Vision Industrie 4.0 und ihre sozialen Herausforderungen* (S. 10–31). Baden-Baden: Nomos.

Hirsch-Kreinsen, H., & Minssen, H. (Hrsg.). (2017). *Lexikon der Arbeits- und Industriesoziologie.* Baden-Baden: Nomos.

Hirsch-Kreinsen, H., Ittermann, P., & Niehaus, J. (Hrsg.). (2018). *Digitalisierung industrieller Arbeit. Die Vision Industrie 4.0 und ihre sozialen Herausforderungen.* Baden-Baden: Nomos.

Hochschild, A. (1997). *Keine Zeit. Wenn die Firma zum Zuhause wird und zu Hause nur Arbeit wartet.* Opladen: Leske + Budrich.

Hochschild, A. (2001). Globale Betreuungsketten und emotionaler Mehrwert. In A. Giddens & W. Hutton (Hrsg.), *Die Zukunft des globalen Kapitalismus* (S. 157–176). Frankfurt a.M./New York: Campus.

Höpner, M. (2003). *Wer beherrscht die Unternehmen?* Frankfurt a.m./New York: Campus.

Hörning, K. H. (Hrsg.). (1971). *Der „neue" Arbeiter. Zum Wandel sozialer Schichtstrukturen*. Frankfurt a.m.: Fischer.

Hoffmann, E., & Walwei, U. (2002). Wandel der Erwerbsformen: Was steckt hinter den Veränderungen? In G. Kleinhenz (Hrsg.), *IAB-Kompendium Arbeitsmarkt- und Berufsforschung. Beiträge zur Arbeitsmarkt- und Berufsforschung 250* (S. 135–144). Nürnberg: Institut für Arbeitsmarkt- und Berufsforschung.

Hoffmann, R. (2015). Gestaltungsanforderungen an die Arbeit der Zukunft: Elf Thesen. In R. Hoffmann & C. Bogedan (Hrsg.), *Arbeit der Zukunft: Möglichkeiten nutzen – Grenzen setzen* (S. 11–23). Frankfurt a.m./New York: Campus.

Hoffmann, R., & Bogedan, C. (Hrsg.). (2015). *Arbeit der Zukunft: Möglichkeiten nutzen – Grenzen setzen*. Frankfurt a.m./New York: Campus.

Hohendanner, C., & Florian, J. (2008). Praktika und betriebliche Personalpolitik. Verbreitung und Nutzungsintensität von Praktika in deutschen Betrieben. *Zeitschrift für ArbeitsmarktForschung, 4/2008,* S. 471–487.

Holler, M. (2013). *Methodenbericht zur Weiterentwicklung des DGB-Index Gute Arbeit in der Erhebungsphase 2011/2012*. Stadtbergen: Internationales Institut für Empirische Sozialökonomie.

Holst, H. (2009). Disziplinierung durch Leiharbeit? Neue Nutzungsstrategien von Leiharbeit und ihre Arbeitspolitischen Folgen. *WSI-Mitteilungen, 62 (3),* S. 143–149.

Holst, H., & Maier, F. (1998). Normalarbeitsverhältnis und Geschlechterordnung. *Mitteilungen aus der Arbeitsmarkt- und Berufsforschung, 31 (3),* S. 506–518.

Holst, H., Nachtweih, O., & Dörre, K. (2009). *Funktionswandel von Leiharbeit*. Frankfurt a.m.: Otto-Brenner-Stiftung.

Holtgrewe, U. (2006). *Flexible Menschen in flexiblen Organisationen. Bedingungen und Möglichkeiten kreativen und innovativen Handelns*. Berlin: edition sigma.

Honneth, A. (2003). Foucault und die Humanwissenschaften. Zwischenbilanz einer Rezeption. In A. Honneth & M. Saar (Hrsg.), *Zwischenbilanz einer Rezeption* (S. 15–27). Frankfurt a.m.: Suhrkamp.

Honneth, A. (2008). Arbeit und Anerkennung. Versuch einer Neubestimmung. *Deutsche Zeitschrift für Philosophie, 56 (3),* S. 327–341.

Hornung, U. (2003). Stachel „Geschlecht". Der soziologische Diskurs über den Wandel und die Zukunft in Arbeit, Ökonomie und Geschlechterverhältnisse – ein Überblick. In B. Orth, T. Schwietring & J. Weiß (Hrsg.), *Soziologische Forschung* (S. 139–153). Opladen: Leske + Budrich.

Howaldt, J. (1993). Vom Objekt zum Subjekt der Rationalisierung? – Der kontinuierliche Verbesserungsproze als beteiligungsorientierter Rationalisierungsansatz. In J. Howaldt & H. Minssen (Hrsg.), *Lean, leaner…? Die Veränderung des Arbeitsmanagements zwischen Humanisierung und Rationalisierung* (S. 125–140). Dortmund: Montania Druck- und Verlagsgesellschaft.

Huchler, N., Voß, G. G., & Weihrich, M. (2007). *Soziale Mechanismen im Betrieb. Theoretische und empirische Analysen zur Entgrenzung und Subjektivierung von Arbeit*. München/Mering: Hampp.

Huchler, N., Dietrich, N., & Matuschek, I. (2009). Multilokale Arrangements im Luftverkehr. Voraussetzungen, Bedingungen und Folgen multilokalen Arbeitens und Wohnens? *Informationen zur Raumentwicklung, 14 (1–2),* S. 43–54.

Huber, B., Burkhard, O., Schlette, M. (2008). Qualitative Tarif- und Betriebspolitik als Zukunftsaufgabe für Gewerkschaften. In H. Wagner (Hrsg.), *Arbeit und Leistung – gestern und heute. Ein gewerkschaftliches Politikfeld* (S. 207–225). Berlin: edition sigma.

Hürtgen, S., & Voswinkel, S. (2014). *Nichtnormale Normalität – Anspruchslogiken aus der Arbeitnehmermitte.* Berlin: edition sigma.

Hürtgen, S., Lüthje, B., Schumm, W., & Sproll, M. (2009). *Globale Produktion und Arbeit in der IT-Industrie.* Hamburg: VSA.

IAQ – Institut Arbeit und Qualifikation (2018). *Anteil der befristet Beschäftigten an allen abhängig Beschäftigten 1997 und 2017.* Duisburg: Institut Arbeit und Qualifikation der Universität Duisburg-Essen. http://www.sozialpolitik-aktuell.de/tl_files/sozialpolitik-aktuell/_Politikfelder/Arbeitsmarkt/Datensammlung/PDF-Dateien/abbIV28.pdf (zugegriffen: 14. Februar 2019).

Ilmarinen, J. (1999). *Ageing workers in the European Union – Status and promotion auf work ability, employability and employment.* Finnish Institute of Occupational Health/ Ministry of Social Affairs and Health. Helsinki: Ministry of Labour.

Ilmarinen, J., Tempel, J., & Giesert, M. (2002). *Arbeitsfähigkeit 2010 – Was können wir tun, damit Sie gesund bleiben?* Hamburg: VSA.

IGM – Industriegewerkschaft Metall (2015). *Arbeitsbelastungen nicht leugnen, sondern abbauen. Arbeitgeberverband verlässt Konsens für Gute Arbeit. Gute Arbeit.* Kompakt 3/2015. http://www.igmetall.de/Gute_Arbeit_Nr_3_4a2836468afb0d0c35ca537e-1743d241815a31ad.pdf (zugegriffen: 14. Februar 2019).

IGM – Industriegewerkschaft Metall (Hrsg.). (2013). *Crowdsourcing. Beschäftigte im globalen Wettbewerb um Arbeit –am Beispiel IBM.* Frankfurt a.M.: IG Metall.

IGM – Industriegewerkschaft Metall Projekt Gute Arbeit (Hrsg.). (2007). *Handbuch »Gute Arbeit«. Handlungshilfen und Materialien für die betriebliche Praxis.* Hamburg: VSA Verlag.

ILO – International Labour Organization (2015). *Arbeitnehmerschutz in einer Arbeitswelt im Wandel. Eine wiederkehrende Diskussion über das strategische Ziel des sozialen Schutzes (Arbeitnehmerschutz).* Internationale Arbeitskonferenz, 104. Tagung. http://www.ilo.org/wcmsp5/groups/public/---ed_norm/---relconf/documents/meetingdocument/wcms_365608.pdf (zugegriffen: 14. Februar 2019).

Initiative Neue Qualität der Arbeit (Hrsg.). (2016). *Kompetenz gewinnt. Wie wir Arbeits-, Wettbewerbs- und Veränderungsfähigkeit fördern können. Drittes Memorandum.* Berlin: INQA Geschäftsstelle.

Ittermann, P. (2009). *Betriebliche Partizipation in Unternehmen der Neuen Medien.* Frankfurt a.M./New York: Campus.

Iwer, F., Ohl, K., & Wagner, H. (2008). Arbeit und Leistung. Entwicklungen und Perspektiven in einem Kernfeld der Betriebs- und Tarifpolitik. In H. Wagner (Hrsg.), *Arbeit und Leistung – gestern und heute. Ein gewerkschaftliches Politikfeld* (S. 227–249). Hamburg: VSA.

Jaeggi, U., & Wiedemann, H. (1963). *Der Angestellte im automatisierten Büro.* Stuttgart: Kohlhammer.

Joas, H. (1992). *Die Kreativität des Handelns.* Frankfurt a.M.: Suhrkamp.

Jürgens, K. (2001). Familiale Lebensführung. Familienleben als alltägliche Verschränkung individueller Lebensführung. In G. G. Voß & M. Weihrich (Hrsg.), *tagaus – tagein. Neue Beiträge zur Soziologie Alltäglicher Lebensführung* (S. 33–60). München/Mering: Hampp.

Weiterführende Literatur

Jürgens, K. (2003). Zeithandeln – eine neue Kategorie der Arbeitssoziologie. In K. Gottschall & G. G. Voß (Hrsg.), *Entgrenzung von Arbeit und Leben. Zum Wandel der Beziehung von Erwerbstätigkeit und Privatsphäre im Alltag* (S. 37–58). München/Mering: Hampp.

Jürgens, K. (2006). *Arbeits- und Lebenskraft. Reproduktion als eigensinnige Grenzziehung.* Wiesbaden: VS Verlag für Sozialwissenschaften.

Jürgens, K. (2008). Reproduktionshandeln als Gewährleistungsarbeit: Der Erhalt von Arbeits- und Lebenskraft als Voraussetzung und Grenze eines „entgrenzten" Kapitalismus. In K.-S Rehberg & Deutsche Gesellschaft für Soziologie (DGS) (Hrsg.), *Die Natur der Gesellschaft: Verhandlungen des 33. Kongresses der Deutschen Gesellschaft für Soziologie in Kassel 2006. Teilbd. 1 u. 2* (S. 1468–1478). Frankfurt a.M/New York: Campus.

Jürgens, K. (2011). Prekäres Leben. *WSI-Mitteilungen, 64 (8),* S. 379–385.

Jürgens, K. (2017). Reproduktion von Arbeitskraft. In H. Hirsch-Kreinsen & H. Minssen (Hrsg.), *Lexikon der Arbeits- und Industriesoziologie* (S. 272–275). Baden-Baden: Nomos.

Jürgens, K. (2018). Arbeit und Leben. In F. Böhle, G. G. Voß & G. Wachtler (Hrsg.), *Handbuch Arbeitssoziologie.* Bd. 2: Akteure und Institutionen (S. 99–130). Wiesbaden: VS Verlag für Sozialwissenschaften.

Jürgens, K. (2010). Arbeit und Leben. In F. Böhle, G. G. Voß & G. Wachtler (Hrsg.), *Handbuch Arbeitssoziologie* (S. 483–580). Wiesbaden: VS Verlag für Sozialwissenschaften.

Jürgens, K., & Reinecke, K. (1998). *Zwischen Volks- und Kinderwagen. Auswirkungen der 28,8-Stunden-Woche bei der VW AG auf die familiale Lebensführung von Industriearbeitern.* Berlin: edition sigma.

Jürgens, K., & Voß, G. G. (2007). Gesellschaftliche Arbeitsteilung als Leistung der Person. *Aus Politik und Zeitgeschichte, 34/2007,* S. 3–9.

Junghanns, G., & Pech, E. (2008). Flexibilisierung durch Telearbeit. Ein Beitrag zur Verbesserung der Work-life-Balance? Arbeit. *Zeitschrift für Arbeitsforschung, Arbeitsgestaltung und Arbeitspolitik, 17 (3),* S. 193–208.

Jungwirth, I., & Scherschel, K. (2010). Ungleich prekär – zum Verhältnis von Arbeit, Migration und Geschlecht. In A. Manske & K. Pühl (Hrsg.), *Prekarisierung zwischen Anomie und Normalisierung. Geschlechtertheoretische Bestimmungen* (S. 110–132). Münster: Westfälisches Dampfboot.

Jurczyk, K. (1976). *Frauenarbeit und Frauenrolle. Zum Zusammenhang von Familienpolitik und Frauenerwerbstätigkeit in Deutschland von 1918–1975.* Frankfurt a.M./New York: Campus.

Jurczyk, K. (2014). Familie als Herstellungsleistung. Hintergründe und Konturen einer neuen Perspektive auf Familie. In K. Jurczyk, A. Lange & B. Thiessen (Hrsg.), *Doing Family. Warum Familienleben heute nicht mehr selbstverständlich ist* (S. 50–70). Weinheim/Basel: Beltz Juventa.

Jurczyk, K., & Lange, A. (2002). Familie und die Vereinbarkeit von Arbeit und Leben. Neue Entwicklungen, alte Konzepte. *Diskurs, 12 (3),* S. 9–16.

Jurczyk, K., & Oechsle, M. (2008). *Das Private neu denken, Erosionen, Ambivalenzen, Leistungen.* Münster: Westfälisches Dampfboot.

Jurczyk, K., & Rerrich, M. (Hrsg.). (1993). *Die Arbeit des Alltags. Beiträge zu einer Soziologie der alltäglichen Lebensführung.* Freiburg: Lambertus.

Jurczyk, K., & Voß, G. G. (2000). Entgrenzte Arbeitszeit – Reflexive Alltagszeit. Die Zeiten des Arbeitskraftunternehmers. In E. Hildebrandt (Hrsg.), *Reflexive Lebensführung. Zu den sozialökologischen Folgen flexibler Arbeit* (S. 151–205). Berlin: edition sigma.

Jurczyk, K., & Walper, S. (2012). Gender und Familie. In Wissenschaftlicher Beirat für Familienfragen beim BMFSFJ (Hrsg.), *Familie, Wissenschaft, Politik. Ein Kompendium der Familienpolitik* (S. 213–225). Würzburg.

Jurczyk, K., Schier, M., Szymenderski, P., Lange, A., & Voß, G. G. (2009). *Entgrenze Arbeit – entgrenzte Familie. Grenzmanagement im Alltag als neue Herausforderung.* Berlin: edition sigma.

Kadritzke, U. (1975). *Angestellte – Die geduldigen Arbeiter. Zur Soziologie und sozialen Bewegung der Angestellten.* Frankfurt a.M.: Europäische Verlagsanstalt.

Kadritzke, U. (1982). Angestellte als Lohnarbeiter. Nachruf auf die deutsche Kragenlinie. In G. Schmidt, H.-J. Braczyk & J. v. d. Knesebeck (Hrsg.), *Materialien zur Industriesoziologie. Sonderheft 24 der Kölner Zeitschrift für Soziologie und Sozialpsychologie* (S. 219–249). Opladen: Westdeutscher Verlag.

Kadritzke, U. (2004). White-Collar-Blues. Über Angestellte im modernen und im neuesten Kapitalismus. In: I. Artus & R. Trinczek (Hrsg.), *Über Arbeit, Interessen und andere Dinge. Phänomene, Strukturen und Akteure im modernen Kapitalismus* (S. 101–121). München/Mering: Hampp.

Kädtler, J. (2009). *Finanzialisierung und Finanzmarktrationalität. Zur Bedeutung konventioneller Handlungsorientierungen im gegenwärtigen Kapitalismus.* Arbeitspapier. Göttingen: SOFI.

Kädtler, J. (2010). Finanzmärkte und Finanzialisierung. In F. Böhle, G. G. Voß, & G. Wachtler (Hrsg.), *Handbuch Arbeitssoziologie* (S. 619–639). Wiesbaden: VS Verlag für Sozialwissenschaften.

Kädtler, J., & Sperling, H. (2001). Worauf beruht und wie wirkt die Herrschaft der Finanzmärkte auf der Ebene von Unternehmen? Oder: Taugt Finanzialisierung als neue Software für die Automobilindustrie? *SOFI-Mitteilungen, 29,* S. 23–44.

Kämpf, T. (2008). *Die neue Unsicherheit. Folgen der Globalisierung für hoch qualifizierte Arbeitnehmer.* Frankfurt a.M./New York: Campus.

Kämpf, T. (2015). Ausgebrannte Arbeitswelt – Wie erleben Beschäftigte neue Formen von Belastung in modernen Feldern der Wissensarbeit? *Berliner Journal für Soziologie, 25 (1–2),* S. 133–159.

Kagermann, H. (2013). *Acatech. Deutschlands Zukunft als Produktionsstandort sichern. Umsetzungsempfehlungen für das Zukunftsprojekt Industrie 4.0.* Abschlussbericht des Arbeitskreises Industrie 4.0. http://www.forschungsunion.de/pdf/industrie_4_0_abschlussbericht.pdf (zugegriffen: 14. Februar 2019).

Kagermann, H., Wahlster, W., & Helbig, J. (Hrsg.). (2012). *Bericht der Promotorengruppe Kommunikation. Im Fokus: Das Zukunftsprojekt Industrie 4.0 mit Handlungsempfehlungen zur Umsetzung sowie Vorstellung der weiteren von der Promotorengruppe behandelten Initiativen.* https://www.bmbf.de/pub_hts/kommunikation_bericht_2012-1.pdf (zugegriffen: 14. Februar 2019).

Kalina, T., & Weinkopf, C. (2012). *Niedriglohnbeschäftigung 2010. Fast jede/r Vierte arbeitet für Niedriglohn.* IAQ-Report 2012-01. Duisburg: Institut Arbeit und Qualifikation.

Kalina, T., & Weinkopf, C. (2015). *Niedriglohnbeschäftigung 2013: Stagnation auf hohem Niveau.* IAQ-Report 2015-03. Duisburg: Institut Arbeit und Qualifikation.

Kalleberg, A. (2007). *The Mismatched Worker.* New York: W. W. Norton & Company.

Kasch, G. (2010). Kontroverse um den „DGB-Index Gute Arbeit". *Sozialismus, 01.05.2010.* https://www.sozialismus.de/detail/artikel/kontroverse-um-den-dgb-index-gute-arbeit-4/ (zugegriffen: 14. Februar 2019).

Katmann, T., & Dingeldey, I. (2013). *Prekarisierung berufsfachlich qualifizierter Beschäftigung? Eine Analyse der Arbeitsbedingungen von medizinischen Fachangestellten*. Reihe Arbeit und Wirtschaft in Bremen. Bremen: Institut Arbeit und Wirtschaft.

Kawalec, S., & Menz, W. (2013). Die Verflüssigung von Arbeit. Crowdsourcing als unternehmerische Reorganisationsstrategie – das Beispiel IBM. *Arbeits-und Industriesoziologische Studien (AIS), 6 (2)*, S. 5–23.

Keller, B. (2004). Zusammenschlüsse von Gewerkschaften. Folgen und Perspektiven am Beispiel der Vereinten Dienstleistungsgewerkschaft (ver.di). *Leviathan, 2004 (32)*, S. 89–112.

Keller, B., & Seifert, H. (2006). Atypische Beschäftigungsverhältnisse: Flexibilität, soziale Sicherheit und Prekarität. *WSI-Mitteilungen, 59 (5)*, S. 235–240.

Keller, B., & Seifert, H. (Hrsg.). (2007). *Atypische Beschäftigung – Flexibilisierung und soziale Risiken*. Berlin: edition sigma.

Keller, B., & Seifert, H. (2009). Atypische Beschäftigungsverhältnisse. Formen, Verbreitung, soziale Folgen. *Aus Politik und Zeitgeschichte, 27/2009*, S. 40–46.

Kels, P. (2009). *Arbeitsvermögen und Berufsbiografie. Karriereentwicklung im Spannungsfeld zwischen Flexibilisierung und Subjektivierung*. Wiesbaden: VS Verlag für Sozialwissenschaften.

Kern, H., & Schumann, M. (1970). *Industriearbeit und Arbeiterbewußtsein (Teil I)*. Frankfurt a.M.: Suhrkamp.

Kern, H., & Schumann, M. (1984). *Das Ende der Arbeitsteilung?* München: Beck.

Kerschbaumer, J. (2009). Flexibler Ausstieg aus dem Erwerbsleben – aber wie? Altersteilzeit, Teilrente und Langzeitkonten – keine echten Alternativen zur „Rente mit 67". *Soziale Sicherheit. Zeitschrift für Arbeit und Soziales, 58 (4)*, S. 125–132.

Kesselring, S. (2012). Betriebliche Mobilitätsregime. Zur sozio-geografischen Strukturierung mobiler Arbeit. *Zeitschrift für Soziologie, 41 (2)*, S. 83–100.

Kesselring, S., & Vogl, G. (2010). *Betriebliche Mobilitätsregime. Die sozialen Kosten mobiler Arbeit*. Berlin: edition sigma.

Keynes, J. M. (1930 [1963]). Economic Possibilities for our Grandchildren. In: J. M. Keynes (Hrsg.), *Essays in Persuasion* (S. 358–373). New York: W.W. Norton & Company.

Kim, H. S, & Haugh, H.-M. (2012). *Toward a Theory of Logic Elaboration*. Cambridge: University of Cambridge.

Kinkel, S., Friedewald, M., Hüsing, B., Lay, G., & Lindner, R. (2007). *Zukunftsreport: Arbeiten in der Zukunft – Strukturen und Trends der Industriearbeit*. Berlin: TAB.

Kinkel, S., Friedewald, M., Hüsing, B., Lay, G., & Lindner, R. (2008). *Arbeiten in der Zukunft. Strukturen und Trends der Industriearbeit. Studien des Büros für Technikfolgen-Abschätzung beim Deutschen Bundestag*, Bd. 27. Berlin: Nomos.

Kirchhöfer, D. (2001). Kindliche Lebensführung im Umbruch. In G. G. Voß & M. Weihrich (Hrsg.), *tagaus – tagein. Neue Beiträge zur Soziologie Alltäglicher Lebensführung* (S. 61–85). München: Hampp.

Klammer, U., Neukirch, S., & Weßler-Poßberg, D. (2012). *Wenn Mama das Geld verdient. Familienernährerinnen zwischen Prekarität und neuen Rollenbildern*. Forschung aus der Hans-Böckler-Stiftung 139. Berlin: edition sigma.

Klammer, U., Klenner, C., & Lillemeier, S. (2018). *„Comparable Worth". Arbeitsbewertungen als blinder Fleck in der Ursachenanalyse des Gender Pay Gaps?* Düsseldorf: Hans-Böckler-Stifung (= HBS Study Nr. 014). https://www.boeckler.de/pdf/p_wsi_studies_14_2018.pdf (zugegriffen: 14. Februar 2019).

Klenner, C. & Klammer, U. (2009). Weibliche Familienernährerinnen in West- und Ostdeutschland - Wunschmodell oder neue Prekarität? In Forschungsreihe des BMFSFJ (8), *Rollenleitbilder und -realitäten in Europa: rechtliche, ökonomische und kulturelle Dimensionen* (S. 62–84). Baden-Baden: Nomos.

Klecha, S., Krumbein, W., & Jung, P. (Hrsg.). (2008). *Die Beschäftigungssituation von wissenschaftlichem Nachwuchs.* Wiesbaden: VS Verlag für Sozialwissenschaften.

Kleemann, F. (1999a). Zur Bemessung von Arbeitsleistung in Telearbeit: Von der Fremd- zur Selbstorganisation der Arbeitenden? In: O. Drossou, K. van Haaren, D. Hensche, H. Kubicek, M. Mönig-Raane, R. Rilling, (…) & O. Frieder (Hrsg.), *Machtfragen der Informationsgesellschaft* (S. 491–497). Marburg: BdWi-Verlag.

Kleemann, F. (1999b). Personale Technikstile im informatisierten Arbeitsalltag. In E. Hebecker, F. Kleemann, H. Neymanns & M. Stauff (Hrsg.), *Neue Medienumwelten. Zwischen Regulierungsprozessen und alltäglicher Aneignung* (S. 298–310). Frankfurt a.M./New York: Campus.

Kleemann, F. (2005). *Die Wirklichkeit der Teleheimarbeit. Eine arbeitssoziologische Untersuchung.* Berlin: edition sigma.

Kleemann, F. (2012). Subjektivierung von Arbeit – Eine Reflexion zum Stand des Diskurses. *Arbeits- und Industriesoziologische Studien, 5 (2)*, S. 6–20.

Kleemann, F. (2017). Mobile und ortsungebundene Arbeit. In H. Hirsch-Kreinsen & H. Minssen (Hrsg.), *Lexikon der Arbeits- und Industriesoziologie* (S. 222–225). Baden-Baden: Nomos.

Kleemann, F., & Matuschek, I. (2001). Zur Erfassung subjektiver Leistungen in informatisierter Arbeit. In I. Matuschek, A. Henninger & F. Kleemann (Hrsg.), *Neue Medien im Arbeitsalltag. Empirische Befunde – Gestaltungskonzepte – Theoretische Perspektiven* (S. 257–279). Wiesbaden: Westdeutscher Verlag.

Kleemann, F., & Matuschek, I. (2003). Subjektivierung in Informatisierter Kommunikationsarbeit: Manufacturing Consent in High Quality Call Centern. In K. Schönberger & S. Springer (Hrsg.), *Subjektivierte Arbeit. Mensch – Technik – Organisation in einer entgrenzten Arbeitswelt* (S. 117–142). Frankfurt a.M./New York: Campus.

Kleemann, F., & Voß, G. G. (2018). Arbeit und Subjekt. In F. Böhle, G. G. Voß & G. Wachtler (Hrsg.), *Handbuch Arbeitssoziologie. Bd. 2: Akteure und Institutionen* (S. 15–57). Wiesbaden: Springer VS.

Kleemann, F., Matuschek, I., & Voß, G. G. (1999). *Zur Subjektivierung von Arbeit.* Veröffentlichungsreihe der Querschnittsgruppe Arbeit & Ökologie beim Präsidenten des Wissenschaftszentrums Berlin für Sozialforschung. Berlin: Wissenschaftszentrum für Sozialwissenschaften.

Kleemann, F., Matuschek, I., & Voß, G. G. (2002). Subjektivierung von Arbeit. Ein Überblick zum Stand der soziologischen Diskussion. In M. Moldaschl & G. G. Voß (Hrsg.), *Subjektivierung von Arbeit* (S. 53–100). München/Mering: Hampp.

Kleemann, F., Voß, G. G., &, Rieder, K. (2008). Un(der)paid Innovators. The Commercial Utilization of Consumer Work through Crowdsourcing. *Science, Technology & Innovation Studies, 4 (1)*, S. 5–26.

Kleemann, F., Rieder, K., & Voß, G. G. (2009). Kunden als Innovatoren. Die betriebliche Nutzung privater Innovativität im Web 2.0 durch „Crowdsourcing". *Wirtschaftspsychologie, 11 (1)*, S. 28–35.

Kleemann F., Eismann C., Beyreuther T., Hornung, S., Duske, K., & Voß, G. G. (Hrsg.). (2012). *Unternehmen im Web 2.0. Zur strategischen Integration von Konsumentenleistungen durch Social Media.* Frankfurt a.M./New York: Campus.

Klenner, C., Pfahl, S., Neukirch, S., & Weßler-Poßberg, D. (2011). Prekarisierung im Lebenszusammenhang – Bewegung in den Geschlechterarrangements? *WSI-Mitteilungen, 64 (8)*, S. 416–422.

Knapp, G.-A. (1981). *Industriearbeit und Instrumentalismus. Zur Geschichte eines Vor-Urteils*. Bonn: Verlag Neue Gesellschaft.

Knoblauch, H. (1995). Grundbegriffe und Aufgaben des kommunikativen Konstruktivismus. In R. Keller, H. Knoblauch & J. Reichertz (Hrsg.), *Kommunikativer Konstruktivismus. Theoretische und empirische Arbeiten zu einem neuen wissenssoziologischen Ansatz* (S. 25–48). Wiesbaden: VS.

Knoblauch, H. (Hrsg.). (1996). *Kommunikative Lebenswelten. Zur Ethnografie einer geschwätzigen Gesellschaft*. Konstanz: UVK.

Koch, A., & Bäcker, G. (2004). Mini- und Midijobs. Frauenerwerbstätigkeit und Niedrigeinkommensstrategien in der Arbeitsmarktpolitik. In R. Baatz, C. Rudolph & A. Satilmis (Hrsg.), *Hauptsache Arbeit? Feministische Perspektiven auf den Wandel von Arbeit* (S. 85–103). Münster: Westfälisches Dampfboot.

Kocka, J. (1990a). *Geschichte der Arbeiter und der Arbeiterbewegung in Deutschland seit dem Ende des 18. Jahrhunderts. Bd. 1: Weder Stand noch Klasse. Unterschichten um 1800*. Bonn: Dietz.

Kocka, J. (1990b). *Geschichte der Arbeiter und der Arbeiterbewegung in Deutschland seit dem Ende des 18. Jahrhunderts. Bd. 2 Arbeitsverhältnisse und Arbeiterexistenzen. Grundlagen der Klassenbildung im 19. Jahrhundert*. Bonn: Dietz.

Kocyba, H. (2005). Selbstverwirklichungszwänge und neue Unterwerfungsformen. Paradoxien der Kapitalismuskritik. In Arbeitsgruppe SubArO (Hrsg.), *Ökonomie der Subjektivität – Subjektivität der Ökonomie* (S. 79–93). Berlin: edition sigma.

Köhler, C., & Loudovici, K. (Hrsg.). (2007). *Beschäftigungssysteme, Unsicherheit und Erwerbsorientierungen. Theoretische und empirische Befunde*. SFB 580 Mitteilungen, Heft 22. Jena.

Körner, T., Puch, K., & Wingerter, C. (2010). Qualität der Arbeit – ein international vereinbarter Indikatorenrahmen. *Wirtschaft und Statistik, 9/2010*, S. 827–845.

Kohaut, S., & Schnabel, C. (2003). Zur Erosion des Flächentarifvertrags. Ausmaß, Einflussfaktoren und Gegenmaßnahmen. *Industrielle Beziehungen, 10 (2)*, S. 193–219.

Kohli, M. (1994). Institutionalisierung und Individualisierung der Erwerbsbiografie. In U. Beck & E. Beck-Gernsheim (Hrsg.), *Riskante Freiheiten* (S. 219–243). Frankfurt a.M.: Suhrkamp.

Kohlmorgen L. (2004) *Regulation, Klasse, Geschlecht. Die Konstituierung der Sozialstruktur im Fordismus und Postfordismus*. Münster: Westfälisches Dampfboot.

Koppetsch, C. (2017). *Aufstand der Etablierten? Soziopolis – Gesellschaft beobachten*. https://soziopolis.de/beobachten/kultur/artikel/aufstand-der-etablierten/ (zugegriffen: 14. Februar 2019).

Kossek, E., & Lambert, S. (Hrsg.). (2004). *Work and life integration. Organizational, cultural, and individual perspectives*. Mahwah/London: Lawrence Erlbaum Associates.

Kraemer, K. (2008). Prekarität – was ist das?Arbeit. *Zeitschrift für Arbeitsforschung, Arbeitsgestaltung und Arbeitspolitik, 17 (2)*, S. 77–90.

Kraemer, K. (2009). Prekarisierung – jenseits von Stand und Klasse? In R. Castel & K. Dörre (Hrsg.), *Prekarität, Abstieg, Ausgrenzung* (S. 241–253). Frankfurt a.M./New York: Campus.

Kraemer, K., & Speidel, F. (2005). Prekarisierung von Erwerbsarbeit. Zur Transformation der arbeitsweltlichen Integrationsmodus. In W. Heitmeyer & P. Imbusch (Hrsg.), *Integrationspotenziale einer modernen Gesellschaft* (S. 267–390). Wiesbaden: VS Verlag für Sozialwissenschaften.

Kratzer, N. (2003). *Arbeitskraft in Entgrenzung – Grenzenlose Anforderungen, erweiterte Spielräume, begrenzte Ressourcen*. Berlin: edition sigma.

Kratzer N., & Dunkel W. (2013). Neue Steuerungsformen bei Dienstleistungsarbeit – Folgen für Arbeit und Gesundheit. In Bundesanstalt für Arbeitsschutz und Arbeitsmedizin, Junghanns, G. & Morschhäuser, M. (Hrsg.), *Immer schneller, immer mehr* (S. 41–61). Wiesbaden: Springer VS.

Kratzer, N., & Nies, S. (2009). *Neue Leistungspolitik bei Angestellten. ERA, Leistungssteuerung, Leistungsentgelt*. Berlin: edition sigma.

Kratzer, N., & Sauer, D. (2003). Entgrenzung von Arbeit – Konzept, Thesen, Befunde. In K. Gottschall & G. G. Voß (Hrsg.), *Entgrenzung von Arbeit und Leben: zum Wandel der Beziehung von Erwerbstätigkeit und Privatsphäre im Alltag* (S. 87–123). München/ Mehring: Hampp.

Kratzer, N., & Sauer, D. (2007). Entgrenzte Arbeit – gefährdete Reproduktion. Genderfragen in der Arbeitsforschung. In B. Aulenbacher, M. Funder, H. Jacobsen & S. Völker (Hrsg.), *Arbeit und Geschlecht im Umbruch der modernen Gesellschaft. Forschung im Dialog* (S. 235–249). Wiesbaden: VS Verlag für Sozialwissenschaften.

Kratzer, N., Boes, A., Marrs, K., & Sauer, D. (2004). Entgrenzung von Unternehmen und Arbeit. Grenzen der Entgrenzung. In U. Beck & C. Lau (Hrsg.), *Entgrenzung und Entscheidung. Was ist neu an der Theorie reflexiver Modernisierung?* (S. 329–359). Frankfurt a.M.: Suhrkamp.

Kratzer, N., Menz, W., Tullius, K., & Wolf, H. (2015). *Legitimationsprobleme in der Erwerbsarbeit*. Nomos: Baden-Baden.

Kreckel, R. (2010). „Anmerkungen zu Richard Münch: Die akademische Elite". In H.-G. Soeffner (Hrsg.), *Unsichere Zeiten. Verhandlungen des 34. Kongresses der Deutschen Gesellschaft für Soziologie in Jena, Bd. 2* (S. 845–849). Wiesbaden: VS Verlag für Sozialwissenschaften.

Krenn, M., & Saunders, E. (2012). *Prekäre Integration – die soziale Verwundbarkeit von Migrantinnen und ihre Integration durch Erwerbsarbeit*. FORBA Forschungsbericht 4/2012. Wien: Forschungs- und Beratungsstelle Arbeitswelt.

Kreyenfeld, M. (2008). *Ökonomische Unsicherheit und der Aufschub der Familiengründung*. Wiesbaden: Springer VS.

Krieger, H., Liepelt, K., & Schneider, R. (1989). *Arbeitsmarktkrise und Arbeitnehmerbewusstsein*. Frankfurt a.M./New York: Campus.

Krömmelbein, S. (1996). *Krise der Arbeit – Krise der Identität? Institutionelle Umbrüche der Erwerbsarbeit und subjektive Erfahrungsprozesse in den neuen Bundesländern*. Berlin: edition sigma.

Krömmelbein, S. (2004). *Kommunikativer Stress in der Arbeitswelt. Zusammenhänge von Arbeit, Interaktion und Identität*. Berlin: edition sigma.

Kronauer, M. (2002). *Exklusion. Die Gefährdung des Sozialen im hoch entwickelten Kapitalismus*. Frankfurt a.M./New York: Campus.

Kronauer, M. (2004). Soziologie der sozialen Frage: Robert Castel. In S. Moebius, & L. Peter (Hrsg.), *Französische Soziologie der Gegenwart* (S. 449–475). Konstanz: UVK.

Kuda, E., & Strauß, J. (2002). *Arbeitnehmer als Unternehmer? Herausforderungen für Gewerkschaften und berufliche Bildung.* Hamburg: VSA.
Kudera W., & Voß, G. G. (Hrsg.). (2002). *Lebensführung und Gesellschaft. Beiträge zu Konzept und Empirie alltäglicher Lebensführung.* Opladen: Leske + Budrich.
Kudera, W., Mangold, W., Ruff, K., Schmidt, R., & Wentzke, T. (1979). *Gesellschaftliches und politisches Bewußtsein von Arbeitern. Eine empirische Untersuchung.* Frankfurt a.M.: Europäische Verlagsanstalt.
Kühl, S. (2004). *Arbeits- und Industriesoziologie. Eine Einführung.* Bielefeld: transcript.
Kuhlmann, M. (2017). Arbeitspolitik. In H. Hirsch-Kreinsen & H. Minssen (Hrsg.), *Lexikon der Arbeits- und Industriesoziologie* (S. 63–67). Baden-Baden: Nomos.
Kuhlmann, M., Sperling, H. J., & Balzert, S. (2004). *Konzepte innovativer Arbeitspolitik. Good-Practice-Beispiele aus dem Maschinenbau, Automobil-, Elektro- und Chemischen Industrie.* Berlin: edition sigma.
Kurz-Scherf, I. (2004a). Suchbewegungen im Wandel von Arbeit, Geschlecht und Gesellschaft. In R. Baatz, C. Rudolph & A Satilmis (Hrsg.), *Hauptsache Arbeit? Feministische Perspektiven auf den Wandel von Arbeit* (S. 8–16). Münster: Westfälisches Dampfboot.
Kurz-Scherf, I. (2004b). „Hauptsache Arbeit"? – Blockierte Perspektiven im Wandel von Arbeit und Geschlecht. In R. Baatz, C. Rudolph & A. Satilmis (Hrsg.), *Hauptsache Arbeit? Feministische Perspektiven auf den Wandel von Arbeit* (S. 24–46). Münster: Westfälisches Dampfboot.
Lacher, M. (2007). Einfache Arbeit in der Automobilindustrie: ambivalente Kompetenzanforderungen und ihre Herausforderung für die berufliche Bildung. In H. Dietrich & E. Severing (Hrsg.), *Zukunft des dualen Beruf – Wettbewerb der Bildungsgänge* (S. 83–96). Bielefeld: Bertelsmann.
Lang, C. (2009). Erwerbsformen im Wandel. *Wirtschaft im Wandel, 4,* S. 165–171.
Langfeldt, B. (2009). *Subjektorientierung in der Arbeits- und Industriesoziologie. Theorien, Methoden und Instrumente zur Erfassung von Arbeit und Subjektivität.* Wiesbaden: VS.
Latniak, E. (2006). Auf der Suche nach Verteilungs- und Gestaltungsspielräumen. Eine Bilanz der Organisationsveränderungen seit den 90er Jahren. In: S. Lehndorff (Hrsg.), *Das Politische in der Arbeitspolitik* (S. 33–70). Berlin: edition sigma.
Le Bihan, B., Martin, C., & Knijn, T. (2013). *Work and Care under Pressure. Care Arrangements across Europe.* Amsterdam: Amsterdam University Press.
Legnaro, A., & Birenheide, A. (2008). *Regieren mittels Unsicherheit. Regime von Arbeit in der späten Moderne.* Konstanz: UVK.
Lehndorff, S., & Voss-Dahm, D. (2006). Kunden, Kennziffern und Konkurrenz. Markt und Organisation in der Dienstleistungsarbeit. In S. Lehndorff (Hrsg.), *Das Politische in der Arbeitspolitik* (S. 127–153). Berlin: edition sigma.
Leimeister, J. M., & Zogaj, S. (2013). *Neue Arbeitsorganisation durch Crowdsourcing. Eine Literaturstudie.* Düsseldorf: Hans-Böckler-Stiftung (= HBS Arbeitspapier Nr. 287). https://www.boeckler.de/pdf/p_arbp_287.pdf (zugegriffen: 14. Februar 2019).
Leimeister, J. M., Durward, D., & Zogaj, S. (2016a). *Crowd Worker in Deutschland. Eine empirische Studie zum Arbeitsumfeld auf externen Crowdsourcing-Plattformen.* Düsseldorf: Hans-Böckler-Stiftung (= HBS Study Nr. 323). https://www.boeckler.de/pdf/p_study_hbs_323.pdf (zugegriffen: 14. Februar 2019).
Leimeister, J. M., Zogaj, S., Durward, D. & Blohm, I. (2016b). *Systematisierung und Analyse von Crowdsourcing-Anbietern und Crowd-Work-Projekten.* Düsseldorf: Hans-Böckler-

Stiftung (= HBS Study Nr. 324). https://www.boeckler.de/pdf/p_study_hbs_324.pdf (zugegriffen: 14. Februar 2019).
Leithäuser, T. (1986). Subjektivität im Produktionsprozeß. In B. Volmerg, E. Senghaas-Knobloch & T. Leithäuser (Hrsg.), *Betriebliche Lebenswelt: Eine Sozialpsychologie industrieller Arbeitsverhältnisse* (S. 245–266). Wiesbaden: Westdeutscher Verlag.
Lemke, T. (2004). Dispositive der Unsicherheit im Neoliberalismus. *Widerspruch, 24 (46)*, S. 89–98.
Lempert, W., & Thomssen, W. (1974). *Berufliche Erfahrung und gesellschaftliches Bewusstsein*. Köln: Max-Planck-Institut für Bildungsforschung.
Lengersdorf, D., & Meuser, M. (2010). Wandel von Arbeit – Wandel von Männlichkeiten. *Österreichische Zeitschrift für Soziologie, Juni 2010, 35 (2)*, S. 89–103.
Lengfeld, H., & Hirschle, J. (2009). Die Angst der Mittelschicht vor dem sozialen Abstieg. Eine Längsschnittanalyse 1984–2007. *Zeitschrift für Soziologie, 38 (5)*, S. 379–398.
Lenz, K. (2003). Familie – Abschied von einem Begriff. *Erwägen, Wissen, Ethik, 14 (3)*, S. 485–498.
Lepperhoff, J. (2011). Qualität von Arbeit: messen – analysieren – umsetzen. *Aus Politik und Zeitgeschichte, 15/2011, S. 32–37*.
Lessenich, S. (2008). *Die Neuerfindung des Sozialen. Der Sozialstaat im flexiblen Kapitalismus*. Bielefeld: transcript.
Lewis, J. (2003). Auf dem Weg zur „Zwei-Erwerbstätigen"-Familie. In S. Leitner, I. Ostner & M. Schratzenstaller (Hrsg.), *Wohlfahrtsstaat und Geschlechterverhältnisse im Umbruch* (S. 62–84). Wiesbaden: VS-Verlag.
Liebig, S., & May, M. (2009). Dimensionen sozialer Gerechtigkeit. *Aus Politik und Zeitgeschichte, 47/2009*, S. 3–8.
Liebold, R. (2001). *„Meine Frau managt das ganze Leben zu Hause..." Partnerschaft und Familie aus der Sicht männlicher Führungskräfte*. Wiesbaden: Westdeutscher Verlag.
Lipietz, A. (1985). Akkumulation, Krisen und Auswege aus der Krise. Einige methodische Überlegungen zum Begriff der „Regulation". *Prokla, 15 (58)*, S. 109–137.
Littek, W. (1982). Arbeitssituation und betriebliche Arbeitsbedingungen. In W. Littek, W. Rammert & G. Wachtler (Hg.), *Einführung in die Arbeits- und Industriesoziologie* (S. 92–135). Frankfurt a.M., New York: Campus.
Loacker, B. (2010). *Kreativ prekär: künstlerische Arbeit und Subjektivität im Postfordismus*. Bielefeld: transcript.
Lohr, K. (2003). Subjektivierung von Arbeit. Ausgangspunkt einer Neuorientierung der Industrie- und Arbeitssoziologie? *Berliner Journal für Soziologie, 13 (4)*, S. 511–529.
Lohr, K., & Nickel, H. (Hrsg.). (2005). *Subjektivierung von Arbeit – riskante Chancen*. Münster: Westfälisches Dampfboot.
Ludwig, G., & Mennel, B. (2005). Ganz normal prekär. Grundrisse. *Zeitschrift für linke Theorie und Debatte, 14*, S. 31–34.
Lühr, T. (2009). Klasse und Geschlecht als Dimensionen kapitalistischer Herrschaft. *Marxistische Blätter, Heft 6/09*, S. 1–11. https://www.linksnet.de/sites/default/files/pdf/Thomas%20L%C3%BChr%20-%20Klasse%20und%20Geschlecht.pdf (zugegriffen: 14. Februar 2019).
Lutz, B. (1987). Das Ende des Technikdeterminismus und die Folgen. Soziologische Technikforschung vor neuen Aufgaben und neuen Problemen. In B. Lutz (Hrsg.), *Technik und sozialer Wandel. Verhandlungen des 23. Deutschen Soziologentages in Hamburg 1986* (S. 34–52). Frankfurt a.M./New York: Campus.

Lutz, H. (2002). In fremden Diensten. Die neue Dienstmädchenfrage als Herausforderung für die Migrations- und Genderforschung. In K. Gottschall & B. Pfau-Effinger (Hrsg.), *Zukunft der Arbeit und Geschlecht. Diskurse, Entwicklungspfade und Reformoptionen im internationalen Vergleich* (S. 161–182). Opladen: Leske + Budrich.

Lutz, H. (2007). „Die 24-Stunden-Polin" – Eine intersektionelle Analyse transnationaler Dienstleistungen. In C. Klinger, G.-A. Knapp & B. Sauer (Hrsg.), *Achsen der Ungleichheit – Achsen der Differenz, Verhältnisbestimmungen von Klasse, Geschlecht, Rasse/Ethnizität* (S. 210–234). Frankfurt a.M./New York: Campus.

Lutz, H., & Palenga-Möllenbeck, E. (2010). Care Work Migration in Germany: Semi-Compliance and Complicity. *Social Policy & Society 9 (3)*, S. 419–430.

Lutz, H., Herrera Vivar, M., & Supik, L. (2010). Fokus Intersektionalität – eine Einleitung. In H. Lutz, M. Herrera Vivar & L. Supik (Hrsg.), *Fokus Intersektionalität. Bewegungen und Verortungen eines vielschichtigen Konzeptes* (S. 9–31). Wiesbaden: VS Verlag für Sozialwissenschaften.

Lynch, K., & Walsh, J. (2009). Love, Care and Solidarity: What Is and Is Not Commodifiable. In: K. Lynch, J. Baker & M. Lyons (Hrsg.), *Affective Equality. Love, Care and Injustice* (S. 35–53). Basingstoke: Palgrave Macmillan.

Maio, G. (2014). *Medizin ohne Maß? Vom Diktat des Machbaren zu einer Ethik der Besonnenheit. Vom Diktat des Machbaren zu einer Ethik der Besonnenheit.* Stuttgart: TRIAS.

Mallet, S. (1965). La nouvelle classe ouvriére en France. *Cahiers Internationaux de Sociologie, 38 (12)*, S. 57–65.

Malsch, T. (1984). Erfahrungswissen und Planungswissen. Facharbeiterkompetenz und informationstechnische Kontrolle am Beispiel der betrieblichen Instandhaltung. In: U. Jürgens & F. Naschold (Hrsg.), *Arbeitspolitik. Leviathan, Sonderheft 5* (S. 231–251). Opladen: Westdeutscher Verlag.

Manske, A. (2003). Web Worker. Arrangements der Sphären im Spannungsfeld zwischen Vereinnahmung und Ergänzung. In K. Gottschall & G. G. Voß (Hrsg.), *Entgrenzung von Arbeit und Leben. Zum Wandel der Beziehung von Erwerbstätigkeit und Privatsphäre im Alltag* (S. 261–284). München/Mering: Hampp.

Manske, A. (2007). *Prekarisierung auf hohem Niveau. Eine Feldstudie über Alleinunternehmer in der IT-Branche.* München/Mering: Hampp.

Manske, A. (2009). Unsicherheit und kreative Arbeit. Stellungskämpfe von Soloselbstständigen in der Kulturwirtschaft. In R. Castel & K. Dörre (Hrsg.), *Prekarität, Abstieg, Ausgrenzung. Die soziale Frage am Beginn des 21. Jahrhunderts* (S. 283–296). Frankfurt a.M./New York: Campus.

Manske, A., & Pühl, K. (2010). *Prekarisierung zwischen Anomie und Normalisierung. Geschlechtertheoretische Bestimmungsversuche.* Münster: Westfälisches Dampfboot.

Manske, A., & Scheffelmeier, T. (2015). *Werkverträge, Leiharbeit, Solo-Selbstständigkeit. Eine Bestandsaufnahme.* WSI-Diskussionspapier, Nr. 195.

Manske, F., Mickler, O., & Wolf, H. (1994). Computerisierung technisch-geistiger Arbeit? Ein Beitrag zur Debatte um Formen und Folgen gegenwärtiger Rationalisierung. In N. Beckenbach, & W. van Treeck (Hrsg.), *Umbrüche gesellschaftlicher Arbeit (Sonderbd. 9 Soziale Welt)* (S. 162–182). Göttingen: Schwartz.

Marburger Gender-Kolleg (2008). *Geschlecht, Macht, Arbeit. Interdisziplinäre Perspektiven und politische Intervention.* Münster: Westfälisches Dampfboot.

Marchart, O. (2013). *Die Prekarisierungsgesellschaft. Prekäre Proteste. Politik und Ökonomie im Zeichen der Prekarisierung.* Bielefeld: transcript.

Marrs, K. (2018). Herrschaft und Kontrolle in der Arbeit. In F. Böhle, G. G. Voß & G. Wachtler (Hrsg.), *Handbuch Arbeitssoziologie. Bd. 1* (S. 473–504). Wiesbaden: VS Verlag für Sozialwissenschaften.

Martin, H. (Hrsg.). (1995). *CeA. Computergestützte erfahrungsgeleitete Arbeit*. Berlin u.a.: Springer.

Maslow, A. (1970 [1954]). *Motivation and Personality*. New York: Harper & Row.

Matthöfer, H. (1977). Humanisierung der Arbeit und Produktivität in der Industriegesellschaft. Köln: Bund-Verlag.

Matthöfer, H. (1980). *Humanisierung der Arbeit und Produktivität in der Industriegesellschaft*. 3. überarb. Aufl. Köln: Bund-Verlag.

Matuschek, I. (2003). Intergenerationelle Ko-Produktion: Die Sozialisierung flexibilisierter Arbeit. In K. Gottschall & G. G. Voß (Hrsg.), *Entgrenzung von Arbeit und Leben. Zum Wandel der Beziehung von Erwerbstätigkeit und Privatsphäre im Alltag* (S. 333–358). München: Hampp.

Matuschek, I. (Hrsg.). (2008). *Luft-Schichten. Arbeit, Organisation und Technik im Luftverkehr*. Berlin: edition sigma.

Matuschek, I. (2010). *Konfliktfeld Leistung. Eine Literaturstudie zur betrieblichen Leistungspolitik*. Berlin: edition sigma.

Matuschek, I. (2016). *Industrie 4.0, Arbeit 4.0 – Gesellschaft 4.0? Eine Literaturstudie*. Berlin: Rosa-Luxemburg-Stiftung. http://www.bw.rosalux.de/fileadmin/rls_uploads/pdfs/Studien/Studien_02-2016_Industrie_4.0.pdf (zugegriffen: 14. Februar 2019).

Matuschek, I., & Holzschuh, M. (2014). Gruppenarbeit revisited: Pyrrhussieg oder (erstarrter) demokratischer Erfolg? In K. Dörre, K. Jürgens & I. Matuschek (Hrsg.), *Arbeit in Europa* (S. 145–162). Frankfurt a.M./New York: Campus.

Matuschek, I., & Kleemann, F. (2006). Subjektivierte Taylorisierung. Arbeitsorganisation und Arbeitsleistungen in Call-Centern von Banken. In S. Habscheid, W. Holly, F. Kleemann, I. Matuschek & G. G. Voß (Hrsg.), *Über Geld spricht man. Kommunikationsarbeit und Arbeitskommunikation in der Finanzdienstleistung* (S. 81–99). Wiesbaden: VS Verlag für Sozialwissenschaften.

Matuschek, I., & Kleemann, F. (2018). Was man nicht kennt, kann man nicht regeln. WSI-Mitteilungen, 71 (3), S. 227–234.

Matuschek, I., & Voß, G. G. (2008). Die Schwingen ausbreiten ... Hochleistungsmanagement in der kommerziellen Luftfahrt. In P. Pawlovsky & P. Mistele (Hrsg.), *Hochleistungsmanagement – Entwicklung und Nutzung vorhandener Leistungspotenziale in Organisationen* (S. 269.292). Wiesbaden: Gabler.

Matuschek, I., Kleemann, F., & Voß, G. G. (2002). Personaler Arbeitsstil. Ein Konzept zur Untersuchung „subjektivierter" Arbeit. In M. Moldaschl & G. G. Voß (Hrsg.), *Subjektivierung von Arbeit* (S. 219–238). München/Mering: Hampp.

Matuschek, I., Kleemann, F., & Brinkhoff, C. (2004). Bringing subjectivity back in – Notwendige Ergänzungen zum Konzept des Arbeitskraftunternehmers. In H. Pongratz & G. G. Voß (Hrsg.), *Typisch Arbeitskraftunternehmer?* (S. 115–138). Berlin: edition sigma.

Matuschek, I., Arnold, K., & Voß, G. G. (2007). *Subjektivierte Taylorisierung. Organisation und Praxis medienvermittelter Dienstleistungsarbeit*. München/Mering: Hampp.

Mauer, H. (2009). *Prekäre Beschäftigung und Arbeitnehmende mit Migrationshintergrund*. Arbeitspapier 179. Düsseldorf: Hans-Böckler-Stiftung.

Mayer-Ahuja, N. (2003). *Wieder dienen lernen? Vom westdeutschen „Normalarbeitsverhältnis" zu prekärer Beschäftigung seit 1973*. Berlin: edition sigma.

Mayer-Ahuja, N. (2011). *Grenzen der Homogenisierung. IT-Arbeit zwischen ortsgebundener Regulierung und transnationaler Unternehmensstrategie.* Frankfurt a.M./New York: Campus.

Mayer-Ahuja, N. (2012). Arbeit, Unsicherheit, Informalität. In K. Dörre, D. Sauer & V. Wittke (Hrsg.), *Kapitalismustheorie und Arbeit. Neue Ansätze soziologischer Kritik* (S. 289–301). Frankfurt a.M.: Campus.

Mayer-Ahuja, N. (2013). Prekär, informell – weiblich? Zur Bedeutung von „Gender" für die Aushöhlung arbeitspolitischer Standards. In H.-J. Burchardt, S. Peters & N. Weinmann (Hrsg.), *Arbeit in globaler Perspektive. Facetten informeller Beschäftigung* (S. 55–78). Frankfurt a.M./New York: Campus.

Mayer-Ahuja, N. (2017). Die Globalität unsicherer Arbeit als konzeptionelle Provokation: Zum Zusammenhang zwischen Informalität im Globalen Süden und Prekarität im Globalen Norden. Themenheft Arbeit und Kapitalismus, Geschichte und Gesellschaft. *Zeitschrift für Historische Sozialwissenschaft, 2,* S. 264–296.

Meier, C. (1999). Die Eröffnung von Videokonferenzen. Beobachtungen zur Aneignung eines neuen interaktiven Mediums. In E. Hebecker, F. Kleemann, H. Neymanns & M. Stauff (Hrsg.), *Neue Medienumwelten. Zwischen Regulierungsprozessen und alltäglicher Aneignung* (S. 267–283). Frankfurt a.M./New York: Campus.

Meier-Gräwe, U. (2010). Erwerbsarbeit und generative Sorgearbeit neu bewerten und anders verteilen – Perspektiven einer gendersensiblen Lebenslaufpolitik in modernen Dienstleistungsgesellschaften. In G. Naegele (Hrsg.), *Soziale Lebenslaufpolitik* (S. 245–267). Wiesbaden: VS Verlag für Sozialwissenschaften.

Meier-Gräwe, U. (Hrsg.). (2015). *Die Arbeit des Alltags. Gesellschaftliche Organisation und Umverteilung.* Wiesbaden: VS Verlag für Sozialwissenschaften.

Meil, P., Heidling, E., & Schmierl, K. (2003). *Die (un-)sichtbare Hand. Nationale Systeme der Arbeitsregulierung in der Ära des Shareholder Value. Ein internationaler Vergleich: Deutschland, Frankreich, USA.* München: ISF-Institut für sozialwissenschaftliche Forschung.

Meine, H. (2005). „Arbeiter und Angestellte" – vom Ende und Beharrungsvermögen alter Scheidelinien. *WSI-Mitteilungen, 58 (2),* S. 76–81.

Meine, H., & Wagner, H. (1993). Einheitlicher Arbeitnehmerstatus und gemeinsame Entgelttarifverträge für Arbeiter und Angestellte. *WSI-Mitteilungen 46 (12),* S. 753–762.

Meine, H., Sadowsky, R., & Schulz, H. (2006). „Wird bezahlt, was verlangt wird?" Eingruppierung, Arbeitsbewertung, Qualifikation. In C. Ehlscheid, H. Meine & K. Ohl (Hrsg.), *Handbuch Arbeit – Entgelt – Leistung. Tarifanwendung im Betrieb* (S. 98–201). Köln: Bund-Verlag.

Meinefeld, W. (1977). *Einstellung und soziales Handeln.* Reinbek bei Hamburg: Rowohlt.

Menez, R., Kahnert, D., & Blättel-Mink, B. (2012). Open Innovation und die betriebliche Integration von Internetnutzern. In T. Beyreuther, K. Duske, C. Eismann, S. Hornung & F. Kleemann (Hrsg.), *consumers@work – Zum neuen Verhältnis von Unternehmen und Usern im Web 2.0* (S. 22–52). Frankfurt a.M./New York: Campus.

Menz, W. (2005). Das Subjekt der Leistung und die Legitimität des Marktregimes. In Arbeitsgruppe SubArO (Hrsg.), *Ökonomie der Subjektivität – Subjektivität der Ökonomie* (S. 95–116). Berlin: edition sigma.

Menz, W. (2009). *Die Legitimität des Marktregimes. Leistungs- und Gerechtigkeitsorientierungen in neuen Formen betrieblicher Leistungspolitik.* Wiesbaden: VS Verlag für Sozialwissenschaften.

Menz, W. (2012). Arbeit und gesellschaftliche Legitimation – Zum kapitalismustheoretischen Nutzen einer normativ interessierten Industriesoziologie. In K. Dörre, D. Sauer & V. Wittke (Hrsg.), *Kapitalismustheorie und Arbeit. Neue Ansätze soziologischer Kritik* (S. 446–461). Frankfurt a.M./New York: Campus.
Menz, W., & Siegel, T. (2002). Repolitisierung der Leistungsfrage? In D. Sauer (Hrsg.), *Dienst – Leistung(s) – Arbeit. Leistung und Kundenorientierung in tertiären Organisationen* (S. 79–96). München: ISF-Institut für sozialwissenschaftliche Forschung.
Metz-Göckel, S., Neef, W., Klein, A., Selent, P., & Kebir, N. (2006). *Fachnahe studentische Erwerbsarbeit in den Ingenieurwissenschaften und ihre Bedeutung für den Arbeitsmarkt.* Düsseldorf: Hans-Böckler-Stiftung. https://www.boeckler.de/pdf_fof/92548.pdf (zugegriffen: 14. Februar 2019).
MEW – Marx-Engels-Werke (1962a [1867]). *Bd. 23.* Berlin: Dietz Verlag.
MEW – Marx-Engels-Werke (1962b [1867]). *Bd. 25.* Berlin: Dietz Verlag.
MEW – Marx-Engels-Werke (1962c [1837–1844]). *Bd. 40.* Berlin: Dietz Verlag.
Meyn, C., & Peter, G. (2010). *Arbeitssituationsanalyse. Bd. 1.* Wiesbaden: VS Verlag für Sozialwissenschaften.
Mickler, O., Dittrich, E. & Neumann, U. (1976). *Technik, Arbeitsorganisation und Arbeit. Eine empirische Untersuchung in der automatisierten Produktion.* Frankfurt a.M.: Aspekte.
Mickler, O., Mohr, W., & Kadritzke, U. (1977). *Produktion und Qualifikation. Eine empirische Untersuchung zur Entwicklung von Qualifikationsanforderungen in der industriellen Produktion und deren Ursachen.* Göttingen: SOFI.
Mies, M. (1996). *Patriarchat und Kapital. Frauen in der internationalen Arbeitsteilung.* Berlin: Rotpunktverlag.
Mikl-Horke, G. (2007). *Industrie- und Arbeitssoziologie.* München: Oldenbourg.
Minssen, H. (Hrsg.). (2000). *Begrenzte Entgrenzungen. Wandlungen von Organisation und Arbeit.* Berlin: edition sigma.
Minssen, H. (2006). *Arbeits- und Industriesoziologie. Eine Einführung.* Frankfurt a.M./New York: Campus.
Minssen, H. (2012). *Arbeit in der modernen Gesellschaft. Eine Einführung.* Wiesbaden: VS Verlag für Sozialwissenschaften.
Minssen, H. (2017). Transformation von Arbeitskraft. In H. Hirsch-Kreinsen & H. Minssen (Hrsg.), *Lexikon der Arbeits- und Industriesoziologie* (S. 301–304). Baden-Baden: Nomos.
Moldaschl, M. (1991). *Frauenarbeit oder Facharbeit?* Frankfurt a.M./New York: Campus.
Moldaschl, M. (2001). Herrschaft durch Autonomie – Dezentralisierung und widersprüchliche Arbeitsanforderungen. In L. Burkart (Hrsg.), *Entwicklungsperspektiven von Arbeit* (S. 132–164). Berlin: Akademie.
Moldaschl, M., & Voß, G. G. (Hrsg.). (2002). *Subjektivierung von Arbeit.* München/Mering: Hampp.
Morschhäuser, M. (2006). *Reife Leistung. Personal- und Qualifizierungspolitik für die künftige Altersstruktur.* Berlin: edition sigma.
Motakef, M. (2015). *Prekarisierung.* Bielefeld: transcript.
Mückenberger, U. (1985a). Die Krise des Normalarbeitsverhältnisses – hat das Arbeitsrecht noch Zukunft? *Zeitschrift für Sozialreform, 31 (7),* S. 415–434.
Mückenberger, U. (1985b). Die Krise des Normalarbeitsverhältnisses – hat das Arbeitsrecht noch Zukunft? *Zeitschrift für Sozialreform, 31 (8),* S. 457–475.

Mückenberger, U. (2004). *Metronome des Alltags. Betriebliche Zeitpolitiken, lokale Effekte, soziale Regulierung*. Berlin: edition sigma.

Mückenberger, U. (2010). Die Krise des Normalarbeitsverhältnisses. *Zeitschrift für Sozialreform, 56 (4)*, S. 403–420.

Müller, S. (2016). Humanisierung der Arbeitswelt 1.0. Historisch-kritische Befragung eines Reformprogramms der Neunzehnhundertsiebzigerjahre. In W. Buschak (Hrsg.), *Solidarität im Wandel der Zeiten –150 Jahre Gewerkschaften* (S. 253–279). Essen: Klartext Verlag.

Müller, W., Willms, A., & Handl, J. (1983). *Strukturwandel der Frauenarbeit 1880–1980*. Frankfurt a.M./New York: Campus.

Mutz, G., Ludwig-Mayerhofer, W., Koenen E., Eder, K., & Bonß, W. (1995). *Diskontinuierliche Erwerbsverläufe: Analysen zur postindustriellen Arbeitslosigkeit*. Opladen: Leske + Budrich.

Nachtwey, O. (2016). *Die Abstiegsgesellschaft*. Berlin: Suhrkamp.

Neckel, S. (1999). Blanker Neid, blinde Wut? Sozialstruktur und kollektive Gefühle. *Leviathan, 27 (2)*, S. 145–165.

Neckel, S. (2008). *Flucht nach vorn. Die Erfolgskultur der Marktgesellschaft*. Frankfurt a.M./New York: Campus.

Neckel, S., & Dröge, K. (2002). Die Verdienste und ihr Preis: Leistung in der Marktgesellschaft. In A. Honneth (Hrsg.), *Befreiung aus der Mündigkeit. Paradoxien des gegenwärtigen Kapitalismus* (S. 93–116). Frankfurt a.M./New York: Campus.

Neckel, S., Dröge, K., & Somm, I. (2004). Welche Leistung, welche Leistungsgerechtigkeit? Soziologische Konzepte, normative Fragen und einige empirische Befunde. In P. A. Berger & V. H. Schmidt (Hrsg.), *Welche Gleichheit, welche Ungleichheit? Grundlagen der Ungleichheitsforschung* (S. 137–164). Wiesbaden: VS Verlag für Sozialwissenschaften.

Neckel, S., Dröge, K., & Somm, I. (2008). Das umkämpfte Leistungsprinzip. Deutungskonflikte um die Legitimation sozialer Ungleichheit. In K. Dröge, K. Marrs & W. Menz (Hrsg.), *Rückkehr der Leistungsfrage: Leistung in Arbeit, Unternehmen und Gesellschaft* (S. 41–56). Berlin: edition sigma.

Neugebauer, G. (2007). *Politische Milieus in Deutschland. Die Studie der Friedrich-Ebert-Stiftung*. Bonn: Dietz.

Nickel, H. M. (2009). Die Prekarier – eine soziologische Kategorie? Anmerkungen aus einer geschlechtersoziologischen Perspektive. In R. Castel & K. Dörre (Hrsg.), *Prekarität, Abstieg, Ausgrenzung* (S. 209–218). Frankfurt a.M./New York: Campus.

Nickel, H. M., & Heilmann, A. (2013). *Krise, Kritik, Allianzen*. Weinheim/Basel: Beltz Verlag.

Nickel, H. M., & Lohr, K. (2009). *Subjektivierung von Arbeit – Riskante Chancen*. Münster: Westfälisches Dampfboot.

Nickel, H., Hüning, H., & Frey, M. (2008). *Subjektivierung, Verunsicherung, Eigensinn. Auf der Suche nach Gestaltungspotenzialen für eine neue Arbeits- und Geschlechterpolitik*. Berlin: edition sigma.

Nida-Rümelin, J. (2014). *Der Akademisierungswahn: Zur Krise beruflicher und akademischer Bildung*. Hamburg: Edition Körber-Stiftung.

Nippert-Eng, C. (1996). *Home and Work. Negotiating Boundaries through Everyday Life*. Chicago: The University of Chicago Press.

Notz, G. (2007). Frauen in prekären Beschäftigungsverhältnissen. In K. Pape (Hrsg.), *Arbeiten ohne Netz. Prekäre Arbeit und ihre Auswirkungen* (S. 49–70). Hannover: Offizin.

Nowak, I. (2007). Von mutigen Männern und erfolgreichen Frauen. Work-Life-Balance in prekarisierten Verhältnissen. In C. Kaindl (Hrsg.), *Subjekte im Neoliberalismus* (S. 59–74). Marburg: BdWi.

Nowak, I. (2009). Gewinne der Selbstorganisierung? Das Beispiel Frauenbewegung. In R. Castel & K. Dörre (Hrsg.), *Prekarität, Abstieg, Ausgrenzung* (S. 345–356). Frankfurt a.M./New York: Campus.

Nowak, I., Hausotter, J., & Winker, G. (2012). Entgrenzung in Industrie und Altenpflege: Perspektiven erweiterter Handlungsfähigkeit der Beschäftigten. *WSI-Mitteilungen, 65 (4)*, S. 272–280.

Oberbeck, H. (1994). Von vielfältigen Experimenten zur Steuerung des Außendienstes durch die Unternehmenszentralen – Interorganisationaler Technikeinsatz in der Assekuranz im Kontext gesellschaftlicher Umbrüche. In J. Sydow & A. Windeler (Hrsg.), *Management interorganisationaler Beziehungen* (S. 114–141). Opladen: Westdeutscher Verlag.

Oechsle, M. (2008). Work-Life-Balance: Diskurse, Problemlagen, Forschungsperspektiven. In R. Becker & B. Kortendiek (Hrsg.), *Handbuch Frauen- und Geschlechterforschung. Geschlecht und Gesellschaft* (S. 227–236). Wiesbaden: VS Verlag für Sozialwissenschaften.

Oehlke, P. (2004). *Arbeitspolitik zwischen Tradition und Innovation. Studien in humanisierungspolitischer Perspektive.* Hamburg: VSA.

Offe, C. (1975). *Berufsbildungsreform. Eine Fallstudie über Reformpolitik.* Frankfurt a.M.: Suhrkamp.

Opielka, M. (2002). Zur sozialpolitischen Theorie der Bürgergesellschaft. *Zeitschrift für Sozialreform, 48 (5)*, S. 563–585.

Ortmann, G. (1994). Dark Stars. Institutionelles Vergessen in der Industriesoziologie. In N. Beckenbach & W. Treeck van (Hrsg.), *Umbrüche gesellschaftlicher Arbeit* (S. 85–118). Göttingen: Schwartz.

Oschmiansky, F. (2010). *Das Konzept der aktiven Arbeitsmarktpolitik.* Berlin: Bundeszentrale für politische Bildung. http://www.bpb.de/politik/innenpolitik/arbeitsmarktpolitik/55040/aktive-arbeitsmarktpolitik?p=all (zugegriffen: 14. Februar 2019).

Osterland, M. (Hrsg.). (1975). *Arbeitssituation, Lebenslage und Konfliktpotential: Festschrift für Max E. Graf zu Solms-Roedelheim.* Köln: Europäische Verlagsanstalt.

Ostner, I. (1982). *Beruf und Hausarbeit. Die Arbeit der Frau in unserer Gesellschaft.* Frankfurt a.M./New York: Campus.

Ostner, I., & Wilms, A. (1983). Strukturelle Veränderungen der Frauenarbeit in Haushalt und Beruf. In J. Matthes (Hrsg.), *Krise der Arbeitsgesellschaft? Verhandlungen des 21. deutschen Soziologentages in Bamberg* (S. 206–227). Frankfurt a.M./New York: Campus.

Papsdorf, C. (2009). *Wie Surfen zu Arbeit wird. Crowdsourcing im Web 2.0.* Frankfurt a.M./New York: Campus.

PAQ – Projekt Automation und Qualifikation (1987). *Widersprüche der Automationsarbeit.* Hamburg: Argument.

Paugam, S. (2008). *Die elementaren Formen der Armut.* Hamburg: Hamburger Edition.

Pelizzari, A. (2009). *Dynamiken der Prekarisierung. Atypische Erwerbsverhältnisse und milieuspezifische Unsicherheitsbewältigung.* Konstanz: UVK.

Perrow, C. (1987). *Normale Katastrophen.* Frankfurt a.M./New York: Campus.

Peters, K. (2001). Die neue Autonomie in der Arbeit. In W. Glißmann & K. Peters (Hrsg.), *Mehr Druck durch mehr Freiheit. Die neue Autonomie in der Arbeit und ihre paradoxen Folgen* (S. 18–40). Hamburg: VSA.

Peters, K., & Sauer, D. (2005). Indirekte Steuerung – eine neue Herrschaft. Zur revolutionären Qualität des gegenwärtigen Umbruchsprozesses. In H. Wagner (Hrsg.), „Rentier' ich mich noch?" – Neue Steuerungskonzepte im Betrieb (S. 23–58). Hamburg: VSA.

Pfau-Effinger, B., Och, R., & Eichler, M. (2008). Ökonomisierung, Pflegepolitik und Strukturen der Pflege älterer Menschen. In A. Evers & R. Heinze (Hrsg.), *Sozialpolitik. Ökonomisierung und Entgrenzung* (S. 83–98). Wiesbaden: VS Verlag für Sozialwissenschaften.

Pfeiffer, S. (1999). *Dem Spürsinn auf der Spur. Subjektivierendes Arbeitsverhalten an Internet-Arbeitsplätzen am Beispiel Information-Broking.* München/Mering: Hampp.

Pfeiffer, S. (2003). Informatisierung, Arbeitsvermögen und Subjekt – Konzeptuelle Überlegungen zu einer emanzipationsorientierten Analyse von (informatisierter) Arbeit. In K. Schönberger & S. Springer (Hrsg.), *Subjektivierte Arbeit* (S. 182–210). Frankfurt a.M.: Campus.

Pfeiffer, S. (2004). *Arbeitsvermögen. Ein Schlüssel zur Analyse (reflexiver) Informatisierung.* Wiesbaden: VS Verlag für Sozialwissenschaften.

Pfeiffer, S. (2005). Arbeitsforschung. Gute Arbeit – Gute Technik. *WSI-Mitteilungen, 58 (11),* S. 645–650.

Pfeiffer, S. (2007). *Montage und Erfahrung. Warum Ganzheitliche Produktionssysteme menschliches Arbeitsvermögen brauchen.* Mering/München: Hampp.

Pfeiffer, S. (2015). Industrie 4.0 und die Digitalisierung der Produktion – Hype oder Megatrend? *Aus Politik und Zeitgeschichte, 31–32/2015,* S. 6–12.

Pfeiffer, S. (2017). Arbeit und Technik. In H. Hirsch-Kreinsen & H. Minssen (Hrsg.), *Lexikon der Arbeits- und Industriesoziologie* (S. 36–39). Baden-Baden: Nomos.

Pfeiffer, S. (2018). Technisierung von Arbeit In F. Böhle, G. G. Voß & G. Wachtler (Hrsg.), *Handbuch Arbeitssoziologie. Bd. 1: Arbeit, Strukturen und Prozesse* (S. 321–357). Wiesbaden: Springer VS.

Pickshaus, K. (Hrsg.). (2007). *Kongress Gute Arbeit: eine bessere Arbeitswelt ist machbar; Tagungsdokumentation Kongress. 6.–7. Dezember 2006, Berlin.* Frankfurt a.M.: Industriegewerkschaft Metall.

Pickshaus, K., Schmitthenner H. & Urban, H.-J. (Hrsg.). (2001). *Arbeiten ohne Ende. Neue Arbeitsverhältnisse und gewerkschaftliche Arbeitspolitik.* Hamburg: VSA.

Picot, A., & Neuburger, R. (2008). Arbeitsstrukturen in virtuellen Organisationen. In C. Funken & I. Schulz-Schaeffer (Hrsg.), *Digitalisierung der Arbeitswelt* (S. 221–238). Wiesbaden: VS Verlag für Sozialwissenschaften.

Picot, A., Reichwald, R., & Wigand, R. T. (2001). *Die grenzenlose Unternehmung.* Wiesbaden: Gabler.

Piore, M., & Sabel, C. (1985). *Das Ende der Massenproduktion. Studie über die Requalifizierung der Arbeit und die Rückkehr der Ökonomie in die Gesellschaft.* Berlin: Wagenbach.

Polanyi, K. (1957). *The Great Transformation. Politische und ökonomische Ursprünge von Gesellschaften und Wirtschaftssystemen.* Wien: Europaverlag.

Pongratz, H. J. (2000). Vom Arbeitnehmer zum Arbeitskraftunternehmer. Neue Anforderungen an die betriebliche und gewerkschaftliche Interessenvertretung. In U. Schönbauer (Hrsg.), *Sinn – Macht – Arbeit. Herausforderungen durch den Organisationswandel* (S. 46–52). Wien: Kammer für Arbeiter und Angestellte.

Pongratz, H. J. (2011). Das Subjekt der Kritik. Ein arbeitssoziologischer Kommentar zu Dubets „Ungerechtigkeiten". *Mittelweg, 36 (2),* S. 20–31.

Pongratz, H. J., & Bormann, S. (2017). Online-Arbeit auf Internet-Plattformen. Empirische Befunde zum „Crowdworking" in Deutschland. *Arbeits- und Industriesoziologische Studien, 10 (2),* S. 158–181.

Pongratz, H. J., & Voß, G. G. (2003a). *Arbeitskraftunternehmer. Erwerbsorientierungen in entgrenzten Arbeitsformen.* Berlin: edition sigma.
Pongratz, H. J., & Voß, G. G. (2003b). Berufliche Sicherheit und Spaß an Herausforderung – Erwerbsorientierungen in Gruppen- und Projektarbeit. *WSI-Mitteilungen, 56 (4),* S. 228–234.
Pongratz, H. J., & Voß, G. G. (Hrsg.). (2004). *Typisch Arbeitskraftunternehmer? Befunde der empirischen Arbeitsforschung.* Berlin: edition sigma.
Popitz, H., Bahrdt, H., Jüres, E.-A., & Kesting, H. (1957). *Technik und Industriearbeit. Soziologische Untersuchungen in der Hüttenindustrie.* Tübingen: Mohr.
Poulantzas, N. (2002). *Staatstheorie. Politischer Überbau, Ideologie, Autoritärer Etatismus.* Hamburg: VSA.
Pries, L., Schmidt, R., & Trinczek, R. (1990). *Entwicklungspfade von Industriearbeit.* Opladen: Leske + Budrich.
Pröll, U., & Gude, D. (2003). *Gesundheitliche Auswirkungen flexibler Arbeitsformen. Schriftenreihe der Bundesanstalt für Arbeitsschutz und Arbeitsmedizin,* Fb. 986. Dortmund u.a.: BAuA-Bundesanstalt für Arbeitsschutz und Arbeitsmedizin.
Projektgruppe „Alltägliche Lebensführung" (Hrsg.). (1995). *Alltägliche Lebensführung. Arrangements zwischen Traditionalität und Modernisierung.* Opladen: Leske + Budrich.
Promberger, M. (2012). *Topografie der Leiharbeit: Flexibilität und Prekarität einer atypischen Beschäftigungsform.* Forschung aus der Hans-Böckler-Stiftung (146). Berlin: edition sigma.
Promberger, M., Wübbeke, C., & Zylowski, A. (2012). *Arbeitslosengeld-II-Empfänger: Private Altersvorsorge fehlt, wo sie am nötigsten ist.* IAB-Kurzbericht, 15/2012. Nürnberg: Institut für Arbeitsmarkt- und Berufsforschung.
Prümper, J., & Richtenhagen, G. (2009). Arbeitswissenschaftliche Bewertung des DGB-Index „Gute Arbeit". *Zeitschrift für Arbeitswissenschaften, 2,* S. 176–187.
Rammert, W. (1982). Technisierung der Arbeit als gesellschaftlich-historisches Projekt. In W. Littek, W. Rammert & G. Wachtler (Hrsg.), *Einführung in die Arbeits- und Industriesoziologie* (S. 62–75). Frankfurt a.M./New York: Campus.
Rammert, W. (1992). Neue Technologien – neue Begriffe? Lassen sich die Technologien der Informatik mit den traditionellen Konzepten der Arbeits- und Industriesoziologie noch angemessen erfassen? In T. Malsch & U. Mill (Hrsg.), *ArBYTE. Modernisierung der Industriesoziologie?* (S. 29–51). Berlin: edition sigma.
Rammert, W. (2003). Technik in Aktion: Verteiltes Handeln in soziotechnischen Konstellationen. In T. Christaller & J. Wehner (Hrsg.), *Autonome Maschinen* (S. 289–315). Wiesbaden: VS Verlag für Sozialwissenschaften.
Rammert, W. (2007). *Technik – Handeln – Wissen. Zu einer pragmatischen Technik- und Sozialtheorie.* Wiesbaden: VS Verlag für Sozialwissenschaften.
Rammert, W., & Schulz-Schäffer, I. (2002). Technik und Handeln. Wenn soziales Handeln sich auf menschliches Verhalten und technische Abläufe verteilt. In Rammert, W. & Schulz-Schäffer, I. (Hrsg.), *Können Maschinen handeln?* (S. 11–64). Frankfurt a.M./New York: Campus.
Rau, A. (2010). *Psychopolitik: Macht, Subjekt und Arbeit in der neoliberalen Gesellschaft.* Frankfurt a.M./New York: Campus.
Rau, R. (2015). *iga-Report 31: Risikobereiche für psychische Belastungen. Initiative Gesundheit und Arbeit.* Berlin: AOK.

Reay, T., & Hinings, C. R. (2009). Managing the Rivalry of Competing Institutional Logics. *Organization Studies, 30*, S. 629–652.

Rehder, B. (2002). Wettbewerbskoalition oder Beschäftigungsinitiativen? In H. Seifert (Hrsg.), *Betriebliche Bündnisse für Arbeit* (S. 87–102). Berlin: edition sigma.

Rehder, B. (2003). *Betriebliche Bündnisse für Arbeit in Deutschland. Mitbestimmung und Flächentarif im Wandel.* Schriftenreihe des Max-Planck-Instituts für Gesellschaftsforschung, Bd. 48. Frankfurt a.M./New York: Campus.

Reichwald, R., & Hermann, M. (2000). Neue Beschäftigungsformen im Informationssektor. In W. Dostal & P. Kupka (Hrsg.), *Globalisierung, veränderte Arbeitsorganisation und Berufswandel (BeitrAB 240)* (S. 7–25). Nürnberg: Institut für Arbeitsmarkt- und Berufsforschung.

Reiners, D. (2010). *Verinnerlichte Prekarität. Jugendliche MigrantInnen am Rande der Arbeitsgesellschaft.* Konstanz: UVK.

Reinhart, G., Engelhardt, P., Geiger, F., Philipp, T., Wahlster, W., Zühlke, D., (…) & Veigt, M. (2013). Cyber-Physische Produktionssysteme. Produktivitäts- und Flexibilitätssteigerung durch die Vernetzung intelligenter Systeme in der Fabrik. *wt-online, 103 (2)*, S. 84–89.

Reinhold, G. (Hrsg.) 1991. *Soziologie-Lexikon.* München: Oldenbourg.

Rerrich, M. (2008). Von der Utopie der partnerschaftlichen Gleichverteilung zur Realität der Globalisierung von Hausarbeit. In C. Gather, B. Geissler & M. Rerrich (Hrsg.), *Weltmarkt Privathaushalt. Bezahlte Hausarbeit im globalen Wandel* (S. 16–29). Münster: Westfälisches Dampfboot.

Rerrich, M., & Voß G. G. (1992). Vexierbild soziale Ungleichheit. Die Bedeutung alltäglicher Lebensführung für die Sozialstrukturanalyse. In S. Hradil (Hrsg.), *Zwischen Bewußtsein und Sein. Die Vermittlung „objektiver" Lebensbedingungen und „subjektiver" Lebensweisen* (S. 251–266). Opladen: Leske + Budrich.

Rhein, T., & Stüber, H. (2014). *Bei Jüngeren ist die Stabilität der Beschäftigung gesunken. IAB-Kurzbericht 3/2014.* Nürnberg: Institut für Arbeitsmarkt- und Berufsforschung.

Richter, P, & Hacker, W. (2012). *Belastung und Beanspruchung: Stress, Ermüdung und Burnout im Arbeitsleben.* Heidelberg: Asanger.

Riegraf, B. (2013). New Public Management, die Ökonomisierung des Sozialen und (Geschlechter)Gerechtigkeit: Entwicklungen der Fürsorge im internationalen Vergleich. In E. Appelt, B. Aulenbacher & A. Wetterer (Hrsg.), *Gesellschaft Feministische Krisendiagnosen* (S. 127–143). Münster: Westfälisches Dampfboot.

Ritzer, G. (1993). *The McDonaldization of Society.* Thousand Oaks (CA): Pine Forge Press.

Roach, M. (2006). Management by Lemminge. Die Banken industrialisieren sich! In A. Baukrowitz, T. Berker, A. Boes, S. Pfeiffer, R. Schmiede & M. Will (Hrsg), *Informatisierung der Arbeit – Gesellschaft im Umbruch* (S. 309–315). Berlin: edition sigma.

Rosa, H. (2012). Arbeit und Entfremdung. In K. Dörre, D. Sauer & V. Wittke (Hrsg.), *Kapitalismustheorie und Arbeit. Neue Ansätze soziologischer Kritik* (S. 410–419). Frankfurt a.M./New York: Campus.

Rosa, H. (2017). *Beschleunigung: die Veränderung der Zeitstrukturen in der Moderne.* Berlin: Suhrkamp.

Rose, H., & Martin, H. (2002). *Erfahrungswissen als Gestaltungskomponente für Technikentwicklung in der industriellen Produktion.* München: ISF-Institut für sozialwissenschaftliche Forschung.

Rosso, B. D., Dekas, K., & Wrzesniewski, A. (2010). On the meaning of work. A theoretical integration and review. *Research in Organizational Behavior, 30*, S. 91–127.

Roth I. (2014). *Die Arbeitsbedingungen in der öffentlichen Verwaltung aus Sicht der Beschäftigten.* Branchenbericht auf Basis des DGB-Index Gute Arbeit 2012/13. Stuttgart: Zanker-Consulting.

Sachweh, P. (2010). *Deutungsmuster sozialer Ungleichheit. Wahrnehmung und Legitimation gesellschaftlicher Privelegierung und Benachteiligung.* Frankfurt a.M./New York: Campus.

Sackmann, C. (2016). *Die Löhne in Deutschland sind jetzt kaum höher als 1992.* https://www.finanzen100.de/finanznachrichten/wirtschaft/erschreckend-die-loehne-in-deutschland-sind-jetzt-kaum-hoeher-als-1992_H90774886_305209/ (zugegriffen: 14. Februar 2019).

Sauer, D. (2003). *Arbeiten ohne (Zeit-)Maß? Flexible Arbeitszeiten und Leistungspolitik.* Vortrag auf der Arbeitstagung der Hans-Böckler-Stiftung „Flexible Arbeitszeiten und soziale Sicherung" am 8. und 9. Juli 2003 in Berlin. http://www.isf-muenchen.de/pdf/Flex-HBS.pdf (zugegriffen: 14. Februar 2019).

Sauer, D. (2010). Ende der Maßlosigkeit? Leistungspolitik in der Krise. In H. Schwitzer, K. Ohl, R. Rohnert & H. Wagner (Hrsg.), *Schlechte Zeiten für Gute Arbeit? Arbeitszeit – und Leistungspolitik in der Krise und darüber hinaus* (S. 19–39). Hamburg: VSA.

Sauer, D. (2011). Von der „Humanisierung der Arbeit" zur „Guten Arbeit". *Aus Politik und Zeitgeschichte, 15/2011,* S. 18–22.

Sauer, D. (2017). Systemische Rationalisierung/Wertschöpfungsketten. In H. Hirsch-Kreinsen & H. Minssen (Hrsg.), *Lexikon der Arbeits- und Industriesoziologie* (S. 285–289). Baden-Baden: Nomos.

Sauer, D., & Döhl, V. (1994). Arbeit an der Kette – Systemische Rationalisierung unternehmensübergreifender Produktion. *Soziale Welt, 45 (2),* S. 197–215.

Sauer, D., & Döhl, V. (1997). Die Auflösung des Unternehmens? – Entwicklungstendenzen der Unternehmensreorganisation in den 90er Jahren. In IfS, INIFES, ISF & SOFI (Hrsg.), *Jahrbuch Sozialwissenschaftliche Technikberichterstattung 1996 – Schwerpunkt: Reorganisation* (S. 19–76). Berlin: edition sigma.

Scheele, A. (2013). Frauenerwerbstätigkeit im Spannungsfeld von „Prekarisierung" und „guter Arbeit" – Geschlechterpolitische Erweiterungen. *Arbeit, 22 (3),* S. 187–198.

Scheer, A. (2012). *Industrie 4.0: Alter Wein in neuen Schläuchen?* http://www.august-wilhelm-scheer.com/2012/02/08/industrie-4-0-alter-wein-in-neuen-schlauchen/ (zugegriffen: 14. Februar 2019).

Scheiwe, K., & Krawietz, J. (Hrsg.). (2010). *Transnationale Sorgearbeit. Rechtliche Rahmenbedingungen und gesellschaftliche Praxis.* Wiesbaden: VS Verlag für Sozialwissenschaften.

Schelsky, H. (1961). *Der Mensch in der wissenschaftlichen Zivilisation.* Köln/Opladen: Westdeutscher Verlag.

Schettgen, P. (1996). *Arbeit, Leistung, Lohn.* Stuttgart: Thieme.

Schiek, D. (2010). *Aktivisten der Normalbiographe. Zur biografischen Dimension prekärer Arbeit.* Wiesbaden: VS Verlag für Sozialwissenschaften.

Schier, M., & Jurczyk, K. (2007). „Familie als Herstellungsleistung" in Zeiten der Entgrenzung. *Aus Politik und Zeitgeschichte, 34/2007,* S. 10–16.

Schier, M., Jurczyk, K., & Szymenderski, P. (2011). Entgrenzungen von Arbeit und Familie – mehr als Prekarisierung. *WSI-Mitteilungen, 64 (8),* S. 402–408.

Schimank, U. (1986). Technik, Subjektivität und Kontrolle in formalen Organisationen. Eine Theorieperspektive. In R. Seltz, U. Mill & E. Hildebrandt (Hrsg.), *Organisation als soziales System. Kontrolle und Kommunikationstechnologie in Arbeitsorganisationen* (S. 71–91). Berlin: edition sigma.

Schimank, U. (2005). Die akademische Profession und die Universitäten: „New Public Management" und eine drohende Entprofessionalisierung. In T. Klatetzki & V. Tacke (Hrsg.), *Organisation und Profession* (S. 143–164). Wiesbaden: VS Verlag für Sozialwissenschaften Verlag.

Schimank, U., & Volkmann, U. (2008). Ökonomisierung der Gesellschaft. In A. Maurer (Hrsg.), *Handbuch der Wirtschaftssoziologie* (S. 382–393). Wiesbaden: VS Verlag für Sozialwissenschaften.

Schmidt, R. (2017). Taylorismus. In H. Hirsch-Kreinsen & H. Minssen (Hrsg.), *Lexikon der Arbeits- und Industriesoziologie* (S. 292–296). Baden-Baden: Nomos.

Schmidt, R., & Wentzke, T. (1991). *Bewusstsein und Sozialcharakter von Angestellten. Eine empirische Untersuchung*. Schriftenreihe zur Angestelltenforschung, Heft 3. Erlangen: Institut für praxisorientierte Sozialforschung und Beratung (IPRAS).

Schmiede, R. (Hrsg.). (1996). *Virtuelle Arbeitswelten. Arbeit, Produktion und Subjekt in der „Informationsgesellschaft"*. Berlin: edition sigma.

Schmiede, R. (1999). Informatisierung und Subjektivität. In W. Konrad & W. Schumm (Hrsg.), *Wissen und Arbeit* (S. 134–151). Münster: Westfälisches Dampfboot.

Schmiede, R. (2017). Informationsgesellschaft. In H. Hirsch-Kreinsen & H. Minssen (Hrsg.), *Lexikon der Arbeits- und Industriesoziologie* (S. 187–190). Baden-Baden: Nomos.

Schmiede, R., & Schudlich, E. (1976). *Die Entwicklung der Leistungsentlohnung in Deutschland. Eine historisch-theoretische Untersuchung zum Verhältnis von Lohn und Leistung unter kapitalistischen Produktionsbedingungen*. Frankfurt a.M.: Aspekte.

Schmiede, R., & Schudlich, E. (1981). *Die Geschichte der Leistungsentlohnung in der Bundesrepublik Deutschland*. Frankfurt a.M./New York: Campus.

Schmierl, K. (1995). *Umbrüche in der Lohn- und Tarifpolitik. Neue Entgeltsysteme bei arbeitskraftzentrierter Rationalisierung in der Metallindustrie*. Frankfurt a.M./New York: Campus.

Schmierl, K. (2006). Neue Muster der Interessendurchsetzung in der Wissens- und Dienstleistungsökonomie. Zur Hybridisierung industrieller Beziehungen. In I. Artus, S. Böhm, S. Lücking & R. Trinczek (Hrsg.), *Betriebe ohne Betriebsrat. Informelle Interessenvertretung in Unternehmen* (S. 171–194). Frankfurt a.M./New York: Campus.

Schmierl, K. (2007). Internationalisierte Arbeitswelt. Arbeitspolitik, Interessenregulierung und Arbeitsforschung. In J. Ludwig, M. Moldaschl, M. Schmauder & K. Schmierl (Hrsg.), *Arbeitsforschung und Innovationsfähigkeit in Deutschland* (S. 103–111). München/Mering: Hampp.

Schmierl, K. (2017). Entgelt und Leistung. In H. Hirsch-Kreinsen & H. Minssen (Hrsg.), *Lexikon der Arbeits- und Industriesoziologie* (S. 113–116). Baden-Baden: Nomos.

Schmierl, K. (2018). Lohn und Leistung. In F. Böhle, G. G. Voß & G. Wachtler (Hrsg.), *Handbuch Arbeitssoziologie. Bd. 1: Arbeit, Strukturen und Prozesse* (S. 505–533). Wiesbaden: Springer VS.

Schmierl, K., Heidling, E., Meil, P., & Deiß, M. (2001). Umbruch des Systems industrieller Beziehungen. In U. Beck & W. Bonß (Hrsg.), *Die Modernisierung der Moderne* (S. 233–246). Frankfurt a.M.: Suhrkamp.

Schmucker, R. (2013). Kritisches zu einer aktuellen Debatte: Arbeitszufriedenheit als Indikator für Arbeitsqualität? *Gute Arbeit 11*, S. 10–13.
Schneider, N., Limmer, R., & Ruckdeschel, K. (2002). *Mobil, flexibel, gebunden. Familie und Beruf in der mobilen Gesellschaft.* Frankfurt a.M./New York: Campus.
Schöll-Schwinghammer, I., & Lappe, L. (1978). *Arbeitsbedingungen und Arbeitsbewußtsein erwerbstätiger Frauen.* Frankfurt a.M.: RKW e.V.
Schönberger, K., & Springer, S. (Hrsg.). (2003). *Subjektivierte Arbeit. Mensch, Organisation und Technik in einer entgrenzten Arbeitswelt.* Frankfurt a.M./New York: Campus.
Schöneck, N. M. (2009). *Zeiterleben und Zeithandeln Erwerbstätiger.* Wiesbaden: Springer VS.
Scholz, S. (2009). Männer und Männlichkeiten im Spannungsfeld zwischen Erwerbs- und Familienarbeit. In B. Aulenbacher & A. Wetterer (Hrsg.), *Arbeit. Perspektiven und Diagnosen der Geschlechterforschung. Bd. 25. Schriftenreihe der Sektion Frauen- und Geschlechterforschung in der Deutschen Gesellschaft für Soziologie* (S. 82–99). Münster: Verlag Westfälisches Dampfboot.
Schröder, L. (2015). Beharrlichkeit und Gute Arbeit. In ver.di – Vereinte Dienstleistungsgewerkschaft (Hrsg.) *Gute Arbeit und Unternehmensbindung. Wie die Beschäftigten im Dienstleistungssektor den Zusammenhang beurteilen. Ein Report auf Basis des DGB-Index Gute Arbeit* (S. 3–4). Berlin: Ver.di – Vereinte Dienstleistungsgesellschaft.
Schröder, T., & A. Schäfer (2013). Wer erhält einen Ernährerlohn? Befunde nach Region und Geschlecht. *WSI-Mitteilungen, 67 (3)*, S. 161–170.
Schumann, M. (1999). Das Lohnarbeiterbewußtsein des „Arbeitskraftunternehmers". *SOFI-Mitteilungen, 27*, S. 59–63.
Schumann, M. (2002). Das Ende der kritischen Industriesoziologie? *SOFI-Mitteilungen, 30*, S. 1–15.
Schumann, M. (2003). Struktureller Wandel und Entwicklung von Qualifikationsanforderungen. *SOFI-Mitteilungen, 31*, S. 105–112.
Schumann, M., Einemann, E., Siebel-Rebell, C., & Wittemann, K. P. (1982). *Rationalisierung, Krise, Arbeiter.* Frankfurt a.M.: Europäische Verlagsanstalt.
Schumann, M., Baethge-Kinsky, V., Kuhlmann, M., Kurz, C., Neumann, U. (1994). *Trendreport Rationalisierung. Automobilbau, Werkzeugmaschinenbau, Chemische Industrie.* Berlin: edition sigma.
Schumann, M., Kuhlmann, M., Sanders, F., & Sperling, H. (2005). Antitayloristisches Fabrikmodell-AUTO 5000 bei Volkswagen. *WSI-Mitteilungen, 58 (1)*, S. 3–10.
Schumann, M., Tullius, K., & Wolf, H. (2012). *Projektskizze: Brüchige Legitimationen – neue Handlungsorientierungen? Gerechtigkeitsansprüche und Interessenorientierungen in Arbeit und Betrieb vor dem Hintergrund von Krisenerfahrungen.* Göttingen: SOFI. http://www.sofi-goettingen.de/index.php?id=1075 (zugegriffen: 14. Februar 2019).
Schultheis, F. (2011). Der Lohn der Angst: Normalisierung der Prekarität im neuen Geiste des Kapitalismus. *Revue Économique et Sociale, 69 (1)*, S. 39–41.
Schultheis, F., & Schulz, K. (2005). *Gesellschaft mit beschränkter Haftung.* Konstanz: UVK.
Schultz-Wild, R., Asendorf, I., v. Behr, M., Köhler, C., Lutz, B., & Nuber, C. (1986). *Flexible Fertigung und Industriearbeit.* Frankfurt a.M./New York: Campus.
Schulze, H. (2001). *Erfahrungsgeleitete Arbeit in der industriellen Produktion. Menschliche Expertise als Leitbild für Technikgestaltung.* Berlin: edition sigma.

Schulze, H., Witt, H., & Rose, H. (2001). Erfahrungsförderlichkeit als ein Gestaltungsbild für Produktionstechnik und dessen Umsetzung. In W. Weber & T. Wehner (Hrsg.), *Erfahrungsorientierte Handlungsorganisation. Arbeitswissenschaftliche Ergebnisse zur computergestützten Facharbeit im Diskurs* (S. 215–252). Zürich: vdf-Verlag der Fachvereine der ETH.

Schumpeter, J. (1911). *Theorie der wirtschaftlichen Entwicklung: eine Untersuchung über Unternehmergewinn, Kapital, Kredit, Zins und den Konjunkturzyklus.* Leipzig: Duncker & Humblot.

Schwemmle, M., & Wedde, P. (2012). *Digitale Arbeit in Deutschland. Potenziale und Problemlagen.* Berlin: Friedrich-Ebert-Stiftung. http:/library.fes.de/pdf-files/akademie/09324.pdf (zugegriffen: 14. Februar 2019).

Schweres, M. (2008). 35 Jahre „Menschengerechte Gestaltung der Arbeit" (MGdA) – Für eine neue Humanisierungsinitiative. *Zeitschrift für Arbeitswissenschaft, 62 (3),* S. 227–234.

Schweres, M. (2009). Editorial. Zeitschrift für Arbeitswissenschaft, 63 (2), S. 89–91.

Schwitzer, H., Ohl, K., Rohnert, R., & Wagner, H. (Hrsg.). (2010). *Schlechte Zeiten für Gute Arbeit? Arbeitszeit – und Leistungspolitik in der Krise und darüber hinaus.* Hamburg: VSA.

Seibring, A. (2011). Die Humanisierung des Arbeitslebens in den 1970er-Jahren: Forschungsstand und Forschungsperspektiven. In K. Andresen, U. Bitzegeio & J. Mittag (Hrsg.), *Nach dem Strukturbruch? Kontinuität und Wandel von Arbeitsbeziehungen und Arbeitswelt(en) seit den 1970er-Jahren* (S. 107–126). Bonn: J.H.W. Dietz Nachf.

Seifert, H. (2001). Zeitkonten: Von der Normalarbeitszeit zu kontrollierter Flexibilität. *WSI-Mitteilungen, 54 (2),* S. 84–91.

Seifert, H. (Hrsg.). (2002). *Betriebliche Bündnisse für Arbeit.* Berlin: edition sigma.

Seifert, H. (2005). Zeit für neue Arbeitszeiten. *WSI-Mitteilungen, 58 (8),* S. 478–483.

Seifert, H. (2007). Arbeitszeit – Entwicklungen und Konflikte. *Aus Politik und Zeitgeschichte, 4–5/2007,* S. 17–24.

Seifert, H. (2017). Wie lassen sich Entwicklungen und Strukturen atypischer Beschäftigungsverhältnisse erklären? *WSI-Mitteilungen 70 (1),* S. 5–15.

Seifert, M. (2009). Prekarisierung der Arbeits- und Lebenswelt. Kulturwissenschaftliche Reflexionen zu Karriere und Potenzial eines Interpretationsansatzes. In I. Götz & B. Lemberger (Hrsg.), *Prekär arbeiten, prekär leben* (S. 31–53). Frankfurt a.M./New York: Campus.

Seltz, R. (1982). Soziale Lage und Bewusstsein von Angestellten. In W. Littek, W. Rammert & G. Wachtler (Hrsg.), *Einführung in die Arbeits- und Industriesoziologie* (S. 284–299). Frankfurt a.M./New York: Campus.

Sen, A. (1999). *Ökonomie für den Menschen. Wege zur Gerechtigkeit und Solidarität in der Marktwirtschaft.* Frankfurt a.M.: Suhrkamp.

Sendler, U. (Hrsg.). (2013). *Industrie 4.0. Beherrschung der industriellen Komplexität mit SysLM.* Berlin/Heidelberg: Springer.

Senghaas-Knobloch, E. (2008). Care-Arbeit und das Ethos fürsorglicher Praxis unter neuen Marktbedingungen am Beispiel der Pflegepraxis. *Berliner Journal für Soziologie, 18 (2),* S. 221–243.

Sennett, R. (2007). *Die Kultur des neuen Kapitalismus.* Berlin: Berlin Verlag.

SFB – Sonderforschungsbereich der Universität Freiburg (2013). *Sonderforschungsbereich 1015. Muße. Konzepte, Räume, Figuren.* http://www.sfb1015.uni-freiburg.de/ (zugegriffen: 14. Februar 2019).
Siegel, T., & Schudlich, E. (1993). Hinter den Kulissen Ungewissheit. Betriebliche und gewerkschaftliche Lohnpolitik im Wandel. *Mitteilungen des Instituts für Sozialforschung, 2*, S. 45–62.
Silberberger, H. (2006). Web Services – ein Schlüssel für effiziente Wertschöpfungsnetzwerke? In A. Baukrowitz, T. Berker, A. Boes, S. Pfeiffer, R. Schmiede & M. Will (Hrsg.), *Informatisierung der Arbeit – Gesellschaft im Umbruch* (S. 265–271). Berlin: edition sigma.
Slotala, L. (2011). *Ökonomisierung der ambulanten Pflege. Eine Analyse der wirtschaftlichen Bedingungen und deren Folgen für die Versorgungspraxis ambulanter Pflegedienste.* Wiesbaden: Springer.
Solga, H., & Wimbauer, C. (Hrsg.). (2005). *„Wenn zwei das Gleiche tun..." – Ideal und Realität sozialer (Un-)Gleichheit in Dual Career Couples.* Opladen: Budrich.
Sombart, W. (1902–1927). *Der moderne Kapitalismus. 3 Bände.* Leipzig: Duncker und Humblot.
Sommer, M., Dörre, K., & Schneidewind, U. (2005). *Die Zukunft war vorgestern: der Wandel der Arbeitsverhältnisse: Unsicherheit statt Normalarbeitsverhältnis?* Oldenburg: Oldenburger Universitätsreden.
Sondermann, A., Ludwig-Mayerhofer, W., & Behrend, O. (2009). *Auf der Suche nach der verlorenen Arbeit. Arbeitslose und Arbeitsvermittler im neuen Arbeitsmarktregime.* Konstanz: UVK.
Spath, D., Ganschar, O., Gerlach, S., Hämmerle, M., Krause, T., & Schlund, S. (2013). *Produktionsarbeit der Zukunft – Industrie 4.0.* Stuttgart: Fraunhofer IAO.
Standing, G. (2005). *Global Feminization Through Flexible Labor: A Theme Revisited.* Genf: International Labour Organisation Press.
Standing, G. (2011). *The Precariat: The New Dangerous Class.* London: Bloomsbury Publishing.
Stegbauer, C. (1995a). *Electronic Mail und Organisation. Partizipation, Mikropolitik und soziale Integration von Kommunikationsmedien.* Göttingen: Schwartz.
Stegbauer, C. (1995b). Die virtuelle Organisation und die Realität elektronischer Kommunikation. *Kölner Zeitschrift für Soziologie und Sozialpsychologie, 47 (3)*, S. 535–549.
Sterkel, G., Ganser, P., & Wiedemuth, J. (Hrsg.). (2010). *Leistungspolitik neu denken. Erfahrungen – Stellschrauben – Strategien.* Hamburg: VSA.
Stobbe, A. (2006). Informatisierung in der Finanzdienstleistungsbranche. Von der Hollerith-Maschine zum Straight Through Processing. In A. Baukrowitz, T. Berker, A. Boes, S. Pfeiffer, R. Schmiede & M. Will (Hrsg.), *Informatisierung der Arbeit – Gesellschaft im Umbruch* (S. 53–67). Berlin: edition sigma.
Stock-Homburg, R., & Bauer, E.-M. (2007). Work-Life-Balance im Topmanagement. *Aus Politik und Zeitgeschichte, 34/2007*, S. 25–32.
Streeck, W. (1999). *Korporatismus in Deutschland. Zwischen Nationalstaat und Europäischer Union.* Frankfurt a.M./New York: Campus.
Streeck, W. (2001). Kontinuität und Wandel im deutschen System der industriellen Beziehungen. Offene Fragen. *Arbeit, 10 (4)*, S. 299–313.
Streeck, W. (2009). *Re-Forming Capitalism. Institutional Change in the German Political Economy.* Oxford/New York: Oxford University Press.

Streeck, W., & Höpner, M. (Hrsg.). (2003). *Alle Macht dem Markt? Fallstudien zur Abwicklung der Deutschland AG*. Frankfurt a.M./New York: Campus.

Stumpf, C. (2008). Bestimmungsgründe und Auswirkungen familienfreundlicher Maßnahmen. Eine empirische Analyse der Vereinbarkeit Beruf und Familie in Unternehmen der Metropolregion Rhein-Neckar. *Arbeit – Zeitschrift für Arbeitsforschung, Arbeitsgestaltung und Arbeitspolitik, 17 (2)*, S. 119–132.

Süß, S., & Haarhaus, B. (2013). Arbeitszufriedenheit von IT-Freelancern: Eine empirische Analyse auf Basis des Zürcher Modells. *Zeitschrift für Arbeits- und Organisationspsychologie, 57*, S. 33–44.

Taylor, F. W. (1909 [1903]). *Die Betriebsleitung insbesondere der Werkstätten*. Berlin: Springer.

Taylor, F.W. (1913 [1911]). *Die Grundsätze wissenschaftlicher Betriebsführung*. München: Oldenbourg.

Thompson, E. P. (1980). *Das Elend der Theorie. Zur Produktion geschichtlicher Erfahrung*. Frankfurt a.M./New York: Campus.

Tilly, L., & Scott, J. (1987). *Women, Work & Family*. New York: Methuen & Co.

Tölke, A. (2007). Familie und Beruf im Leben von Männern. *Berliner Journal für Soziologie, 17 (3)*, S. 323–342.

Tondorf, K. (1995). *Leistungszulagen als Reforminstrument? Neue Lohnpolitik zwischen Sparzwang und Modernisierung*. Berlin: edition sigma.

Tondorf, K. (2007). *Tarifliche Leistungsentgelte. Chance oder Bürde*. Berlin: edition sigma.

Trittel, N., Schmidt, W., Müller, A., & Meyer, T. (2010). *Leistungsentgelt in den Kommunen. Typologie und Analyse von Dienst- und Betriebsvereinbarungen*. Berlin: edition sigma.

Traue, B. (2005). *Das Subjekt in der Arbeitsforschung: Subjekttheoretische Arbeitsforschung und Perspektiven ihrer wissenssoziologischen Erweiterung*. GendA-Netzwerk feministische Arbeitsforschung Discussion Paper Nr. 14. Marburg: GendA.

Trautwein-Kalms, G. (2001) Dienstleistungsarbeit. Ein weites Feld für die Interessenvertretung. *WSI-Mitteilungen, 54 (6)*, S. 365–372.

Tudyka, K. P., Etty, T., & Sucha, M. (1978). *Macht ohne Grenzen und grenzenlose Ohnmacht. Arbeitnehmerbewusstsein und die Bedingungen gewerkschaftlicher Gegenstrategien in multinationalen Konzernen*. Frankfurt a.M./New York: Campus.

Tullius, K. (2004). *Vertrackte Kontrakte. Formwandel des betrieblichen Steuerungsregimes und die neue Rolle des Meisters*. Baden-Baden: Nomos.

Tyrell, H. (1978). Anfragen an die Theorie der gesellschaftlichen Differenzierung. *Zeitschrift für Soziologie, 7 (2)*, S. 173–193.

Uckelmann, D., Harrison, M., & Michaelles, F. (Hrsg.). (2011). *Architecting the Internet of Things*. Berlin: Springer.

Uhlmann, E., Hohwieler, E., & Kraft, M. (2013). Selbstorganisierende Produktion mit verteilter Intelligenz. *wt-online, 103 (2)*, S. 114–117.

Ulich, E. (2005). *Arbeitspsychologie*. Stuttgart: Schäffer-Poeschel.

Ulich, E., & Wiese, B. (2011). *Life Domain Balance: Konzepte zur Verbesserung der Lebensqualität*. Wiesbaden: Gabler.

UNDP – United Nations Development Programme (Hrsg.). (2015). *Bericht über die menschliche Entwicklung 2015: Arbeit und menschliche Entwicklung*. Berlin: Deutsche Gesellschaft für die Vereinten Nationen.

UNO – United Nations Organization (2015). *Transforming our world: the 2030 Agenda for Sustainable Development*. https://sustainabledevelopment.un.org/post2015/transformingourworld (zugegriffen: 14. Februar 2019).

ver.di – Vereinte Dienstleistungsgewerkschaft (2013). *Innovation und gute Arbeit.* Berlin: ver.di. https://innovation-gute-arbeit.verdi.de/?%20k1=index&k4=kodex&si=51bedfd257a48&lang=1&view=%20- (zugegriffen: 14. Februar 2019).

ver.di – Vereinte Dienstleistungsgewerkschaft (2015). *Digitalisierung und Dienstleistungen – Gewerkschaftliche Positionen.* Berlin: ver.di.

Vester M. (2011). Sozialstaat und Sozialstruktur im Umbruch. In P. Hammerschmidt & J. Sagebiel (Hrsg.), *Die soziale Frage zu Beginn des 21. Jahrhunderts* (S. 55–76). Frankfurt a.M./New York: Campus.

Vetter, H.-R. (1988). Empirische Typen des Arbeiterbewusstseins. Zur Fokussierung von gesellschaftlichen Orientierungen in Erwerbschancen statt in Klassenlagen. In R. Schmiede (Hrsg.), *Arbeit und Subjektivität. Beiträge zu einer Tagung der Sektion Industrie-und Betriebssoziologie in der Deutschen Gesellschaft für Soziologie (Kassel, 21.–23.05.1987)* (S. 44–76). Bonn: Informationszentrum Sozialwissenschaften.

VGRdL – Volkswirtschaftliche Gesamtrechnungen der Länder (2018). *Volkswirtschaftliche Gesamtrechnungen der Länder – Bruttolöhne und -gehälter je Arbeitnehmer.* https://www.statistik-bw.de/VGRdL/tbls/tab.jsp?rev=RV2014&tbl=tab11&lang=de-DE (zugegriffen: 14. Februar 2019).

Völker, S. (2003). Gesellschaftliche Transformation und betriebliche Reorganisation – Erwerbsorientierungen ostdeutscher Frauen als praktische Stellungnahmen. In E. Kuhlmann & S. Betzelt (Hrsg.), *Geschlechterverhältnisse im Dienstleistungssektor. Dynamiken, Differenzierungen und neue Horizonte* (S. 37–50). Baden-Baden: Nomos.

Völker, S. (2006). Praktiken der Instabilität. Eine empirische Untersuchung von Prekarisierungsprozessen. In B. Aulenbacher, M. Bereswill, M. Löw, M. Meuser, G. Mordt, R. Schäfer & S. Scholz (Hrsg.), *FrauenMännerGeschlechterforschung, State of the Art* (S. 140–154). Münster: Westfälisches Dampfboot.

Völker, S. (2007). Prekäre Transformationen – herausgeforderte Lebensführungen. In U. Bock, I. Dölling & B. Krais (Hrsg.), *Prekäre Transformationen: Bourdieu und die Frauen- und Geschlechterforschung. Querelles-Jahrbuch für Frauen- und Geschlechterforschung* (S. 176–194). Göttingen: Wallstein Verlag.

Völker, S. (2009). „Entsicherte Verhältnisse" – Impulse des Prekarisierungsdiskurses für eine geschlechtersoziologische Zeitdiagnose. In B. Aulenbacher & A. Wetterer (Hrsg.), *Arbeit. Perspektiven und Diagnosen der Geschlechterforschung* (S. 268–286). Münster: Westfälisches Dampfboot.

Völker, S. (2011). Praktiken sozialer Reproduktion von prekär beschäftigten Männern. *WSI-Mitteilungen, 64 (8), S. 423–429.*

Völker, S., & Amacker, M. (2015). *Prekarisierungen: Arbeit, Sorge und Politik.* Weinheim: Beltz Juventa.

Vogel, B. (2006). Sicher-prekär. In S. Lessenich & F. Nullmeier (Hrsg.), *Deutschland. Eine gespaltene Gesellschaft* (S. 73–91). Frankfurt a.M./New York: Campus.

Vogel, B. (2008). Prekarität und Prekariat – Signalwörter neuer sozialer Ungleichheiten. *Aus Politik und Zeitgeschichte, 33–34/2008, S. 12–18.*

Vogel, B. (2009). *Wohlstandskonflikte. Soziale Fragen, die aus der Mitte kommen.* Hamburg: Hamburger Edition.

Vogel, B. (2010). Staatliche Regulierung von Arbeit. In F. Böhle, G. G. Voß & G. Wachtler (Hrsg.), *Handbuch Arbeitssoziologie* (S. 913–928). Wiesbaden: VS Verlag für Sozialwissenschaften.

Vogel-Heuser, B., Bauernhansl, T., & ten Hompel, M. (Hrsg.). (2017a), *Handbuch Industrie 4.0. Bd. 1: Produktion*. Berlin: Springer Vieweg.
Vogel-Heuser, B., Bauernhansl, T., & ten Hompel, M. (Hrsg.). (2017b), *Handbuch Industrie 4.0. Bd. 2: Automatisierung*. Berlin: Springer Vieweg.
Vogel-Heuser, B., Bauernhansl, T., & Hompel ten, M. (Hrsg.). (2017c), *Handbuch Industrie 4.0. Bd. 3: Logistik*. Berlin: Springer Vieweg.
Vogel-Heuser, B., Bauernhansl, T., & Hompel ten, M. (Hrsg.). (2017d), *Handbuch Industrie 4.0. Bd. 4: Allgemeine Grundlagen*. Berlin: Springer Vieweg.
Vogl, G. (2009). Betriebliche Mobilitätsregime. Die strukturierende Kraft betrieblicher Mobilitätspolitik auf Arbeit und Leben. In O. Kapella, C. Rille-Pfeiffer, M. Rupp & N. F. Schneider (Hrsg.), *Die Vielfalt der Familie: Tagungsbd. zum 3. Europäischen Fachkongress Familienforschung* (S. 259–272). Opladen: Budrich.
Vormbusch, U. (2006). Accounting, Informatisierung und der Calculating Man. In A. Baukrowitz, T. Berker, A. Boes, S. Pfeiffer, R. Schmiede & M. Will (Hrsg.), *Informatisierung der Arbeit – Gesellschaft im Umbruch* (S. 145–152). Berlin: edition sigma.
Voß, G. G. (1984). *Bewußtsein ohne Subjekt? Eine Kritik des industriesoziologischen Bewußtseinsbegriffs*. Großhesselohe: Rainer Hampp Personalwissenschaftlicher Verlag.
Voß, G. G. (1991). *Lebensführung als Arbeit. Über die Autonomie der Person im Alltag der Gesellschaft*. Stuttgart: Enke.
Voß, G. G. (1994). Das Ende der Teilung von „Arbeit und Leben"? An der Schwelle zu einem neuen gesellschaftlichen Verhältnis von Betriebs- und Lebensführung. In N. Beckenbach & W. v. Treeck (Hrsg.), *Umbrüche gesellschaftlicher Arbeit* (S. 269–294). Göttingen: Schwartz.
Voß, G. G. (1998). Die Entgrenzung von Arbeit und Arbeitskraft. Eine subjektorientierte Interpretation des Wandels der Arbeit. *Mitteilungen aus der Arbeitsmarkt- und Berufsforschung, 31 (3)*, S. 473–487.
Voß, G. G. (2001a). Auf dem Wege zum Individualberuf? Zur Beruflichkeit des Arbeitskraftunternehmers. In T. Kurz (Hrsg.), *Aspekte des Berufs in der Moderne* (S. 287–314). Opladen: Leske + Budrich.
Voß, G. G. (2001b). Der Arbeitskraftunternehmer und sein Beruf. In W. Dostal & P. Kupka (Hrsg.), *Veränderte Arbeits- und Berufsorganisation als Antwort auf die Globalisierung. Beiträge zur Arbeitsmarkt- und Berufsforschung*, Bd. 240 (S. 155–172). Nürnberg: Institut für Arbeitsmarkt- und Berufsforschung.
Voß, G. G. (2002). Der Beruf ist tot! Es lebe der Beruf! Zur Beruflichkeit des Arbeitskraftunternehmers und seinen Folgen für das Bildungssystem. In E. Kuda & J. Strauß (Hrsg.), *Arbeitnehmer als Unternehmer?* (S. 100–118). Hamburg: VSA.
Voß, G. G. (2007). Subjektivierung von Arbeit. Neue Anforderungen an Berufsorientierung und Berufsberatung oder: Welchen Beruf hat der Arbeitskraftunternehmer? In R. Bader, G. Keiser & T. Unger (Hrsg.), *Entwicklung unternehmerischer Kompetenz in der Berufsbildung* (S. 60–76). Bielefeld: Bertelsmann.
Voß, G. G. (2010). Was ist Arbeit? Zum Problem eines allgemeinen Arbeitsbegriffs. In: F. Böhle, G. G. Voß & G. Wachtler (Hrsg.), *Handbuch Arbeitssoziologie* (S. 23–80). Wiesbaden: VS Verlag für Sozialwissenschaften.
Voß, G. G. (2017). Arbeitskraftunternehmer. In H. Hirsch-Kreinsen & H. Minssen (Hrsg.), *Lexikon der Arbeits- und Industriesoziologie* (S. 49–52). Baden-Baden: Nomos.
Voß, G. G., & Jürgens, K. (2007). Gesellschaftliche Arbeitsteilung als Leistung der Person. *Aus Politik und Zeitgeschichte, 34/2007*, S. 1–9.

Voß, G. G., & Pongratz, H. (1998). Der Arbeitskraftunternehmer. Eine neue Grundform der „Ware Arbeitskraft"? *Kölner Zeitschrift für Soziologie und Sozialpsychologie, 50 (1)*, S. 131–158.

Voß, G. G., & Rieder, K. (2005). *Der arbeitende Kunde*. Frankfurt a.M./New York: Campus.

Voß, G. G., & Weiß, C. (2005). Ist der Arbeitskraftunternehmer weiblich? In K. Lohr & H. Nickel (Hrsg.), *Subjektivierung von Arbeit – Riskante Chancen* (S. 65–91). Münster: Westfälisches Dampfboot.

Voß, G. G., & Wetzel, M. (2013). Berufs- und Qualifikationsstruktur. In S. Mau, N. Schöneck-Voß & B. Schäfers (Hrsg.), *Handwörterbuch zur Gesellschaft Deutschlands*, 2 Bände (S. 80–96). Wiesbaden: VS Verlag für Sozialwissenschaften.

Voß, G. G.; Handrich, C., Koch-Falkenberg, C., & Weiß, C. (2013). Zeit- und Leistungsdruck in der Wahrnehmung supervisorischer Experten. In M. Junghanns & G. Moschhäuser (Hrsg.), *Immer schneller, immer mehr – Psychische Belastungen und Gestaltungsperspektiven bei Wissens- und Dienstleistungsarbeit* (S. 63–96). Wiesbaden: Verlag für Sozialwissenschaften.

Voswinkel, S. (2003). Leistung und Anerkennung – sind Zielvereinbarungen eine Lösung? In U.-M. Hangebrauck, K. Kock, E. Kutzner & G. Muesmann (Hrsg), *Handbuch Betriebsklima* (S. 179–196). München/Mering: Hampp.

Voswinkel, S., & Kocyba, H. (2008). Die Kritik des Leistungsprinzips im Wandel. In K. Dröge, K. Marrs & W. Menz (Hrsg.), *Rückkehr der Leistungsfrage* (S. 21–39). Berlin: edition sigma.

Wachtler, G. (1983). Die gesellschaftliche Organisation von Arbeit. Grundbegriffe der gesellschaftstheoretischen Analyse des Arbeitsprozesses. In W. Littek, W. Rammert & G. Wachtler (Hrsg.), *Einführung in die Arbeits- und Industriesoziologie*, 2. erw. Aufl. (S. 14–25). Frankfurt/New York: Campus Verlag.

Wagner, A. (2000). Zeitautonomie oder Scheinautonomie? Arbeitszeitregelungen innerhalb und außerhalb von Gruppenarbeit. In J. Nordhausen-Janz & U. Pekruhl (Hrsg.), *Arbeiten in neuen Strukturen?* (S. 139–172). München/Mering: Hampp.

Wagner, H. (1992). *Arbeitsentgelt im Spannungsfeld betrieblicher und gesellschaftlicher Veränderung*. Köln: Bund-Verlag.

Wagner, H. (Hrsg.). (2005). *„Rentier' ich mich noch?" – Neue Steuerungskonzepte im Betrieb*. Hamburg: VSA.

Warning, A., & Weber, E. (2017). *Wirtschaft 4.0: Digitalisierung verändert die betriebliche Personalpolitik*. IAB-Kurzbericht, 12/2017. Nürnberg: Institut füt Arbeitsmarkt- und Berufsforschung.

Weber, E. (2002). Rezension. Robert Castel, „Die Metamorphosen der sozialen Frage. Eine Chronik der Lohnarbeit". In *Grundrisse. Zeitschrift für linke Theorie & Debatte, 13*. http://www.grundrisse.net/buchbesprechungen/robert_castel.htm (zugegriffen: 14. Februar 2019).

Weber, M. (1985 [1922]). *Wirtschaft und Gesellschaft. Grundrisse der verstehenden Soziologie*. Tübingen: Mohr.

Weber, W., & Wehner, T. (2001). Zum arbeitswissenschaftlichen Diskurs um erfahrungsgeleitete Arbeit und persönlichkeitsförderliche Handlungsorganisation. Einleitung. In W. Weber & T. Wehner (Hrsg.), *Erfahrungsorientierte Handlungsorganisation. Arbeitswissenschaftliche Ergebnisse zur computergestützten Facharbeit im Diskurs* (S. 3–26). Zürich: vdf-Verlag der Fachvereine der ETH.

Weber-Menges, S. (2013). *Erwerbsarbeit im Wandel: Machbarkeitsstudie zur Anwendbarkeit eines neuen Untersuchungsinstruments zur integrierten, differenzierten und für internationale Vergleiche geeigneten Analyse der beruflichen Arbeitsteilung in Italien. Forschungsbericht*. Berlin: Rosa-Luxemburg-Stiftung.

Weber-Menges, S. (2016). *Berufliche Arbeitsteilung und Prekarisierung. Auswertung des Mikrozensus 2013 zu Erwerbsstruktur und Prekarität*. Berlin: Rosa-Luxemburg-Stiftung.

Wehler, H.-U. (1995). *Deutsche Gesellschaftsgeschichte*. Bd. 3. München: Beck.

Wehler, H.-U. (2003). *Deutsche Gesellschaftsgeschichte*. Bd. 4. München: Beck.

Weihrich, M. (1998). Handlungsspielräume und alltägliche Lebensführung. In C. Honegger, S. Hradil & F. Traxler (Hrsg.), *Grenzenlose Gesellschaft? Teil 2* (S. 56–66). Opladen: Leske + Budrich.

Weihrich, M., & Voß, G. G. (Hrsg.). (2002). *tag für tag. Alltag als Problem – Lebensführung als Lösung? Neue Beiträge zur Soziologie Alltäglicher Lebensführung*. München/Mering: Hampp.

Weinig, K. (1996). *Wie Technik die Kommunikation verändert. Das Beispiel Videokonferenz*. Münster: Lit.

Weißbach, H.-J., Witzgall, E., & Vierthaler, R. (1990). *Außendienstarbeit und neue Technologien. Brachentrends, Fallanalysen, Interviewauswertungen*. Opladen: Westdeutscher Verlag.

Weller, I., Matiaske, W., & Holtmann, D. (2005). Leistungsorientierung, Ressourcen und Nachhaltigkeit in öffentlichen Betrieben. Zur „Machbarkeit" von Extra-Rollenverhalten und Commitment. In M. Moldaschl (Hrsg.), *Immaterielle Ressourcen: Nachhaltigkeit von Unternehmensführung und Arbeit* (S. 131–142). München/Mering: Hampp.

Welsch, J. (1997). *Arbeiten in der Informationsgesellschaft. Studie für den Arbeitskreis „Arbeit – Betrieb – Politik" der Friedrich-Ebert-Stiftung*. Bonn: Friedrich-Ebert-Stiftung.

Weltz, F. (1991). Der Traum von der absoluten Ordnung und die doppelte Wirklichkeit der Unternehmen. In E. Hildebrandt (Hrsg.), *Betriebliche Sozialverfassung unter Veränderungsdruck* (S. 85–97). Berlin: edition sigma.

Weltz, F., & Lullies, V. (1983). *Innovation im Büro. Das Beispiel Textverarbeitung*. Frankfurt a.M./New York: Campus.

Westerheide, J. E. (2016). Prekäre Frauenerwerbstätigkeit im globalen Süden – Zur Übertragbarkeit der Prekarisierungsdebatte. *Social Transformations. Cross-Disciplinary Perspectives on Precarisation, 1 (1)*, S. 1–20. https://www.socialtrans.de/index.php/st/article/download/3/2 (zugegriffen: 14. Februar 2019).

Westerheide, J., & Kleemann, F. (2017). Die Arbeit von Sekretärinnen – Leistungszuschreibung und Anerkennung von Assistenzarbeit im öffentlichen Dienst. In B. Aulenbacher, M. Dammayr, K. Dörre, W. Menz & B. Riegraf (Hrsg.), *Leistung und Gerechtigkeit. Das umstrittene Versprechen des Kapitalismus* (S. 282–300). Weinheim: Beltz Juventa.

Wetterer, A. (Hrsg.). (1995). *Die soziale Konstruktion von Geschlecht in Professionalisierungsprozessen*. Frankfurt a.M./New York: Campus.

Wetterer, A. (2005). Rhetorische Modernisierung und institutionelle Reflexivität. Zur Diskrepanz zwischen Alltagswissen und Alltagspraxis in arbeitsteiligen Geschlechterarrangements. *Freiburger Frauenstudien. Zeitschrift für interdisziplinäre Frauenforschung*, 16, S. 75–96.

Wilkens, U. (2004). *Management von Arbeitskraftunternehmern. Psychologische Vertragsbeziehungen und Perspektiven für die Arbeitskräftepolitik in wissensintensiven Organisationen*. Wiesbaden: DUV Gabler.

Wilz, S. (Hrsg.). (2008). *Geschlechterdifferenzen – Geschlechterdifferenzierungen. Ein Überblick über gesellschaftliche Entwicklungen und theoretische Positionen.* Wiesbaden: VS Verlag für Sozialwissenschaften.

Wimbauer, C. (2005). „Liebe", Arbeit, Anerkennung: Intersubjektive Anerkennung in Dual Career Couples. In H. Solga & C. Wimbauer, (Hrsg.), *„Wenn zwei das Gleiche tun..." – Ideal und Realität sozialer (Un-)Gleichheit in Dual Career Couples* (S. 187–212). Opladen: Budrich.

Windahl, C., Andersson, P., Berggren, C., & Nehler, C. (2004). Manufacturing Firms and Integrated Solutions: Characteristics and Implications. *European Journal of Innovation Management, 7 (3)*, S. 218–228.

Windelband, L., Fenzl, C., Hunecker, F., Riehle, T., Spöttl, G., Städtler, H., (...), & Thoben, K.-D. (2011). Zukünftige Qualifikationsanforderungen durch das „Internet der Dinge" in der Logistik". In FreQueNz (Hrsg.), *Zukünftige Qualifikationserfordernisse durch das Internet der Dinge in der Logistik, Zusammenfassung der Studienergebnisse* (S. 5–9). Bremen: Universität Bremen Institut Technik & Bildung.

Windeler, A. (2017). Netzwerke. In H. Hirsch-Kreinsen & H. Minssen (Hrsg.), *Lexikon der Arbeits- und Industriesoziologie* (S. 232–236). Baden-Baden: Nomos.

Windolf, P. (1995). Vom Taylorismus zur schlanken Produktion. In D. Bögenhold, D. Hoffmeister, C. Jasper, E. Kemper & G. Solf (Hrsg.), *Soziale Welt und soziologische Praxis, Festschrift für Heinz Hartmann* (S. 39–60). Göttingen: Schwartz.

Windolf, P. (2005). Was ist Finanzmarkt-Kapitalismus? In P. Windolf (Hrsg.), *Finanzmarkt-Kapitalismus. Analysen zum Wandel von Produktionsregimen* (S. 20–57). Wiesbaden: VS Verlag für Sozialwissenschaften.

Winker, G. (2010). Prekarisierung und Geschlecht. Eine intersektionale Analyse aus Reproduktionsperspektive. In A. Manske & K. Pühl (Hrsg.), *Prekarisierung zwischen Anomie und Normalisierung. Geschlechtertheoretische Bestimmungen* (S. 165–184). Münster: Westfälisches Dampfboot.

Winker, G. (2011). Soziale Reproduktion in der Krise – Care Revolution als Perspektive. *Das Argument, 53 (252)*, S. 333–344.

Wittel, A. (1998). Gruppenarbeit und Arbeitshabitus. *Zeitschrift für Soziologie, 27 (3)*, S. 178–192.

Wohlrab-Sahr, M. (1993). *Biographische Unsicherheit.* Opladen: Leske + Budrich.

Wolf, H. (1999). *Arbeit und Autonomie.* Münster: Westfälisches Dampfboot.

Wolf, M. (2010). Über die Zurichtung von Arbeitskraft im Zeitalter des Neoliberalismus oder Was haben „Bologna-Prozeß" und Hartz IV gemein? *Grundrisse. Zeitschrift für linke Theorie & Debatte, 36.* http://www.grundrisse.net/grundrisse36/ueber_die_zurichtung_von_arbeits.htm (zugegriffen: 14. Februar 2019).

Wolter, M. I., Mönnig, A., Hummel, M., Schneemann, C., Weber, E., Zika, G., (...), & Neuber-Pohl, C. (2016). *Industrie 4.0 und die Folgen für Arbeitsmarkt und Wirtschaft: Szenario-Rechnungen im Rahmen der BIBB-IAB-Qualifikations- und Berufsfeldprojektionen.* IAB-Forschungsbericht 13/2016. Nürnberg: Institut für Arbeitsmarkt- und Berufsforschung.

Womack, J., & Roos, D. (1997). *Die zweite Revolution in der Autoindustrie. Konsequenzen aus der weltweiten Studie des Massachusetts Institute of Technology.* Frankfurt a.M./New York: Campus.

Womack, J., Jones, D. & Roos, D. (1990). The machine that changed the world. New York et al.: MacMillan (dt.: Die zweite Revolution in der Autoindustrie: Konsequenzen aus der weltweiten Studie aus dem Massachusetts Institute of Technology. Frankfurt a.M./ New York: Campus, 1991).

WSIM (2019). *WSI-Mitteilungen 72 (1). Schwerpunktheft „Nachhaltige Arbeit. Machtpolitische Blockaden und Transformationspotenziale".* Koordination: T. Barth, G. Jochum, & B. Littig. Düsseldorf: Hans-Böckler-Stiftung.

WZB – Wissenschaftszentrum Berlin (1984). *Bericht 1982–1983.* Berlin: Wissenschaftszentrum Berlin.

Zäh, F., Patron, C., & Fusch, T. (2003). Die Digitale Fabrik – Definition und Handlungsfelder. *Zeitschrift für wirtschaftlichen Fachbetrieb 98 (3),* S. 75–77.

MIX
Papier aus verantwortungsvollen Quellen
Paper from responsible sources
FSC® C105338

If you have any concerns about our products,
you can contact us on
ProductSafety@springernature.com

In case Publisher is established outside the EU,
the EU authorized representative is:
**Springer Nature Customer Service Center GmbH
Europaplatz 3, 69115 Heidelberg, Germany**

Printed by Libri Plureos GmbH
in Hamburg, Germany